庄一拂
《古典戏曲存目汇考》补正

General Textual Criticism of the Extant Titles of
Classical Chinese Opera—Revised Edition by
Zhuang Yifu

赵兴勤 著

人民文学出版社

图书在版编目（CIP）数据

庄一拂《古典戏曲存目汇考》补正/赵兴勤著. —北京：人民文学出版社，2019

国家社科基金后期资助项目

ISBN 978-7-02-014750-2

Ⅰ.①庄… Ⅱ.①赵… Ⅲ.①古代戏曲—专题目录—中国 Ⅳ.①Z88；I237

中国版本图书馆 CIP 数据核字（2018）第 294664 号

责任编辑　徐文凯
责任印制　徐　冉

出版发行　人民文学出版社
社　　址　北京市朝内大街 166 号
邮政编码　100705
网　　址　http://www.rw-cn.com

印　　刷　三河市中晟雅豪印务有限公司
经　　销　全国新华书店等

字　　数　417 千字
开　　本　710 毫米×1000 毫米　1/16
印　　张　25.25　插页 2
印　　数　1—1000
版　　次　2019 年 7 月北京第 1 版
印　　次　2019 年 7 月第 1 次印刷

书　　号　978-7-02-014750-2
定　　价　110.00 元

如有印装质量问题，请与本社图书销售中心调换。电话:010-65233595

国家社科基金后期资助项目
出 版 说 明

后期资助项目是国家社科基金设立的一类重要项目,旨在鼓励广大社科研究者潜心治学,支持基础研究多出优秀成果。它是经过严格评审,从接近完成的科研成果中遴选立项的。为扩大后期资助项目的影响,更好地推动学术发展,促进成果转化,全国哲学社会科学规划办公室按照"统一设计、统一标识、统一版式、形成系列"的总体要求,组织出版国家社科基金后期资助项目成果。

全国哲学社会科学规划办公室
2012 年 3 月

目　　录

前言 ·· 1
说明 ·· 6

上编　"庄目"已收曲目、曲家辨正
（依据"庄目"中页码排序）

第一章　曲目辨正（130种） ······························· 3

《卧冰记》（页25） ·· 3
《剔目记》（页108） ··· 4
《罗帕记》（页109） ··· 4
《同棺记》（页118） ··· 5
《芙蓉屏记》（页121） ······································ 5
《包待制三勘蝴蝶梦》（页144） ······················ 6
《两世姻缘》（页327） ······································ 7
《红线记》（页438） ··· 7
《青虬记》（页463） ··· 8
《锁骨菩萨》（页483） ······································ 8
《朱翁子》（页532） ··· 9
《鹡鸰会》（页680） ··· 9
《白头花烛》（页714） ······································ 9
《天涯泪》（页721） ··· 10
《野庆》（页736） ··· 10
《戴花刘》（页745） ··· 11
《琵琶亭》（页748） ··· 12
《不垂杨》（页760—761） ······························ 12
《瓶笙馆修箫谱》（页763） ······························ 12
《孝女存孤》（页772） ······································ 14

1

《碧桃记》(页773)	14
《奇烈记》(页785)	17
《补春天》(页810)	17
《乜县丞》(页847)	18
《观灯记》(页857)	19
《二阁记》(页860)	19
《投桃记》(页863)	20
《飞鱼记》(页864)	21
《狮吼记》(页866)	22
《旗亭记》(页877)	22
《玉香记》(页883)	23
《双缘舫》(页885)	24
《孝感记》(页905)	24
《犀珮记》(页908)	25
《合纱记》(页916)	25
《一合相》(页922)	26
《看剑记》(页929)	26
《北亭记》(页939)	27
《紫绮裘》(页942)	28
《桃笑迹》(页947)	28
《红丝记》(页952)	29
《续缘记》(页954)	29
《覆鹿记》(页959)	30
《鸳鸯扇》(页976)	31
《双梅记》(页977)	31
《稻花劫》(页978)	32
《相如记》(页982)	32
《金凤钗》(页990)	32
《轩辕记》(页996)	33
《丽鸟媒》(页1014)	34
《诗会记》(页1016)	35
《去思记》(页1020)	35
《绣衣记》(页1049)	35
《香裘记》(页1053)	36

《齐人记》沈季彪撰（页1080）……………………………… 36
《红叶记》（页1081）………………………………………… 37
《白乳记》（页1084）………………………………………… 37
《小江东》（页1099）………………………………………… 38
《袁文正还魂记》（页1113）………………………………… 38
《坠楼记》（页1122）………………………………………… 39
《灌城记》（页1126）………………………………………… 39
《绿华轩》（页1127）………………………………………… 41
《玉符记》（页1138）………………………………………… 41
《梅花戳》（页1180）………………………………………… 41
《鸣鸿度》（页1180）………………………………………… 42
《白门柳》（页1191）………………………………………… 43
《女开科》（页1193）………………………………………… 44
《杨椒山传奇》（页1245）…………………………………… 44
《琼花梦》（页1246）………………………………………… 45
《虎媒记》（页1248）………………………………………… 46
《节义全》（页1265）………………………………………… 48
《小忽雷》（页1273）………………………………………… 49
《祝英台焰段》（页1283）…………………………………… 50
《梅花诗》（页1291）………………………………………… 50
《诗中圣》（页1318）………………………………………… 51
《万寿图》（页1320）………………………………………… 51
《再生缘》（页1332）………………………………………… 51
《碧天霞》（页1348）………………………………………… 52
《七夕圆》（页1348）………………………………………… 52
《海岳圆》（页1349）………………………………………… 53
《鹣鹣衷》（页1351）………………………………………… 53
《鹦鹉媒》钱维乔撰（页1363）……………………………… 54
《六如亭》（页1364）………………………………………… 54
《双虹碧》（页1365）………………………………………… 57
《忠悃记》（页1368）………………………………………… 57
《双图记》（页1375）………………………………………… 58
《护花幡》（页1378）………………………………………… 58
《秣陵秋》（页1397）………………………………………… 59

3

《祷冰图》（页1412）··································59
《人间世》（页1420）··································60
《千金寿》（页1422）··································61
《后缇萦》（页1436）··································61
《杜陵春》（页1439）··································62
《梅沁雪》（页1441）··································62
《鸳鸯印》（页1449）··································62
《天山雪》（页1450）··································64
《鹦鹉媒》杨组荣撰（页1457）······················65
《蕙兰芳》（页1461）··································66
《白桃花》（页1469）··································68
《芙蓉峡》（页1473）··································68
《雨蝶痕》（页1480）··································69
《桃园记》（页1482）··································70
《百花舫》（页1485）··································70
《画图缘》（页1487）··································71
《莲花幕》（页1490）··································71
《风流院》（页1497）··································71
《孔雀记》（页1502）··································72
《环影祠》（页1510）··································72
《一枝梅》（页1517）··································73
《九曲阵》《九曲珠》（页1523）·····················73
《六恶记》（页1533）··································74
《木梳记》（页1543）··································74
《中州愍烈记》（页1543）···························75
《玉瑔缘》（页1552）··································76
《升天记》（页1594）··································76
《南楼传》（页1606）··································76
《思婚记》（页1608）··································77
《祝寿记》（页1616）··································77
《秦晋配》（页1618）··································78
《书中玉》（页1626）··································79
《倒铜旗》（页1627）··································80
《画扇记》（页1651）··································80

4

《意外缘》(页1656) ……………………………………… 80
《渔樵记》(页1668) ……………………………………… 81
《嫖院记》(页1675) ……………………………………… 81
《潮缘记》(页1678) ……………………………………… 82
《胶漆记》(页1686) ……………………………………… 83
《锦绣旗》(页1695) ……………………………………… 83
《赛伍伦》(页1696) ……………………………………… 84
《双瑞记》(页1708) ……………………………………… 84

第二章　曲家辨正(133人) …………………………… 86

王济(页98) ………………………………………………… 86
沈受先(页101) …………………………………………… 86
李宜之(页471) …………………………………………… 87
高应玘(页471) …………………………………………… 88
顾思义(页474) …………………………………………… 88
王应遴(页479) …………………………………………… 89
沈自徵(页483) …………………………………………… 89
卓人月(页488) …………………………………………… 90
徐士俊(页489) …………………………………………… 90
茅维(页502) ……………………………………………… 91
朱京藩(页525) …………………………………………… 92
叶承宗(页687) …………………………………………… 92
龙燮(页700) ……………………………………………… 93
陆曜(页705) ……………………………………………… 94
李天根(页714) …………………………………………… 96
黄鈖(页715) ……………………………………………… 97
程南陂(页719) …………………………………………… 97
吴棠桢(页729) …………………………………………… 99
吴秉钧(页729) …………………………………………… 100
廖景文(页741) …………………………………………… 100
缪谟(页742) ……………………………………………… 101
陆吴州(页742) …………………………………………… 102
周良勋(页761) …………………………………………… 103
孔广林(页763) …………………………………………… 104

5

严保庸(页765) …… 104
戴全德(页767) …… 105
熊超(页773) …… 106
周乐清(页773) …… 107
张声玠(页778) …… 107
管庭芬(页784) …… 108
陈栋(页786) …… 108
陈烺(页788) …… 108
梁孟昭(页797) …… 109
何珮珠(页799) …… 110
勺园主人(页806) …… 110
卢柟(页828) …… 111
苏汉英(页840) …… 111
陆粥(页870) …… 112
王恒(页933) …… 113
官抚辰(页947) …… 114
张景严(页951) …… 115
秦子陵(页964) …… 116
沈嵊(页966) …… 116
朱寄林(页979) …… 117
韩上桂(页982) …… 118
范文若(页988) …… 119
陈鹤(页995) …… 120
沈永令(页1015) …… 121
杨景夏(页1015) …… 122
路迪(页1036) …… 122
史玄(页1057) …… 122
沈季彪(页1078) …… 123
李长祚(页1080) …… 124
韩昌(页1083) …… 125
吴骐(页1089) …… 126
琼飞仙侣(页1103) …… 127
松臞道人(页1118) …… 127
五云村人(页1121) …… 128

雪簑渔隐（页1123）	128
铁桥生（页1125）	129
王翃（页1135）	130
包惕三（页1137）	131
程瀛鹤（页1137）	132
毕魏（页1181）	133
蒋易（页1187）	133
沈谦（页1210）	134
张一鹄（页1212）	135
顾景星（页1247）	136
张瑀（页1251）	137
汪楫（页1255）	137
汪祚（页1258）	138
李凯（页1260）	139
董舜民（页1266）	139
孔传铉（页1283）	140
石庞（页1284）	140
李应桂（页1290）	141
程端（页1294）	142
乔莱（页1298）	142
吕履恒（页1300）	142
张澜（页1300）	143
赵瑜（页1302）	144
董榕（页1308）	145
李本宣（页1319）	145
程北涯（页1332）	145
周书（页1336）	146
吴恒宪（页1342）	148
徐昆（页1347）	149
刘阮山（页1348）	149
金蕉云（页1348）	150
宋廷魁（页1349）	150
傅玉书（页1350）	151
许树棠（页1351）	151

7

黄振(页1352) ……………………………………… 152
李栋(页1353) ……………………………………… 152
沈起凤(页1355) …………………………………… 153
王金英(页1362) …………………………………… 153
周韵亭(页1368) …………………………………… 154
吴塏(页1378) ……………………………………… 155
董达章(页1379) …………………………………… 155
孙郁(页1380) ……………………………………… 157
仲振奎(页1382) …………………………………… 157
左潢(页1385) ……………………………………… 158
顾森(页1388) ……………………………………… 158
裳华(页1391) ……………………………………… 159
瞿颉(页1391) ……………………………………… 160
赵对澂(页1394) …………………………………… 161
程景傅(页1397) …………………………………… 162
万承纪(页1398) …………………………………… 162
杨豆村(页1399) …………………………………… 163
吴孝思(页1399) …………………………………… 164
吴兰徵(页1400) …………………………………… 165
袁廷梼(页1404) …………………………………… 166
吴嘉淦(页1407) …………………………………… 166
李文瀚(页1408) …………………………………… 167
张埙(页1411) ……………………………………… 168
罗小隐(页1412) …………………………………… 169
朱依真(页1420) …………………………………… 169
谢坤(页1423) ……………………………………… 171
蒋恩澈(页1431) …………………………………… 171
张梦祺(页1434) …………………………………… 172
胡盍朋(页1435) …………………………………… 173
汪宗沂(页1436) …………………………………… 173
宋鸣珂(页1439) …………………………………… 174
汪蒬庵(页1444) …………………………………… 174
马羲瑞(页1450) …………………………………… 175
许善长(页1457) …………………………………… 175

曾传均(页1461)	176
宋凌云(页1474)	176
胡无闷(页1477)	177
芙蓉山樵(页1500)	178
意园(页1501)	179
黄祖颛(页1502)	181
姜兆翀(页1502)	181

下编　"庄目"未收曲目、曲家增补

（依据首字笔画排序）

第三章　曲目增补(250种) ………… 185

《一线天》漫翁撰	185
《一种情》	186
《一笑缘》	186
《七宝钗》	187
《九华山》	187
《二十八宿归天》	187
《二篴媒》	188
《八仙庆寿》陈梦雷撰	188
《八洞天》	188
《十锭金》	188
《万珠袍》	189
《三生石》吴兰徵撰	189
《三生石》吴蒂撰	190
《三国记》	190
《三笑因缘》	190
《千秋鉴》	191
《大忽雷》	191
《小沧桑》	192
《小妹子》	192
《广陵钟》	193
《中庭笑》	193
《五关记》	193
《五色旗》	194

《元正嘉庆》 194
《六声猿》 195
《六国终》 195
《分绿窗》 195
《双补恨》 196
《双鱼坠》 196
《双熊梦》 197
《双鬟画壁》 197
《反武场》 198
《心田记》 198
《忆长安》 198
《支机石》 199
《文昌化》 199
《文姬归夏》 199
《方城记》 200
《无双记》 200
《无底洞》 201
《木兰记》 201
《火里莲》 201
《火焰山》 202
《王母瑶池宴》 202
《王翠翘传奇》 202
《瓦桥关》 203
《邓尚书吃酒》 203
《长恨歌》 203
《风尘三侠》 204
《风情剧》 204
《东方朔偷桃》 204
《丝鞭记》 205
《仙岩记》 205
《出玄记》 206
《古其风留人眼》 206
《台城记》 206
《史阁部勤王》 207

《四才子》……………………………………………… 207
《玉龙球记》…………………………………………… 207
《玉邪妆》……………………………………………… 208
《玉连环》……………………………………………… 208
《玉莲华》……………………………………………… 209
《玉梅香》……………………………………………… 209
《玉箫记》……………………………………………… 210
《生生意》……………………………………………… 210
《白玉楼》……………………………………………… 210
《白蝴蝶》……………………………………………… 211
《讨妒檄》……………………………………………… 212
《龙女牧羊》…………………………………………… 212
《乔坐衙》……………………………………………… 212
《同窗记》……………………………………………… 212
《名山志》……………………………………………… 216
《团圆梦》……………………………………………… 216
《在陈绝粮》…………………………………………… 217
《夗央被》……………………………………………… 217
《存孤记》佚名撰 ……………………………………… 217
《尽忠传奇》…………………………………………… 218
《并蒂花》……………………………………………… 218
《曲曲》………………………………………………… 218
《杂剧记》……………………………………………… 219
《百岁坊》……………………………………………… 219
《百花春》……………………………………………… 219
《红罗记》……………………………………………… 220
《红楼梦》……………………………………………… 220
《红鞓鞠》……………………………………………… 221
《老君下界》…………………………………………… 221
《自由花》……………………………………………… 221
《行孝记》……………………………………………… 222
《西子记》……………………………………………… 222
《闯王破都城》………………………………………… 223
《齐人记》马世俊撰 …………………………………… 223

11

《吴越传奇》……224
《护国记》……224
《杜少陵献大礼赋》……225
《杨升庵伎女游春》……226
《汨罗记》……227
《沈宋昆明赋诗》……227
《芙蓉记》……228
《芙蓉城》汪轫撰……228
《芙蓉屏记》边三岗撰……229
《芭蕉树》……229
《花月痕》……230
《花关索》……230
《花报》……231
《苏台雪》……231
《赤发鬼》……231
《还金镯》……232
《饭袋记》……232
《佳宴记》……233
《单骑记》……233
《卖相思》……233
《周忠介公遗事》……233
《宗泽传奇》……235
《定霸记》……235
《宜春院》……235
《岳飞记》……236
《弥勒笑》……237
《忠荩记》……237
《忠谏记》……238
《昆仑记》……239
《昇平曲》……239
《武三思素娥》……239
《武香球》……240
《河阳桃李》……241
《河伯娶妇》……242

《玩赏记》……………………………………………………………… 242
《织绢记》……………………………………………………………… 243
《罗状元归隐》………………………………………………………… 243
《育婴堂新剧》………………………………………………………… 244
《英夷犯广》…………………………………………………………… 244
《英雄概》王纳谏撰…………………………………………………… 245
《郑虎臣》……………………………………………………………… 245
《金镝记》……………………………………………………………… 246
《金谷记》……………………………………………………………… 247
《金环记》佚名撰……………………………………………………… 248
《金环记》吴道荣撰…………………………………………………… 249
《金瓮传奇》…………………………………………………………… 250
《金鱼佩》……………………………………………………………… 250
《金琅玕》……………………………………………………………… 250
《钓金龟》……………………………………………………………… 251
《闹沙亭》……………………………………………………………… 252
《青莲记》……………………………………………………………… 252
《青梅记》……………………………………………………………… 252
《青楼恨》……………………………………………………………… 252
《姚平仲》……………………………………………………………… 253
《尝胆记》……………………………………………………………… 254
《幽梦园》……………………………………………………………… 254
《春风楼》……………………………………………………………… 254
《柳叶笺》……………………………………………………………… 254
《洛阳记》……………………………………………………………… 255
《济颠伏虎》…………………………………………………………… 255
《炼丹记》……………………………………………………………… 255
《玻璃燕》……………………………………………………………… 256
《祝枝山》……………………………………………………………… 256
《神獒记》……………………………………………………………… 257
《绘真记》……………………………………………………………… 258
《绛红袍》……………………………………………………………… 258
《荔枝香》……………………………………………………………… 258
《赵朋观榜》…………………………………………………………… 259

13

《闻鸡起舞》……………………………………………259
《峨眉研》……………………………………………261
《拳匪纪略》…………………………………………261
《桂宫秋》……………………………………………261
《桃花缘》朱景英撰…………………………………262
《桃花缘》袁栋合撰…………………………………262
《桃花源记词曲》……………………………………263
《梨云影》……………………………………………263
《梨花枪》……………………………………………263
《浣花溪》……………………………………………264
《海上谣》……………………………………………265
《海神记》……………………………………………266
《烈女记》龙继栋撰…………………………………266
《离骚影》……………………………………………266
《秦淮雪》……………………………………………267
《绣图缘》……………………………………………267
《绣旗记》……………………………………………267
《耆英记》……………………………………………268
《胭脂云》……………………………………………268
《莲花报》……………………………………………268
《载花船》……………………………………………268
《铁云山》……………………………………………269
《陶朱公》……………………………………………269
《骊珠钏》……………………………………………270
《高老庄》……………………………………………270
《鸳水仙缘》…………………………………………270
《鸳鸯传奇》…………………………………………271
《商山鸾影》…………………………………………271
《康对山》……………………………………………272
《情中义》……………………………………………273
《梁太傅传奇》………………………………………273
《梁红玉》……………………………………………274
《梅花引》……………………………………………275
《梅影楼》……………………………………………275

《梦偕记》……………………………………275
《清风剑》……………………………………276
《渔家哭》……………………………………277
《盛德记》……………………………………277
《续鸾胶》……………………………………278
《续缘记》……………………………………278
《萧后打围》…………………………………279
《谋篡记》……………………………………280
《雪兰血衫》…………………………………280
《鸾铃记》……………………………………281
《黄亮国传奇》………………………………281
《黄莺记》……………………………………282
《黄袍记》……………………………………282
《博浪椎》……………………………………283
《御试翰林》…………………………………283
《温生才》……………………………………283
《焚舟记》……………………………………284
《琴操问禅》…………………………………284
《琼琚记》……………………………………285
《琼瑶服》……………………………………285
《紫兰宫》……………………………………285
《紫钗令》……………………………………286
《落花梦》……………………………………286
《雁翎甲》……………………………………286
《鹅笼书生》…………………………………287
《填词蝴蝶梦》………………………………287
《楚江晴》……………………………………288
《楚辞谱》……………………………………288
《煤山恨》……………………………………288
《群芳乐府》…………………………………290
《谪仙记》……………………………………290
《错中错》……………………………………290
《锦衣树》……………………………………291
《旗亭饮》……………………………………291

15

《演阵图》 ………………………………………… 292
《熊罴梦》 ………………………………………… 292
《瑶台》 …………………………………………… 292
《谱定红香传》 …………………………………… 293
《雌雄镇》 ………………………………………… 293
《墦间记》 ………………………………………… 294
《影梅庵》陈文述、查揆撰 ……………………… 294
《樊川谱》 ………………………………………… 295
《樊榭记》 ………………………………………… 295
《樱桃锦》 ………………………………………… 295
《翮鸿记》 ………………………………………… 296
《蕉扇记》 ………………………………………… 296
《题莺记》 ………………………………………… 297
《鹤相知》 ………………………………………… 298
《翰墨缘》俞汝述撰 ……………………………… 298
《镜中明》 ………………………………………… 298
《霍小玉》 ………………………………………… 299
《餐英记》 ………………………………………… 299
《鹦哥记》 ………………………………………… 299
《霜磨剑》 ………………………………………… 299
《翻玉簪》 ………………………………………… 300
《翻西厢》 ………………………………………… 300
《麒麟阁》 ………………………………………… 301

第四章　曲家增补(35人) ……………………… 302

马世俊 ……………………………………………… 302
马杏逸 ……………………………………………… 303
尹恭保 ……………………………………………… 304
王廷鉴 ……………………………………………… 304
边三岗 ……………………………………………… 305
龙继栋 ……………………………………………… 305
吕公溥 ……………………………………………… 306
朱景英 ……………………………………………… 306
江楫 ………………………………………………… 307

16

汤寅	308
许宝善	309
冷士湄	309
吴苇	311
吴道荣	311
张幼学	312
张自慎	312
李廷敬	313
杨云璈	314
汪轫	314
沈著轩	316
陆澹安	317
陈子升	317
陈梦雷	317
林占春	318
茅恒	319
金烺	319
金鳌	319
赵绍鼎	320
顾春	320
顾麟瑞	321
高钦亮	321
储梦熊	321
蔡荣莲	322
颜肇维	322
魏裔介	324

附录 庄一拂戏曲活动稽考	325
曲目索引	335
曲家索引	341
主要参考文献	344
后记	372

前　　言

庄一拂(1907年11月16日—2001年2月14日),原名临,号南溪,晚号籜山,浙江嘉兴人。早年负笈上海圣约翰大学,1929年获东亚研究院法学硕士①。工诗词,善度曲,撰有《十年记》《鸳湖冢》《鸣筇记》传奇三种,又有《古典戏曲存目汇考》(1982)、《明清散曲作家汇考》(1992)等著述行世。他活跃于20世纪上半叶海上曲坛,"酒酣以往,粉墨登场,一座尽倾"②。且交游广泛,与赵景深、董每戡等俱有密切往来。

《古典戏曲存目汇考》一书,是庄一拂先生耗时三十年编纂的一部完整的戏曲全目。汇集戏文320余种、杂剧1830余种、传奇2590余种,总计达4750余种。这个规模"较之姚、王两氏著录,增出二千六百余种,远在一倍以上"③。和20世纪其他同类著作相比,则略多于周贻白《中国戏曲剧目初探》,与傅惜华《中国古典戏曲总录》大致相当。赵景深为之作《序》,给予很高评价。然而由于条件限制和编者个人目力所限,该书也确实存在一些疏漏之处,有必要做全面梳理与订补。其意义主要表现在如下几个方面:

第一,从学术发展的角度来看,《古典戏曲存目汇考》亟待进一步充实与完善。

《古典戏曲存目汇考》一书的历史贡献不容抹杀,但其缺陷和不足也确实客观存在,毋庸讳言。特别是近年海内外戏曲文献的陆续发现、整理与研究,使学者能够得见的戏曲作品数量和曲家资料大为增加,修订《古典戏曲

---

① 《庄一拂自传》谓:"负笈上海,得东亚研究院法学硕士,院长吴凯生,时民国己巳年也。"庄增明《〈庄一拂诗词曲文遗稿〉后记》言:"1928年(22岁)获上海东亚研究院法学硕士。"庄增明编:《庄一拂诗词曲文遗稿》,嘉兴市图书馆印,2007年。《中国昆剧大辞典》庄增明所撰"庄一拂"条云:"1927年获东亚研究院法学硕士学位。"南京大学出版社,2002年,第476页。此处系年从《自传》。
② 朱大可:《〈庄一拂诗词曲文遗稿〉序》,《庄一拂诗词曲文遗稿》,嘉兴市图书馆印,2007年,第4页。
③ 庄一拂编著:《古典戏曲存目汇考》"例言",上海古籍出版社,1982年,第1页。

存目汇考》,已具备一定的学术条件和文献基础。虽然我们不应该苛求前人,但学术的进步、发展则有待于后来者之推动,一部较为完备的古典戏曲总目是研究者期待已久的。

第二,从戏曲研究的深化与拓展来看,修订《古典戏曲存目汇考》,可以使戏曲文献目录学研究走向深入,有助于戏曲研究和戏曲遗产的整理。

目录学为历代学者所推重,被视为进入学术殿堂的一条不可逾越的门径,"治学之方法,亦将于此涉径焉"①。"戏曲目录的编制与整个戏曲研究学科的关系十分密切"②,而"曲学书簿的著录水平,往往反映出一个特定阶段戏曲研究的开展面貌"③。对《古典戏曲存目汇考》之类重要著作进行必要的补正与完善,既是戏曲目录学发展走向所提出的必然要求,也符合学术研究循序渐进的内在理路。有利于弘扬传统学术,对整个戏曲研究学科领域的拓展与探索的深入,无疑具有积极的推动意义。

第三,从实际应用来看,对《古典戏曲存目汇考》进行大面积修订,已是学界共同的心愿。

《古典戏曲存目汇考》是迄今为止规模较大的一部古典戏曲总目,其编纂体例是,先按戏曲剧本体制分类,再依据时代先后,将曲家小传、曲目著录、剧情梗概、本事来源、版本流变、剧作存佚等逐一注明,条分缕析,书后附有曲家和曲目的索引,便于广大研究者使用。为学者提供了许多新的资料和资讯,极具参考价值,问世之初即享有很高声誉。几代学人从中获得教益。如吴书荫曾说:"三巨帙的《古典戏曲存目汇考》,却始终置于我的案头,一直伴随着我,成为一部经常查阅的重要工具书,为我指引学习和研究古典戏曲的门径。"④该书1982年出版,早已售罄,却一直没有重印过,海内外需要此书的学者只能去求人复印。从实际应用角度考虑,也亟须修订再版。然"修订的任务相当繁重,不仅要订正错误,拾遗补阙,还必须在剧作家和作品的考订辨析上有较大的突破,这样才能与时俱进,满足广大研究者的需要。可见这并非是一件轻而易举的工作,恐怕一两年内也难以奏效"⑤。

由于影响甚大,该书出版后,也不断有研究者撰文予以订补。如赵景瑜

---

① 汪辟疆:《目录与目录学》,《目录学研究》,华东师范大学出版社,2000年,第10页。
② 苗怀明:《二十世纪戏曲文献学述略》,中华书局,2005年,第241页。
③ 陆萼庭:《清代戏曲作家作品的著录问题》,《清代戏曲家丛考》,学林出版社,1995年,第306页。
④ 吴书荫:《绍续前贤 功在曲学》,台湾《戏曲研究通讯》第五期。
⑤ 吴书荫:《绍续前贤 功在曲学》,台湾《戏曲研究通讯》第五期。

《〈古典戏曲存目汇考〉订正四例》(《曲苑》第2辑)、范志新《〈古典戏曲存目汇考〉订正补疑志疑》(《戏剧》1987年第2期)、邓长风《关于〈古典戏曲存目汇考〉的几个问题》(《湖北师范学院学报》1990年第2期)、陆萼庭《清代戏曲作家作品的著录问题》(《戏剧艺术》1992年第3期)、赵山林《〈古典戏曲存目汇考〉试补》(《中国古典戏剧论稿》，安徽文艺出版社，1998年)、戴云《读曲偶得——〈古典戏曲存目汇考〉补正》(《中华戏曲》第23辑)、《〈古典戏曲存目汇考〉补正》(《文献》1999年第3期)以及笔者多年来所撰写的系列论文等等。

从研究现状来看，学界现有成果大致体现出如下两个特点：一是补正者功力较深，"订补"文章具有较为重要的文献价值和研究拓展之功；二是相关"订补"多集中于某一两个层面，研究内容略嫌零散，系统性、整体性的关注不够。从学术研究的发展趋势来看，迫切需要"有人能综合大家的研究成果，对此书作一次全面的修订，使其以崭新的面貌呈现在广大读者面前"①。

本课题在学界最新研究成果的基础上，通过广泛阅读文献，对庄一拂的《古典戏曲存目汇考》一书，进行较为全面的订讹、增补。全书分上、下两编，上编为"庄目"已收曲目、曲家辨正，包括曲目辨正(130种)与曲家辨正(133人)；下编为"庄目"未收曲目、曲家增补，包括曲目增补(250种)和曲家增补(35人)。目前，该书共涉及曲目380种，曲家168人。从所述内容来看，主要可以分为六大方面，即"本事漏考""误标作者""一目多出""本事误注""漏收剧目""生平失考"。

书稿的主要内容包括如下几个方面：

一是考订"庄目"所收《同棺记》《芙蓉屏记》《稻花劫》《玉符记》《诗会记》《犀珮记》《孝感记》《北亭记》《紫绮裘》《红丝记》《桃笑迹》《画扇记》《轩辕记》《覆鹿记》《丽鸟媒》《女开科》《莲花幕》《双梅记》《看剑记》《一合相》《二阁记》《坠楼记》《乜县丞》《齐人记》《红叶记》《鸳鸯扇》《白乳记》《梅花诗》《潮缘记》《渔樵记》《书中玉》《南楼传》《一枝梅》《碧天霞》《鹦鹉媒》《戴花刘》《诗中圣》《七夕圆》《千金寿》《升天记》《思婚记》《祝寿记》《包待制三勘蝴蝶梦》《锁骨菩萨》等剧目，增补其"本事漏考"。

二是考订"庄目"所收《风流院》《虎媒记》《六如亭》《海岳圆》《护花幡》《秣陵秋》《可怜虫》等剧目，纠正其"误标作者"。

三是考订"庄目"所收《小江东》等剧目"一目多出"。该书"下编传奇

---

① 吴书荫：《绍续前贤 功在曲学》，台湾《戏曲研究通讯》第五期。

二"著录有小斋主人所作传奇二种:《小江东》《补天记》。均据清佚名所编《传奇汇考标目》别本。《小江东》与《补天记》,实则为一剧而异称。《传奇汇考标目》别本,误一剧为二剧,"庄目"未察,亦沿其误。

四是考订"庄目"所收《画图缘》《金凤钗》《白头花烛》《续缘记》等剧目,订正其"本事误注"。

五是为"庄目"增补"漏收剧目"250种,如韩上桂《青莲记》、江楫《芙蓉记》、袁于令《汨罗记》、叶稚斐《渔家哭》、庄崶《金鱼佩》《琼瑶服》《讨妒檄》《翻玉簪》《雁翎甲》《胭脂云》《双熊梦》,马世俊《齐人记》《古其风留人眼》,蒋学沂《紫兰宫》《麒麟阁》,刘可培《耆英记》《绣图缘》《绣旗记》《餐英记》,朱素仙《玉连环》《绘真记》,胡盍朋《鹤相知》《中庭笑》,钝夫《离骚影》、陆继辂等《海上谣》、吴兰徵《三生石》、张幼学《青楼恨》、退耕老农《楚江晴》、吴恒宣《无双记》、储梦熊《并蒂花》、王纳谏《英雄概》、佚名《海神记》、佚名《洛阳记》、佚名《三国记》、佚名《史阁部勤王》、佚名《存孤记》等,其中不乏各类戏曲书目均未载及的剧作。

六是考订"庄目"所收《天台梦》《铜虎媒》《雨蝶痕》《中郎女》《步飞烟》《云石会》《蟾宫操》《春波影》《玉珍娘》《桃花寨》《认毡笠》《太平园》《生辰纲》《齐人记》《红牙小谱》《倒鸳鸯》《三报恩》《软羊脂》《耆英会》《鸳鸯镜》《才人福》《天宝曲史》《桂花塔》《青灯泪》《汨罗沙》《梅花梦》《迎天榜》《四友堂里言》《万花台》《芝龛记》《介山记》《皇华记》《绛蘅秋》《广寒秋》《紫霞巾》《彩虹记》《孝泉记》《后缇萦》《一帆记》《玉田春水轩杂剧》《梁园雪》《白虹记》《遗扇记》《河梁怨》《沉香亭》《花石纲》《三合掌》《火牛阵》《护花铃》《杜秀才痛哭霸亭秋》《想当然》《桃笑迹》《相如记》《虎媒记》等百余种剧目,补正作者的"生平失考"之处,涉及曲家133人;考订"庄目"未收曲家马世俊、马杏逸、尹恭保、王廷鉴、边三岗、龙继栋、吕公溥、朱景英、江楫、汤寅、许宝善、冷士湄、吴苪、吴道荣、张幼学、张自慎、李廷敬、杨云璈、汪轫、沈著轩、陆澹安、陈子升、陈梦雷、林占春、茅恒、金烺、金鳌、赵绍鼎、顾春、顾麟瑞、高钦亮、储梦熊、蔡荣莲、颜肇维、魏裔介等35人的生平事迹。

因此,本书的特点是,不拘囿于某一个作品或某一作家的增补,而是对所收剧目作全面梳理,并考订、辨析,使该项研究进一步系统化、条理化、深刻化,努力拓展覆盖面。可以说,本成果具有系统化、整体化和原创性的特点。

在研究方法上,笔者使用的主要是文献研究法。一是阅读大量文献,占有第一手材料,并对涉及曲家或戏曲剧目之史料文献与"庄目"所述,作较为系统的比勘对读,正本清源;二是在考订曲家生平史实的同时,也留意辑录已佚戏曲，以补"庄目"之未逮；三是博览史书、笔记等，详考戏曲本事；四是注意访查方志、家谱、碑传等地方文献资料中的有关戏曲研究线索。

  本人对"庄目"的研究和补正已有二十余年，"中国知网"收录的庄一拂《古典戏曲存目汇考》研究论文中，约 2/3 由笔者撰写。另外，近年出版的苗怀明《二十世纪戏曲文献学述略》（中华书局 2005 年版）、徐宏图《南宋戏曲史》（上海古籍出版社 2008 年版）、倪莉《中国古代戏曲目录研究综论》（知识产权出版社 2010 年版）、杜海军《中国古典戏曲目录发展史》（广西师范大学出版社 2015 年版）等多部专著，杨义主编的《中国文学年鉴（2005）》（中国文学年鉴社 2006 年版）等工具书，以及吴书荫《绍续前贤 功在曲学——纪念庄一拂先生百年诞辰》（台湾"中央大学"《戏曲研究通讯》第 5 期）等论文，曾征引笔者发表的系列论文，且多予以好评。由于本项研究成果较为突出，引起庄一拂家乡嘉兴市有关部门及北京、上海等地一些出版机构重视，与他们建立了良好的学术合作关系。

  当然，由于受本人学术水平、研究视野以及地域和经费的限制，本书稿还存在一些问题和需要改进之处，主要包括：一是虽然尽可能对大量研究文献作广泛阅读和深入思考，但仍难免挂一漏万，个别考证结论还有待斟酌；二是对于海外新发现的戏曲文本或相关文献的关注面还不够广、了解程度不够高；三是由于论题牵涉面太广，本书成书时间过长，虽经后来屡次补充修订，一些学者的研究成果，因各种原因仍可能没有关注到（或笔者撰写该条目时，学界尚未有相关研究成果问世），此有待读者诸君批评指正；四是古代文献浩如烟海，一时难以穷尽，有关作家或剧目的考证，尚有待进一步完善与补充。

  笔者研治古代戏曲四十余年，得益于文献之处不少，对文献整理和研究均甚感兴趣。由本人主持编纂的大型文献史料集《清代散见戏曲史料汇编》，计划出版"诗词卷""方志卷""笔记卷""小说卷""诗话卷""尺牍卷""日记卷""文告卷""图像卷"等多种，总字数应在 1000 万字以上。目前已出版了 70 余万字的《清代散见戏曲史料汇编（诗词卷·初编）》（全三册）和 50 余万字的《清代散见戏曲史料汇编（诗词卷·二编）》（上、下册），"方志卷·初编""方志卷·二编""笔记卷·初编""笔记卷·二编"也已列入出版计划，将于一两年内推出。余下数卷的整理工作，也将有条不紊地开展。相信该书的出版，也将对"庄目"乃至古代戏曲文献的研究起到一定的助推作用。

说　明

一、《庄一拂〈古典戏曲存目汇考〉补正》(以下简称《补正》)系对庄一拂《古典戏曲存目汇考》(以下简称《庄目》)一书进行全面梳理与补正的专著,而非该书之"修订本",且有些条目,须在广泛征引相关文献的基础上,做进一步考辨或论述,方能得出较具说服力之结论,故体例上自成一统,不拘泥于《庄目》。

二、《补正》以"人详我略,人遗我补"为原则,凡已有学者作全面论述的曲目、曲家,则略之,仅一笔带过或补充其未涉及之相关资料;凡以笔者目力所及,尚未有学者作系统论述的曲目、曲家,则详之,以补各家著述之未逮。

三、《补正》分上、下编,上编对《庄目》已收曲目、曲家进行辨正,下编对未收曲目、曲家给予增补,共涉及曲目 380 种(含曲目辨正 130 种、曲目增补 250 种)、曲家 168 人(含曲家辨正 133 人、曲家增补 35 人)。

四、凡《补正》中涉及的同名剧作,在子目标题后及《曲目索引》中以括号标注作者,以免混淆。

五、为方便读者对照及查阅,凡《庄目》已收曲目、曲家,辨正条目依据是书中之页码排序;《庄目》未收曲目、曲家,增补内容依据首字笔画排序。

六、为方便读者做全面了解,《补正》在纠正《庄目》疏失的同时,以概括叙述为主,亦根据需要酌情节略引用相关剧目之本事原文,并适当采录戏曲演出与评论资料,或酌情对个别剧作内容略加考述,以别于《庄目》。

七、《补正》附录《庄一拂戏曲活动稽考》一文,以俾读者了解庄氏之生平;并附《曲家索引》、《曲目索引》,以利读者之使用。

八、《补正》自 20 世纪 80 年代开始撰著,之后相继在有关刊物发表,迄今已历三十余年,中间虽经历过多次修改、完善,但仍难免在资料搜集上挂一漏万,或在学术观点上存在舛误。

九、《补正》之考辨文字,有的撰写及发表时间均较早,而囿于当时之学术条件,一些资料未能寓目;有的曲目、曲家,或已有学者进行专门论述,而每年新发表之论著成千上万,以个人目力实难全部阅过,因而笔者未能列示学者新观点之情况殆亦有之;有的条目之内容笔者发明在前,因本书出版时间较晚,一般读者或认为旁人之说为早,此亦有之;有的推论因资料匮乏,难以确认,故下笔以谨慎为宜,偶尔采用揣断之辞。

十、《补正》工作量巨大,涉及文献甚夥,由笔者一力承担,限于学识,疏漏一定不少,祈读者不吝赐教!

二〇一五年一月十一日

上编 "庄目"已收曲目、曲家辨正

第一章　曲目辨正

（依据"庄目"中页码排序）

◆《卧冰记》(页25)

《庄目》卷二"上编戏文二·宋元阙名作品"收录有《王祥卧冰》,谓:"《南词叙录·宋元旧篇》著录。《永乐大典·戏文三》作《王祥行孝》。按曲谱征引,或题《王祥》,或题《卧冰》。"[1]

按:《徽池雅调》卷之二上层收有《卧冰记》中《推车自叹》一齣[2],叙王祥继母为家中奶婆挑唆,"把嫡亲王览爱惜如珍宝",而视"王祥轻如粪草",不令其读书,却将其差遣往草寇出没频繁的海州贩卖绢,路遇大雨狂风,推车十分难行,受尽种种艰难。本齣由"生"饰演王祥,一人独唱【玩仙灯】【下山虎】【斗宝蟾】【风线住】数曲,不妨将此书所收与钱南扬《宋元戏文辑佚》所收《王祥卧冰》佚曲列表对照如下[3]:

《宋元戏文辑佚》	《徽池雅调》
【越调过曲】【小桃红】最关情处,无奈路远山遥。回首望家乡杳也,未能彀脱白挂绿袍。先推辆绢车儿,勉力过山凹,娇怯怯怎生熬?最苦是背儿驼,手儿软,脚儿跷也。咱是个王祥行孝道,顺母严情怎惮勤劳?	【玩仙灯】奈何奈何,苦被娘亲逼我。几回只得顺他言,怎敢违他宿诺。
	【下山虎】今日里最关情处,路远迢迢多劳苦。几回回首望不见,家乡云杳。
【山虎儿】皆因是泼奶婆,把言语唆挑,激发我母亲心焦。常打骂怒不消,暗里包藏笑里刀。把亲儿爱惜如珍似宝,把继子王祥轻如粪草。	【斗宝蟾】泼奶子,你朝夕里使着机谋,把言语搬斗我母亲心焦。

---

[1] 庄一拂编著:《古典戏曲存目汇考》上册,上海古籍出版社,1982年,第25页。
[2] 王秋桂主编:《善本戏曲丛刊》第一辑,台湾学生书局,1984年,第139页。
[3] 钱南扬:《宋元戏文辑佚》,中华书局,2009年,第27页。

【绣停针】极目荒郊,地惨天昏云缥缈,足律律起阵狂风胆丧魂消。扑簌簌雨又落,明晃晃电光高,湿浸浸浑身上犹如水浇,滑漉漉满地似油浇。 【江头送别】软兀剌,软兀剌,险些儿跄倒。行不上,行不上,闷怀多少?付能得阃阈的车儿定,平白的暗闪我一交。	【风线住】举目荒郊,地惨天昏云缥缈,霎时间几阵狂风到,唬得我胆丧魂消。

与南曲佚文风格近似,疑亦为南戏曲文之残存。此剧刻本版心题《跃鲤记》,误。王祥事,见《晋书》卷三三《王览传》等,钱南扬已详细考证,此不具录。

◆《剔目记》(页108)

《庄目》卷三"上编戏文三·明初及阙名作品"收有郑汝耿《陈可中剔目记》一种,谓:"《南词叙录》著录。远山堂《曲品》并著录之,列于《杂调》云:'此《龙图公案》中一事耳。包公按曹大本,反被禁于水牢。此段可以裂眦。'佚。"①

按:《新锲汇编杂乐府新声雅调大明天下春》卷八上层录有《包文拯坐水牢》一目,并注曰:"《陈可中剔目记》。"②该齣大意谓:富豪曹大本倚仗财势,欲强娶陈可中之妻。包拯在旁,加以斥责,曹喝令家丁,将包乱打一顿,并拘禁于水牢。曹家饭婆同情其遭际,私自送饭于牢中,包拯始表明自己之身份,婆私放包逃出水牢。此剧,其他戏曲选本未见收录,故弥觉珍贵。

◆《罗帕记》(页109)

《庄目》卷三"上编戏文三·明初及阙名作品"著录有席正吾所作《罗帕记》一种,谓:"《南词叙录》著录。远山堂《曲品》并见著录,列入《杂调》目内。此戏系凭空结撰,始以罗帕构祸,后因以团圆,故用为名。其事大类小说之《简帖僧》。《词林一枝》收《王可居逼妻离婚》等折。"③

按:《徽池雅调》卷之一上层,收有《罗帕记》中《王可居迎母受责》(简

---

① 庄一拂编著:《古典戏曲存目汇考》上册,上海古籍出版社,1982年,第108页。
② 〔俄〕李福清、〔中〕李平编:《海外孤本晚明戏剧选集三种》,上海古籍出版社,1993年,第619页。
③ 庄一拂编著:《古典戏曲存目汇考》上册,上海古籍出版社,1982年,第109页。

称《迎母受责》)①；卷之二下层，收有《神女戏王可居》(简称《神女调戏》)②。剧谓：王可居名魁虎，因遭谤害，母子离分，为官吏邢继恩收留，攻读诗文，欲易名沈良就试，为官以报冤仇。巫山神女奉神旨意，幻化成邢女，黉夜入书房，以色相诱，用试其志。可居怒斥该女，心不为稍动。邢女偶然失落手帕，为人拾得，送与李妓。"李妓假写情书一封，诈投离简"，可居不审真伪，与岳父共逼女自尽。母将女暗送往娘家暂避，讹传途中为虎所食。母甚悲伤，接可居之母来府。母痛斥儿无义。邢又因奸人所告窝藏钦犯沈良，官兵即将前来抄家，邢家人等遂仓皇出逃。情节较《简帖僧》复杂许多，且故事多不相类。

◆《同棺记》(页 118)

《庄目》卷三"上编戏文三·明初及阙名作品"著录此剧，并称："此戏未见著录。见周宪王朱有燉《团圆梦序》。"③

按：据朱有燉《贞姬身后团圆梦》传奇引："宣德八年，岁在癸丑仲冬之月，予闻执事者言，今秋山东济宁有军士之妻，因其夫亡而自缢，守志贞烈，为众所称。既而又得杂剧《同棺记》，乃济宁士人为之作也。"④可知，《同棺记》当为杂剧，《庄目》误编入"戏文"一栏。作者为"济宁士人"，真实姓名不详。

◆《芙蓉屏记》(页 121)

《庄目》卷三"上编戏文三·明初及阙名作品"收入此目，称："叙崔英、王氏夫妇重合事"，"此必元、明间时事，而盛传于吴中，非小说家言。"⑤

按：谭正璧《三言两拍资料》"初刻拍案惊奇卷之二十七"，于《顾阿秀喜舍檀那物　崔俊臣巧会芙蓉屏》一目下考证本事，亦仅列《剪灯余话》"芙蓉屏记"、《词苑丛谈》"崔英妻词"数则⑥。《太平广记》卷一二一所引《原化记·崔尉子》，当为此作本事之祖。中谓："唐天宝中，有清河崔氏，家居于荥阳。母卢氏，干于治生，家颇富。有子策名京都，受吉州大和县尉。其母恋故产，不之官，为子娶太原王氏女，与财数十万，奴婢数人，赴任。乃谋赁

---

① 王秋桂主编：《善本戏曲丛刊》第一辑，台湾学生书局，1984 年，第 49 页。
② 王秋桂主编：《善本戏曲丛刊》第一辑，台湾学生书局，1984 年，第 92 页。
③ 庄一拂编著：《古典戏曲存目汇考》上册，上海古籍出版社，1982 年，第 118 页。
④ 吴毓华编：《中国古代戏曲序跋集》第四册，中国戏剧出版社，1990 年，第 37 页。
⑤ 庄一拂编著：《古典戏曲存目汇考》上册，上海古籍出版社，1982 年，第 121 页。
⑥ 谭正璧编：《三言两拍资料》下册，上海古籍出版社，1980 年，第 700—705 页。

舟而去。仆人曰：'今有吉州人姓孙，云空舟欲返，佣价极廉。倘与商量，亦恐稳便。'遂择发日。崔与王氏及婢仆列拜堂下，泣别而登舟。不数程，晚临野岸。舟人素窥其囊橐，伺崔尉不意，遽推落于深潭，伴为拯溺之势，退而言曰：'恨力救不及矣。'其家大恸。孙以刃示之。皆惶惧，无复喘息。是夜，抑纳王氏。……"①后世小说当由此而生发，芙蓉屏之类关目，亦系后人增入。《原化记》乃唐末皇甫氏所撰，原书已佚。《庄目》谓本剧所写，"必元、明间时事"②，殆臆测而已。

◆《包待制三勘蝴蝶梦》（页144）

《庄目》卷四"中编杂剧一·元代作品上"，于关汉卿名下著录，谓："金院本有《蝴蝶梦》一本，或此故事渊源"，并叙述该剧情节曰："皇亲葛彪殴死一叟，叟三子，为报父仇，亦将彪殴毙，论并抵罪。拯即覆谳，三人各自认抵罪。拯定长子，其母不可，次子，亦不可，乃定幼子，母首肯。拯疑其幼非所生，委曲审问，长次乃前妻二子，幼为己出。拯始悟梦蝶之事，脱三子于法。"③然未考证其本事。

按：该剧所写三子争死，母以己出幼子抵罪之关目，出自汉刘向《古列女传》。该书卷五《齐义继母》条谓："齐义继母者，齐二子之母也。当宣王时，有人斗死于道者，吏讯之，被一创，二子兄弟立其傍。吏问之，兄曰：'我杀之。'弟曰：'非兄也，乃我杀之。'期年，吏不能决。言之于相，相不能决，言之于王。王曰：'今皆赦之，是纵有罪也；皆杀之，是诛无辜也。寡人度其母能知子善恶，试问其母，听其所欲杀活。'相召其母问之曰：'母之子杀人，兄弟欲相代死。吏不能决，言之于王。王有仁惠，故问母何所欲杀活？'其母泣而对曰：'杀其少者。'相受其言，因而问之曰：'夫少子者，人之所爱也。今欲杀之，何也？'其母对曰：'少者，妾之子也；长者，前妻之子也。其父疾且死之时，属之于妾曰："善养视之。"妾曰："诺。"今既受人之托，许人以诺，岂可以忘人之托而不信其诺耶？且杀兄活弟，是以私爱废公义也；背言忘信，是欺死者也。夫言不约束，已诺不分，何以居于世哉！子虽痛乎，独谓行何？'泣下沾襟。相入言于王，王美其义，高其行，皆赦不杀，而尊其母号曰'义母'。君子谓义母信而好义，洁而有让。《诗》曰：'恺悌君子，四方为则。'此之谓也。"故事后又有"颂"曰："义继信诚，公正知礼，亲假有罪，相让

---

① 李昉等编：《太平广记》第三册，中华书局，1961年，第856—857页。
② 庄一拂编著：《古典戏曲存目汇考》上册，上海古籍出版社，1982年，第121页。
③ 庄一拂编著：《古典戏曲存目汇考》上册，上海古籍出版社，1982年，第144页。

不已。吏不能决,王以问母。据信行义,卒免二子。"①晋左芬写有《齐义继母赞》,曰:"圣教元化,礼贵信诚,至哉继母,行合典经,不遗宿诺,义割私情,表德来裔,垂则后生。"②对齐义继母的事迹赞赏有加,历代类书多收此事,如唐欧阳询《艺文类聚》卷二一、宋李昉《太平御览》卷四一六、四二二,足见影响之大。关汉卿杂剧,当据《古列女传》而改编。

◆《两世姻缘》(页327)

《庄目》卷五"中编杂剧二·元代作品下",于乔吉名下著录有杂剧《玉箫女两世姻缘》,与此剧名略有不同③。

按:余怀《三吴游览志》:清顺治七年(1650)四月"二十一日,晴。宋尚木、王伊人、何筬寿及友鸿、素心置酒觞予,演《两世姻缘》,喧阗彻夜。"④元乔吉有《玉箫女两世姻缘》,《庄目》谓:"事出唐人小说《玉箫传》,并见《云溪友议》。"⑤然检阅《太平广记》,未见有以《玉箫》名篇者。卷二七四所引《云溪友议》,亦题作"韦皋",未详庄氏何据?乔吉此剧,简名作《两世姻缘》,所演当同一题材,叙述韦皋与玉箫爱情故事。

◆《红线记》(页438)

《庄目》卷六"中编杂剧三·明代作品",著录有胡汝嘉《红线记》,谓:"明刊《四太史杂剧》,别题曰《红线金盒记》,署胡秋宇著,见《汇刊书目外集》著录。佚。"⑥

按:黄仕忠《日本所藏中国戏曲文献研究》谓:明刊孤本《四太史杂剧》(明孙学礼编,万历乙巳新安刊本),今藏日本京都大谷大学,为神田喜一郎寄藏之书⑦。《红线记》一名《红线金盒记》,即收在《四太史杂剧》中。傅惜华《明代杂剧全目》称此本未见流传,庄一拂沿其说,署作"佚"⑧,均误。

---

① 刘向:《古列女传》,《文渊阁四库全书》本。
② 唐欧阳询《艺文类聚》卷一八《人部二·贤妇人》、明梅鼎祚《西晋文纪》卷四、《山东通志》卷三五七《艺文志七·赞》、《御定渊鉴类函》卷二四三《人部二·后母五》俱此"赞"。
③ 庄一拂编著:《古典戏曲存目汇考》上册,上海古籍出版社,1982年,第327页。
④ 余怀:《余怀全集》下册,李金堂编校,上海古籍出版社,2011年,第379页。
⑤ 庄一拂编著:《古典戏曲存目汇考》上册,上海古籍出版社,1982年,第327页。
⑥ 庄一拂编著:《古典戏曲存目汇考》上册,上海古籍出版社,1982年,第438页。
⑦ 黄仕忠:《日本所藏中国戏曲文献研究》,高等教育出版社,2011年,第189页。
⑧ 庄一拂编著:《古典戏曲存目汇考》上册,上海古籍出版社,1982年,第438页。

◆《青蚓记》(页463)

《庄目》卷六"中编杂剧三·明代作品",著录有林章所作杂剧《青蚓记》,谓:"《今乐考证》著录。《重订曲海目》《曲录》均著录简名,其他戏曲书簿未见记载。本事亦未详。佚。"①

按:据黄仕忠《日本所藏中国戏曲文献研究》介绍,该剧一本四折,纯用南曲。"演天上神龙青蚓下凡,名东方建,因金钱之故,为人所陷而下狱之故事。林章初名春元,五行之中,春配于东方青色,故青蚓实为林章自寓。作者捏合鲁褒《钱神论》、韩愈《送穷文》,写自己狱中体验。据林茂之《青蚓记后序》:'先子昔蒙冤,在狱作《青蚓记》。人初读之,以为剧也。再读之,为文。终读之,乃知为上书也。'可知此剧作于林章在金陵狱时(1589—1591)。"②

◆《锁骨菩萨》(页483)

《庄目》卷六"中编杂剧三·明代作品"著录《锁骨菩萨》一剧,谓:"此剧本《青泥莲花记》延州妇人事。"③

按:《锁骨菩萨》本事乃见于《太平广记》卷一○一《释证三·延州妇人》,中谓:"昔延州有妇女,白皙颇有姿貌。年可二十四五,孤行城市,年少之子悉与之游,狎昵荐枕,一无所却。数年而殁,州人莫不悲惜,共醵丧具为之葬焉。以其无家,瘗于道左。大历中,忽有胡僧自西域来,见墓,遂趺坐具,敬礼焚香,围绕赞叹。数日,人见谓曰:'此一淫纵女子,人尽夫也,以其无属,故瘗于此,和尚何敬耶?'僧曰:'非檀越所知,斯乃大圣,慈悲喜舍,世俗之欲,无不徇焉。此即锁骨菩萨,顺缘已尽,圣者云耳。不信即启以验之。'众人即开墓,视遍身之骨,钩结皆如锁状,果如僧言。州人异之,为设大斋,起塔焉。"④南宋谢维新《古今合璧事类备要》前集卷四九、元阴劲弦《韵府群玉》卷一八、元陶宗仪《说郛》卷一一七、明彭大翼《山堂肆考》卷一四五⑤、清陈元龙《格致镜原》卷一二等,俱载此事。以上各书所引与《青泥莲花记》所载,同出《续玄怪录》。

---

① 庄一拂编著:《古典戏曲存目汇考》上册,上海古籍出版社,1982年,第463页。
② 黄仕忠:《日本所藏中国戏曲文献研究》,高等教育出版社,2011年,第245页。
③ 庄一拂编著:《古典戏曲存目汇考》上册,上海古籍出版社,1982年,第483页。
④ 李昉等编:《太平广记》第三册,中华书局,1961年,第682页。
⑤ 《山堂肆考》卷一四六《骨如金锁》条与之故事相类,内容稍有差异,其引《韵府续编》曰:"观音大士,昔于陕州化为娼女以救淫迷,既瘗埋之骨,如金锁不断,此即前佛中锁骨菩萨是也。"

8

◆**《朱翁子》**（页532）

《庄目》卷六"中编杂剧三·明代作品"据《远山堂剧品》，于樵风名下著录《朱翁子》一剧，曰："《读书楼目录》亦载之。其他戏曲书簿未见著录。《剧品》谓南（曲）九折，此从《当垆记》摘出者。以朱翁子入长卿似囋（赘），不若别自为一传云。翁子即朱买臣，宋、元戏文有《朱买臣休妻记》，元明阙名杂剧有《（王鼎臣）风雪渔樵记》。"①

按：清人王鸣盛《西庄始存稿》卷一六收有《观优人演朱翁子事》一诗，谓："印绶区区骇妇人，读书偿却半生勤。一官竟为恩仇误，悔不山中老负薪。"②据此，知清时歌场亦流行演朱买臣事。本作当非明人杂剧《朱翁子》，应是《烂柯山》一剧。

◆**《鹣鹣会》**（页680）

《庄目》卷七"中编杂剧四·元明阙名作品"著录，曰："此戏未见著录。《宗北归音》引此剧简名，题目正名无考。本事未详。佚。"③

按：南京图书馆藏有钞本《鹣鹣会》传奇，署"云坡居士笔"，上、下卷各十四齣，凡二十八齣，"剧写唐代才子杨达携友游江，遗诗为随父赴任之女子姚月华所得，月华赏识杨达诗才，托病羁留姑母道居之百花庵，密约杨达相会。杨达借住庵旁村舍，与月华夕会朝离，情意甚笃。后月华父弃官访道，忽接走月华。杨达得知，千里寻踪，终得与月华完聚"④。事本明冯梦龙《情史》卷三"情私类·姚月华"。详情见孙书磊《〈鹣鹣会〉传奇钞本考》。

◆**《白头花烛》**（页714）

《庄目》卷八"中编杂剧五·清代作品"著录曰："《今乐考证》著录。其他戏曲书簿未见记载。疑即演康熙间程氏白头花烛时事。吴恒宣有《义贞记》传奇，徐鄂有《白头新》杂剧，题材皆同，详见后文。佚。"⑤

按：明徐象梅《两浙名贤录》卷五一"列女"谓："倪氏女安吉人，年十四许聘陈敏八。陈未娶从征，踰五十年归，乃成婚。人号'白头花烛'。"叙述

---

① 庄一拂编著：《古典戏曲存目汇考》上册，上海古籍出版社，1982年，第532页。
② 王鸣盛：《西庄始存稿》，清乾隆三十年刻本。
③ 庄一拂编著：《古典戏曲存目汇考》中册，上海古籍出版社，1982年，第680页。
④ 孙书磊：《〈鹣鹣会〉传奇钞本考》，《南京图书馆藏孤本戏曲丛考》，中华书局，2011年，第173页。
⑤ 庄一拂编著：《古典戏曲存目汇考》中册，上海古籍出版社，1982年，第714页。

较简①。清赵吉士《寄园寄所寄》卷六"焚尘寄"引《湖州府志》则较详,曰:"归安女倪氏,许聘陈敏八。敏八从军不返,误以死闻。倪矢志不嫁,越五十载而敏八归,始成婚姻之礼。女年六十一,夫年六十八,两人霜雪盈颠,人号'白头花烛',此备事亦韵事也。"②《明史》亦载此事,然陈敏八作"陈敏"。《白头花烛》国家图书馆藏有钞本,笔者未寓目,或演此事,亦未可知。

附记:此条札记早年记于书眉,近读黄胜江《李天根暨〈白头花烛〉传奇》一文,知推断无误。据黄文介绍,《白头花烛》钞本分上、下二卷计二十齣,上卷十一齣依次为:"总讲、从军、伤离、拔俊、撇子、陷敌、闺怨、救厄、斩阉、传讹、招魂",下卷九齣依次为:"归梦、被逐、望乡、访媒、南还、奖贞、陛见、休娘、花烛"。"后附《云村吟稿选》,为李天根诗词汇选"。钞本"卷首署'乾隆九年甲子惊蛰阳湖同学弟飘飘以者毛秋绳'之《序》,其后载《明史·列女传》","并附两则笔记史料,进一步补充叙说类似列女故实"。两则笔记分别为《旷园杂志》《近事琐言》③。

◆《天涯泪》(页721)

《庄目》卷八"中编杂剧五·清代作品"著录有洪昇此剧,谓:"此戏未见著录。毛奇龄《长生殿序》谓:昉思尝以不得事父母,作《天涯泪》剧,以寓其思亲之旨云。佚。"④

按:清人林昌彝《衣讔山房诗集》卷七收有《论诗一百又五首》,其十一云:"剧奏《长生》出涕潸,宫商乐府重金镮。(原注:《大樗集》,工乐府,宫商不差唇吻。其七古《金镮商》最佳。)《四婵娟》与《天涯泪》,播遍旗亭唱小鬟。(原注:武康洪昉思昇。)"⑤据此可知,《天涯泪》已有成稿,且传唱勾栏,可补《庄目》之不足。

◆《野庆》(页736)

《庄目》卷八"中编杂剧五·清代作品"于唐英名下,著录《野庆》一剧,并谓:"此戏未见著录。《野庆杂剧》见唐氏《陶人心语》,未刻。本事未详。佚。"⑥

---

① 徐象梅:《两浙名贤录》,明天启刻本。
② 赵吉士:《寄园寄所寄》,清康熙三十五年刻本。
③ 黄胜江:《李天根暨〈白头花烛〉传奇》,《浙江艺术职业学院学报》2010年第1期,第23页。
④ 庄一拂编著:《古典戏曲存目汇考》中册,上海古籍出版社,1982年,第721页。
⑤ 林昌彝:《衣讔山房诗集》,清同治二年广州刻本。
⑥ 庄一拂编著:《古典戏曲存目汇考》中册,上海古籍出版社,1982年,第736页。

按：唐英有《中秋日观演〈邯郸梦〉暨自制〈野庆〉诸杂剧，率成二首》，其一谓："繁弦急管度中秋，兴味浑忘已白头。枕上乾坤场上梦，尘中事业掌中瓯。随缘风景差堪取，过分林泉敢妄求？任笑痴人犹未醒，心空不惯着闲愁。"其二谓："六十年来面扑尘，连朝野兴薄秋雯。还山有志恩难负，涉世无方老率真。庐阜月推千嶂出，浔阳枫染几村新。片时借景惭过望，农圃渔樵作四邻。"①据此可知，唐氏《野庆》杂剧乃写于其出任九江关税窑务监督之时。据《（同治）九江府志》卷二五载，自乾隆四年（1739）榷关九江，直至乾隆二十一年（1756），仅乾隆十七年（1752）稍作间隔，余均在九江任内。诗既称"六十年来面扑尘"，知本剧当作于乾隆六年（1741）或稍后。而且，该剧当时即搬演于场上。由本诗第二首诗意来看，所写乃归隐田园之趣。已佚。

◆《戴花刘》（页745）

《庄目》卷八"中编杂剧五·清代作品"，著录有王抃所作此剧，未注明本事出处②。

按：宋叶梦得《石林燕语》卷一〇谓："刘秘监几字伯寿，磊落有气节。善饮酒，洞晓音律。知保州，方春大集宾客，饮至夜分，忽告外有卒谋为变者。几不问。益令折花，劝坐客尽戴，益酒行，密令人分捕，有顷，皆擒至。几遂极饮达旦，人皆服之，号戴花刘使。几本进士，元丰间换文资以中大夫致仕。居洛中，率骑牛挟女奴五七辈，载酒持被囊，往来嵩、少间。初不为定，所遇得意处，即解囊藉地，倾壶饮满，旋度新声，自为辞，使女奴共歌之。醉则就卧不去，虽暴露不顾也。尝召至京师，议大乐，且以朝服趋局，暮则易布裘，徒步市廛间或娼优所集处，率以为常。神宗亦不之责。其自度曲，有《戴花正音集》行于世。人少有得其声者。"③

《宋人轶事汇编》卷四引《风月堂诗活》谓："刘伯寿（按：刘几，字伯寿），洛阳九老之一也，筑室嵩山玉华峰下，号玉华庵主。有妾名芳草、萱草，皆秀丽。善音律。伯寿出入乘牛吹铁笛，二草以薪笛和之，声满山谷。出门不言所之，牛行即行，牛止即止。其止也，必命壶觞尽醉而归。嵩前人以为地仙云。"④事本此。

---

① 唐英：《陶人心语》卷三，清乾隆唐寅保刻本。
② 庄一拂编著：《古典戏曲存目汇考》中册，上海古籍出版社，1982年，第745页。
③ 叶梦得：《石林燕语》，明正德杨武刻本。
④ 丁传靖辑：《宋人轶事汇编》上册，中华书局，1981年，第144—145页。

◆《琵琶亭》(页748)

《庄目》卷八"中编杂剧五·清代作品"于敦诚名下，著录《琵琶亭》一剧，并谓："此戏未见著录。杨钟羲《雪桥诗话余集》云：敬亭尝为《琵琶亭》一折，曹雪芹题句有云：'白傅诗灵应喜甚，定教蛮素鬼排场。'敦诚《鹪鹩庵杂志》亦云：'余昔为白香山《琵琶行》传奇一折，诸君题跋，不下数十家。'佚。"①

按：敦诚之兄敦敏有《题敬亭〈琵琶行〉填词后二首》，其一谓："西园歌舞久荒凉，小部梨园作散场。漫谱新声谁识得？商音别调断人肠。"其二谓："红牙翠管写离愁，商妇琵琶浥浦秋。读罢乐章频怅怅，青衫不独湿江州。"②敬亭，乃敦诚之字。据此，知该剧又名《琵琶行》。

◆《不垂杨》(页760—761)

《庄目》卷八"中编杂剧五·清代作品"于汪应培名下著录此剧，然未叙及该剧创作之缘起③。

按：黄仕忠《日藏中国戏曲文献综录》"杂剧类"，收有清嘉庆二十二年丁丑(1817)自序刊本。首为《不垂杨序》，谓："丙子秋，泌阳令杨梦莲二兄以女有士行诗集见示，载本县杨贞女事甚悉。因谓余曰：'与其形诸歌咏，止供文士披吟，孰若播之管弦，使氓庶咸知所观感，不更佳乎。'余……遂采集中原记及诸公巨制，谱成六齣，名曰《不垂杨》，以应所嘱。……丁丑秋日香谷居士识于菊潭精舍。"④介绍该剧创作缘起较详。又据该书所著录清光绪十八年壬辰(1892)杨氏益清堂刊本《叙》后识语："是剧豫中刊行已久。考《泌阳县志》，贞女父系杨坦，且剧中曲白太简，因倩善化徐秉吾大令彝补缀完密，并将杨坤易名杨坦，附刻纪贞诗存后，藉资传信。基善谨识"⑤，知时人徐彝曾参与曲文的修饰完善。此可补《庄目》之不足。

◆《瓶笙馆修箫谱》(页763)

《庄目》卷八"中编杂剧五·清代作品"著录，谓凡四种，即《卓文当垆》

---

① 庄一拂编著：《古典戏曲存目汇考》中册，上海古籍出版社，1982年，第748页。
② 《懋斋诗钞》壬午年诗，转引自蔡义江：《红楼梦诗词曲赋评注》，团结出版社，1991年，第447—448页。
③ 庄一拂编著：《古典戏曲存目汇考》中册，上海古籍出版社，1982年，第760—761页。
④ 黄仕忠：《日藏中国戏曲文献综录》，广西师范大学出版社，2010年，第67页。
⑤ 黄仕忠：《日藏中国戏曲文献综录》，广西师范大学出版社，2010年，第68页。

《樊姬拥髻》《酉阳修月》《博望访星》四短剧。① 然因是书体例之原因，未考证剧作产生之时间。

按：蔡毅《中国古典戏曲序跋汇编》"丁编·杂剧四·清代作品下"所收舒位剧作之题词，亦未标出时间。而汪适孙《跋》所标"癸巳秋七月"，乃在舒位去世十余年之后。而清王昙《烟霞万古楼文集》卷五《舒铁云姨丈瓶水斋诗集序》谓："（舒位）精音律，工三弦，亦习弄笙、笛。弹琵琶，则鹦鹉立听；奏羯鼓，而群羊踯局。十四年己巳，与太仓毕子筠华珍流寓京国，作《伶元通德》《吴刚修月》数十余齣。"②"十四年己巳"，指的是嘉庆十四年（1809）。

《伶元（玄）通德》，即《樊姬拥髻》。通德，即樊姬之名字。伶玄《飞燕外传自序》曰："伶玄字子于，潞水人，学无不通，知音，善文，简率尚真朴，无所矜式。扬雄独知之，然雄贪名矫激，子于谢不与交，雄深慊毁之。子于由司空小吏，历三署刺守州郡，为淮南相，人有风情。哀帝时，子于老休，买妾樊通德，通德嬺之弟子，不周之子也，有才色，知书，慕司马迁《史记》，颇能言赵飞燕姊弟故事。子于闲居命言，厌厌不倦，子于语通德曰：'斯人俱灰灭矣，当时疲精力驰骛嗜欲蛊惑之事，宁知终归荒田野草乎？'通德占袖，顾际烛影，以手拥髻，凄然泣下，不胜其悲，子于亦然。通德奏子于曰：'夫淫于色，非慧男子不至也。慧则通，通则流，流而不得其防，则百物变态，为沟为壑，无所不往焉。礼义成败之说，不能止其流，惟感之以盛衰奄忽之变，可以防其壤。今婢子所道赵后姊弟事，盛之至也。主君怆然有荒田野草之悲，衰之至也。婢子拊形属影，识夫盛之不可留，衰之不可推，俄然相缘奄忽，虽婕好闻此，不少遣乎？幸主君著其传，使婢子执研削道所记。'于是撰《赵后别传》。"③此剧即据该序而敷衍。《吴刚修月》，即《酉阳修月》。唐段成式《酉阳杂俎》谓："旧言月中有桂、有蟾蜍，故异书言月桂高五百丈，下有一人常斫之，树创随合。人姓吴名刚，西河人，学仙有过，谪令伐树"④，又云："太和中，郑仁本表弟，不记姓名，常与一王秀才游嵩山，扪萝越涧，境极幽复，遂迷归路。将暮，不知所之。徙倚间，忽觉丛中鼾睡声，披榛窥之，见一人布衣甚洁白，枕一襆物，方眠熟。即呼之曰：'某偶入此径，迷路，君知向官道否？'其人举首略视，不应，复寝。又再三呼之，乃起坐。顾曰：'来此！'二人因就之，且问其所自。其人笑曰：'君知月乃七宝合成乎？月势如

---

① 庄一拂编著：《古典戏曲存目汇考》中册，上海古籍出版社，1982年，第763页。
② 王昙：《烟霞万古楼文集》，清嘉庆刻道光增修本。
③ 《全上古三代秦汉三国六朝文》第一册，河北教育出版社，1997年，第770页。
④ 段成式：《酉阳杂俎》，中华书局，1981年，第9页。

丸,其影,日烁其凸处也。常有八万二千户修之,予即一数。'因开襆,有斤凿数事,玉屑饭两裹,授与二人,曰:'分食此,虽不足长生,可一生无疾耳!'乃起,与二人指一支径:'但由此,自合官道矣!'言已不见。"①该剧敷衍其事而成。据王昙所述,该剧写于嘉庆十四年流寓京都时。王昙乃舒位之外甥,二人过从甚密,其言当接近事实。

◆《孝女存孤》(页772)

《庄目》卷八"中编杂剧五·清代作品"于许鸿磐名下著录,并谓:"此戏未见著录。《六观楼北曲六种》道光刊本。四折,《存孤》《课侄》《报孤》《祭祠》。演临桂参将张士佶于吴三桂叛清时,率四子俱阵殁。止剩女淑贞及女兄一孤儿。乃不嫁而抚侄,二十五年乃成立。张氏为之立祠祀之,曰义姑祠。"②

按:清人冯云鹏《扫红亭吟稿》卷九"古近体诗"收有《题云峤刺史〈孝女存孤〉传奇四首》,诗前小序曰:"康熙十二年吴三桂起逆犯桂林,桂林总兵孙延龄迎之入。参将张世佶与其四子俱力战死,夫人孙氏自缢。惟仲妇产一子,方弥月,亦委之而去。孝女淑贞,时年十八岁,抚之成立,名延绪。十八岁成进士,入词馆。姑殁后为立义姑祠于桂林。许公为撰北曲传奇四折。"叙述其本事甚详,可补《庄目》所未备。其诗凡四首,其一云:"吴藩起逆蔑忠良,张氏全家五阵亡。赖得香闺抚犹子,义姑祠建姓名香。"其二谓:"呱呱教育苦婵娟,十八年将一线绵。固是千秋奇孝女,也非彩笔不能传。"其三曰:"元词格调绘情真,参府门庭学士新。忆得郯城周孝妇,巴人也咏沁园春。"诗后小注曰:"山阴陈泰谷作《东海孝妇》传奇,即《搜神记》孝妇。周青予曾题【沁园春】词二首。"其四谓:"桂林从此盛登科,传到肤施感叹多。沸水才人循政远,可知风化起弦歌。"诗后小注曰:"书中有《张仲友祭祠》一折。仲友,系孝女之侄,曾孙为陕西肤施县尹者。"③可资参阅。

◆《碧桃记》(页773)

《庄目》卷八"中编杂剧五·清代作品"于陆继辂名下著录,谓:"《今乐考证》著录。其他戏曲书簿未见著录。按《碧桃记》杂剧一折,今存,见《香苏山馆全集》,南京图书馆藏。此剧为吴兰雪姬人岳绿春而作。岳名筠,工

---

① 段成式:《酉阳杂俎》,中华书局,1981年,第11页。
② 庄一拂编著:《古典戏曲存目汇考》中册,上海古籍出版社,1982年,第772页。
③ 冯云鹏:《扫红亭吟稿》,清道光十年写刻本。

画兰,归吴年才十五,越四年夭。"①

按:清王蕴章《燃脂余韵》卷二谓:"东乡吴兰雪,一门风雅。元室蕙风阁主人刘淑《石溪看桃花》云:'庭院春阴闭,湘帘昼未开。寻诗向何处,微雨恰归来。小榼携珠酿,经衫浣绿苔。满身胡蝶粉,知是看花回。'兰雪应礼部试北上,女弟素云画《杏花双燕图》赠行。兰雪作绝句四首,蕙风和云:'阿妹拈豪落彩霞,阿兄新句称笼纱。去时恰似辞巢燕,归日应簪及第花。''征骑冲寒雪满衣,画图长与驻春晖。上林见说花如海,愿学红衿只并飞。'《九月十二日儿子报春生,以诗寄兰雪》云:'得子中年敢怨迟,高堂两鬓已成丝。抱孙亦在重阳后,喜似郎君得解时。'兰雪乡举信至,亦是日,故云。余如《题王兰泉〈三泖渔庄图〉》等诗,亦皆清丽芊緜,兹不备录。继配蒋夫人琴香、侍姬岳筠绿春、范闲闲、王素素,亦皆驰声艺苑。绿春年十五归兰雪,十九而卒。工画兰。阳湖陆祁孙有《碧桃记》乐府咏其事,载《香苏山馆全集》中。乐元淑题词《南乡子》起句云:'花有美人香,树影玲珑画粉墙。'自注:'二语即用绿春句。'然则绿春又工诗矣。"②

清谢章铤《赌棋山庄词话》续编卷四云:"《断水词三卷》,临川乐元淑钧撰。元淑一字莲裳,诗文温丽,才名甚著,又作《耳食录》小说,体与《聊斋志异》《夜谈随录》相似,书贾屡刻,风行于时。词以周柳为宗……又《过秦楼自序》云:莲花博士侍书岳绿春,吴兰雪姬人也。能写兰。余既数见之,为述此解,即题陆祁生所作《碧桃记》院本后。……词工摹写,事亦可传。"③

又,吴嵩梁(字兰雪)写有《听香馆悼亡诗为岳姬绿春作》十五首:

其一曰:"冷暖相依仅五年,不应草草赋游仙。早知一病无医法,何苦三生种凤缘。嫁日欢娱如梦里,殓时明丽倍生前。定情诗扇教随殉,谁诵新词遍九泉。(原注:姬来归,余为赋《绿春词》十五首书扇,今以为殉。)"

其二曰:"碧桃小朵记初簪,眉语盈盈许独深。弱质敢期人一代,贫家能却聘千金。(原注:余初赠姬碧桃一枝,俄有夺以重聘者,姬曰:'儿已簪吴氏花矣。')衾裯命薄甘随分,翰墨缘多苦用心。难得生花双腕俊,左持湘管右金针。(原注:姬左右手并能书画。)"

其三曰:"深春妍暖早秋凉,池馆萧闲即洞房。瓶水浸开红芍药,鬓花簪遍白丁香。虫声呜咽吟幽砌,树影玲珑画粉墙。(原注:用姬旧句。)佳句而今零落尽,但思清景亦沾裳。"

---

① 庄一拂编著:《古典戏曲存目汇考》中册,上海古籍出版社,1982年,第773页。
② 王英志主编:《清代闺秀诗话丛刊》第一册,凤凰出版社,2010年,第689页。
③ 谢章铤:《赌棋山庄词话》,清光绪十年刻赌棋山庄全集本。

其四曰:"粉坊街近屡移家,镜具书奁共一车。重典春衫因买砚,(原注:曩在京师,有持黄莘田手制砚求售者,姬典衣购之。)多藏雪水替煎茶。(原注:余嗜茗饮,姬以瓮藏积雪,经夏犹存。)海东乞画持蕉布,(原注:琉球贡使以方物来献,乞写墨兰八幅。)天上酬诗赠桂花。(原注:豫邸送,折枝桂花助妆。)不合清名收太早,折除恩爱是才华。"

其五曰:"缟衣一换泪先倾,奉母艰难百事并。远望魂消归棹影,追遍梦怯打门声。卖文辛苦怜何补,投绂蹉跎悔未成。孤负同心谋养急,劝抛微禄办躬耕。"

其六曰:"津门迢递隔江关,旅泊经春苦未还。廿四花风蝴蝶瘦,一家人影鹭丝闲。衣香小立飘隋苑,泉味同尝爱惠山。输与常州唐孝女,白头卖画尚人间。(原注:孝女以笔资养亲五十年。与姬同游惠山,各出其画为赠。")

其七曰:"过江风急片帆催,离恨今生第一回。涕泪琼瑰俱化血,肝肠锦绣骤成灰。(原注:舟发胥门,姬望余去远,一恸呕血。比至杭州相见,病已不支矣。)诗楼旧藁邀重勘,(原注:《瘦吟楼集》,金纤纤夫人所撰。)花市清游约共来。(原注:张望湖宜人,归佩珊、王梅卿两女史,约以菊花大放重集寓园。)不信名山先永诀,洞云终古锁妆台。"

其八曰:"越水吴山一棹经,记扶残病望西泠。彩云未散魂先怯,乡月初圆梦已醒。曾共苦寒禁朔雪,何堪幽怨忏东星。寻踪若到前游地,杯酒因君奠小青。"

其九曰:"带围宽尽旧湘裙,支枕哀吟未忍闻。双颊断红疑中酒,一梳浓绿怕销云。翻书风过微嫌冷,沉水烟多重怯熏。为爱梅花犹强坐,寒香禁受两三分。"

其十曰:"夜半天风沸海潮,仙舟彩伴似相邀。(原注:殁前一夕,闻梦中唤船与阿姊偕行。)买山只道成偕隐,临水何堪诵大招。心力无多愁易尽,聪明太过福难消。他生合作痴儿女,莫忆前身是翠翘。"

其十一曰:"芳魂飘泊定何如,一榻还应恋旧居。香散药烟仍惨淡,梦闻兰喘更欷歔。丹青小涴拈残笔,脂粉微沾读过书。今日回思扶病日,始知愁绪亦欢愉。"

其十二曰:"优昙花影悟前因,断雨零风了一春。彤史难修惟賸墨,绿琴才断已生尘。鸥波妙笔同庚女,(原注:徐又淑女史与姬同王子生有《画兰合璧》一册。)柳絮清才绝世人。(原注:窦湘英女史兼工吟咏,为姬画秋花扇面,尤所珍藏。)只恐金闺诗画侣,重寻旧迹也伤神。"

其十三曰:"著书久伴病维摩,遗语关心鬓早皤。愿掷金钱供校刻,曾

16

倾荩箧代收罗。（原注：姬每虑予早衰，手藏《香苏山馆集》副本，愿为锓板。至是，请尽斥服饰，以践此约，语毕而逝。）再来缘分修偕老，小谪光阴唤奈何。定许百年同入传，让人佩黻也无多。"

其十四曰："一棺仓卒瘗西塍，（原注：墓在芳草堂西。）行过芳塘恸不胜。埋玉今朝山下土，唾红昨夜枕前冰。鸳央绣带愁空结，鹦鹉琵琶唤不应。幸得生朝留小像，炉香影里共寒灯。（原注：八月六日，姬十九岁初度。虎邱塑像者适成，今以供养室中。）"

其十五曰："新田寺对墓门宽，惨惨松阴昼亦寒。双树手栽怜并活，一花先谢忍重看。（原注：墓前移花，二株海棠初开，梅已谢矣。）贤如络秀身谁嗣，碑仿清娱墨未干。莫怪伤春吟太苦，倾城容易素心难。"①

另有《绿姬殁已四十九日……》《三月初九日，方石亭明府寓馆……》《悼春杂诗》②《自题香苏山馆内集图》等作③，亦叙其事，足见感情之深。

此外，蒋瑞藻《小说考证》卷八有《碧桃记》一目，对剧作本事记述甚详，可参看④。

◆《奇烈记》(页785)

《庄目》卷八"中编杂剧五·清代作品"，于沈懋德名下收有该剧，谓："此戏未见著录。沈廷瑞《东畲杂记》云：归锄所谱《奇烈记》，乃道光十四年濮院发光庵烈尼妙圆死节事。佚。"⑤

按：《(光绪)桐乡县志》卷一五谓：

> 妙圆比邱尼，出家濮院之新陆庵。道光十四五年间，有恶少陆安者屡挑之，冒称檀越，侮其住持，意欲得而甘心焉。一日，率众往，尼闻而雉经死，其住持葬之庵西桑地上，沈归锄茂才作《奇烈记》传奇记其事。咸丰初，岳古香明经援例闻于朝，得邀旌典，附祀节孝祠。⑥

据此，知妙圆死节事发生在桐乡濮院之新陆庵。"发光庵"云云，有误。

◆《补春天》(页810)

《庄目》卷八"中编杂剧五·清代作品"据《言言斋劫存戏曲目》，著录

---

① 吴嵩梁：《香苏山馆诗集》"今体诗钞"卷七，清木犀轩刻本。
② 吴嵩梁：《香苏山馆诗集》"今体诗钞"卷七，清木犀轩刻本。
③ 吴嵩梁：《香苏山馆诗集》"古体诗钞"卷一五，清木犀轩刻本。
④ 蒋瑞藻：《小说考证》，上海商务印书馆，1935年，第191—193页。
⑤ 庄一拂编著：《古典戏曲存目汇考》中册，上海古籍出版社，1982年，第785页。
⑥ 严辰：《(光绪)桐乡县志》，清光绪十三年刊本。

槐南小史《补春天》一种，并谓作者"姓名、字号、里居均未详"①。是剧有日本明治写刊本。

按：黄遵宪《续怀人诗》（之七）谓："袖中各有赠行诗，向岛花红水碧时。只恨书空作唐字，独无炼石补天词。"诗后小注曰："大沼厚、南摩网纪、龟谷行、岩谷修、蒲生重章、青山延寿、小野长愿、森鲁直、冈千仞、舻元邦，皆诗人也。壬午春，余往美洲，设饯于墨江酒楼，各赋诗送行，多有和余留别韵者。森槐南，鲁直之子，年仅十六，兼工词，曾作《补天石传奇》示余，真东京才子也。别后时时念之。"②据此可知，时当晚清，日人亦有习为传奇剧者。作者森槐南，为著名诗人森鲁直之子，时年十六，亦工词。有《槐南集》行世。

《庄目》卷八"中编杂剧五·清代作品"，收有周乐清杂剧集《补天石》③；卷十"下编传奇二·明代作品下"，收有小斋主人《补天记》一种④；卷十一"下编传奇三·清代作品上"，收有汪楫据徐沁《易水歌》改编而成的《补天石》一种⑤，然均非本作。此《补天石传奇》，当即《补春天》。作者槐南小史，即日人森槐南。张伯伟《关于〈补春天〉传奇的作者及其内容》（《文学遗产》1997年第4期）一文已考订较详，此不赘言。

黄仕忠《日藏中国戏曲文献综录》"传奇类"，著录有日本早稻田大学、无穷会图书馆等处收藏有《补春天传奇并补春天传奇傍译》，正文署"槐南小史填词"，谓："是书二册，一为汉文本《补春天传奇》，有沈文荧、黄遵宪题辞，栏上有二人之评语；一为傍译本《补春天传奇》，套印傍译训读，末署'石埭居士训释'。"⑥

◆《乜县丞》（页847）

《庄目》卷九"下编传奇一·明代作品上"，著录沈璟《博笑记》中"乜县佐竟日昏眠"短剧，谓："事见浮白主人《雅谑》张东海作《睡丞记》。"⑦

按：元姚桐寿《乐郊私语》谓："相传绍兴间，有海盐丞，简傲不羁，志轻一世。尝谒一乡大夫，主人偶迟迟而出。丞故好睡，比主人出，则丞已鼾声如雷矣。主人以客睡不敢呼，亦复就睡。及丞觉，亦以主睡不敢呼，更复就

---

① 庄一拂编著：《古典戏曲存目汇考》中册，上海古籍出版社，1982年，第809页。
② 《人境庐诗草》卷七，黄遵宪著、钱仲联笺注：《人境庐诗草笺注》上册，上海古籍出版社，1981年，第581—582页。
③ 庄一拂编著：《古典戏曲存目汇考》中册，上海古籍出版社，1982年，第774页。
④ 庄一拂编著：《古典戏曲存目汇考》中册，上海古籍出版社，1982年，第1099页。
⑤ 庄一拂编著：《古典戏曲存目汇考》中册，上海古籍出版社，1982年，第1255页。
⑥ 黄仕忠：《日藏中国戏曲文献综录》，广西师范大学出版社，2010年，第257页。
⑦ 庄一拂编著：《古典戏曲存目汇考》中册，上海古籍出版社，1982年，第847页。

睡如初。究之主客,更相卧醒。至日没丞起而去,竟不交一言。赵子固爱其事,为作图,纪其说于上,置之座右曰:此二人大有华胥风气,足以箴世之责望宾主者。"①本剧当据此而敷衍。

◆《观灯记》(页857)

《庄目》卷九"下编传奇一·明代作品上",著录有林章所作《观灯记》传奇一种,谓:"此戏未见著录。《传奇汇考标目》别本林氏名下有此目,亦见《徐氏家藏书目》。题林初文作。佚。"②

按:黄仕忠《日本所藏中国戏曲文献研究》谓:日本内阁文库所藏天启崇祯间刻本《林初文诗文全集》收录有此剧,日本学者田仲一成最早发现,并著文介绍。该剧不标龅数,当为十二龅之短篇传奇。叙失意文人托元宵观灯而抒其牢骚之事。剧中主角木春,当为作者自寓。林茂之"后序"谓:"自古文人才子,处穷通顺逆之际,当离合悲欢之场,无可以寄兴宣情,恒托诸诗辞歌咏。此先子《观灯记》之所由作也。盖从万历丙戌北上春官,四海良朋,参逢令节,一时名妓共度良宵,偶此嬉游,立为张本。其书虽剧,其旨则文。"③黄仕忠又介绍曰:"此剧为万历丙戌(十四年,1586)林章应试下第时所作。其时坊间书肆刊刻传奇之风潮未起,案头传奇之分龅体例尚未形成固定格式,故此记之分龅处,犹存早期南戏之体式。而记中吸收民间说唱与里巷歌谣,是其显著的特色。"④

◆《二阁记》(页860)

《庄目》卷九"下编传奇一·明代作品上",于汪廷讷名下著录有此剧,谓:"本事未详。"又引吕天成《曲品》云:"予曾为《双阁画扇记》,即此朱生事也,不意汪亦为之。"⑤

按:此作本事出《艳异编·寄梅记》,叙书生朱端朝,肄业上庠时,屡受妓女马琼琼资助,心颇感荷,遂代为脱籍,纳为妾,令妻妾分别居于东、西阁。端朝赴南昌尉任,临行,嘱曰:"凡有家信,二阁合书一缄。"然至任所,却久不见西阁书至。潜派人问讯,始得其所寄梅雪扇面,并附词一首。端朝知妻嫉妒,遂托疾弃官归,使二阁欢会如初。《西湖二集》"寄梅花鬼闹西阁"即

---

① 姚桐寿:《乐郊私语》,民国景明宝颜堂秘笈本。
② 庄一拂编著:《古典戏曲存目汇考》中册,上海古籍出版社,1982年,第857页。
③ 黄仕忠:《日本所藏中国戏曲文献研究》,高等教育出版社,2011年,第245页。
④ 黄仕忠:《日本所藏中国戏曲文献研究》,高等教育出版社,2011年,第245页。
⑤ 庄一拂编著:《古典戏曲存目汇考》中册,上海古籍出版社,1982年,第860页。

叙其事。吕天成所作《双阁画扇记》亦以此为题材。参见吴书荫《曲品校注》①。

◆《投桃记》(页863)
《庄目》卷九"下编传奇一·明代作品上"于汪廷讷名下著录此剧及版本情况，并引吕天成语曰："潘用中事，见小说。余初欲谱之，今汪此记，甚有情趣。"②然未注出本事之出处。

按：潘用中事，见王世贞《艳异编》卷一八《幽期部二·潘用中奇遇》，谓："嘉熙丁酉，福建潘用中随父候差于京邸。潘喜笛，每父出必于邸楼凭阑吹之。隔墙一楼，相距二丈许，画阑绮窗，朱帘翠幕，一女子闻笛声垂帘窥望。久之，或揭帘露半面。潘问主人，知为黄府女孙也。若是月余，潘与太学彭上舍联舆出郊。值黄府十数轿乘春游归，路窄，过时相挨。其第五轿，乃其女孙也。轿窗皆半推，四目相视，不远尺余。潘神思飞扬，若有所失，作诗云：谁教窄路恰相逢，脉脉灵犀一点通。最恨无情芳草路，匿兰含蕙各西东。暮归，吹笛，时月明，见女卷帘凭阑，潘大诵前诗数过。适父归，遂寝。黄府馆宾晏仲举，建宁人也。潘明往访，邀归邸楼，纵饮横笛。见女复垂帘，潘因曰：'对望谁家楼也？'晏曰：'即吾馆寓。所窥，主人女孙，幼从吾父学，聪明俊爽，且工诗词。'潘愈动念。晏去，女复揭帘半露。潘醉狂，取胡桃掷去。女用帕子裹桃复掷来，帕子上有诗云：阑干闲倚日偏长，笛短无情苦断肠。安得身轻如燕子，随风容易到君旁。潘亦用帕子题诗裹胡桃复掷去，云：'一曲临风直万金，奈何难买玉人心。君如解得相如意，比似金徽更恨深。'女子复以帕子题诗裹胡桃掷来，掷不及楼，坠于檐下。潘亟下楼取之，为店妇所拾矣。潘以情告，恳求得之。帕上诗云：'自从闻笛苦匆匆，魂散魄飞似梦中。最恨粉墙高几许，蓬莱弱水隔千重。'遂令店妇往道殷勤。女厚遗妇，至嘱勿泄，且曰：'若谐，当厚谢妇。'未几，潘父迁去，与乡人同邸。潘惚惚不乐，厌厌成疾。父为问药，凡更十数医，展转两月，不愈。一日，语彭上舍曰：'吾其殆哉，吾病非药石能愈。'乃告以故，曰：'即某日，郊游所遇者也。'彭告之父，父忧之。既而，店妇访至潘寓曰：'自官人迁后，女病垂死。母于枕中得帕子，究明，知其故，今愿以女适君如何？'潘不敢诺。未几，晏仲举至，具道女父母真意。适彭亦至，遂语潘父，竟谐伉俪，奁具巨万

---
① 吕天成撰、吴书荫校注：《曲品校注》，中华书局，1990年，第265页。
② 庄一拂编著：《古典戏曲存目汇考》中册，上海古籍出版社，1982年，第863页。

焉。前诗喧传都下,达于禁中,理宗以为奇遇。时潘与黄,皆年十六也。"①冯梦龙《情史类略》卷三"情私类·潘用中"、周清源《西湖二集》卷一三"吹凤箫女诱东墙",均叙其事。

◆《飞鱼记》(页864)

《庄目》卷九"下编传奇一·明代作品上"于汪廷讷名下著录此剧,谓:"远山堂《曲品》著录。其他戏曲书簿未见记载。《曲品》云:'渔隐子垂钓溪头,不过一渺小丈夫耳,及见弃于杨翁,有意外之得,遂据赀自雄,结客破贼,以豪侠终,岂不可垂之青翰,为我明一奇事。所以清远道人作序嘉赏之。'佚。"②未注出本事之所在。

按:明王同轨《耳说类增》卷八"奇合篇·武骑尉金三重婚"谓:"昆山舟师杨姓者,雅与金姓者善。金姓者死,有子曰金三,年十七八,窭甚,将行乞。杨见而怜之,因招入舟收养之。既久,杨夫妇以其力勤也,爱之甚。杨无子,有一女,年亦相若,因以妻三。岁余产一女,逾晬盘,病死。三哭之哀,成疾,日渐尫羸阽危。杨夫妇始悔恨,骂不绝口。一日江行,泊孤岛下。杨谓三,舟中乏薪,不得炊,可登岸拾枯枝为爨。三力疾去,则弃三挂帆行矣。三得枯枝,至泊失舟,知杨卖己也,恸哭欲赴江死。既又念岛中或逢人,冀可拯援。转入林,行至一所,见戈戟森森,列卫在焉,为之骇愕。徐侦之,无所闻。渐就,阒寂无人,仅有八大箧,封识完好,竟不知为何。盖盗所劫财暂置此地。三乃匿戈戟沟中,再临江滨,适有它舟经其处,三招之来,曰:'我有行李,待伴不至,可附我去。'舟人许诺。遂携八大箧入舟。行抵仪真,问居停主人家,密启箧视,皆金珠也。即其地售值得如干,服食起居非故矣。既收僮仆,复将买妾。一日行过河下,杨舟适在,三识之,杨不知也。三乃使人雇其舟,云湖襄贾,辎重累累,舳舻充牣。先是杨弃三时,女昼夜啼哭不欲生。父母强之更纳婿,女不从。至是三登舟,舟人莫敢仰视。女窃视之,惊语母曰:'客状甚似吾婿。'母詈之曰:'见金夫不有躬耶?若三,不知死所矣。'女遂不敢言。三顾女,佯谓舟人曰:'何不向船尾取破毡笠戴之。'盖三窭时,初登杨舟有是言也。于是妻觉之,出见,相与抱哭,欢如平生。而杨夫妇罗拜请罪,悔过无已。三亦不计较。寻同归三家焉。未几,会剧寇刘六、刘七叛,入吴。三出金帛募死士,从郡别驾胡公,直捣狼山之穴,缚其渠魁,讨平

---

① 王世贞编:《艳异编》,江苏广陵古籍刻印社,1998年,第236页。
② 庄一拂编著:《古典戏曲存目汇考》中册,上海古籍出版社,1982年,第864页。

之,功授武骑尉,妻亦从封云。"①本作即演此事。吴书荫《曲品校注》曾述及②。冯梦龙《警世通言》卷二二《宋小官团圆破毡笠》,亦据此而敷衍。

◆《狮吼记》(页866)

《庄目》卷九"下编传奇一·明代作品上"于汪廷讷名下著录此剧,谓:"演陈季常妻柳氏奇妒事。事出宋人随笔《调谑篇》。"③

按:本剧中柳氏以绳系夫腿之情节,源出《妒记》,谓:"京邑有士人妇,大妒忌。于夫小则骂詈,大必捶打。常以长绳系夫脚,且唤便牵绳。士人密与巫妪为计,因妇眠,士人入厕,以绳系羊,士人缘墙走避。妇觉,牵绳而羊至,大惊怪,召问巫。巫曰:'娘积恶,先人怪责,故郎君变成羊,若能改悔,乃可祈请。'妇因悲号,抱羊恸哭,自咎悔誓。师妪乃令七日斋,举家大小悉避于室中,祭鬼神。师祝羊还复本形。婿徐徐还。妇见婿啼问曰:'多日作羊,不乃辛苦耶?'婿曰:'犹忆啖草不美,腹中痛尔。'妇愈悲哀。后复妒忌,婿因伏地作羊鸣。妇惊起,徒跣,呼先人为誓:'不复敢尔。'于此不复妒忌。"④此事,《庄目》未考。

◆《旗亭记》(页877)

《庄目》卷九"下编传奇一·明代作品上"于郑之文名下著录此剧并版本情况,然未考其本事⑤。

按:董元卿事,见宋洪迈《夷坚志》"乙志"卷一《侠妇人》,谓:"董国庆,字元卿,饶州德兴人,宣和六年登进士第,调莱州胶水县主簿。会北边动兵,留家于乡,独处官下。中原陷,不得归。弃官走村落,颇与逆旅主人相往来。怜其羁穷,为买一妾,不知何许人也。性慧解,有姿色,见董贫,则以治生为己任。罄家所有,买磨驴七八头,麦数十斛,每得面,自骑驴入城鬻之,至晚负钱以归。率数日一出,如是三年,获利愈益多,有田宅矣。董与母、妻隔阔滋久,消息杳不通,居闲戚戚,意绪终不聊赖。妾数问故,董嬖爱已甚,不复隐,为言:'我故南官也。一家皆处乡里,身独飘泊,茫无还期,每一深念,几心折欲死。'妾曰:'如是,何不早告我?我有兄,喜为人谋事,旦夕且至,请为君筹之。'旬日,果有估客,长身而虬髯,骑大马,驱车十余乘过门。妾曰:

---

① 《续修四库全书》第1268册,上海古籍出版社,2002年,第63页。
② 吕天成撰、吴书荫校注:《曲品校注》,中华书局,1990年,第270页。
③ 庄一拂编著:《古典戏曲存目汇考》中册,上海古籍出版社,1982年,第866页。
④ 欧阳询:《艺文类聚》第二册,上海古籍出版社,1982年,第615页。
⑤ 庄一拂编著:《古典戏曲存目汇考》中册,上海古籍出版社,1982年,第877页。

'吾兄也。'出迎拜，使董相见，叙姻连，留饮至夜，妾始言前日事以属客。是时房下令：宋官亡命许自言，匿不自言而被首者死。董业已漏泄，又疑两人欲图己，大悔惧。乃抵曰：'无之。'客奋髯怒且笑曰：'以女弟托质数年，相与如骨肉，故冒禁欲致君南归，而见疑若此！脱中道有变，且累我，当取君告身与我以为信，不然，天明缚君告官矣。'董益惧，自分必死，探囊中文书悉与之，终夕涕泣，一听客。客去，明日控一马来，曰：'行矣。'董呼妾与俱，妾曰：'适有故，须少留，明年当相寻。吾手制纳袍以赠君，君谨服之，惟吾兄马首所向。若反国，兄或举数十万钱为馈，宜勿取。如不可却，则举袍示之。彼尝受我恩，今送君归，未足以报德，当复护我去。万一受其献，则彼责塞，无复顾我矣。善守此袍，勿失去也！'董愕然，怪其语不伦，且虑邻里觉，即挥涕上马，疾驰到海上。有大舟临解维，客麾董使登，揖而别。舟遽南行，略无资粮道路之备，茫不知所为，而舟中人奉视甚谨，具食食之，特不相问讯。才达南岸，客已先在水滨。邀诣旗亭上，相劳苦，出黄金二十两曰：'是以为太夫人寿。'董忆妾别时语，力拒之。客曰：'赤手还国，欲与妻子饿死耶？'强留金而出。董追及，示以袍。客骇笑曰：'吾智果出彼下。吾事殊未了，明年当挈君丽人来。'径去，不反顾。董至家，母、妻与二子俱无恙。取袍示家人，俾缝绽处黄色隐然，拆视之，满中皆箔金也。既诣阙自理，得添差宜兴尉。踰年，客果以妾至。秦丞相与董有同陷虏之旧，为追叙向来岁月，改京秩，干办诸军审计。才数月，卒。秦令其母汪氏哀诉于朝，自宣教郎特赠朝奉郎，而官其子仲堪者，时绍兴十年五月云。"①吴书荫《曲品校注》已述及。

◆《玉香记》（页883）

《庄目》卷九"下编传奇一·明代作品上"，于程文修名下著录此剧，谓："《今乐考证》著录。吕天成《曲品》、远山堂《曲品》《传奇品》《曲考》《曲海目》《曲录》并见著录。吕天成云：'此据《天缘奇遇传》而谱之者。人多攒簇得好，情景亦了了，固是佳手。别有《玉如意》，亦此事，未见。'祁彪佳云：'但为子辖妾者，玉胜而下尚四五人。'按本事载《国色天香》。阙名《玉如意》，见后文。佚。"②

按：祁羽狄（字子辖）与妙娘、山茶、玉香、玉胜诸女偷欢事，又见《绣谷春容》"圣集·卷之九"上层、"义集·卷之十"上层，均题《祁生天缘奇遇》。《国色天香》卷之七、卷之八，则题作《天缘奇遇》。世德堂本《绣谷春容》，

---

① 洪迈：《夷坚志》第一册，中华书局，2006年，第190—191页。
② 庄一拂编著：《古典戏曲存目汇考》中册，上海古籍出版社，1982年，第883页。

刊刻年代早于万卷楼本《国色天香》,故述及本作故事出处,应开示《绣谷春容》,或二书均列示。另:明胡文焕《群音类选》卷二一收录本作佚曲《邂逅仙姑》《含春遇胜》《私通毓秀》《二妙交欢》四齣,且收录曲文①。戏曲选本《乐府红珊》卷之四"训诲类"收《廉参军训女》一齣②。《庄目》卷十三"下编传奇五·明清阙名作品"著录有《玉如意》③。《群音类选》卷二一,于《玉如意记》后注曰:"同上一个(按:指《玉香记》)故事。"并选录《月夜遇仙》《赏月登仙》两齣曲文④。

◆《双缘舫》(页885)

《庄目》卷九"下编传奇一·明代作品上",于王錂名下著录有此本,称:"《传奇汇考标目》别本据李氏《海澄楼藏书目》补得明传奇","本事未详。"⑤

按:明余象斗编《万锦情林》卷二有《裴秀娘夜游西湖记》话本,叙清明节时,裴太尉偕妻与女秀娘往玉泉山拜扫先茔,并乘画舫游西湖。褚家塘刘员外之子刘澄,得见秀娘。二人四目相视,徘徊不舍。秀娘立于画舫之上,见公子乘小舟尾随于后,乃吟唱古诗以寄意,并以白绫汗巾裹核桃二枚投赠。刘生亦以香罗锦帕包核桃相酬。后各自离去。七夕乞巧,秀娘以牛郎、织女之事,思及自身情事不遂,乃怏怏成病。其母探知女儿心事,与太尉共商,托媒前往褚府议亲;秀娘与刘生终得结为佳偶。胡士莹《话本小说概论》第十章《宋元话本小说的思想性与艺术性》曾转载此话本全文,可参看⑥。本剧或即此而敷衍。《曲海总目提要》卷一○著录有《合纱记》(一名《双缘舫》),叙崔衮与姚银蟾、饶梦麟事,不知与本作题材同否?

◆《孝感记》(页905)

《庄目》卷九"下编传奇一·明代作品上",著录有王澹《孝感记》传奇一种,并摘引《远山堂曲品》语曰:"为许君作传,吐词丰蔚,守律甚严。"⑦然未叙及本事。

按:《中国人名大辞典》载曰:"许名材,明舒城人。少孤,力耕养母。值

---

① 胡文焕编:《群音类选》第二册,中华书局,1980年,第1103—1109页。
② 王秋桂主编:《善本戏曲丛刊》第二辑,台湾学生书局,1984年,第190—196页。
③ 庄一拂编著:《古典戏曲存目汇考》下册,上海古籍出版社,1982年,第1549页。
④ 胡文焕编:《群音类选》第二册,中华书局,1980年,第1109—1113页。
⑤ 庄一拂编著:《古典戏曲存目汇考》中册,上海古籍出版社,1982年,第885页。
⑥ 胡士莹:《话本小说概论》上册,商务印书馆,2011年,第436—444页。
⑦ 庄一拂编著:《古典戏曲存目汇考》中册,上海古籍出版社,1982年,第905页。

寇变,负母抱子而逃。贼追之将及,遂弃子负母,趋以免难。贼平,名材已老。复生一子,人谓'孝感'。"①《(雍正)舒城县志》卷一七谓:"许名材,少孤,力耕养母。壬午寇变,负母抱子逃,贼追之,母曰:'盍舍我留汝子,以延祀乎?'名材泣曰:'子可复得,母不可复得!'遂弃子负母,趋以免难。及寇平,名材年近五十,复生一子,孝感所致也。"②《(光绪)重修安徽通志》引《庐州府志》谓:"许名材,舒城人。寇至,负母抱子以逃。贼追之,母曰:'可舍我,无绝嗣也。'名材泣曰:'子可复得,母不可复得也。'遂弃其子,免母于难。"③本作或采自当时实事,然《明史·孝义传》未曾叙及。

◆《犀珮记》(页908)

《庄目》卷九"下编传奇一·明代作品上",于胡文焕名下著录有《犀珮记》,并引吕天成《曲品》曰:"此采士人妻题金山寺诗,及山东侠士携南官归二事合成。生名符基,则'无稽'之意也。"④

按:此作本事当与《诗会记》大致相同。《群音类选》收录《西湖结盟》《渡江遇房》《贞节自持》《舌战房营》《势逼改嫁》《侠君赠妹》《剪发自誓》《金山题诗》《偕妾登途》《金山见诗》《江西会母》《尼庵货佩》《庵中小会》等齣⑤。或称此作采自梅鼎祚《青泥莲花记》所叙苏小卿、双渐故事,恐不确。其中所写小卿乃庐州娼女,与书生双渐"交昵",非其妻也,与《曲品》所述不符。另,拟话本《石点头》卷二"卢梦仙江上寻妻",与本剧所叙故事同出一源。

◆《合纱记》(页916)

《庄目》卷九"下编传奇一·明代作品上"收有王锃《双缘舫》,谓:"此戏未见著录。《传奇汇考标目》别本据李氏《海澄楼藏书目》补得明传奇,于王氏名下著录此本,本事未详。佚。"⑥同卷又收有史槃《合纱记》,谓:"《今乐考证》著录。远山堂《曲品》《曲考》《曲海目》《曲录》并见著录。一名《白纱记》,又名《双缘舫》。"⑦

按:清初粲花主人选辑、西湖漫史点评《新镌汇选昆调歌林拾翠》卷之

---

① 臧励和等编:《中国人名大辞典》,上海书店,1980年,第1030页。
② 陈守仁:《(雍正)舒城县志》卷一七,清雍正九年刻本。
③ 何绍基:《(光绪)重修安徽通志》卷二四三,清光绪四年刻本。
④ 庄一拂编著:《古典戏曲存目汇考》中册,上海古籍出版社,1982年,第908页。
⑤ 胡文焕编:《群音类选》第一册,中华书局,1980年,第115—144页。
⑥ 庄一拂编著:《古典戏曲存目汇考》中册,上海古籍出版社,1982年,第885页。
⑦ 庄一拂编著:《古典戏曲存目汇考》中册,上海古籍出版社,1982年,第916页。

四,收有《双缘舫》(一名《合纱记》)剧中《投纱》《惊噩》《争婿》等龄①。疑《庄目》所收二剧为同一剧目。《中国曲学大辞典》"双缘舫"条谓:"《传奇汇考标目》别本据《海澄楼书目》补,今无传本。按史槃《合纱记》,亦名《双缘舫》,写崔衮与姚银蟾、饶梦麟双舫之缘。不知此两剧是否同一题材,无从考证。"②

◆《一合相》(页922)

《庄目》卷九"下编传奇一·明代作品上"著录,题沈君谟作。称此剧钞本题莱径居士撰,北京图书馆藏,未叙及本事出处③。

按:北京图书馆所藏旧钞本,前有"嘉庆四年畅月石丐编次并识"诸字样,并于《引》中称:"《一合相》一剧,乃元季明初事,先见于凤洲散稿。有机山樵者,艳其情,采置奚囊,历有年岁。今秋与余相遇石头城下,出以见示。不惟气节风概,卓然可传,其间兴邦丧邦,功罪皎皎。惜《明史》独不及尤云。"《引》乃石丐所作,既称"编次",其当为此剧编著者。此作本事出自王世贞《尤云传》,钞本前附有传记全文,可供参阅。

关于《一合相》,孙楷第④、吴晓铃⑤、么书仪、吕薇芬⑥、郭英德等学者⑦,俱有考证文章,可参看。郭英德谓《一合相》作者乃清人沈少云,并考其生平曰:"沈少云,名未详,号石丐,别署莱泾居士。里居、生平均未详。约生于乾隆二十五年(1760),卒于道光初年,享年六十余岁。"⑧比较可信。详见郭文《抄本〈一合相〉传奇作者考》(《文献》1990年第4期)。

◆《看剑记》(页929)

《庄目》卷九"下编传奇一·明代作品上",著录王昇所作《看剑记》,称"本事未详"。并引《远山堂曲品》曰:"此记生、旦本不脱豪爽之气,而始终作合者,乃在一黎女,大奇!大奇!其间聚散,原不关一剑,此中似可省一

---

① 马廉著、刘倩编:《马隅卿小说戏曲论集》,中华书局,2006年,第197页。
② 齐森华等主编:《中国曲学大辞典》,浙江教育出版社,1997年,第375页。
③ 庄一拂编著:《古典戏曲存目汇考》中册,上海古籍出版社,1982年,第922页。
④ 孙楷第:《戏曲小说书录解题》,人民文学出版社,1990年,第389—390页。
⑤ 吴晓铃:《1962年访书读曲记》,《吴晓铃集》第二卷,河北教育出版社,2006年,第188页。
⑥ 么书仪、吕薇芬:《曲海探珠》,王季思等:《中国古代戏曲论集》,中国展望出版社,1986年,第328—330页。
⑦ 郭英德编著:《明清传奇综录》下册,河北教育出版社,1997年,第1137—1139页。
⑧ 郭英德编著:《明清传奇综录》下册,河北教育出版社,1997年,第1137页。

二转折。"①

按:据祁氏《曲品》所叙,本作取材与清初小说《两交婚小传》相同。小说叙重庆府甘颐、甘梦兄妹,俱以才貌称。颐游学扬州,寻求佳配,亦代妹择婿。江都才女辛古钗,开红药诗社,欲为弟辛发选妇,亦有暗中择配之意。颐来扬,得风尘女子黎青相助,男扮女装,入诗社唱和,得与古钗相识。后又从黎青之计,颐与古钗、辛发与甘梦各订立婚约,终结为夫妇。小说当据此剧而改编。

◆《北亭记》(页939)

《庄目》卷九"下编传奇一·明代作品上",著录有王元寿《北亭记》传奇,并引《远山堂曲品》谓:"此记作在《李丹》之前,而境界多相似。波斯仙叟之赠金,则又似小说所载杜子春事。《李丹》之王敬之,提醒以裴信玄,此记之李令伯,提醒以卢二舅。"②然未注出本事。

按:《太平广记》卷一七引《逸史·卢李二生》谓:"昔有卢、李二生,隐居太白山读书,兼习吐纳导引之术。一旦,李生告归曰:'某不能甘此寒苦,且浪迹江湖。'诀别而去。后李生知桔子园,人吏隐欺,欠折官钱数万贯,羁縻不得东归,贫甚。偶过扬州阿使桥,逢一人,草蹻布衫,视之乃卢生。生昔号二舅。李生与语,哀其褴缕。卢生大骂曰:'我贫贱何畏。公不作好,弃身凡弊之所,又有欠负,且被囚拘,尚有面目以相见乎?'……引李生入北亭命酌,曰:'兼与公求得佐酒者,颇善箜篌。'须臾,红烛引一女子至,容色极艳,新声甚嘉。李生视箜篌上,有朱字一行云:天际识归舟,云间辨江树。罢酒,二舅曰:'莫愿作婚姻否?此人名家,质貌若此。'李生曰:'某安敢。'二舅许为成之,又曰:'公所欠官钱多少?'曰:'二万贯。'乃与一柱杖曰:'将此于波斯店取钱,可从此学道,无自秽身陷盐铁也。'才晓,前马至,二舅令李生去,送出门。(泊归,颇疑讶为神仙矣,即以柱杖诣波斯店)波斯见柱杖,惊曰:'此卢二舅柱杖,何以得之。'依官付钱,遂得无事。其年,往汴州,行军陆长源以女嫁之。既婚,颇类卢二舅北亭子所睹者。"③本作当据此而敷衍,与《李丹记》本事不同。波斯叟赠金亦见于此,并非杜子春事。明沈璟《坠钗记·修炼》、清吴仲甫《箜篌梦》杂剧,均曾叙卢二舅事。

---

① 庄一拂编著:《古典戏曲存目汇考》中册,上海古籍出版社,1982年,第929页。
② 庄一拂编著:《古典戏曲存目汇考》中册,上海古籍出版社,1982年,第939页。
③ 李昉等编:《太平广记》第一册,中华书局,1961年,第119页。

◆《紫绮裘》(页942)

《庄目》卷九"下编传奇一·明代作品上",据《远山堂曲品》著录王元寿《紫绮裘》传奇,称:"《曲品》云:'田夫人幽配崔炜,事极诡异。记中崔子以好施受祉,任贼以扑满招尤,作者欲以惕世也。'"①然本事未考。

按:此作本事当采自《太平广记》卷三四所引唐裴铏《传奇·崔炜》。故事略谓:崔炜寄居南海,不事家产,乡多豪侠,因财殚尽而栖止佛舍。在开元寺,见乞食老姬,因蹶而覆人之酒瓮,为当垆者所殴,遂脱衣代偿其值,使姬脱难。姬乃传授其灸赘疣之术。炜以此术治愈任翁之疣。翁许以赠钱十万,然夜半负心,欲杀炜以飨鬼。任之爱女闻讯密报,令炜持刀速逃。炜仓皇出走,坠入枯井,遇一巨蛇,唇吻亦生有疣,遂代为治愈。蛇感其恩,吐珠相酬,炜谢绝。后入南越王赵佗墓室,王赠以阳燧宝珠,并送归,又遣田夫人嫁炜。炜以卖宝珠成巨富,后散家财游仙而去②。事与祁氏《曲品》所述相符,剧当依此而敷衍。

◆《桃笑迹》(页947)

《庄目》卷九"下编传奇一·明代作品上",据《禁书总目》著录有宫抚辰所作《桃笑迹》传奇,称:"《曲录》附录亦载之,本事未详。"③

按:宫抚辰当作官抚辰,本书已有考证,此不赘述。本事方面,疑《桃笑迹》叙张笑桃、王鹗情事。据《绣谷春容》所收《古杭红梅记》载:唐时王鹗,乃唐安郡刺史王端之子,读书于州治中红梅阁下。一日,鹗与师李浩然登阁,见壁间题诗有"南枝向暖北枝寒"之句,遂手指阁前红梅,戏令开花。梅花果开,且清气袭人。师生惊愕,遂赋诗记其事。至夜半,鹗焚香夜读,有女子来访,欲与联情。鹗恐得罪名教,闭门不纳,女抱恨而去。次夜又来,并留诗案上,以寄情思。鹗情不自胜,终与之欢会。女自称为张笑桃,乃南宫仙品,并引之与众仙女相见,聚饮赋诗。鹗以此情事告之父母,父母备大礼以迎新妇,欲伺机驱妖。然笑桃了不为意,从容中度,出言成文,使公婆释疑。朝廷选士,桃以三场题目示鹗,并挥笔代为作文,令鹗熟记。鹗果然大魁天下,得授眉州金判,携桃赴任。在任所,有秀才巴潜来访,此乃蛇精所化,曾欲霸占梅仙笑桃,未得逞,故再次来纠缠。桃令鹗以剑击之,蛇精脱逃。鹗

---

① 庄一拂编著:《古典戏曲存目汇考》中册,上海古籍出版社,1982年,第942页。
② 李昉等编:《太平广记》第一册,中华书局,1961年,第216—220页。
③ 庄一拂编著:《古典戏曲存目汇考》中册,上海古籍出版社,1982年,第947页。

偕同僚游三峰山,强桃同往,桃为蛇精劫入洞穴。万岁大王幻作道士,灭蛇救桃出,夫妇得以重会。后来,桃生有子女,升天而去①。《国色天香》亦载有此事。

◆《红丝记》(页952)

《庄目》卷九"下编传奇一·明代作品上",著录有许三阶所作《红丝记》,并引《远山堂曲品》谓:"郭代公之生平,《四义》传之鄙而杂。此以采丝为婚姻之始,驱虏为功名之终,结构殊恰。"②然未注明本事出处。

按:五代王仁裕《开元天宝遗事》卷上"牵红丝娶妇"条谓:"郭元振少时,美风姿,有才艺,宰相张嘉贞欲纳为婿。元振曰:'知公门下有女五人,未知孰陋。事不可仓卒,更待忖之。'张曰:'吾女各有姿色,即不知谁是匹偶。以子风骨奇秀,非常人也,吾欲令五女各持一丝,幔前使子取便牵之,得者为婿。'元振欣然从命,遂牵一红丝线,得第三女,大有姿色,后果然随夫贵达也。"③《红丝记》事本于此。

◆《续缘记》(页954)

《庄目》卷九"下编传奇一·明代作品上"于汪宗姬名下著录此剧,谓:"此戏未见著录。《传奇汇考标目》别本于汪氏名下补有此本,注云:'洛神事。'佚。"④

按:本剧叙书生萧旷与洛水神女结好事。见《太平广记》卷三一一引《传记》,谓:"太和处士萧旷,自洛东游,至孝义馆,夜憩于双美亭。时月朗风清,旷善琴,遂取琴弹之。夜半,调甚苦。俄闻洛水之上有长叹者,渐相逼,乃一美人。旷因舍琴而揖之曰:'彼何人斯?'女曰:'洛浦神女也,昔陈思王有赋,子不忆耶?'旷曰:'然。'旷又问曰:'或闻洛神即甄皇后,谢世,陈思王遇其魄于洛滨,遂为《感甄赋》。后觉事之不正,改为《洛神赋》,托意于宓妃,有之乎?'女曰:'妾即甄后也,为慕陈思王之才调,文帝怒而幽死。后精魄遇王洛水之上,叙其冤抑,因感而赋之。觉事不典,易其题。乃不缪矣。'俄有双鬟持茵席,具酒肴而至。谓旷曰:'妾为袁家新妇时,性好鼓琴。每弹至《悲风》及《三峡流泉》,未尝不尽夕而止。适闻君琴韵清雅,愿一听之。'旷乃弹《别鹤操》及《悲风》。神女长叹曰:'真蔡中郎之俦也。'问旷

---

① 赤心子、吴敬所编辑:《绣谷春容》,江苏古籍出版社,1994年,第337—353页。
② 庄一拂编著:《古典戏曲存目汇考》中册,上海古籍出版社,1982年,第952页。
③ 王仁裕等撰:《开元天宝遗事十种》,丁如明辑校,上海古籍出版社,1985年,第70页。
④ 庄一拂编著:《古典戏曲存目汇考》中册,上海古籍出版社,1982年,第954页。

曰:'陈思王《洛神赋》如何?'旷曰:'体物浏亮,为梁昭明之精选尔。'女微笑曰:'状妾之举止云:"翩若惊鸿,婉若游龙",得无疏矣。'旷曰:'陈思王之精魄今何在?'女曰:'见为遮须国王。'旷曰:'何为遮须国?'女曰:'刘聪子死而复生,语其父曰:"有人告某云:遮须国久无主,待汝父来作主。"即此国是也。'俄有一青衣引一女曰:'织绡娘子至矣。'神女曰:'洛浦龙王之处女,善织绡于水府,适令召之尔。'……神女遂命左右传觞叙语,情况昵洽,兰艳动人,若左琼枝而右玉树。缱绻永夕,感畅冥怀。旷曰:'遇二仙娥于此,真所谓双美亭也。'忽闻鸡鸣,神女乃留诗曰:'玉箸凝腮忆魏宫,朱丝一弄洗清风。明晨追赏应愁寂,沙渚烟销翠羽空。'织绡诗曰:'织绡泉底少欢娱,更劝萧郎尽酒壶。愁见玉琴弹别鹤,又将清泪滴真珠。'旷答二女诗曰:'红兰吐艳间夭桃,自喜寻芳数已遭。珠佩鹊桥从此断,遥天空恨碧云高。'神女遂出明珠、翠羽二物赠旷曰:'此乃陈思王赋云"或采明珠,或拾翠羽",故有斯赠,以成《洛神赋》之咏也。'龙女出轻绡一疋赠旷曰:'若有胡人购之,非万金不可。'神女曰:'君有奇骨异相,当出世。但淡味薄俗,清襟养真,妾当为阴助。'言讫,超然蹑虚而去,无所睹矣。后旷保其珠绡,多游嵩岳。友人尝遇之,备写其事,今遁世不复见焉。"①另,《玉谷新簧》卷四上层收有《续缘记》中《玉箫送别》一齣,演韦皋与玉箫两世姻缘事。与本作同名而异事,非一剧也。《中国曲学大辞典》已作详细辨正②,此不赘举。

◆《覆鹿记》(页959)

《庄目》卷九"下编传奇一·明代作品上"于谢天瑞名下著录此剧,谓:"此戏未见著录。《传奇汇考标目》别本于谢氏名下著录之,注云:'《庄子》蕉鹿事。'佚。"③

按:蕉鹿事非出自《庄子》,乃见于《列子·周穆王》,曰:"郑人有薪于野者,遇骇鹿,御而击之,毙之。恐人见之也,遽而藏诸隍中,覆之以蕉,不胜其喜。俄而遗其所藏之处,遂以为梦焉。顺途而咏其事。旁人有闻者,用其言而取之。既归,告其室人曰:'向薪者梦得鹿而不知其处;吾今得之,彼直真梦者矣。'室人曰:'若将是梦见薪者之得鹿邪?讵有薪者邪?今真得鹿,是若之梦真邪?'夫曰:'吾据得鹿,何用知彼梦我梦邪?'薪者之归,不厌失鹿。其夜真梦藏之处,又梦得之之主。爽旦,案所梦而寻得之。遂讼而争之,

---

① 李昉等编:《太平广记》第七册,中华书局,1961年,第2459—2461页。
② 齐森华等主编:《中国曲学大辞典》,浙江教育出版社,1997年,第378页。
③ 庄一拂编著:《古典戏曲存目汇考》中册,上海古籍出版社,1982年,第959页。

归之士师。士师曰：'若初真得鹿，妄谓之梦；真梦得鹿，妄谓之实。彼真取若鹿，而与若争鹿。室人又谓梦认人鹿。无人得鹿。今据有此鹿，请二分之。'以闻郑君。郑君曰：'嘻！士师将复梦分人鹿乎？'访之国相。国相曰：'梦与不梦，臣所不能辨也。欲辨觉梦，唯黄帝、孔丘。今亡黄帝、孔丘，孰辨之哉？且恂士师之言可也。'"①本作即演此事，疑为讽刺喜剧。《传奇汇考标目》别本误注出处，《庄目》相沿而未改。

◆《鸳鸯扇》（页976）

《庄目》卷十"下编传奇二·明代作品下"，著录有卜不矜《鸳鸯扇》传奇，谓："此戏未见著录。载《嘉兴府志·秀水文苑传》。本事未详。"②

按：清初烟霞散人编次之小说《幻中真》（十回本）有入话《鸳鸯谱》（全称《司马元双订鸳鸯谱》），叙金陵司马元，其父彦，官拜御史，因弹劾奸臣严嵩，被革职为民，抑郁身亡。司马元应乡试，高中解元，又赴京应考，路经扬州。时山西御史吕祖绶，革职后亦住扬州。其女玉英貌美多才，曾自画己像于紫檀鸳鸯骨扇面，并题诗一首，嘱乳公张至诚以高价试卖，以暗中择婿。司马元重金购得，并和诗于上。玉英见诗大喜，许春闱得意后再来议亲。司马元至山东，扇与行囊为强人劫去。山大王乃是受严嵩陷害抄斩的辽阳总兵刘挺之子刘桂。司马元投宿店中，与托名桂天香的英俊少年得以相识，并结为兄弟。至京，高中探花，以未参谒严嵩，被遣往山东平乱，为吕祖绶军前参军。吕奉调入京，后行之玉英被劫入山寨。刘桂访之就里，待之以礼。司马元率轻骑探强人虚实，被俘入山寨。此时始知，刘桂乃总兵之女刘桂香乔扮，桂天香亦是其化名。司马元、吕祖绶招安刘桂香。司马元以功升翰林学士，与二女成婚。此作以鸳鸯扇贯串情节始终，《鸳鸯扇》一剧当与小说为同一题材。

◆《双梅记》（页977）

《庄目》卷十"下编传奇二·明代作品下"，载有史载言《双梅记》一种，并引《远山堂曲品》谓："此记合笱处，只在李清臣认水女为韩忆娥，月仙认士简为清臣。"③未注出本事。

按：宋李清臣有玉梳、金篦二妾。《宋人轶事汇编》卷一三引《墨庄漫

---

① 严北溟、严捷：《列子译注》，上海古籍出版社，1986年，第75—76页。
② 庄一拂编著：《古典戏曲存目汇考》中册，上海古籍出版社，1982年，第977页。
③ 庄一拂编著：《古典戏曲存目汇考》中册，上海古籍出版社，1982年，第977页。

录》云:"李资政邦直,有与韩魏公书曰:'前书戏问玉梳、金篦,侍白发翁,几欲淡死矣。然常山颇多老伶人,吹弹甚熟。日使教此五六人,近者稍便串。异时当令侍饮,期一醼觞也。'玉梳、金篦,盖邦直侍姬。人或问命名之意。邦直笑曰:'此俗所谓沙门置梳篦耳!'又有与魏公书曰:'旧日梳、篦困无恙,亦尝增添两三人,更似和尚撮头带子耳!'"①邦直,乃清臣字。本剧所叙,或由此而化出。

◆《稻花劫》(页978)

《庄目》卷十"下编传奇二·明代作品下"据《曲录》于李素甫名下著录《稻花劫》,并注曰:"本事未详。"②

按:本作疑叙三国吴钟离牧事。《三国志》卷六〇《吴志·钟离牧传》谓:"钟离牧字子干,会稽山阴人,汉鲁相意七世孙也。少爱居永兴,躬自垦田,种稻二十余亩。临熟,县民有识认之。牧曰:'本以田荒,故垦之耳。'遂以稻与县人。县长闻之,召民系狱,欲绳以法。牧为之请。长曰:'君慕承宫,自行义事;仆为民主,当以法率下,何得寝公宪而从君邪?'牧曰:'此是郡界,缘君意愿,故来暂住。今以少稻而杀此民,何心复留?'遂出装,还山阴。长自往止之,为释系民。民惭惧,率妻子春所取稻得六十斛米,送还牧。牧闭门不受。民输置道旁,莫有取者。牧由此发名。"③本作或叙其事。

◆《相如记》(页982)

《庄目》卷十"下编传奇二·明代作品下",收有韩上桂剧作《相如记》《凌云记》二目④。

按:《相如记》乃《凌云记》之异称,庄氏误为二剧,此处为一目多出。

◆《金凤钗》(页990)

《庄目》卷十"下编传奇二·明代作品下",著录有范文若所作《金凤钗》,称:"本事出《剪灯新话·金凤钗记》,与沈自晋《一种情》传奇题材同。远山堂《曲品》有《金凤钗》一目,不题撰者,云:'记魏鹏事,无《姻缘》《分钗》拒婚之苦。'则与沈作题材同。疑所云即此本。"⑤

---

① 丁传靖辑:《宋人轶事汇编》中册,中华书局,1981年,第703页。
② 庄一拂编著:《古典戏曲存目汇考》中册,上海古籍出版社,1982年,第978页。
③ 《二十五史》第二册,上海古籍出版社、上海书店,1986年,第1235页。
④ 庄一拂编著:《古典戏曲存目汇考》中册,上海古籍出版社,1982年,第982页。
⑤ 庄一拂编著:《古典戏曲存目汇考》中册,上海古籍出版社,1982年,第990页。

按:《剪灯新话·金凤钗记》乃叙崔兴哥与吴兴娘、庆娘情事,与魏鹏无涉。故此剧所叙当与《一种情》迥异。《剪灯余话·贾云华还魂记》叙书生魏鹏与平章之女贾云华有婚约,奉母命往访,私下交好。后以婚事不遂,云华身亡,乃借宋月娥之尸还魂,终与魏鹏结为夫妇。书中叙及魏生与云华弈棋重阴亭,并以金钏赌输赢事,故以之为重要关目。庄氏以剧名同于《剪灯新话》之小说而致误。

◆《轩辕记》(页996)

《庄目》卷十"下编传奇二·明代作品下",著录有王潾《轩辕记》,并引《远山堂曲品》谓:"郑仲经邂逅结姻,崔夫人终不说出心许之故,岂择婿者轻率至此哉。"①然未考本事。

按:本作当叙郑德懋与鬼女崔氏事。据唐张读《宣室志》卷一〇"郑德懋鬼婚"条载:"荥阳郑德懋,曾独乘马,逢一婢,姿色甚美,马前拜云:'崔夫人奉迎郑郎。'郑愕然曰:'素不识崔夫人,我又未婚,何迎之有?'婢曰:'夫人小女颇有容质。且以清门令族,宜相配敌。'郑知非人,坚拒之。俄有黄衣苍头十余人至,曰:'夫人趣郎。'迫辄控马,其行甚疾,耳中但闻风鸣,奄至一处,崇垣高门,外皆列植楸桐。郑立于门外,婢先白,须臾,命引郑郎入。进历数门,馆宇甚盛。夫人著青罗裙,年将四十,而姿容可爱,立于东阶下。侍婢八九,皆鲜整。郑趋诣再拜。夫人曰:'无怪相屈耶?以郑郎甲族美才,愿托姻好。小女无堪,幸能垂意。'郑见逼,不知所对,但唯唯而已。夫人乃堂上命引郑郎自西阶升。堂上悉以花罽荐地,左右施豹脚床,七宝屏风黄金屈膝,门垂碧箔,银钩珠珞,长筵列馔,皆极丰洁,乃命坐。夫人又善清谈,叙置轻重,世难与比。食毕,命酒,以银樽贮之,可三斗余,琥珀色,酌以镂杯,侍婢行酒,味极甘馥。向暮,一婢前曰,女郎已艳装讫。乃命引郑郎出就外间,浴以百味香汤,左右进衣冠履佩。美婢十人扶入,恣为调谑。自堂外门步至花烛,乃延就帐。女年十四五,姿色甚艳,目所未见;被服粲丽,冠绝当时。郑遂欣然。其夜成礼。明日,夫人命女舆就东堂,堂中置红罗绣帐,衾帏裀蓆,皆悉精绝。女善弹箜篌,曲词新异。郑问所迎婚前乘来马,今在何许?曰:'令已返矣。'如此百余日。郑虽情爱颇重,而心稍疑忌,因谓女曰:'可得同归乎?'女惨然曰:'幸托契会,得事巾栉,然幽冥理隔,不遂如何?'因涕泣交下。郑审其怪异,乃谓夫人曰:'家中相失,颇有疑怪。乞赐还也。'夫人曰:'过蒙见顾,良深感慕。然幽显殊途,理当暂隔。分离之际,

---

① 庄一拂编著:《古典戏曲存目汇考》中册,上海古籍出版社,1982年,第996页。

能不泫然。'郑亦泣下。乃大燕会,与别曰:'后三年当相迎也。'郑因拜辞。妇出门挥泪握手曰:'虽有后期,尚延年岁;欢会尚浅,乖离苦长。努力自爱!'郑亦悲惋。妇以衬体红衫及金钗一双赠别,曰:'若未相忘。以此为念。'乃分袂而去。夫人敕送郑郎,乃前青聪也,鞁带甚精。郑乘马出门,倏忽复至其家。奴遂云:'家中失君已一年矣。'视其所赠,皆真物也。其家语云:'郎君出行之后,其马自归,不见有人送回。'郑始寻其故处,惟见大坟,傍有小冢,茔前列树皆已枯矣,而前所见,悉华茂成荫。其左右人传云:'崔夫人及女郎墓也。'郑尤异之。自度三年之期,必当死矣。后至期,果见前所使婢乘车来迎,郑曰:'生死固有定命。苟得安处,吾复何忧。'乃为分判家事,预为终期。明日乃暴卒。"①所叙与祁氏《曲品》相符。《太平广记》卷三三四转引,题作"郑德懋"。冯梦龙《情史类略》卷一九《崔女郎》亦叙其事,文字几乎全同。崔夫人何以强行招赘郑生,各书均未交代,与此剧所叙同。

◆**《丽鸟媒》(页1014)**

《庄目》卷十"下编传奇二·明代作品下",据《今乐考证》著录有沈永乔传奇《丽鸟媒》,谓:"《曲录》据《传奇汇考》著录之,并见《南词新谱》。未刻稿。"②然未注明本事。

按:据《南词新谱》,《丽鸟媒》当是《丽鸟媒》之误刊。此剧本事当与小说《生绡剪》第三回《丽鸟儿是个头敌　弹弓儿做了媒人》(篱隐君著)相同③。小说叙溧阳书生奚冠(字章甫),多才艺,性喜游山水,寄居秣陵淮清河畔。永懿侯俞楠居于此地太平庄,且性鸷傲,爱养珍禽。倭进贡丽鸟经南都,俞楠见鸟毛羽异常,说话似人,遂费银数千,贿赂礼部与内侍,将鸟私自截留。且视鸟如命,派宠姬专门看管,稍有失误,便挞伐加身。奚冠孤寂无聊,挟弹弓出外打鸟,将丽鸟射死,被众仆女拖住来见管鸟之巫姬。巫姬担心俞楠归来,己将有杀身之祸,遂偕同奚冠逃往湖州归安,并结为夫妻。奚冠赴应天乡试,举人及第,巫姬却被强人胡凹鼻诓入扬州,欲卖入青楼。幸为送客至扬州的奚冠撞破,使其脱险。进京会试,冠又擢高第,得任翰林院编修,夫妇相守以终。

---

① 张读:《宣室志》,中华书局,1983年,第127—129页。
② 庄一拂编著:《古典戏曲存目汇考》中册,上海古籍出版社,1982年,第1014页。
③ 《生绡剪》,春风文艺出版社,1987年,第53页。

◆《诗会记》(页1016)

《庄目》卷十"下编传奇二·明代作品下",于"闻玉"名下著录有《诗会记》一种,并引《远山堂曲品》云:"向传有士人妻为姑所迫,从商舶过金山,题诗以明志者。"①然未注出本事。

按:此作当叙李妙惠事。冯梦龙《情史类略》卷一《情贞类·李妙慧》故事梗概大致如下:扬州李妙慧,嫁与同里卢举人为妻。卢应试落榜不归,乡人误传已死。值岁大饥,家不自给。父母令妙慧改嫁临川盐商谢子启。妙慧求死不得,勉从焉。然坚侍谢母之侧,使谢无从得犯。舟过京口,遂题诗于金山寺壁:"一自当年拆凤凰,至今消息两茫茫。盖棺不作横金妇,入地还从折桂郎。彭泽晓烟归宿梦,潇湘夜雨悉断肠。新诗写向金山寺,高挂云帆过豫章。"并题名于诗后。卢某会试及第,以事返乡,知妻已嫁,大为悲伤。后经金山寺,见壁上题诗,乃着意寻访。又借助封疆大吏徐某之力,差仆役驾小艇沿盐船念诵金山寺题诗,果访得妙慧。夫妇欢会如初。据冯氏所云,此为明弘治二年事。本作当依此而敷衍。

◆《去思记》(页1020)

《庄目》卷十"下编传奇二·明代作品下"著录此剧,谓:"远山堂《曲品》著录。其他戏曲书簿未见著录。《曲品》云:'王公铁令姑熟,保境御倭,倭贼呼之为王铁面。华荡之役,卒以身殉,惜哉。姑熟志去思焉,遂有是记。词白严整,意境俱惬,令阅者忽而击案称快,忽而慷慨下泣。佚。"②

按:王铁或是王忬之误。据《明史》卷二九〇《忠义二·王忬》:"王忬,字德威,顺天人。嘉靖二十九年进士。授常熟知县。滨海多大猾,匿亡命作奸,忬悉寘其罪。倭患起,忬语诸猾曰:'何以报我?'咸请效死。于是立耆长,部署子弟得数百人,合防卒训练。县故无城,忬率士卒城之。倭来薄,数御却之。已,自三丈浦分掠常熟、江阴。参政任环令忬与指挥孔焘分统官民兵三千,破其寨,斩首百五十有奇,焚二十七艘,余倭皆遁。复掠旁县,将由尚湖还海。忬愤曰:'贼尚敢涉吾地邪?必击杀之。'"③

◆《绣衣记》(页1049)

《庄目》卷十"下编传奇二·明代作品下"于暨廷熙名下收有此剧,著录

---

① 庄一拂编著:《古典戏曲存目汇考》中册,上海古籍出版社,1982年,第1016页。
② 庄一拂编著:《古典戏曲存目汇考》中册,上海古籍出版社,1982年,第1020页。
③ 张廷玉等撰:《明史》第二十四册,中华书局,1974年,第7437页。

曰:"远山堂《曲品》著录。其他戏曲书簿未见著录。《曲品》云:'袭《琵琶》之粗处,而略入己意,便荒谬不堪。此等词,皆梨园子弟自制者。在元之《娟夫词》,几与王、马诸公为敌,今竟绝响矣。'佚。"①

按:此剧在明代戏曲选本中尚有残存。《群音类选》"诸腔类"卷四收有该剧之《蓦见绣衣》一齣。唱【称人心】【一江风】【驻马听】三曲。大意谓:某书生为谋取功名,与妻离别。临行,妻以绣衣半幅留作表记,另半幅送夫随身携带。生入京谋得官职,为某官强赘入府中。一日,父称于长街买得贸婆绣衣、罗帕,令女习女红仿效之。夫侦得此事,见绣衣乃己家故物,遂引发思乡之情,悲痛不已。

◆《香裘记》(页1053)

《庄目》卷十"下编传奇二·明代作品下",著录有金怀玉所作《香裘记》,并谓:"《今乐考证》著录。吕天成《曲品》、远山堂《曲品》《传奇品》《曲考》《曲海目》《曲录》并见著录。远山堂《曲品》作《香毬》,并云:'记中备江秘之状,堪为败家子下一针砭。'佚。"②

按:"香裘",当作"香毬",吴书荫《曲品校注》已作订正③。黄仕忠《日本所藏中国戏曲文献研究》述及此剧时,称:"《分类舶载书目》简录作'新撰五伦全备江状元香耗记一本'。未题撰者。据第五函录此剧复本作'新撰五伦全备江秘香毬记,上下,同第一函江状元香毬记',可知'香耗记'系'香毬记'之讹。"④甚是。又,湖口青阳腔有《香毬记》一剧,演湖广书生姜碧与九江知府女徐玉兰爱情事,亦穿插纨绔子弟姜质败家之状。江西省文化局剧目工作室于1959年12月所编印的《江西戏曲传统剧目汇编》"青阳腔"(第一集)收有该剧,是以清光绪十八年都昌高腔艺人钞本为依据而校勘。此当系从明传奇《香毬记》演化而来,唯人名作姜碧、姜质。

◆《齐人记》(沈季彪撰)(页1080)

《庄目》卷十"下编传奇二·明代作品下",著录有沈季彪所作此剧,称:"《传奇汇考标目》别本著录之。其他戏曲书簿未见记载。"⑤未叙及此作本事。

---

① 庄一拂编著:《古典戏曲存目汇考》中册,上海古籍出版社,1982年,第1049页。
② 庄一拂编著:《古典戏曲存目汇考》中册,上海古籍出版社,1982年,第1053页。
③ 吕天成撰、吴书荫校注:《曲品校注》,中华书局,1990年,第361页。
④ 黄仕忠:《日本所藏中国戏曲文献研究》,高等教育出版社,2011年,第177页。
⑤ 庄一拂编著:《古典戏曲存目汇考》中册,上海古籍出版社,1982年,第1080页。

按:《孟子·离娄下》谓:"齐人有一妻一妾而处室者,其良人出,则必餍酒肉而后反。其妻问所与饮食者,则尽富贵也。其妻告其妾曰:'良人出,则必餍酒肉而后反;问其与饮食者,尽富贵也,而未尝有显者来,吾将瞷良人之所之也。'蚤起,施从良人之所之,遍国中无与立谈者。卒之东郭墦间,之祭者,乞其余;不足,又顾而之他——此其为餍足之道也。其妻归,告其妾,曰:'良人者,所仰望而终身也。今若此——'与其妾讪其良人,而相泣于中庭,而良人未之知也,施施从外来,骄其妻妾。"①疑本作演其事,与孙仁孺《东郭记》题材相类。

◆《红叶记》(页 1081)

《庄目》卷十"下编传奇二·明代作品下",著录有李长祚所作本剧,未叙及本事②。

按:宋刘斧《青琐高议》"前集卷之五"有张实《流红记》,叙唐代书生于祐,于御沟拾得红叶,见上题诗云:"流水何太急,深宫尽日闲。殷勤谢红叶,好去到人间。"复题诗于上,置红叶于上流水中,使其流入宫。后帝遣发宫女外嫁,祐得与题诗之宫人韩氏成婚。韩氏复题诗曰:"一联佳句题流水,十载幽思满素怀。今日却成鸾凤友,方知红叶是良媒。"③本作演其事,与王骥德《题红记》、祝长生《红叶记》题材均相同。

◆《白乳记》(页 1084)

《庄目》卷十"下编传奇二·明代作品下",著录有苗君稷所作传奇《白乳记》,称:"本事未详。"④

按:唐刘肃《大唐新语》卷一二《劝励》谓:"韩思彦以御史巡察于蜀。成都富商积财巨万,兄弟三人,分资不平争诉。长吏受其财贿,不决与夺。思彦推案数日,令厨者奉乳自饮讫,以其余乳赐争财者,谓之曰:'汝兄弟久禁,当饥渴,可饮此乳。'才遍,兄弟窃相语,遂号哭攀援,相咬肩膊,良久不解,但言曰:'蛮夷不识孝义,恶妻儿离间,以至是。侍御岂不以兄弟同母乳耶?'复擗踊悲号,不自胜,左右莫不流涕。请同居如初。思彦以状闻,敕付史官,时议美之。"⑤《新唐书》卷一一二《韩思彦传》亦载此事,然情节稍减。

---

① 杨伯峻译注:《孟子译注》上册,中华书局,1960 年,第 203 页。
② 庄一拂编著:《古典戏曲存目汇考》中册,上海古籍出版社,1982 年,第 1081 页。
③ 刘斧撰辑:《青琐高议》,上海古籍出版社,1983 年,第 51—54 页。
④ 庄一拂编著:《古典戏曲存目汇考》中册,上海古籍出版社,1982 年,第 1084 页。
⑤ 刘肃:《大唐新语》,中华书局,1984 年,第 178 页。

本作或就此事而敷衍。

◆《小江东》（页1099）

《庄目》卷十"下编传奇二·明代作品下"，著录有小斋主人所作传奇二种：《小江东》《补天记》。均据《传奇汇考标目》别本①。

按：《小江东》与《补天记》，实则为一剧而异称。小斋主人《〈补天记〉自序》谓："《小江东》之作，何所取义？因见旧有《单刀会》传奇一剧，首句辞曰：'大江东巨浪千迭'，盖言江水之大也。今则改而为小者，乃以当日江东君臣局量狭隘，志气卑薨而说也。夫荆州虽寸土，实用武之地，诚得雄谋盖世，四海归心，……予以感慨之余，成此不经之说，不过欲洗单刀会一番小气，以开圣贤真境耳。补天之荒诞，巾帼之乔奇，亦无非破涕为笑，作逢场戏，如是观也。"②《传奇汇考标目》别本，误一剧为二剧，《庄目》未察，亦沿其误。

◆《袁文正还魂记》（页1113）

《庄目》卷十"下编传奇二·明代作品下"著录有欣欣客《袁文正还魂记》一种，于叙述该剧版本及内容概要后谓："全剧二十七齣，亦《龙图公案》剧之一。"③然未详注出处。

按：此事见《龙图公案》卷七《狮儿巷》所叙事，即《包龙图判百家公案》第四十九回"当场判放曹国舅"，大意谓："仁宗出榜招贤。潮州秀才袁文正闻知，携妻张氏与幼子同至东京。不料张氏为曹二国舅所见，思得之，诱秀才夫妇入府，密将秀才勒死，要收张氏为妾，张氏不从。因园中闹鬼，二国舅携张氏移居郑州。秀才鬼魂告至包公处。公先从曹府花园井中捞获秀才尸首。二国舅闻告，又欲将张氏杀死灭口，为曹家张院公救出，往包公处告状，又为大国舅所见，被打昏死。后终于见着包公。包公拿捉两个国舅，虽皇后、仁宗求情，包公还是斩了二国舅，直到仁宗大赦天下，包公方免大国舅死罪。自此，大国舅入山修行，后入仙班。"④

---

① 庄一拂编著：《古典戏曲存目汇考》中册，上海古籍出版社，1982年，第1099页。
② 蔡毅编著：《中国古典戏曲序跋汇编》第二册，齐鲁书社，1989年，第1434—1435页。
③ 庄一拂编著：《古典戏曲存目汇考》中册，上海古籍出版社，1982年，第1113页。
④ 江苏省社会科学院明清小说研究中心编：《中国通俗小说总目提要》，中国文联出版公司，1990年，第108页。

◆《坠楼记》(页1122)

《庄目》卷十"下编传奇二·明代作品下",著录有云溪散人《坠楼记》传奇,未叙及此剧本事①。

按:明何大抡《燕居笔记》卷一〇收录有话本《绿珠坠楼记》,叙晋时石崇以江上射鱼为生,曾助老龙王将下江小龙射死,老龙王以金宝珠玉相赠,崇遂成敌国之富。买大宅于城中,起造金谷园,以六斛明珠购绿珠为妾。国舅王恺,每斗宝,均不及崇,心怀妒忌,欲加害之,并谋夺绿珠。于是,恺与其姐王皇后共谋,上奏朝廷,诬石崇以不轨,将崇锁拿入狱,尽没其家财,欲抢绿珠为妾。珠拒不受辱,坠楼身死。本作演其事。元关汉卿有《金谷园绿珠坠楼》杂剧,题材同。

◆《灌城记》(页1126)

《庄目》卷十"下编传奇二·明代作品下"著录有隐求《灌城记》一种,谓:"远山堂《曲品》著录。其他戏曲书簿未见著录。《曲品》云:'记宁夏哱拜事。有《赐剑》《龙剑》二记,不若此记畅达。按《赐剑记》为陈德中撰,《龙剑记》为吴大震撰。"②然未注本事出处。

按:《明史》卷二二八《魏学增传》谓:"魏学曾,字惟贯,泾阳人。嘉靖三十二年进士。……明年,哱拜反,遂煽诸部为乱。拜,西部人也。嘉靖中得罪其部长,父兄皆见杀,拜跳脱来降,骁勇屡立战功。前督抚王崇古、石茂华先后奏加副总兵,遂多畜亡命。子承恩,拜梦妖物入妻施胁而生,狼形枭啼,性狠戾。拜老,承恩袭父爵。十九年,洮、河告警,御史周弘禴举承恩及指挥土文秀、拜义子哱云等。巡抚党馨檄文秀西援,拜谒经略郑洛,愿与子承恩从出师。馨恶其自荐,抑损之,拜以故心怨。至金城,见诸镇兵皆出其下。比贼退,取道塞外还,寇骑遇之皆辟易,遂有轻中外心。馨数裁拜,且按承恩罪笞之二十,云、文秀亦以他故怨馨。会戍卒请衣粮久弗给,拜遂嗾军锋刘东旸、许朝作乱。二十年三月杀馨及副使石继芳,逼总兵官张维忠缢死。云、文秀杀游击梁琦、守备马承光,东旸称总兵,奉拜为谋主,承恩、朝为左、右副总兵,云、文秀为左、右参将。承恩遂陷玉泉营、中卫、广武,河西望风靡。惟文秀徇平虏,参将萧如薰坚守不下。贼既取河西四十七堡,且渡河,

---

① 庄一拂编著:《古典戏曲存目汇考》中册,上海古籍出版社,1982年,第1122页。
② 庄一拂编著:《古典戏曲存目汇考》中册,上海古籍出版社,1982年,第1126页。

复诱河套著力兔、宰僧犯平虏、花马池。全陕皆震动。"①"初，学曾欲招东旸、朝，令杀拜父子赎罪，遣卒叶得新往。四人方约同死，折得新胫，置之狱。巡抚朱正色以贼诡请降，而张杰尝总宁夏兵，故与拜善，遣杰入城招之。朝乃舁得新见杰，得新大骂贼，被杀，杰亦系不遣。而学曾以贼求抚为之请，帝切责。及是，城中百户姚钦、武生张遐龄射书城外，约内应，夜半举火。外兵不至，贼杀其党五十人，钦縋城出，来奔。当是时，贼外以求抚缓兵，而阴结寇为助，然粮尽，势且困。七月，学曾与梦熊、国桢定计，决黄河大坝水灌之，水抵城下。时套寇卜失兔、庄秃赖以三万骑犯定边、小盐池，用土昧铁雷为前锋，而别遣宰僧以万骑从花马池西沙湃口入，为拜声援。麻贵击之右沟，寇稍挫，分趋下马关及鸣沙洲。学曾令游击龚子敬扼沙湃口，而檄延绥总兵官董一元捣土昧铁雷巢，斩首百三十余级，寇大惊引去。遇子敬，围之十重，子敬死，寇亦去，贼援遂绝。学曾益决大坝水。八月，河决堤坏，复缮治之，城外水深八九尺，东西城崩百余丈。著力兔、宰僧复入李刚堡。如松、贵等击败之，追奔至贺兰山。贼益惧求款，未决，会学曾得罪罢。朝命以梦熊代，梦熊遂成功。初，学曾之遣人招东旸、朝也，留固原十余日以俟之，帝责其玩寇；李昫渡河又稍迟，松山、河套寇先入，官军用是再失利。学曾尝上疏令监军无与兵事，帝为饬国桢如其言，国桢颇憾之。及至军，勔诸将观望，而颇以玩寇为学曾罪。给事中许子伟亦劾学曾惑于招抚，误国事。国桢又言佥事随府从城上跃下，贼令四人下取，我军咫尺不敢前；又北寇数万断我粮道，杀戮无算，匿不以奏。帝遂大怒，逮学曾至京。然学曾逮未逾月，城坏而大军入，贼竟以破灭。梦熊既代学曾，亦赐尚方剑。时调度灵州，独国桢监军宁夏。贼被围久，食尽无援，而城受水浸，益大崩。国桢挟诸将趋南关。秉忠先登，国桢大呼，诸将毕登。贼退据大城，攻数日不下。国桢使间给东旸、朝、承恩互相杀，以降贳其罪。三人内猜疑，东旸、朝遂先诱杀承恩党文秀。承恩亦与其党周国柱诱东旸、朝杀之；尽悬东旸、朝、文秀首城上，开门降。如松率兵围拜家。拜仓皇缢，阖室自焚死。梦熊自灵州驰至，下令尽诛拜党及降人二千，慰问宗室士庶。宁夏平。梦熊、正色、国桢各上捷奏，而俘承恩献京师。帝御门受贺，诏磔承恩于市，梦熊、正色、国桢各荫世官，如松功第一，如薰、贵、秉忠等加恩有差。学曾初夺职为民，叙功，以原官致仕。"②"赐剑""灌城"诸情节，皆见于此传。本作当据史事而敷衍。

---

① 张廷玉等撰：《明史》第二十册，中华书局，1974年，第5975—5977页。
② 张廷玉等撰：《明史》第二十册，中华书局，1974年，第5979—5980页。

◆《绿华轩》(页1127)

《庄目》卷十"下编传奇二·明代作品下"收有仲仁《绿华轩》一种,并称:"远山堂《曲品》著录。其他戏曲书簿未见著录。《曲品》云:'和生陷身匈奴,卒投贼以杀贼,功成而名不居,不识缝掖中乃有能出奇若此者。作者刻意求新异,亦刻意求华正,故自佳。'佚。"①

按:清初粲花主人选辑、西湖漫史点评《新镌汇选昆调歌林拾翠》卷之二收有传奇剧《绿华轩》中《默契》《砥节》《情感》等龃②。该剧吕天成《曲品》未予著录。

◆《玉符记》(页1138)

《庄目》卷十一"下编传奇三·清代作品上",于袁于令名下著录有《玉符记》,并谓:"《今乐考证》有吉衣道人一本,下注'一云袁令昭作'。"③

按:《玉符记》确为袁于令作。焦循《剧说》卷四引卓珂月《残唐再创小引》云:"今冬逋凫公、子塞于西湖,则凫公复示我《玉符》南剧,子塞复示我《残唐再创》北剧,要皆感愤时事而立言者。凫公之作,直陈崔、魏事,而子塞则假借黄巢、田令孜一案,刺讥当世。"④可补《今乐考证》之不足。凫公,乃袁于令号。明代另有《玉符记》,演吕不韦事,与本作题材迥异。

◆《梅花谶》(页1180)

《庄目》卷十一"下编传奇三·清代作品上"著录,曰:"《今乐考证》著录。其他戏曲书簿未见著录。陈文述云:海昌查伊璜孝廉有此院本。本事未详。佚。"⑤

按:清沈起撰、汪茂和点校《查东山先生年谱》附录一《东山外纪》载曰:"先生审音事,癸未草传奇《梅花谶》,入郑所南《心史》一节及稗记中山狂人自到事,大略志节义云。方七月草成,忽庭梅花开西南枝。或曰:'笔墨感无知矣。'先生曰:'非时不祥。'既携书入闽。见兴化郑郊,为所南后裔,尚未知井史事,遂存副本。及归,为甲申三月之十七日矣。传中有云:'贴招

---

① 庄一拂编著:《古典戏曲存目汇考》中册,上海古籍出版社,1982年,第1127—1128页。
② 马廉著、刘倩编:《马隅卿小说戏曲论集》,中华书局,2006年,第197页。
③ 庄一拂编著:《古典戏曲存目汇考》中册,上海古籍出版社,1982年,第1138页。
④ 中国戏曲研究院编:《中国古典戏曲论著集成》第八册,中国戏剧出版社,1959年,第171页。
⑤ 庄一拂编著:《古典戏曲存目汇考》中册,上海古籍出版社,1982年,第1180页。

寻日月,诗倚托身心。'嗟乎,谶运矣！又半剧为书生掷笔弄兵事,数年,三吴果应此谶。"①该谱癸未(崇祯十六年,1643)[补]曰:"癸未,草传奇《梅花谶》……"②同书还载:"戊戌欲避罗浮,不果。先生作《梅花谶》传奇,以翠羽美人陪和靖林先生登场,续成许生《梅花诗》百首。及入粤,而罗浮尽绿林遮去矣。先生作歌以望之,有云:'最是苍葱竹节长,璇岛瑶宫,七十二所杳难跂。'余曾填词'翠羽向孤山正好',和靖先生共入《梅花》戏,末云:'胜地不获承好面,亦似孤贞寡同志。相思望望隔云峰,安得双燕冲虚夜飞去！'"③由此可知该剧情节之概况。

《梅花谶》一剧作于崇祯十六年,《庄目》将之归入"清代作品上",显误。这一点,《清代戏曲家丛考》④《中国曲学大辞典》等著作均已指出⑤,可参看。

另,清周春《耄余诗话》卷一〇收有查继佐小传,可参看。

◆《鸣鸿度》(页1180)

《庄目》卷十一"下编传奇三・清代作品上"曾予著录,略谓:"《曲录》著录。其他戏曲书簿未见著录。"⑥然未叙及该剧本事。

按:清沈起撰、汪茂和点校《查东山先生年谱》附录一《东山外纪》载曰:"《鸣鸿度》之作,存梅福门卒事。汉史以刘向故,宽其子歆。作者深求歆,为歆傅粉登场,鸿能知运,甚歆之不能知运也。书且就,偶简得梅子真得道飞鸿山,遂曰:'吾何知神合如此,鸿飞而天下定矣。'其开场以北音集《易》为填词,长短平仄如谱,且用韵最奇,体亦创见。"⑦梅福,史有其人,事见《汉书》本传。

又,《历世真仙体道通鉴》卷一五《梅福》载曰:"梅福,字子真,九江寿春人也。少学长安,明《尚书》《谷梁春秋》,为郡文学,补南昌尉。汉成帝委任大将军王凤。凤专执擅权,而京兆尹三章素忠直,讥刺凤,为凤所诛。王氏浸盛,灾异数见,群下莫敢正言。福复上书,讥切王氏,上不纳。又成帝久亡继嗣,福以为立建三统,封孔子之世,以为殷后。复上书,终不见纳。是时,福居家读书养性为事,至平帝元始中王莽专政,福一朝弃妻子去九江,为吴

---

① 沈起:《查继佐年谱》,汪茂和点校,中华书局,1992年,第95页。
② 沈起:《查继佐年谱》,汪茂和点校,中华书局,1992年,第38页。
③ 沈起:《查继佐年谱》,汪茂和点校,中华书局,1992年,第133—134页。
④ 陆萼庭:《清代戏曲家丛考》,学林出版社,1995年,第27页。
⑤ 齐森华等主编:《中国曲学大辞典》,浙江教育出版社,1997年,第416页。
⑥ 庄一拂编著:《古典戏曲存目汇考》中册,上海古籍出版社,1982年,第1180页。
⑦ 沈起:《查继佐年谱》,汪茂和点校,中华书局,1992年,第109页。

市门卒云。"①该剧并杂以当时事。

《东山外纪》又载:"初,先生家鲁生子久不遇,愤卧病六昼夜,见道者自称呆庵,言:'人心如日,不可使着纤翳。上天降鉴,些子不差。'醒而自号曰庵。壬午忽告先生:'秋隽,吾家二人。'自署名第几。先生以其病语,不然之,姑曰:'即可知闱题目?'应声'君子务本'云云。已而一一不爽。从此病且愈,辄好讲道,自以为病中神人教之。与先生议道不合,至戟须眉曰:'神人之言,乃不如敬修老子?'嗣有及门数人某某,坐酉戌之故,感激如鲁生病,好言未然,事多不恭,家人闭室中,不令出见人。先生曰:'此病第一念在诚,或通神。'因以汉狂女子碧入《鸣鸿度》剧中,云碧故能先知,本鲁生事,以为或有然也。"②由此可知。

◆《白门柳》(页1191)

《庄目》卷十一"下编传奇三·清代作品上"于龚鼎孳名下著录此剧,曰:"此戏未见著录。《众香词》云:顾媚,字眉生,善画兰。归龚尚书芝麓。客有乞画兰者,画款所书横波夫人是也。以病死,敛时现老僧相。尚书撰《白门柳》传奇行世。佚。"③

按:余怀《板桥杂记》亦曾叙及,谓:

顾媚,字眉生,又名眉。庄妍靓雅,风度超群。鬓发如云,桃花满面。弓弯纤小,腰支轻亚。通文史,善画兰,追步马守真,而姿容胜之。时人推为南曲第一。家有眉楼,绮窗绣帘。牙签玉轴,堆列几案;瑶琴锦瑟,陈设左右。香烟缭绕,檐马丁当。余常戏之曰:"此非眉楼,乃迷楼也。"人遂以"迷楼"称之。当是时,江南侈靡。文酒之宴,红妆与乌巾、紫裘相间,座无眉娘不乐。而尤艳顾家厨食,品差拟郇公、李太尉,以故设筵眉楼者无虚日。……未几,归合肥龚尚书芝麓。尚书雄豪盖代,视金玉如泥沙粪土。得眉娘佐之,益轻财好客,怜才下士,名誉盛于往时。客有求尚书诗文及乞画兰者,缣笺劲盈箧笥,画款所书"横波夫人"者也。岁丁酉,尚书挈夫人重过金陵,寓市隐园中林堂。值夫人生辰,张灯开宴,请召宾客数十百辈,命老梨园郭长春等演剧。酒客丁继之、张燕筑及二王郎,(原注:中翰王式之、水部王恒之。)串《王母瑶池宴》。夫人垂珠帘,召旧日同居南曲呼姊妹行者与燕,李六娘、十娘、王

---

① 胡道静等选辑:《道藏要籍选刊》第六册,上海古籍出版社,1989年,第88页。
② 沈起:《查继佐年谱》,汪茂和点校,中华书局,1992年,第120页。
③ 庄一拂编著:《古典戏曲存目汇考》中册,上海古籍出版社,1982年,第1191页。

节娘皆在焉。时尚书门人楚严某，赴浙监司任，逗留居樽下，褰帘长跪，捧卮称："贱子上寿！"坐者皆离席伏。夫人欣然为罄三爵，尚书意甚得也。……嗣后，还京师，以病死。敛时，现老僧相。吊者车数百乘，备极哀荣。改姓徐氏，世又称徐夫人。尚书有《白门柳传奇》行于世。顾眉生既属龚芝麓，百计求嗣，而卒无子。甚至雕异香木为男，四肢俱动，锦绷绣褓，顾乳母开怀哺之，保母褰襟作便溺状。内外通称"小相公"，龚亦不之禁也。时龚以奉常寓湖上，杭人目为"人妖"。后龚竟以顾为亚妻。元配童氏，明两封孺人。龚入仕本朝，历官大宗伯。童夫人高尚，居合肥，不肯随宦京师。且曰："我经两受明封，以后本朝恩典，让顾太太可也。"顾遂专宠受封。呜呼！童夫人贤节过须眉男子多矣！①

可资参看。

◆《女开科》（页1193）

《庄目》卷十一"下编传奇三·清代作品上"，收有叶稚斐《女开科》传奇，并称："《今乐考证》著录。《新传奇品》《曲考》《曲海目》《曲录》并见著录。本事未详。"②

按：清代小说有《女开科传》（又名《花案奇闻》），题"岐山左臣编次""江表蠹庵参评"，叙书生余梦白，苏州人，意欲寻一才美双绝之女子为配，与梁文昭、张眉为同调，分别与青楼名妓倚妆、娟、弱芳结好，并互订婚约。青楼结社吟诗，梦白出资千两相助，仿朝廷科举之仪，作女开科，让众妓试诗。恶少诬以谋反告官，梦白等闻讯出逃。倚妆逃亡中落水遇救。梦白以为其已死，中进士后矢志不娶，后与倚妆相逢，始成婚。书中对科场弊端多所责斥，谓："如今世道凌夷，斯文扫地，上官不肯作兴士子，把考试当作一市生意。原价多少，新价多少，凭中说合，现银交易。"③愤世嫉俗之情可见。本剧所叙本事，当与小说大致相同。

◆《杨椒山传奇》（页1245）

《庄目》卷十一"下编传奇三·清代作品上"著录为《忠愍记》，题作者为吴绮。谓："《曲录》著录。《曲录》据杨恩寿《词余丛话》著录。其他戏曲

---

① 余怀：《余怀全集》下册，李金堂编校，上海古籍出版社，2011年，第416—417页。
② 庄一拂编著：《古典戏曲存目汇考》中册，上海古籍出版社，1982年，第1193页。
③ 《花案奇闻》，中国戏剧出版社，2000年，第282页。

书簿未见著录。演杨椒山事,与丁耀亢《蚺蛇胆》同时奉敕所谱。"①

按:此剧初名为《杨椒山传奇》。吴绮《林蕙堂全集》卷一七《亭皋诗集》收有《入署拜椒山杨先生祠》二首,其一谓:"排云宁计九重赊,犹剩清风满署衙。触佞角应同獬豸,驱奸胆不借蚺蛇。当年臣节何须补,异代君恩更有加。欲谱遗忠难握笔,先生原是古夔牙。"诗后注曰:"时奉命谱《椒山传奇》。"其二谓:"留将正气与乾坤,俎豆千秋此地存。筹国不堪言已验,捐躯益信舌难扪。谁夸龙比为僚友,已见鸾嵩少子孙。苹藻托交吾未敢,圣朝无事赋招魂。"②阮元《广陵诗事》曰:"吴蘭次绮顺治九年以拔贡生授中书舍人,奉诏谱《杨继盛传奇》。称旨,即以杨继盛之官官之,时以为荣。蘭次有《入署拜椒山杨先生祠,时奉命谱椒山传奇》诗。"③顾景星《白茅堂集》卷六收有《无锡舟中大风雨听张燕筑歌》三首,诗写于顺治五年(1648)戊子,其三谓:"椒山封事论河套,乐府流传万历初。昨日当场生意气,停杯叹绝老尚书。"句后注曰:"昨看燕筑演《椒山》。依本剧,尚书者,牧斋也。"组诗之小序曰:"(燕筑)金陵人,年八十三。"④张燕筑以八十三岁高龄,尚能演《杨椒山传奇》,可谓一奇。

◆《琼花梦》(页1246)

《庄目》卷十一"下编传奇三·清代作品上",据钞本、乾隆刻本著录为《江花梦》,并谓:"《今乐考证》《曲录》著录作《琼花梦》,《居易录》亦作《琼花梦》。周氏言言斋有《江花梦》精刊本,存上卷。吴晓铃藏有刊本,完整无缺。署雷岸居士填词,有赵士龄、蒋士铨序。凡二十八龂,系作者自传。叙琼花观花神托梦于江霖,手持一笺一剑。终于与持笺者袁餐霞、持剑者鲍云姬,演成一夫两妇团圆。"⑤

按:该剧在康熙间流布歌场时,当题作《琼花梦》。尤侗《龙石楼金陵纳姬四首》(之三)谓:"旧梦扬州后土祠,十年解佩讶来迟。天风吹下琼花种,开作人间连理枝。"诗后小注曰:"石楼感梦,曾制《琼花梦》乐府。"⑥王士禛作有《观演〈琼花梦〉传奇,柬龙石楼宫允八首》,其一谓:"歌舞并州暂许窥,心如墙壁阿谁知?尊前唱彻销魂曲,不奈横陈嚼蜡时。"其二谓:"歌似游丝

---

① 庄一拂编著:《古典戏曲存目汇考》中册,上海古籍出版社,1982年,第1245页。
② 吴绮:《林蕙堂全集》,清文渊阁四库全书本。
③ 钱仲联主编:《清诗纪事》第四册,江苏古籍出版社,1987年,第2249页。
④ 顾景星:《白茅堂集》,清康熙刻本。
⑤ 庄一拂编著:《古典戏曲存目汇考》中册,上海古籍出版社,1982年,第1246页。
⑥ 尤侗:《西堂诗集》于京集卷一,清康熙刻本。

袅碧空,舞如洛浦见惊鸿。三乡陌上闻风水,偷入《霓裳》曲调中。"其三谓:"临川遗迹草萧萧,绝调荆溪(原注:谓吴石渠)又寂寥。自招檀痕亲顾曲,江东惟有阿龙超。"①田雯《古欢堂集》卷一三"七言绝句"收有《冬夜招揆哉石楼鲁玉彦来文子小饮五首》,其四谓:"一串珠成夜若何,款冬花放傍檐阿。小伶按板无新曲,未谱蕃釐观里歌。"诗后注曰:"石楼著《琼花梦》传奇,都下梨园争演之。"②同书卷一四《乙亥除夕前四日偕诸子陪渔洋先生宴集,陆揆哉郎中寓斋,即事漫题四绝句。先是殷子彦来,以石花鱼见饷,故篇首及之》(之三)谓:"乐府风流竟绝伦,谱来宫徵亦清新。蕃釐观里游仙梦,羡尔嶔崎磊落人。"诗后注曰:"演《琼花梦》传奇。"③徐釚《南州草堂集》卷一三《戏柬雷岸》谓:"荳蔻初薰香已残,久将团扇箧中看。知君未醒琼花梦,天上还来问彩鸾。"诗后小注曰:"雷岸撰《琼花梦》剧。"④雷岸,即雷岸居士,乃龙燮别署。孔尚任亦有《燕台杂兴》组诗三十首,其三谓:"压倒临川旧羽商,白云楼子碧山堂。伤春未醒朦胧眼,又看人间梦两场。"诗后注曰:"玉池生作《扬州梦》传奇,龙改庵作《琼花梦》传奇,曾于碧山堂、白云楼两处扮演,予皆见之。"⑤改庵,亦龙燮别号,诸家诗作均题为《琼花梦》,可证。或至乾隆间刊行时,始改题《江花梦》。

郭英德谓:"《江花梦》,一名《江花乐府》,又名《琼花梦》《琼华梦》。"⑥陆林在考证《琼花梦》的版本和题名时认为:"应该指出,现当代学者评述或著录该剧时,均以《江花梦》为本名(谭正璧例外),这是错误的","改为《江花梦》,当为作者身后之事。"⑦陆氏所论确当。

◆《虎媒记》(页1248)

《庄目》卷十一"下编传奇三·清代作品上",著录有顾景星所作此剧,称:"此记一说嘉兴卜大荒作,顾景星为之序,不知孰是。见《剧说》。"⑧

按:清顾景星《白茅堂集》卷三五收有《虎媒剧引》一篇,谓:

封邵宣城太守不仁则化虎,左飞龙编工曹不职则化虎,郑袤为门下

---

① 王士禛:《带经堂集》卷五九,清康熙五十年程哲七略书堂刻本。
② 田雯:《古欢堂集》,清文渊阁四库全书本。
③ 田雯:《古欢堂集》,清文渊阁四库全书本。
④ 徐釚:《南州草堂集》,清康熙三十四年刻本。
⑤ 汪蔚林编:《孔尚任诗文集》,中华书局,1962年,第380页。
⑥ 郭英德编著:《明清传奇综录》上册,河北教育出版社,1997年,第737页。
⑦ 陆林:《清代戏曲家龙燮生平、剧作文献新考》,《文献》2010年第2期。
⑧ 庄一拂编著:《古典戏曲存目汇考》中册,上海古籍出版社,1982年,第1248页。

骆无状则化虎,游章、范端为里役苛人受钱则化虎,谯平不孝则化虎,牛哀不弟则化虎,蔺庭妹、袁州僧好窃盗则化虎,李积私孀杀命则化虎,人之不忠孝、诈狠无厌者,往往形未化而心已虎矣。至于本虎也,反若知仁义,邑有贤吏,则渡江,则出境;有高士,则负麓受骑,则衔鹿供食。襄阳秦孝子病,则往乳之。今黔峡间虎媒神祠者,相传乾元初尚书张镐女事也。又天宝末漳浦勤自励妻杜氏,大历中郑元方妻卢氏,亳州人,聘舅氏女,皆父母夺志,磨笄待死,向非虎驭,必至玉碎。而镐女不过远谪僭期,何劳於菟?惟是时,猪龙作觍,士女化离,堕虎狼之口,不可枚举,而神灵变化,使人知虎狼中犹有仁义者,此造化之用心,而吾友卜子传奇之所繇作也。玄宗幸蜀未归,剑州葭萌永归,益昌界多虎,嘉陵江忽有老妇人自称十八姨,恒来民家,不饮不食,每教谕曰:"但作好事,莫违负神理。若为恶事,我当令猫儿三五个巡检汝。"语毕,辄不见。然则以卜子当十八姨,以虎媒作猫儿,巡检可乎?庚戌牛女渡河夕虎头公笔。①

则明言该剧为其友卜子所作,《庄目》却归之顾景星名下,显误。顾氏《白茅堂集》卷一二又收有《虎媒篇题赠张子》一诗,谓:

辰州司户张尚书,萧条郡廨山林居。尚书幼女十五余,就中娣妹色最殊。谁家君子罗敷夫,蓝田裴尉玉不如。摽梅欲赋愁踟蹰,裴郎百两憾路迂。尚书宴女张绣裯,荒园日暮噪老乌。瞥见花下黄甐瓻,一虎跃出众走呼。可怜阿女千金躯,裴郎锦缆已在途。路傍有女啼呜呜,双环丽婢争相扶。爪牙不伤花雪肤,兰膏列照黄金炉。今夕何夕六合符,虎媒异事真有无。至今黔峡纷女巫,当时安史屠东都。翟衣红袖遭泥涂,乾元天子德政敷。三千怨女归乡闾,仳㒟兵革代不殊。人事错迕良缘徂,张郎感激胡为乎?灯前夜雨长欷歔,新翻乐府调吴歈。彩笔欲与云霞纡,东家倭傀歌将雏。卫娘鬓发秋已疏,呜呼张郎亦丈夫。高才蹭蹬无欢娱,吾闻王母虎齿金,天隅有三青鸟为之奴。为君锦字通麻姑,代问下色何足污。②

亦似在称说他人。卜子,或以为是晚明剧作家卜大荒,然证据不足。据《槜李诗系》:卜世臣,字长公,号兰史,秀水人。万历间文学。有诗未刻而殁。自题云:"正平简傲乏人知,此日并无大小儿。鸿宝著成谁鉴赏?好镌禹穴

---

① 顾景星:《白茅堂集》,清康熙刻本。
② 顾景星:《白茅堂集》,清康熙刻本。

葬吾诗。"又:"岁月苍茫事转非,欲逃海上筑渔矶。独留艳句三千首,尚有精光烛少微。"①亦自负甚矣。顾景星出生于明天启元年(1621),卒于清康熙二十六年(1687),而卜大荒万历间已以文学知名,年长顾氏数十岁,不可能以"吾友"称之。

◆《节义全》(页1265)

《庄目》卷十一"下编传奇三·清代作品上",著录有毛维坤《节义全》一剧,并谓:"此戏未见著录。《传奇汇考标目》别本于毛氏名下补有此目。《曲录》无名氏中著录作《节义先》,'先'字疑音讹误,当即此本。其他戏曲书簿未见记载,本事亦未详。佚。"②

按:《节义全》当为《节义仙》,庄氏推测"'先'字疑音讹误",实则"先"当作"仙"。清初何絜《晴江阁集》卷八"七言绝句"收有《拜海烈妇祠》三首,其一谓:"花龛高坐素罗裳,密密针缝旧样装。欲把湘东银管记,殷勤为献瑞麟香。"其二谓:"青青孤塚傍祠边,来往争传节义仙。(原注:有《节义仙》传奇。)忽遇盈盈垂髻妇,琵琶击断锦丝弦。"其三谓:"新碑七尺竖河干,博得行人拭泪看。我独云霞深处望,贞魂应驾旧青鸾。"③当演海烈妇事。清初陆次云《海烈妇传》载曰:

> 海烈妇,徐人陈再益妻也。陈质而愚,海秀而慧。康熙六年,时因秋涨,水没荒庐,无所得食。有所知宦云间,谋往寄迹。海曰:"人事不常,千里投亲,未知何似?不如休矣。"陈强之,同适毗陵,而闻所知者迁于闽矣。遑遑无倚,侨傲于常。
>
> 有杨二者,常之无赖也。偶窥见海,托交于陈,因其窭,济以金。陈甚德杨,结昆弟。海曰:"杨非善类,无近也。"陈弗听。杨窥伺多方,海益闭影,不得间。
>
> 林显瑞者,运丁之豪滑也,素与杨善。杨遇之,告以遇一国色,不得近。林曰:"子何不说,彼再益者,为我掌书记,而使其挈妻附舟以归,则我与若,皆可得志矣。"杨以告陈。陈悦甚。海不可,曰:"杨非端人,则林亦必杨之类也,杨尚不可近,矧就林以处乎?"陈愠曰:"非是便,安能归?未见之人,子何必其不善也。"又强之,甫登漕艘,而林遽遣陈适吴门矣。

---

① 陶元藻:《全浙诗话》卷三五"明",清嘉庆元年怡云阁刻本。
② 庄一拂编著:《古典戏曲存目汇考》中册,上海古籍出版社,1982年,第1265页。
③ 何絜:《晴江阁集》,清康熙刻增修本。

海在舟,正襟孤坐,颜虽似玉而冷严过霜雪。杨与林相计于舟中,张乐演淫艳戏剧,希动之。命舟妇邀海,海不视。是日,命舟师蓝九持牲醴,祀河神。蓝至神庙,牲血忽自溅,跃盘盂外,盖神怒林行勿享也。林以为蓝勿戒,甚怒詈,蓝恨之。林视海无如何,杨劝以操刀往劫之。至夜半,林往劫海,海大呼,邻舟以为逐贼,共喧起,林急遁。海遍拽窗,窗并钥,闭不得出,乃自缢。林大惧,杨为匿尸米中,欲俟人静投诸河。

林与蓝九金,求其潜往姑苏,谋再益。约谋成,当厚值。蓝凤恨林,鸣之官,令即捕林。随于米中觅海尸。尸出,而察其眉宇,见其愁瘁之中含正气,凛然肃然神奕奕,衣裳衾带之间,密纫层缝无少罅也。其为死计审矣。陈归哭,悔已无及。林完辟,杨二猝思免脱,为同舟之人擒,击毙于石。①

《广虞初新志》卷一○收有周箬(字青士)所撰的《海烈妇传》,文字略有不同,前者海夫名曰陈再益,后者为陈有量,且后者有"郡人为建祠,像烈妇于死所祀焉"②,前者未有。事发生于康熙初年,影响颇广,故时人为剧以演述之。

此剧今存清康熙间刻本,藏上海图书馆,"惜剧末有阙失"③。署名楚僧灰木撰,晋陵钝斋订。有论者认为"《海烈妇》也可能是《节义仙记》的别题"④,作者为湖北荆州人黄光业。黄仕忠编校《明清孤本稀见戏曲汇刊》(下册)收有《节义仙记》,剧本前之"说明"可参看。

◆《小忽雷》(页1273)

《庄目》卷十一"下编传奇三·清代作品上",于顾彩名下著录《小忽雷》一剧,并谓:"此剧为孔尚任立案,系顾彩所填之曲,见顾氏《桃花扇序》。"⑤

按:孔尚任《燕台杂兴三十首》之二十谓:"南部烟花劫后灰,曲终人散老相催。昆山弦索姑苏口,绝调谁传《小忽雷》?"诗后小注曰:"予《小忽雷》填词成,长安传看,欲付梨园,竟无解音。后得景云部,始演之。"⑥顾彩

---

① 郑澍若编:《虞初续志》卷五,柯愈春编纂:《说海》第三册,人民日报出版社,1997年,第791—792页。
② 柯愈春编纂:《说海》第四册,人民日报出版社,1997年,第1115页。
③ 黄仕忠编校:《明清孤本稀见戏曲汇刊》下册,广西师范大学出版社,2014年,第757页。
④ 黄仕忠编校:《明清孤本稀见戏曲汇刊》下册,广西师范大学出版社,2014年,第759页。
⑤ 庄一拂著:《古典戏曲存目汇考》中册,上海古籍出版社,1982年,第1273页。
⑥ 汪蔚林编:《孔尚任诗文集》,中华书局,1962年,第382页。

《桃花扇序》则谓：

> 犹记岁在甲戌，先生指署斋所悬唐朝乐器小忽雷，令余谱之。一时刻烛分笺，叠鼓竞吹，觉浩浩落落，如午夜之联诗，而性情加邕。翌日而歌儿持板待韵，又翌日而旗亭已树赤帜矣。①

刻烛，《南史》卷五九《王僧孺传》曰："竟陵王子良尝夜集学士，刻烛为诗，四韵者则刻一寸，以此为率。（萧）文琰曰：'顿烧一寸烛，而成四韵诗，何难之有。'乃与令楷、江洪等共打铜钵立韵，响灭则诗成，皆可观览。"②后借以形容诗才敏捷。分笺，即分头填词作诗。笺，古用以题咏。宋严羽《沧浪诗话》"诗体"谓"有分题"，自注曰："古人分，或各赋一物，如云送某人分题得某物也，或曰探题。"③顾彩序中运用此典，显然是说此剧乃二人共同创作而成。《庄目》将此作归于顾彩名下，虽略加说明，仍觉不妥。

◆《祝英台焰段》（页1283）

《庄目》卷十一"下编传奇三·清代作品上"著录有张雍敬《祝英台》剧，曰："此戏未见著录。张氏《醉高歌》剧中《舟晤》龂评语，注云'焰段'，不知是否仿院本体裁。佚。"④

按：作者既将《祝英台》称"焰段"，当为短剧，应归入杂剧之列。马廉在叙及《醉高歌》"舟晤"折评语时，称作"杂剧《祝英台》艳段"⑤，甚是。

◆《梅花诗》（页1291）

《庄目》卷十一"下编传奇三·清代作品上"，著录有李荫桂（刊本题作李应桂）所作《梅花诗》，未注明本事⑥。

按：郭英德《明清传奇综录》谓："其事或有所本，待考。"⑦其实，本剧当据清初署名南北鹖冠史者所编才子佳人小说《春柳莺》而改编。小说叙才子石液（号池斋）与梅翰林之女梅凌春、毕监生之女毕临莺因诗联情之事，中间插入假名士铁不锋、田又玄诸小人拨乱，后以二女共嫁一夫作结。小说首有康熙元年（1662）吴门拚饮潜夫所题之序和南北鹖冠史者自识凡例。

---

① 蔡毅编著：《中国古典戏曲序跋汇编》第三册，齐鲁书社，1989年，第1608页。
② 《二十五史》第四册，上海古籍出版社、上海书店，1986年，第2829页。
③ 何文焕辑：《历代诗话》下册，中华书局，1981年，第692页。
④ 庄一拂编著：《古典戏曲存目汇考》中册，上海古籍出版社，1982年，第1283页。
⑤ 马廉著、刘倩编：《马隅卿小说戏曲论集》，中华书局，2006年，第293页。
⑥ 庄一拂编著：《古典戏曲存目汇考》中册，上海古籍出版社，1982年，第1291页。
⑦ 郭英德编著：《明清传奇综录》下册，河北教育出版社，1997年，第942页。

而本剧,有项度所题《〈梅花诗〉序》,中称:"李子叶梦,余别六七年。己酉,余访叶梦于燕邸,读其诗文外,更出其所作《梅花诗》传奇示余。余诘之曰:'石生与毕、梅二女,何以足传耶?'……余因其付梓,遂述其言而为之序。"①己酉乃康熙八年(1669),知其产生于小说之后。作者盖为明末清初人。

◆《诗中圣》(页1318)

《庄目》卷十一"下编传奇三·清代作品上",著录有夏秉衡所作此剧,未叙及本事②。

按:夏氏《〈诗中圣〉自叙》谓:"少陵不独为一代之诗人,实亦一代之忠臣耳。余撮其生平颠末,播为歌词。其中略有润色,以合传奇家关目,而姓名事实,悉从本传脱胎。"③此作叙杜甫事。事见新、旧《唐书》本传。

◆《万寿图》(页1320)

《庄目》卷十一"下编传奇三·清代作品上"著录有许绍珣所作《万寿图》,曰:"《今乐考证》著录。《明清传奇钩沉》辑有佚曲。《曲录》据《南词定律》亦著录之。本事未详。"④

按:马廉《鄞县李氏萱荫楼藏曲解》著录此剧,题《啸月楼万寿图》,"五十四出,清临川许绍珣采亮撰,每半叶九行,行二十字,中型。"⑤据此可知,此剧马隅卿曾寓目,当时尚传世。

◆《再生缘》(页1332)

《庄目》卷十一"下编传奇三·清代作品上"著录,谓:"此戏未见著录。《曲录钩沉录》引蒋士铨《铜弦词》之《贺新郎·南昌判官程十七北涯浮香精舍小饮酒阑口占杂纪》四首之三自注:'北涯为姬作《再生缘》乐府。'又其前自注:'北涯姬人赵兰徵能诗。'佚。"⑥

按:蒋士铨《忠雅堂词集》卷上"铜弦词上"收有【贺新凉】⑦〈南昌判官程十七北涯浮香舍小饮酒阑口占杂纪〉四首,其三谓:

---

① 蔡毅编著:《中国古典戏曲序跋汇编》第三册,齐鲁书社,1989年,第1657—1658页。
② 庄一拂编著:《古典戏曲存目汇考》中册,上海古籍出版社,1982年,第1318页。
③ 蔡毅编著:《中国古典戏曲序跋汇编》第三册,齐鲁书社,1989年,第1780页。
④ 庄一拂编著:《古典戏曲存目汇考》中册,上海古籍出版社,1982年,第1320页。
⑤ 马廉著、刘倩编:《马隅卿小说戏曲论集》,中华书局,2006年,第193页。
⑥ 庄一拂编著:《古典戏曲存目汇考》中册,上海古籍出版社,1982年,第1332页。
⑦ 《庄目》误为【贺新郎】。

帐冷香销夜。断肠吟、生平一事,最伤心者。记得琉璃为砚匣,新咏《玉台》频借。春去矣、小楼花谢。诵偈朝云曾现影,怨东风、两次吹兰麝。看燕燕、香泥惹。(原注:北涯姬人赵兰徽能诗,亡后廿余日,八月十三夜,夫人将产。北涯时共友人露坐庭庑,见姬魂冉冉外来,入夫人卧内,遂生子。七日而殇。姬复见梦曰:"本非乐生者,聊归视家人耳。") 判官自判氤氲且。白尚书、歌填《长恨》,再生缘也。(原注:北涯为姬作《再生缘》乐府。)世味从来皆嚼蜡,情绪偏同啖蔗。梦断了、浮香精舍。君语如斯吾怕听,便英雄、泪也如铅泻。儿女恨,那堪写!①

藉此,可知该剧写作之缘起,并补《庄目》之不足。

◆《碧天霞》(页1348)

《庄目》卷十二"下编传奇四·清代作品下"于徐昆名下著录此剧,谓:"此戏未见著录。乾隆间贮书楼刊本。"②未叙及此作本事。

按:乾隆丙戌常庚辛《〈碧天霞〉序》谓:"丙戌夏,徐子后山(按:昆字后山)侨寓历下,因《锦书亭》小说(按:系《锦香亭》之误),作《碧天霞》传奇,……如钟、葛之过也,碧霞之散也,雷、郭之联络其间也,此全依粉本者也。"③《锦香亭》小说,题古吴素庵主人编,凡四卷十六回,叙钟景期与葛明霞爱情故事,中间穿插卫碧秋设计救明霞、雷海青金殿骂贼,郭子仪兴师平叛、张巡等守城殉国诸情节。剧本此而作。

◆《七夕圆》(页1348)

《庄目》卷十二"下编传奇四·清代作品下",著录有刘阮山所作此剧,称:"此戏未见著录,乾隆间钞本。一名《槎合记》。凡二卷三十四齣。见《北平图书馆戏曲展览会目录》。"④

按:此剧又称《七夕圆槎合记》。刘阮山《自序》谓:"丙午岁,余砚食莆城。于闰七月初七夜,偶阅彭羡门《闰七夕词》,……因思发抒胸臆,托兴填词,以凭空结撰之人,作本传实叙之事,又博采史迁所记《封禅》《平准》《河渠》三书,及司马相如、张骞、外戚、滑稽、酷吏、大宛、南越诸列传,为曲中之

---

① 蒋士铨撰、邵海清校、李梦生笺:《忠雅堂集校笺》第三册,上海古籍出版社,1993年,第1815页。
② 庄一拂编著:《古典戏曲存目汇考》下册,上海古籍出版社,1982年,第1348页。
③ 蔡毅编著:《中国古典戏曲序跋汇编》第三册,齐鲁书社,1989年,第1903页。
④ 庄一拂编著:《古典戏曲存目汇考》下册,上海古籍出版社,1982年,第1348页。

波澜,三阅月而成三十四齣,其大旨以守礼别欲,为情场竖泛澜之砥。"①所叙之本事缘此可见。

◆《海岳圆》(页1349)

《庄目》卷十二"下编传奇四·清代作品下",著录有礼亲王永恩所作此剧②。

按:宫敬轩《〈海岳圆〉题辞》谓:"客岁游滇南,得与永恕庵订交,嵚奇磊落,非常人也。一日,手出《海岳圆》一册示余,乃志宋室一时之奇遇,或文韬,或武略,或义侠,或忠贞,余雒诵循环,嗟赏无已。恕庵慨然起曰:'世有如是人,而不付之梨园当场演出,以快人心目,殊觉耿耿于中,如韩文公之梦物咽也。'因嘱余填词。闻命之下,汗颜久之。移时色定,觉不勉应,又非所以报知已。旋袖记回寓,灯前月下,搜索枯肠,两阅月而草创三十八折。"③据此可知,永恩,号恕庵。《海岳圆》剧,乃吴陵人宫敬轩作。蔡毅《中国古典戏曲序跋汇编》卷一三,于此目下注曰:"据《题辞》所述,则《海岳圆》传奇当为宫敬轩作无疑。永恩之《海岳圆》,则为历史人物之实录而已。庄一拂《古典戏曲存目汇考》作永恩著,疑误。"④所言甚是。

◆《鹣鹣裘》(页1351)

《庄目》卷十二"下编传奇四·清代作品下"著录有许树棠此剧,谓:"此戏未见著录。钞本。凡二卷二十四齣。见《北平图书馆戏曲展览会目录》。袁于令、吴孝绪俱有同名杂剧传奇。"⑤

按:马隅卿据管廷芬《一瓻笔存》著录此剧,曰:"《鹣鹣裘》传奇稿,二卷,题许树棠撰,见管廷芬编《一瓻笔存》。按《一瓻笔存》系丛书(海志载其手写本),未刊本,道咸间抄,今存天津图书馆。"⑥又谓:"管廷芬字培兰,又字子佩,一字芷湘,海宁诸生。博学载籍,兼工绘事,尝佐不泰吉纂修《海昌备志》,著作甚宿,均见《海宁州志稿》十五之一。"⑦

---

① 蔡毅编著:《中国古典戏曲序跋汇编》第三册,齐鲁书社,1989年,第1906页。
② 庄一拂编著:《古典戏曲存目汇考》下册,上海古籍出版社,1982年,第1349页。
③ 蔡毅编著:《中国古典戏曲序跋汇编》第三册,齐鲁书社,1989年,第1921页。
④ 蔡毅编著:《中国古典戏曲序跋汇编》第三册,齐鲁书社,1989年,第1921页。
⑤ 庄一拂编著:《古典戏曲存目汇考》下册,上海古籍出版社,1982年,第1351页。
⑥ 马廉著、刘倩编:《马隅卿小说戏曲论集》,中华书局,2006年,第249页。
⑦ 马廉著、刘倩编:《马隅卿小说戏曲论集》,中华书局,2006年,第250页。

◆《鹦鹉媒》(钱维乔撰)(页1363)

《庄目》卷十二"下编传奇四·清代作品下"著录有钱维乔所作此剧,称:"乾隆刊本","凡二卷四十一齣。"①未叙其本事。

按:钱氏《〈鹦鹉媒〉自序》称:"鹦鹉媒者,其事本诸般阳生《聊斋志异》,而益以渲染成之。"②其兄维城《〈鹦鹉媒〉传奇题词》谓:"精诚只愿感苍穹,几上淋漓血指红。"③事见《聊斋志异·阿宝》,谓粤西孙子楚,生有枝指,性迂讷,人以"孙痴"呼之。富室女阿宝,有绝色,日择良匹,终不当意。子楚从人戏言,央媒议亲。宝戏曰:"渠去其枝指,余当归之。"④生果以斧自断枝指,血流如注。清明出游,得见宝,魂随之而去,坐卧依之,甚相得。后又化身鹦鹉,直达宝所,自称孙子楚,随女坐卧。宝为情所感,曰:"君能复为人,当誓死相从。"⑤鹦鹉衔其履飞去。宝阴使人睸之,知其僵卧三日,方苏醒。宝终嫁之。

◆《六如亭》(页1364)

《庄目》卷十二"下编传奇四·清代作品下"著录有张九钺所作此剧,曰:"《今乐考证》著录。道光赐锦楼刊本。《曲录》据全集本著录。凡二卷三十六齣。演苏东坡、朝云事。有谭光祐序。称作者曾游惠阳,访白鹤居六如亭,因取坡公岭南海外旧闻,及侍妾朝云诵经栽茶、偈化建亭事。……合为三十六齣,总名《六如亭记》。"⑥

按:谭光祐,当为谭光祜(1772—1831),字子受,号栎山,江西南丰人⑦。一号午桥。"祜",因字形相近,误作"祐"。张九钺又号罗浮花农。谭氏《六如亭序》谓:"先生以梦入罗浮,自署罗浮花农。"⑧云门山樵《六如亭序》亦谓:"罗浮花农以芳芷骚人作红梅主吏。"⑨可证。另,庄氏所引文字,非出自谭光祜之手,乃是由蝶园居士《序》摘出,序曰:"《六如亭记》,吾楚张紫岘先生所作也。先生讳九钺,字度西,以诗古文辞负海内重望五十年。兼工小

---

① 庄一拂编著:《古典戏曲存目汇考》下册,上海古籍出版社,1982年,第1364页。
② 蔡毅编著:《中国古典戏曲序跋汇编》第三册,齐鲁书社,1989年,第1954页。
③ 蔡毅编著:《中国古典戏曲序跋汇编》第三册,齐鲁书社,1989年,第1957页。
④ 张友鹤辑校:《聊斋志异会校会注会评本》第一册,上海古籍出版社,1978年,第233页。
⑤ 张友鹤辑校:《聊斋志异会校会注会评本》第一册,上海古籍出版社,1978年,第236页。
⑥ 庄一拂编著:《古典戏曲存目汇考》下册,上海古籍出版社,1982年,第1364—1365页。
⑦ 江庆柏:《清代人物生卒年表》,人民文学出版社,2005年,第818页。
⑧ 蔡毅编著:《中国古典戏曲序跋汇编》第三册,齐鲁书社,1989年,第1963页。
⑨ 蔡毅编著:《中国古典戏曲序跋汇编》第三册,齐鲁书社,1989年,第1960页。

令、长调。晚年旅食四方,哀感枨触,辄作南北宫词以排闷。曾游惠阳,访白鹤居六如亭。因取坡公岭南海外旧闻,及侍妾朝云诵经栽茶、偈化建亭事,复于宋人小志中,得惠阳温女超超许婿听吟,殉志遗话,合为三十六齣,总名曰《六如亭记》,以了禅门一段公案。"①语见此。蜻园,据汤元珪《〈六如亭〉后序》②,此人姓刘。

张九钺,古籍多载其事。清戴熙《紫岘先生传》谓:"紫岘先生张九钺,字度西,湖南湘潭人。高祖次朗,当明季流寇起,筑朝王城,练乡兵守之。寻抗张献忠,不克,死。曾祖熹宦,以武昌参将从明督师何腾蛟,于长沙招降李自成余党刘体仁等,败献忠衡永界,积勋至都督,同知军事。武冈总兵督师殉节,公尸瘗湘潭,守十七年,卒归。其嗣祖文炳,文登令,著《邻岳堂诗集》二十卷。父垣,河西令。河西公祷嗣南岳,诞先生。先生神于童,七岁能诗文,九岁通经史,十三岁从兄北游,登采石矶谪仙楼赋长歌,豪宕奇逸,人莫测之。大江南北,老师宿儒、名公钜卿,得先生手制,辄咋舌称天才,莫能瑕疵。独考官自十二岁入县学至四十三,仅拔贡成均,考取教习。中顺天乡试副榜。及举人,登会试明通榜,终以官学教习出令县。先生又循于吏,摄江西南丰。值岁歉,请粜故事。大县仓十粜三,先生五,大吏以为病。先生曰:'民与官孰重?'卒粜活万余人。会邑耆亦购米至仓,米得不耗。调南昌,捐秩潴塘。扞江堤斗门以十二利、九便请复宋豫章沟,城内外赖以无水患。母忧去官,复起历广东保昌、海阳。保昌有蠹民希大吏旨者,先生绳以法。同官咸危,先生自若也。已而调海阳,竟牵盗案落职。官既罢,贫不能自存,橐笔游嵩、洛、偃、巩间,人争致之。归主讲席,湘潭科名猝盛。先生遂名于师,然而老矣。卒年八十三。葬枫林港。晚号紫岘,故学者多称焉。先生以名家子,负异禀而一蹶科第,再屈县令,得蓄其沈博瑰丽、瑰奇岸异之才于诗古文,为乾隆朝一大宗。同时挟铅椠、拾青紫,或湮其姓名,而先生著述久益显,亦奇于遇哉。所著《陶园文集》八卷、《诗集》二十二卷、《依永集》八卷、《诗余》二卷、《六如亭》院本二卷、《历代诗话》四卷、《挟江志》《偃师志》《永宁志》《晋南随笔》,俱刊行。又《山川考略》二卷、《南窑笔记》二卷、《得瓠轩随笔》一卷、《逸诗》三百余,今藏其从孙家,拭为《陶园外集》云。"③

清邓显鹤《张君九钺家传》载曰:"君讳九钺,字度西,湖南湘潭县人。先世居襄阳,曾祖熹宦,由都司从明督师何公腾蛟于长沙,积勋至左都督同

---

① 蔡毅编著:《中国古典戏曲序跋汇编》第三册,齐鲁书社,1989年,第1962页。
② 蔡毅编著:《中国古典戏曲序跋汇编》第三册,齐鲁书社,1989年,第1964页。
③ 戴熙:《习苦斋集》古文卷二,清同治五年张曜刻本。

知。督师殉节，都督公收其尸槁葬湘潭，誓守不去，遂为湘潭人。祖文炳，文登县知县。父垣，河西县知县。河西无子，祷于南岳而生君。君生有异禀，七岁能诗文，九岁通《十三经》及《史鉴》大略，十二岁补弟子员。乾隆六年，君年二十有一，以选拔贡太学，廷试第一，留监肄业，旋考补正红旗官学教习。期满乞假归。二十二年复入都，二十五年中顺天乡试副榜第一，二十七年中顺天乡试举人。明年会试，主者得卷甚喜，决为君，为忌者所摈，置明通榜，盖自是而君年亦逾强任矣。君得名最早，年十三登采石矶赋长歌，人呼太白后身。坐监时，试辄雄其曹。当君之乞假归再入都也，值西师奏捷，朝廷行郊劳礼，方恪勤公观承总督畿辅，筑郊劳台，君为赋乐歌大书其上；复为良乡居民贾户作凯旋牓帖千余纸，一日夕立就。才名震动，知贡举者争欲得君而卒不遇。二十九年冬，乃以教习循资得知县，拣发江西。初摄南丰县，补峡江县，调南昌县，以母艰去官。服阕拣发广东，历始兴、保昌、海阳三县，复以河西君忧去。四十四年，海阳盗案起，镌级，君在海阳实不满四月也。君既为县令，议者多惜君，君怭然曰：'令敢易言哉！则日夕讲求农田、水利、学校、荒政。'摄南丰时，岁歉，君请平粜，饥民待命者万余人，部例大县存七粜三，君骤半之，上官严檄切责，幕僚以为病。君曰：'积贮，民命也。吾能墨守旧例坐视民饿死耶？'仓米绌，则劝邑耆绅捐助，牒买邻境米麋至，万余人无一馁者。南昌西北滨彭蠡洲，诸民筑墟为田。三十二年秋，潦冲决伤稼。君请赈，亲履勘散给，勾稽综核，昼夜驻墟上凡六阅月，动帑金十二万四百有奇，墟长隶胥无毫发侵隐。邑人建生祠。豫章诸水循城而下，势甚急，潦则冲啮为患，城内有湖恒泛滥。唐观察使韦丹筑捍江堤，疏为斗门派湖入江，置闸启闭以泄内外水，曰十门九津。宋时开为长沟，甃以甎，名曰豫章沟。胜国宁藩侵占民地为苑囿，沟尽塞，遂为豪猾所踞，水患益巨。君屡请疏浚，新城陈君守训愿捐私财修复。君喜曰：'此百世利也。'而豪猾辈恶其不便于己，百口阻挠，当事者几摇动。君以十二利、九便议，抗争于行台省，卒赖其力成巨工。君为政持大体，不琐屑操切，而遇事刚决，人无敢干。在保昌时，有希大吏旨为民蠹者，君擒治之，同官惴惴为君危，卒亦无如君何。君屡任剧县，暇则与学官弟子讲求小学经义，成就甚多。前后俱以礼去官，所得廉俸皆以济三族贫乏。既以海阳案牵连落职，无以为家，遍游嵩、洛、偃、巩间。晚归湘潭，以教授终，年八十有三。君生长名家，群从兄弟多致通显，君独屈于县令未竟其才，乃举其磊落抑塞之气一泄于诗。所与倡酬，多酒人逸老有志意之士，同时负重名、有气力者或不能致。尤好褒扬节义，阐幽发潜，汲汲如不及。诗文宏博浩瀚，纵其力之所至而一轨于正。所著有《陶园文集》八卷，《陶园诗集》二十二卷，《诗余》二卷，《历代诗话》四卷,《峡江志》《偃师志》《巩县志》《永宁志》《晋南随笔》若干卷,俱刊行。《山川考略》《南窑笔记》《得瓠轩随笔》钞本卷数无考,未见。君以先世居襄阳,尝言死后当葬我于岘山之麓,故自号紫岘。……"①据上文所述,知其生于康熙六十年(1721),卒于嘉庆八年(1803)。

另,法式善《梧门诗话》、徐世昌《晚晴簃诗话》等亦载张九钺事。

◆《双虹碧》(页1365)

《庄目》卷十二"下编传奇四·清代作品下"于张九钺名下著录,谓:"《今乐考证》著录。其他戏曲书簿未见著录。《考证》云:记长沙女子杀贼事。佚。"②

按:张九钺《紫岘山人全集》诗集卷二六《归湘集下》收有《董恒嵓观察〈芝龛记〉题辞十首》,其九谓:"草野偏多奋义声,红粧报国快捐生。冲戈亦有长沙女,可惜匆匆失姓名。"③诗后小注曰:"余尝拟撰《双虹碧》传奇,中有长沙女子杀贼事一出,记中先述及之。"④据此,该剧当是未成稿。

◆《忠悯记》(页1368)

《庄目》卷十二"下编传奇四·清代作品下"于周韵亭名下收录此剧,谓:"此戏未见著录。见李绿园《歧路灯序》。疑即演杨椒山事。佚。"⑤

按:李绿园《〈歧路灯〉序》谓:

偶阅阙里孔云亭《桃花扇》、丰润董恒岩《芝龛记》,以及近今周韵亭之《悯烈记》,喟然曰:"吾固谓填词家当有是也!藉科诨排场间,写出忠孝节烈,而善者自卓千古,丑者难保一身,使人读之为轩然笑,为潸然泪,即樵夫、牧子、厨妇、爨婢,皆感动于不容己。以视王实甫《西厢》、阮圆海《燕子笺》等出,皆桑濮也,讵可暂注目哉!"⑥

可知周韵亭所作剧名《悯烈记》。《悯烈记》又称《中州慭烈记》,清人蒋士铨《忠雅堂诗集》卷四收有《〈中州慭烈记〉题词》组诗,可参看。

---

① 邓显鹤:《南村草堂文钞》,弘征点校,岳麓书社,2008年,第334—336页。
② 庄一拂编著:《古典戏曲存目汇考》下册,上海古籍出版社,1982年,第1365页。
③ 张九钺:《紫岘山人全集》,清咸丰元年张氏赐锦楼刻本。
④ 张九钺:《紫岘山人全集》,清咸丰元年张氏赐锦楼刻本。
⑤ 庄一拂编著:《古典戏曲存目汇考》下册,上海古籍出版社,1982年,第1368页。
⑥ 丁锡根编:《中国历代小说序跋集》下册,人民文学出版社,1996年,第1633页。

◆《双图记》(页1375)

《庄目》卷十二"下编传奇四·清代作品下"著录有陈竹卿所写此剧,谓:"此戏未见著录。王文治《梦楼诗集》中《奉招顾星桥、陈竹乡诸君于池上吟寓轩顾曲诗》注云:'竹乡撰《双图记》乐府,命吴中名优演之,余与程于门、吴竹屿诸君,俱与其会。'佚。"①

按:据清乾隆六十年食旧堂刻道光二十九年补修本《梦楼诗集》,此诗为《次日奉招星桥、竹乡诸君于池上吟寓轩顾曲,竹乡用前韵见赠,再答一章》,诗曰:"老怀无复倒词源,识曲如君合细论。会得心声千古是,不妨雅乐至今存。楼横玉笛月窥槛,花对金卮春沁园。忆演《双图》张画舫,一时名士会吴门。"诗后注曰:"竹乡撰《双图记》乐府,命吴中名优演之。余与程于门、吴竹屿诸君俱与其会。"②竹卿,当作竹乡(繁体字为"鄉"),"卿""鄉"字形相近而误。诗既云"忆演《双图》张画舫,一时名士会吴门",知竹乡乃苏州人。程于门,当作程鱼门。鱼门,程晋芳字,刻本有误。

◆《护花旛》(页1378)

《庄目》卷十二"下编传奇四·清代作品下",著录有吴堦所作此剧,谓:"此戏未见著录,见《武进阳湖合志》"③,作者"吴堦,字次叔,江苏武进人"④。

按:陆继辂《洞庭缘》卷首"阳湖吴堦次升"题词谓:"江南渭北各栽花,(原注:谓万廉山、庄伯鸿两大令。)怅望词人天一涯。(原注:万有《护花旛》、庄有《秣陵秋》新制。)老我春蚕丝欲尽,不堪重省旧筝琶。(原注:余旧谱《皖江云》一种,亦制《护花旛》未竟三折,属祈生续之。)"⑤据此,"次叔"应作"次升"。尚小明编著《清代士人游幕表》、杨廷福等编《清人室名别称字号索引》等,均作"次升",此依之。本剧当为吴堦、陆继辂合作。陆氏,字祈生。《庄目》陆氏名下无此剧,疑遗漏。万承纪,字廉山,江西南昌人。庄逵吉,字伯鸿,江苏武进人。

---

① 庄一拂编著:《古典戏曲存目汇考》下册,上海古籍出版社,1982年,第1375页。
② 王文治:《梦楼诗集》卷十四快雨堂集,清乾隆六十年食旧堂刻道光二十九年补修本。
③ 庄一拂编著:《古典戏曲存目汇考》下册,上海古籍出版社,1982年,第1379页。
④ 庄一拂编著:《古典戏曲存目汇考》下册,上海古籍出版社,1982年,第1378页。
⑤ 蔡毅编著:《中国古典戏曲序跋汇编》第三册,齐鲁书社,1989年,第2103页。

◆《秣陵秋》(页1397)

《庄目》卷十二"下编传奇四·清代作品下",著录有庄逵吉所作此剧①。

按:陆继辂《自题〈洞庭缘〉院本,即呈味庄先生》(八首)之七谓:"重翻旧曲触闲愁,(原注:向偕庄君伯鸿谱《秣陵秋》三十六折,味庄观察命家伶习之。)同把青樽话昔游。恨我识公迟十载,一帘秋影独登楼。"②据此,本剧当为陆氏与庄逵吉合作。《庄目》未注出。陆氏题词,见《洞庭缘》附。常熟女史归懋仪《味庄师招看〈洞庭缘〉新剧,次祁生自题韵》(八首)之七亦谓:"何计能消万古愁?琴河曲曲忆前游。《秣陵秋》老宫商换,重见江花结蜃楼。(原注:祁生向有《秣陵秋》传奇之作。)"③亦为佐证。

◆《祷冰图》(页1412)

《庄目》卷十二"下编传奇四·清代作品下"于罗小隐名下收录此剧,作《祷河冰》,并谓:"剧中陶霖似属真实姓名。"④

按:清人谢元淮《养默山房诗稿》卷二八《枫觐集》收有《重过露筋感怀陶文毅公》组诗,其二谓:"东风一夜转铜乌,衔尾帆樯利挽输。湖上神弦迎送曲,至今犹唱《祷冰图》。"诗末小注曰:"《祷冰图》传奇,演文毅巡漕时事。"⑤知此剧又名《祷冰图》,演陶澍事。

《养默山房诗稿》卷一九《苏台集》所收《上云汀中丞一百二十八韵,即以介五十寿》诗中小注云:"回空漕艘阻冻,公乃祷于露筋神祠,即日风和冻解,潮水骤长,衔尾畅行,有《漕河祷冰图》。"⑥同书卷二五《朐海集》尚有《露筋祠》一首,谓:

> 绿杨遥护芰荷湾,皎日流光照佩环。正气独为千古重,灵风分送几帆还。(原注:嘉庆二十年云汀宫保巡视南漕,粮艘冻阻,祷于神祠,即日冰解,迅速归次。奏,蒙敕赐贞应祠,加封"昭灵普惠"四字。宫保有《漕河祷冰图》。)神鸦绕树啼声切,(原注:祠树鸦巢殆满。)水鸟依人意态闲。(原注:是日予放四水禽于湖中。)三十六湖楼上望,(原注:侯官

---

① 庄一拂编著:《古典戏曲存目汇考》下册,上海古籍出版社,1982年,第1397页。
② 蔡毅编著:《中国古典戏曲序跋汇编》第三册,齐鲁书社,1989年,第2099页。
③ 蔡毅编著:《中国古典戏曲序跋汇编》第三册,齐鲁书社,1989年,第2100页。
④ 庄一拂编著:《古典戏曲存目汇考》下册,上海古籍出版社,1982年,第1412页。
⑤ 谢元淮:《养默山房诗稿》,清光绪元年刻本。
⑥ 谢元淮:《养默山房诗稿》,清光绪元年刻本。

李兰卿观察新建三十六湖楼于祠左。)烟波常在有无间。①

据此,可知剧作之本事所在。

陶霖,实隐指清代大臣陶澍。陶澍,字子霖,号云汀,湖南安化人。嘉庆进士,授编修,迁御史给事中。二十四年出为川东道。道光三年,擢安徽巡抚。官至太子少保、两江总督。多有善政,卒谥文毅。《清史稿》卷三七九有传。本作据其事而敷衍,为《祷河冰》作序者,乃耿维祐,《庄目》误作"耿维祐"②。

《祷河冰》与陶澍之关系,亦可参看陆萼庭《康平居曲话·〈祷河冰〉与陶澍》一文③。

◆《人间世》(页1420)

《庄目》卷十二"下编传奇四·清代作品下"据陆萼庭《曲目拾遗》,著录有此剧④。

按:清吴嵩梁《香苏山馆诗集》"今体诗钞"卷一收有《人间世院本题词为桂林布衣朱小岑依真作》一诗,凡八首,其一:"纱窗如梦昼如年,鬓影春风暗自怜。不是湘裙能化蝶,新诗题寄阿谁边。"其二:"蝶衣一片粉犹新,小字斜行认最真。楼里花枝楼外水,春愁泥杀隔帘人。"其三:"杜宇声声唤去人,炉烟药里共酸辛。可怜病到腰如束,犹倚红粧送暮春。"其四:"罡风一霎葬花枝,绣榻联吟更几时。自古倾城非命薄,误他颜色是相思。"其五:"不同彩凤逐鸦翔,不住红乡与翠乡。守定檀奴缘再续,寸心原有返魂香。"其六:"仙风半棹引归程,留得花魂伴月明。一种上元风景别,红鸾笑倚话前生。"其七:"麦饭梨花自怆神,过来身是现前身。泪珠滴满红心草,散与人间作好春。"其八:"因果茫茫共孰论,镂冰剪雪妙无痕。情天合下才人拜,前有还魂后补魂。"⑤据诗之内容,当为爱情故事,且有"湘裙化蝶"之情节。又,清林昌彝《射鹰楼诗话》卷一七谓:"《九芝草堂诗存》,临桂朱小岑布衣依真著。布衣之学,自六经子史,下及百工技艺,无不精研殚虑。其为诗,以微渺复邃、沈鸷镂刻之思以寄。其冲夷高旷、严冷峭洁之概,幽而不思,涩而不僻。尤精词曲,其所著《人间世》院本,几于唱遍旗亭。性狷介,

---

① 谢元淮:《养默山房诗稿》,清光绪元年刻本。
② 庄一拂编著:《古典戏曲存目汇考》下册,上海古籍出版社,1982年,第1412页。
③ 陆萼庭:《清代戏曲家丛考》,学林出版社,1995年,第364—366页。
④ 庄一拂编著:《古典戏曲存目汇考》下册,上海古籍出版社,1982年,第1420页。
⑤ 吴嵩梁:《香苏山馆诗集》,清木犀轩刻本。

视人世烜耀赫奕、脂韦腼涊之习,去之若浼。"①

该据疑被称为"院本",当为杂剧,待考。

◆《千金寿》(页1422)

《庄目》卷十二"下编传奇四·清代作品下",著录有沈筠《千金寿》一剧,谓:"《今乐考证》著录。道光守经堂刊本。"②未叙及此作本事。

按:本作取材于《史记·鲁仲连列传》,谓赵孝成王时,秦将白起破赵长平之军前后四十余万,并东围邯郸。魏将晋鄙奉命救赵,畏秦,止兵不前。魏王遣将军新垣衍间入邯郸,劝赵王尊秦昭王为帝,以使其退兵。平原君犹豫未决。鲁仲连游赵,闻知此事,请平原君为中介,约见新垣衍,晓以利害,责以大义。衍不敢复言帝秦,秦军亦退。平原君欲封鲁连,鲁连辞让者三,终不肯受。平原君乃置酒,以千金为鲁连寿。鲁连笑曰:"所谓贵于天下之士者,为人排患释难解纷乱而无取也。即有取者,是商贾之事也,而连不忍为也。"③遂辞平原君而去。剧即叙此,且穿插进信陵君无忌礼贤下士、窃符救赵诸事。本剧作者之友刘东藩《序》称:"我友浪仙沈君,乍川布衣也,苟得一如赵平原者信任之,其经济必有大过人者,乃具仲连之学之才之品而啬于遇,固宜其拔剑斫地,悲歌慷慨也。"④作者之创作动机可见。

◆《后缇萦》(页1436)

《庄目》卷十二"下编传奇四·清代作品下"于汪宗沂名下著录《后缇萦》一剧,并谓:"此戏未见著录。光绪泰州夏氏刊本。计十齣。夏嘉榖评点。见周氏《言言斋劫存戏曲目》。"⑤然未叙及该剧之本事。

按:清人陈作霖《可园诗存》卷一三《息影草下》收有《〈后缇萦〉乐府题辞三首并引》,诗前小引谓:"康熙时泰州孝女蔡蕙上书讼父冤,得释重罪,事具州志。歙县汪仲伊宗沂谱为乐府,爰书其端。"诗其一曰:"万乘南巡万物春,茕茕弱女志能伸。拜章夕入恩朝降,千古缇萦有替人。"其二谓:"记得羁游江北时,慈乌声急雨丝丝。泰州南去茶场路,古木荒寒孝女祠。"其三云:"维扬志乘事难忘,谱入宫商更擅场。绝胜是非身后错,琵琶一曲演

---

① 林昌彝:《射鹰楼诗话》,清咸丰元年刻本。
② 庄一拂编著:《古典戏曲存目汇考》下册,上海古籍出版社,1982年,第1422页。
③ 《二十五史》第一册,上海古籍出版社、上海书店,1986年,第278页。
④ 蔡毅编著:《中国古典戏曲序跋汇编》第四册,齐鲁书社,1989年,第2250页。
⑤ 庄一拂编著:《古典戏曲存目汇考》下册,上海古籍出版社,1982年,第1436页。

中郎。"①由此可知,汪氏之剧作,乃采自发生于康熙年间的泰州孝女蔡蕙上书讼父冤事。孝女事,刘贵曾《后缇萦叙》亦可参看②。

◆《杜陵春》(页1439)

《庄目》卷十二"下编传奇四·清代作品下"于宋鸣珂名下著录,并谓:"《今乐考证》著录。珍重阁乌丝栏刊本。上海图书馆藏。其他戏曲书簿未见著录。"③

按:清人乐钧《青芝山馆诗集》卷二"古今体诗"收有《澹思进士〈杜陵春〉院本题词》四首,其一:"乐府争传太白狂,杜陵野老又登场。词人每爱谈天宝,水绿山青易断肠。"其二:"浇愁还借八仙歌,云梦胸中作酒波。我合伤心君合笑,诗人从古不登科。"其三:"偶吟戏蝶与娇莺,黄四娘家寄远情。遂使浣花添本事,红牙重谱艳歌声。"④据此,知是演杜甫事,杂糅"酒中八仙"及寓居浣花溪诸事而成。

◆《梅沁雪》(页1441)

《庄目》卷十二"下编传奇四·清代作品下"于姚燮(字梅伯、复庄,号野桥)名下著录此剧,曰:"此戏未见著录。原稿本。浙江图书馆藏。马裕藻跋《今乐考证》云:八卷,未刻。"⑤

按:此作叙姚野桥与时姬湘文情爱事。清韦光黻《闻见阐幽录》载曰:"时姬,名湘文,锡山人。工琵琶,每歌汤临川'如花美眷'句,辄鸣咽。遇姚野桥,一见倾心,为作《梅心雪》传奇,金尽不能载归。余题其《景梅图歌》,中有云:'如花美眷水流年,豆蔻梢头月未圆。信手低眉歌一曲,灯前肠断四条弦。四条弦上双飞燕,满抱檀槽半遮面。声声如诉锦屏人,莫教看得韶光贱。'云云。"⑥据此,剧名应作《梅心雪》,浙图所藏该剧,未得寓目,书此存疑。

◆《鸳鸯印》(页1449)

《庄目》卷十二"下编传奇四·清代作品下"于黄钧宰名下著录此剧,

---

① 陈作霖:《可园诗存》,清宣统元年刻增修本。
② 蔡毅编著:《中国古典戏曲序跋汇编》第四册,齐鲁书社,1989年,第2374页。
③ 庄一拂编著:《古典戏曲存目汇考》下册,上海古籍出版社,1982年,第1439页。
④ 乐钧:《青芝山馆诗集》,清嘉庆二十二年刻后印本。
⑤ 庄一拂编著:《古典戏曲存目汇考》下册,上海古籍出版社,1982年,第1441页。
⑥ 王稼句点校、编纂:《苏州文献丛钞初编》下册,古吴轩出版社,2005年,第723页。

曰:"本事见《金壶浪墨·心影》,演黄生与蜀女秦碧莲离合事。"①

按:清黄钧宰《金壶七墨》之《鸳鸯印传奇始末》谓:

> 鸳鸯印传奇三十六折,感蜀女秦碧怜作也。壬子秋月,同宗生客游金陵,会饮妙香庵,偶题旧作百字令词于东廊壁上。后三日,寓主人兰君过其地,见有女子和焉。生闻之命驾往观,果见云笺一幅,墨迹娟秀,词意苍凉,署名曰碧怜。尾钤鸳鸯小印。讽咏至再,私念闺阁中无此清才,或者朋辈托名,姑属兰君访之。……他日兰君至,笑谓生曰:"何以饮我,我得其人矣。"盖女父秦翁者,蜀人而挈眷贾江南。女年十龄丧母,继母袁,爱女若己出,命从舅氏学词翰,出语即工。舅某与兰君故相识,语及妙香题句,互询其人,喜为文字因缘,殷然作合。既定议,客中不能备礼,秦翁虑其诳也,设盛馔延诸文士为诗会以试之。生果居首选。因乞生词卷以为聘,而以玉鸳鸯印报之,期明年冰泮娶焉。及春,洪□围攻金陵,居民数惊。一日讹言城破,袁方窖藏珠玉,不见女,穴窗窥之,结缳将缢矣。急破窗入,夺其缳而止之,许以设法出城觅安土。乃乘夜贿守门卒,以破衾席藁裹女,伪为死者,哭而送之。而先使乡农舣舟月下以待。既免,遂徙于溧阳。已而溧阳又警,兵勇乘势劫掠,秦携妻女乡居,望见前途戈矛汹汹,乡民大呼曰:"□至矣。"女惧,自投于池。夫妇仓皇哭泣。比至,实富民练勇自卫者也。相与挽女起,救治未绝,以渔船载之苏州,惊魂少定,而女已九死一生矣。先是,生得金陵警报,锐身渡江,缒城而入,而秦氏已迁。探诸邻人,曰:"渠当山居,不远出也。"生貌为医卜状,出入兵燹中。风餐露宿,遍访于句容、溧水之间,卒不得秦氏耗。已乃幕游江南北,藉以踪迹秦氏。秦翁既抵苏州,袁与碧怜皆大病,久而后安,屡寄生书皆不达。庚申之乱,阊门火起,风雨交作,夜半马鸣犬吠,男女杂沓,哭声震天。翁叹曰:"吾力竭矣!今复何处避耶?"女持母袁哭曰:"即有避处,儿亦不愿行矣。"言未已,土寇入室。女遽出利刃自刎,仆,寇惊而去。袁与秦翁趋视之,血泪成汪,首面襟袖皆沾污,幸咽喉未断,气息仅存,急取创药傅之。时避兵者皆趋上海,翁有中表亲在沪,不得已亦往投焉。舟至昆山,忽遇溃兵虏翁去,母女益悲痛。及沪,资斧告匮,暂以纺织为生。女病弱不能耐劳,颠连疾苦,非复昔日之绿窗刺绣、香阁吟春矣。辛酉春,生以他事至上海,闻有蜀女能诗,问其姓,曰秦。访之,碧怜也。大喜,袁闻生至亦喜。顾

---

① 庄一拂编著:《古典戏曲存目汇考》下册,上海古籍出版社,1982年,第1449页。

曩时未尝相见,问鸳鸯印犹存否。生即从箧中出之曰:"前言在耳,固未尝一息离身也。"袁叹曰:"印则犹是,而词卷亡矣。"婢曰:"吾见碧姑藏之笥中,当金陵、苏州之难,尝以殉葬命我矣。"袁私询之,果然。女初闻生至,私念九年之别,如彼其才,或者登金马、蹑玉堂,为文学清华之选,不则风云际会、腾达飞黄,意中事耳。及闻生一领青衫,依然蠖屈,父又被房不返,悲生不遇,转而自悲。盖掩泣私啼者,阅三昼夜,而病又作矣。生以袁命卜吉,前二日,女病益笃。袁泣曰:"碧姑性烈,三自经而不绝,以为前缘固未断也。今好合有期,吾亦得所倚,而疾不可为矣。奈何薄命之至于斯耶?"乃招生与女相见,示以颈创。时女已弥留向壁卧,扶而面之,目直视不能言,生对之哭,女摇手,欲解两当衣,又勉力探取床头翦,自指其发,袁皆会意,许之。事见生悼逝诗中。又一日,而眼枯泪尽、玉冷香销矣。至是,始知生所题卷,犹置怀间也。予感其事,为成《鸳鸯印》院本,以生与秦女为纲纬,以近年兵事,始于陆建瀛,终于何桂清,而结以大兵肃清江南,示曲终奏雅之意。惜丙寅清水潭决,稿本付诸东流。故录其梗概于此。……①

剧作本事于此可见。

◆《天山雪》(页1450)

《庄目》卷十二"下编传奇四·清代作品下"于马肇一名下著录此剧,谓:"字号、里居、生平皆未详","此戏未见著录。旧钞本。二卷,见《古本戏曲丛刊》第五集目录初稿。"②

按:《(乾隆)甘州府志》卷九谓:"万峘,甘州人。崇正(祯)十六年流贼贺锦陷城,鏖战没于市,贼磔其尸。史载系巡抚林日瑞中军游击,《天山雪》传奇道其烈。"③同书卷一一谓:"欧阳某氏,临洮副将欧阳衮妻。《天山雪》传奇作逸氏。衮巷战死,氏投火自焚。"④据此,知该剧乃叙晚明李自成军队围攻甘州事。《明史纪事本末》卷七八《李自成之乱》记载,崇祯十六年(1643)十二月,李自成遣将攻陷甘州。"先是,凤翔、兰州开门迎贼。贼渡河,庄浪、凉州二卫俱降,遂围甘州,乘夜雪登城。巡抚甘肃林日瑞、总兵郭天吉、同知蓝台等并死之,杀甘民四万七千余人。西宁卫尚坚守不下,至明

---

① 江畬经编:《历代小说笔记选》"清三",上海书店,1983年,第1148—1150页。
② 庄一拂编著:《古典戏曲存目汇考》下册,上海古籍出版社,1982年,第1450页。
③ 钟庚起:《(乾隆)甘州府志》,清乾隆四十四年刊本。
④ 钟庚起:《(乾隆)甘州府志》,清乾隆四十四年刊本。

年二月诈降,杀伪官贺锦等。"①与方志所载相合。因邓长风《甘州之役与〈天山雪〉传奇——美国国会图书馆读书札记之三十》②、周琪《清代〈天山雪〉传奇考辨》③等已有考述,此不赘。

◆《鹦鹉媒》(页1457)

《庄目》卷十二"下编传奇四·清代作品下"于杨组荣名下著录《佛门缘》一剧,并谓作者:"生平未详,尝谱道光时邑中僧尼婚姻事为《鹦鹉媒》","本《蕉窗随录》所载僧尼配偶事",《佛门缘》"一名《鹦鹉媒》。"④

按:杨组荣生平,可参看邓长风《〈鹦鹉媒〉传奇作者杨组荣生平考略》一文⑤。清方濬颐有《题杨小坡组荣〈鹦鹉媒〉传奇联句》,谓:"瘦月枯林风瑟瑟,谦。天酿琼霙寒意勒。挑灯枯坐共沉吟,箴。残编太息才人笔。淮水滁山好因果,谦。红丝默系双飞翼。西域灵禽作赛修,箴。优婆夷配优婆塞。记得当年制曲时,谦。两行银烛写乌丝。奇情拍碎红牙板,箴。豪兴倾翻碧玉卮。换羽移宫都绝妙,谦。崔卢独数君年少。自从烽火起南天,箴。呜咽吹笳不成调。伯劳飞燕倏分离,谦。铩羽噍音增怛悼。九年炎海剧相思,箴。一抔黄土今谁吊。脱帽狂奴欲问天,谦。可堪一读一潸然。骖鸾已向蓉城去,箴。剩有新词被管弦。谦。"⑥

清方濬师《僧尼匹偶记》载曰:"振斋先生记僧尼匹偶之事,此吾乡近日一大佳话,不可不全录之。其文曰:'张善,桐城人。父文田佣耕馎口,生子二,善居次。兄某,长善二岁。善四岁时,桐城被水,佃田淹没,无以为生。文田挈妻子赴来安,垦种山地。数年后,夫妻相继殁。时善八岁,与其兄俱幼稚无依,不能自活,乃相与偕逃,信步行去,住无定所。一日坐石磴假寐,及醒,失兄所在,遍觅无踪。由是孤子一身,往往误入僻迳,或就山窟中止宿,见虎狼足迹满地,则骇然以惧。遇水阻,莫测浅深,适有木棒横地上,藉得探水以渡,则欣然以喜。八岁儿徒步远行,胆怯腹枵,困惫日甚。道光丁酉八月十七日,晚行至滁州东厢庙门首,卧地不起。庙为三仪阁,老僧智慧

---

① 《历代纪事本末》第二册,中华书局,1997年,第2477页。
② 邓长风:《明清戏曲家考略续编》,《明清戏曲家考略全编》上册,上海古籍出版社,2009年,第198—200页。
③ 周琪:《清代〈天山雪〉传奇考辨》,《中国古代小说戏剧研究》第八辑,甘肃人民出版社,2012年。
④ 庄一拂编著:《古典戏曲存目汇考》下册,上海古籍出版社,1982年,第1457页。
⑤ 邓长风:《明清戏曲家考略续编》,《明清戏曲家考略全编》上册,上海古籍出版社,2009年,第68—78页。
⑥ 方濬颐:《二知轩诗续钞》卷九,清同治刻本。

乐善好施，有余蓄辄赒贫乏。是日早起开门，瞥见，呼之不应，抚之奄奄一息，亟抱入庙，以姜汤频灌之，半日方苏。僧询明来历，知其幼弱无家，怜之，俾削发为徒孙圆来之徒，命名荣发，恩养有加焉。逾年，僧挈其徒移住城中龙兴寺，命荣发从师读书识字，为日后讽诵经卷计。及入塾，颖悟胜侪辈，师喜教之，一如教群弟子，不以其为僧异也。岁壬寅，张善年十三岁，时余奉檄至滁，假馆于龙兴寺之慧照堂，每夜辄闻僧舍读书声。异之，询知为寺中小沙弥，晚归自塾，而温习旧业者。亟召之来，试以对句，应声而对，语甚工。出题命作小讲，文理明顺。僧舍内外粘壁大字，每处皆其所书，颇有笔力。余惜其以有造之质而沦于缁流也，商诸智慧，以为余义子，即蓄发。携之归，延师课读，于今八载。时当授室，适余友合肥王君育泉言其中表寿州孙培元学博有养女及笄，愿为执柯，遂酌给财产，于己酉冬月出赘于孙氏之门。顾事以巧而见奇，人无独而有偶。彼孙女之遭际，则又有可述者。孙女父某，乡居务农，女八岁失恃，继母虐遇之，至不能相容，弃诸尼庵，削发为尼。孙氏固淮北望族，其大家巨室俱在城内，不知乡间远族有弃女之事。培元亦世居寿城，凤敦族谊，闻之恻然，出赀赎女归，恩养于家，蓄发待字数年矣。王君育泉为之择配，遂以归张。此不奇于两家僧尼之还俗，而奇于王君之适为撮合也。因书其事以记之。北平史积新书于合肥旅寓，'予按：张善后改名允庆，人甚醇谨，已入寿州籍，补博士弟子员。近杨小坡茂才原本此记，演成《鹦鹉媒》传奇二十四折，善得此可以传矣。"①本事见此。

◆《蕙兰芳》(页1461)

《庄目》卷十二"下编传奇四·清代作品下"著录此剧，谓："《曲录》著录。其他戏曲书簿未见著录。《词余丛话》云：'曾茶村大令，与余同学，天才豪放，人亦磊落不羁。谱有《蕙兰芳》传奇，衍张承敞经乱，与其妇离而复合事。'佚。"②

按：杨恩寿《词余丛话》收有《蕙兰芳》传奇佚曲多首，并谓：

首龄《饯花》，有"花开几千？人生几年？花儿惯把人儿骗。最堪怜，残红飘荡，无可奈何天。"暨"问东流，此别何年再见"之句，颇觉不祥。踰年，果有鼓盆之戚。中有《感怀》一龄，叙承敞乱后回家，感悼烈妇。迨遇旧媪，始知其妇尚在人间。用笔曲折有致。

【新水令】秋林红叶响萧萧，返家园鸡鸣行早。云寒僧磬湿，水落

---

① 方濬师：《蕉轩随录》卷二，清同治十一年刻本。
② 庄一拂编著：《古典戏曲存目汇考》下册，上海古籍出版社，1982年，第1461页。

石梁高。旅店清寥,马啮带根草。

【驻马听】鼓振兵器,死别生离离别了! 刘郎又到,入门何处觅云翘? 临风蕉纸把魂招,妆台想已生秋草。居民尽室逃,入残城,料问讯亲朋少。

【沉醉东风】你看:拆不完砖墙将倒,辨不出街陌何条,孤城上黑乌飞,破屋里寒鸡叫,卖酒家青帘卷了,就是那东风信暖也没饧箫。凝眸凭眺,只残花、衰柳、苍烟、落照。

【雁儿落】半扇柴门,不用轻敲,直走入画堂前无人报。踢破了茸茸附石苔,惊起了呖呖啼花鸟。

【得胜令】沟渠内积潦犹未消,檐马儿任风敲。蛛网当门结,窗棂没半条。堂圻蝠粪深,无人埽。墙圻松杉倒,任采樵。

【乔牌儿】余灰潦草,是旧时的厨灶。剩几个破盏残瓢,似寒食人家禁烟寂寥。

【甜水令】美人久逝,兰房寂静,梁倾珓珥,剩几个燕泥巢。看日暮东风,把花片儿吹起,恰似那倩女魂飘。

【折桂令】悔当初偷生避地,弃汝潜逃。送离人饯不及螺杯,殒香躯系住了鲛绡。向空际号咷,急茫茫(忙忙)也悬不及铭旌锦字标。况没个坟台可埽,更没件粉黛堪描。哭问青霄,恨卷红蕉。助我悲声,落叶萧萧。

【碧玉箫】杯酒来浇,何处黄泉道? 楮帛徐焚,飞作蝶儿绕。须索要展灵旗,唱《大招》。种树夭桃,把衣襦窖,看明岁墓门花照。

【鸳鸯煞】仙山楼阁殊缥缈,上天入地都寻找。霞影护蓝桥。殷然求,欣然想,倘然遇,我说果然又得复会,他说前缘未了。旧天台终须重到。携手诉离怀,还是哭? 还是笑?

此齣布局,酷似《红梨记》赵解元《访素》、《桃花扇》侯公子《题画》两齣。谢素秋奉敕没入边庭,李香君被选供奉内廷,赵、侯二君旧地重游,人亡屋在,其凄恋不异承敞;而词曲均极工致,各尽其妙,能手固无同之非异也。①

此段记载弥足珍贵,可考知《蕙兰芳》剧作大致内容及艺术风格之追求。

---

① 中国戏曲研究院编:《中国古典戏曲论著集成》第九册,中国戏剧出版社,1959年,第259—261页。

◆《白桃花》(页1469)

《庄目》卷十二"下编传奇四·清代作品下"收录有洪炳文《白桃花》等剧,谓:"此戏未见著录。钞本。温州图书馆藏"①,然未叙及剧情。

按:清人刘绍宽《洪博卿先生白桃花传奇题辞四首》小序曰:"传奇谓平阳北港白某,浑名老三,投发逆为通天王,有术者谓遇桃花必败。引寇至瑞安,有献以女者,询名桃花,遂不敢娶。次日为团练所歼,俗谓白死血食其地。"诗其一谓:"莫笑蹄涔琐琐谭,成王败寇亦奇男。描摹草泽英雄概,不数前朝施耐庵。"诗后注曰:"同时瑞安钱匪蔡华被捕,供有'成则为王,败则为寇'语。"其二谓:"痴叔空崖嫂锦娘,罗平旗号建平阳。纪元正治标青史,笑煞通天是假王。"诗后注曰:"《续通鉴》:大德元年,陈空崖以妖言伏诛。《岐海琐谭》云:平阳陈空崖同嫂苏锦娘反,建罗平旗号,其改元正治。《纪元编》亦采入。"其三谓:"毕竟夭桃薄命花,不教锦伞拥香车。横行海上蔡牵妇,亦是当年碧玉家。"诗后注曰:"蔡牵妻,平阳炎亭内岙人,三嫁与蔡牵,勇猛善战,俗呼为蔡牵妈。《东华录》《瀛舟笔谈》均及其人。黄汉《瓯乘补》、缪文澜笔记言之最详。"其四谓:"丛祠白马盛祈禳,端的神名未可详。从此一方添庙食,纷纭又有白三郎。"诗后注曰:"《平阳县志》:白马庙神,为东汉张湛,省府志皆从其说。然俗传为昭明太子。余考他志,蒋子文、崔珏、王审知皆有白马祠号。《福宁志》有白马三郎庙,为闽越王郢第三子,此当为俗传所由来。今白三郎又得血食,名号纠纷,益不可理矣。"②

刘绍宽(1867—1942),字次饶,号厚庄,平阳(今属浙江)人。光绪二十四年(1898)拔贡。着有《厚庄诗文钞》。上引诗中洪博卿即洪炳文。炳文字棣园,又字博卿③,号祈黄楼主人。

◆《芙蓉峡》(页1473)

《庄目》卷十二"下编传奇四·清代作品下"著录曰:"《曲录》著录。《曲考》《曲海目》《今乐考证》并见著录。《考证》作钱石臣撰,注云:《曲考》署钱夫人林亚青作,不知何据。本事未详。佚。"④

按:清焦循《剧说》卷四谓:"钱塘女史梁夷素,字孟昭,工诗画,尝作《相

---

① 庄一拂编著:《古典戏曲存目汇考》下册,上海古籍出版社,1982年,第1469页。
② 萧耘春选辑:《苍南诗征》,上海古籍出版社,2005年,第243—244页。
③ 杨廷福、杨同甫编:《清人室名别称字号索引:增补本》上册,上海古籍出版社,2001年,第470页。
④ 庄一拂编著:《古典戏曲存目汇考》下册,上海古籍出版社,1982年,第1473页。

思砚》传奇行世。钱御史石城《芙蓉峡》传奇,亦其夫人林亚清作。妇人填曲,前代未有。林名以宁,有集,诗极工。"①清李斗《扬州画舫录》卷五亦谓:"《芙蓉峡》,钱夫人林亚青作。"②清梁廷枏《曲话》卷一云:"闺秀撰曲,国朝吴江女史叶小纨作《鸳鸯梦》,钱唐女史梁夷素作《相思砚》,钱夫人林亚青作《芙蓉峡》,长安女史王筠作《繁华梦》。"③均以为此剧乃林氏作。"林以宁,字亚清,钱唐人。进士林纶女,监察御史钱肇修室。著《墨庄诗钞》"④,"能文章,工书善画,尤长墨竹"⑤。《(民国)杭州府志》卷一五四谓:"林以宁,字亚清,进士林纶女,监察御史钱肇修石臣室。能诗善画,且工为骈俪之文,著有《墨庄诗文集》《凤箫楼集》《国朝诗别裁集》。"⑥钱肇修,字石臣,有《钱石臣诗钞》传世。"城""臣"音近,故焦氏误记。然《芙蓉峡》究竟出于谁手,恐难以遽下结论。陆萼庭《清代戏曲作家作品的著录问题》一文,认为"《芙蓉峡》的作者应从姚氏《今乐考证》之说归于钱肇修,当然,这并不排斥创作过程中林以宁也出过力"⑦,甚是。

附记:笔者原有大段考证文字,所依据的是林以宁散曲《题〈芙蓉峡〉传奇》,通过文本内证,证明林氏不似是《芙蓉峡》的作者。因见与陆萼庭先生文章所用材料大同小异,且结论一致,故不再赘述。

◆《雨蝶痕》(页1480)

《庄目》卷十二"下编传奇四·清代作品下"著录此剧,题作者为浣霞子,谓:"姓名、字号、里居皆未详",并疑其为"陕西商县人"⑧。未注本事。

按:《雨蝶痕》今存康熙辛巳(四十年,1701)刊本,前有顺治辛卯(八年,1651)堆山衲米(明末清初武进人薛寀,号堆山。明亡为僧,更名米)所写《序》,并列有"参阅品评"者黄周星、屈大均、李渔、邹式金、吴伟业、周筼、吴骐等百余人,其中休宁籍者达四十余人。封面题"汪南溟先生点定",后有汪台山、程庶咸、程永孚诸人《跋》。北京图书馆藏,凡三十六齣。收入《古

---

① 中国戏曲研究院编:《中国古典戏曲论著集成》第八册,中国戏剧出版社,1959年,第159页。
② 李斗:《扬州画舫录》,中华书局,1960年,第121页。
③ 中国戏曲研究院编:《中国古典戏曲论著集成》第八册,中国戏剧出版社,1959年,第249页。
④ 阮元、杨秉初辑:《两浙輶轩录》第十册,浙江古籍出版社,2012年,第2890页。
⑤ 震钧:《国朝书人辑略》卷一一,清光绪三十四年刻本。
⑥ 李榕:《(民国)杭州府志》,民国十一年本。
⑦ 陆萼庭:《清代戏曲家丛考》,学林出版社,1995年,第316页。
⑧ 庄一拂编著:《古典戏曲存目汇考》下册,上海古籍出版社,1982年,第1480页。

本戏曲丛刊五集》。"写书生白璧因避雨投宿御史桂彬家,见桂女韵如所作《雨蝶》诗,爱而和之,二人互相倾慕。桂彬改官南直督学,白璧为解元。后桂彬因忤怒权相任我为,长流关外,妻女亦长流广西。大理寺丞张天网欲强娶韵如,桂母诈称女已死,韵如遁而为尼,白璧至广西寻访桂氏母女,见虚设之韵如牌位,误会意中人已死。最后任我为事败,桂彬复职,白璧亦得中状元,历经曲折,与韵如重圆。其《蝶梦》《疑鬼》等出模仿《牡丹亭》而缺乏神韵。"①然汪台山《跋》中有云:"今观延陵先生传奇,则又于'栩栩'之中别开生面",则明言作者为延陵人。延陵,为春秋吴邑,季札封地,即今江苏常州武进。而"参阅品评"者之中,仅薛寀一人为武进人。薛氏与该剧之关系,较为微妙,有待进一步推敲。而吴晓铃以为作者"吴姓,徽人也"②,恐不确。

◆《桃园记》(页1482)

《庄目》卷十二"下编传奇四·清代作品下",著录有云槎外史所作《桃园记》传奇一种,谓:"此戏未见著录。《三国志》戏曲中首有《桃园记》,系明初戏文。不知此记所叙同否。佚。"③

按:黄仕忠《日本所藏中国戏曲文献研究》谓:"此剧之清稿本今存日本东京大学东洋文化研究所"④,乃顾太清(名春)所作。书衣题《仙境情缘》,当是该剧之别称⑤。剧叙西池金母侍女萼绿华与南海长寿仙之侍童白鹤童子由相恋而成就良缘事。实乃作者婚恋经过之自叙。黄仕忠编校《明清孤本稀见戏曲汇刊》(上册)收有《桃园记》,剧本前之"说明"可参看。

◆《百花舫》(页1485)

《庄目》卷十二"下编传奇四·清代作品下"著录有紫虹道人《百花舫》一种,谓:"《今乐考证》著录。其他戏曲书簿未见记载,本事不详。疑与徐沁《载花舲》题材相近。佚。"⑥

按:清初粲花主人选辑、西湖漫史点评《新镌汇选昆调歌林拾翠》卷之四,收有传奇剧《百花舫》中《窥妻》《花遘》《云浓》《欢疑》等齣⑦。

---

① 邓绍基主编:《中国古代戏曲文学辞典》,人民文学出版社,2004年,第932页。
② 吴晓铃:《1962年访书读曲记》,《吴晓铃集》第二卷,河北教育出版社,2006年,第184页。
③ 庄一拂编著:《古典戏曲存目汇考》下册,上海古籍出版社,1982年,第1482页。
④ 黄仕忠:《日本所藏中国戏曲文献研究》,高等教育出版社,2011年,第160页。
⑤ 参看黄仕忠:《日本所藏中国戏曲文献研究》,高等教育出版社,2011年,第161页。
⑥ 庄一拂编著:《古典戏曲存目汇考》下册,上海古籍出版社,1982年,第1485页。
⑦ 马廉著、刘倩编:《马隅卿小说戏曲论集》,中华书局,2006年,第197页。

◆《画图缘》(页1487)

《庄目》卷十二"下编传奇四·清代作品下",著录有题名汾上谁庵的《画图缘》一种,称演张灵、崔莹事,"以图作合,终成团聚。事本黄周星《张崔合传》。清初小说有同名《画图缘小传》。"①

按:《画图缘》小说乃演花天荷事,与张灵、崔莹事无涉,此误记。见本书所考《莲花幕》一目。刘清韵所作《鸳鸯梦》一剧,与本剧题材相同。张、崔互慕之情起,盖缘六如所绘《张灵行乞图》《美人图》,并非小说所载形势、园林二图。

◆《莲花幕》(页1490)

《庄目》卷十二"下编传奇四·清代作品下",著录有"尚论堂主人"传奇《莲花幕》一种,谓:"此戏未见著录。《曲目钩沉录》引倪蜕《蜕翁草堂全集》中《文集》卷二《莲花幕传奇序》云:'尚论堂主人之传花天荷,盖就野史而咏之以声歌者也。'并称本事出处待考②。

按:倪蜕即倪羽。羽,一名鹏,晚易名蜕,江苏华亭人③。清初《画图缘小传》小说曾叙花天荷事。《画图缘》又称《画图缘平夷传》《花天荷传》《花田金玉缘》,前有天花藏主人所题序。书叙温州书生花天荷,出游天台,得老人赠两广形势图与园林图,且称功名、姻缘皆系于图。天荷经福建长乐,得游一如图中所示之园,与园主柳青结为知己。柳青代为其姊化名蓝玉者作媒,并索天荷二图为聘。两广峒乱频起,天荷奉命进剿,据图破乱获胜,归与蓝玉完姻。柳青进士及第后,亦得佳偶。本剧当演此事。

◆《风流院》(页1497)

《庄目》卷十二"下编传奇四·清代作品下"据《今乐考证》,于不可解人下著录此剧,并引其注文云:"与朱京藩《风流院》本异。"④

按:据《〈风流院〉自叙》,作者于文后自署为"不可解人朱京藩题"⑤。可知,不可解人乃朱氏之别号。殆系姚氏未察,将此作误列入清代剧作。庄氏则沿其旧。之所以与朱氏《风流院》异,或系在流传过程中,已经后人

---

① 庄一拂编著:《古典戏曲存目汇考》下册,上海古籍出版社,1982年,第1487页。
② 庄一拂编著:《古典戏曲存目汇考》下册,上海古籍出版社,1982年,第1490页。
③ 钱仲联主编:《清诗纪事》第七册,江苏古籍出版社,1987年,第4189页。
④ 庄一拂编著:《古典戏曲存目汇考》下册,上海古籍出版社,1982年,第1497页。
⑤ 蔡毅编著:《中国古典戏曲序跋汇编》第二册,齐鲁书社,1989年,第1368页。

改窜。

◆《孔雀记》(页1502)

《庄目》卷十二"下编传奇四·清代作品下"于苣城墁佣名下收有此剧,谓:"此戏未见著录。漱芳斋刊本。二卷。南京图书馆藏。"①

按:该剧据古诗《为焦仲卿妻作》而敷衍。《(嘉庆)舒城县志》卷三二谓:

> 古诗中《孔雀东南飞》篇,为庐江小吏焦仲卿妻作,义夫节妇称之者无异辞。乾隆末,华亭姜兆翀曼佣为舒城学博时作《孔雀记》传奇,独责仲卿殉妻忘亲。《记》中附会虽多,而此论甚有益名教,不可不传。或曰,曼佣之仲弟,盖笃于夫妇之好者,二亲垂老,中年丧妻不娶。曼佣之作传奇,实有所讽云。②

该剧创作之动机,于此得见一二,为探讨本作之思想内容,提供了文献依据。郭英德《明清传奇综录》收有该剧,谓现存清漱芳斋刊本。郭氏推测,"姜氏作此剧当在舒城任上。"③上引方志明言"华亭姜兆翀曼佣为舒城学博时作《孔雀记》传奇"④,郭氏所言甚当。

◆《环影祠》(页1510)

《庄目》卷十二"下编传奇四·清代作品下"于亦斋名下著录,并谓:"此戏未见著录。《曲目拾遗》引阳湖刘嗣绾《筝船词·水龙吟》题亦斋文《环影祠》乐府。此剧谱唐皇、杨妃故事。佚。"⑤

按:据清道光大树园刻本《尚䌹堂集》,"亦斋文"作"亦斋丈"。"文""丈"字形相近而误。据《清人室名别称字号索引》,清人号为"亦斋"者仅两人,一为刘仁贵,湖北汉阳人。生卒年为:1856—1904⑥;一为萧廷发,广东嘉应人。而为该剧题词者刘嗣绾,生卒年为:1762—1820⑦,前者显然不是。该剧作者未知为萧廷发否?待考。

---

① 庄一拂编著:《古典戏曲存目汇考》下册,上海古籍出版社,1982年,第1502页。
② 熊载升:《(嘉庆)舒城县志》,清嘉庆十一年刻本。
③ 郭英德编著:《明清传奇综录》下册,河北教育出版社,1997年,第1068页。
④ 熊载升:《(嘉庆)舒城县志》卷三二,清嘉庆十一年刻本。
⑤ 庄一拂编著:《古典戏曲存目汇考》下册,上海古籍出版社,1982年,第1510页。
⑥ 江庆柏:《清代人物生卒年表》,人民文学出版社,2005年,第178页。
⑦ 南京师范大学古文献整理研究所:《江苏艺文志·常州卷》,江苏人民出版社,1994年,第564页。

◆《一枝梅》(页1517)

《庄目》卷十三"下编传奇五·明清阙名作品"著录此剧,并称"本事未详"①。

按:凌濛初《二刻拍案惊奇》卷三九《神偷寄兴一枝梅》,叙苏州神偷懒龙,心机灵变,本领高强,每盗物得手,便画一枝梅于粉壁,由是知名。且仗义疏财,专盗悭吝财主、不义富人,接济贫穷。无锡知县贪婪异常,秽声狼藉。懒龙潜入其官廨,将藏金宝匣盗出。知县下令捕拿。懒龙乘夜色复入后廨,将知县小妾头发剪下,放入印箱,使知县大为惊恐,乃收回成命。后,懒龙绝此营生,靠卖卦度日。疑本剧即叙其事。

◆《九曲阵》《九曲珠》(页1523)

《庄目》卷十三"下编传奇五·明清阙名作品",谓:"《九曲阵》,此戏未见著录。《传奇标目汇考》别本有此目,云失名,长洲人。其他戏曲书簿未见记载。佚。"②"《九曲珠》,《今乐考证》著录。《曲考》《曲海目》《曲录》并见著录。疑演孔子道逢采桑娘,被厄于陈、蔡间事。此故事出宋彭乘《墨客挥犀》。虽为不经之谈,颇传说于民间。佚。"③

按:此剧疑与弹词《九龙传》《九龙阵》为同一题材。谭正璧等《弹词叙录》介绍《九龙传》故事,略曰:"北番进九曲明珠、铁胎弓以难元朝,元朝无人能解,悬榜招贤。印玉奉师命下山,当殿穿过明珠,拉开铁弓,太后认为女,封宗令。印玉偶于金太师府见朱仙,爱其才貌非凡,金太夫人即以相赠。吐蕃国封赤宝迷呼为盖天王,进攻中原,连破数关。时金雅臣与妻舅陆雅臣同王云在少林寺学艺,闻京中设擂招贤,三人遂赴京。途遇马安山诸英雄,王云、王青兄弟相会。诸人至京,王云被疑为逃犯,被收入监,由印玉亲审,保奏释放。元帝亲观演武,点王云武状元,金雅臣武榜眼,陆雅臣武探花,余为武进士。遂封王云为平番荡逆都元帅,出兵征吐蕃。初战,盖天王大败,后其妻花花女摆九曲黄龙阵,王云等破之,独王青被擒。花花女有混元囊,印玉至庐山老母处借宝破之,打死花花女,乃一蜈蚣精。吐蕃王降。王云班师,封镇国定邦王。与印玉、朱仙、掌珠、莲姑先后成婚。诸将亦均受封,各为婚娶。"④《九龙阵》曰:"杨华又将八卦阵转成九节游龙阵,金貂仍逃脱。

---

① 庄一拂编著:《古典戏曲存目汇考》下册,上海古籍出版社,1982年,第1517页。
② 庄一拂编著:《古典戏曲存目汇考》下册,上海古籍出版社,1982年,第1523页。
③ 庄一拂编著:《古典戏曲存目汇考》下册,上海古籍出版社,1982年,第1523页。
④ 谭正璧、谭寻:《弹词叙录》,上海古籍出版社,1981年,第8页。

杨华往追，堕入泥坑，反为金貂所擒。谁知金貂本非单于王亲生，乃唐必巍之女，本名唐素娥，在先曾与杨华指腹为婚。十八年前，合家回乡，船被大风吹出海，飘浮至单于国。国王欲必巍降，必巍不从被杀，留下乳母王氏及女，国王以女为公主。至是金貂欲杀杨华，杨临刑自道姓名，为王氏听得，即与金貂追叙昔年情况。金貂请杨华相见，约其同报杀亲之仇。杨华等得金貂之助，乃直攻单于国京城。国王求降，自认进兵乃姜彬招引，事遂大白。此时周立中亦与诸人相见，遂共班师回京。"①时，戏曲往往从小说、曲艺中取材，如《玉尺楼》《小河洲》《锦香亭》《画图缘》《莲花幕》等皆是，此或亦是。庄氏谓，或出宋人《墨客挥犀》，未详何据？

◆《六恶记》（页1533）

《庄目》卷十三"下编传奇五·明清阙名作品"著录此剧，曰："此戏未见著录。见《时兴滚调歌令玉谷新簧》。演邹应龙打严嵩故事。"②

按：《玉谷新簧》卷之四上层收有《六恶记》中《三打应龙》一齣，插图有《三打三奏》，此为本齣戏之主要关目③。"此齣写明代嘉靖年间，御史邹应龙上奏章，弹劾宰相严嵩专权横行，皇帝发怒，不准所奏，命将其押出东华门外，重责四十。邹应龙不肯罢休，随后又上奏章，皇帝仍命重责四十。邹应龙两腿打烂，出于忠心三上奏章，复被责杖四十，以致闷死"④。其中并无"邹应龙打严嵩"之情节，庄氏所述与文本内容不符。

◆《木梳记》（页1543）

《庄目》卷十三"下编传奇五·明清阙名作品"收有本剧，谓："此戏未见著录。此剧仅于明人戏曲选集《八能奏锦》残存散齣。演宋江智激李逵救李幼奴事。题材与《鲁智深喜赏黄花峪》杂剧第二折关目类似。"⑤

按：阮祥宇编《新编万家会锦乐府万象新》后集卷四存目有《李逵论功夸嘴》《蔡挖搭嫖花院》二齣，然正文已佚。前一种除《八能奏锦》外，《乐府玉树英》亦曾收录。后一种则不见他书。

---

① 谭正璧、谭寻：《弹词叙录》，上海古籍出版社，1981年，第9页。
② 庄一拂编著：《古典戏曲存目汇考》下册，上海古籍出版社，1982年，第1533页。
③ 王秋桂主编：《善本戏曲丛刊》第一辑，台湾学生书局，1984年，第144页。
④ 齐森华等主编：《中国曲学大辞典》，浙江教育出版社，1997年，第437页。
⑤ 庄一拂编著：《古典戏曲存目汇考》下册，上海古籍出版社，1982年，第1543页。

◆《中州愍烈记》(页1543)

《庄目》卷十三"下编传奇五·明清阙名作品"著录,谓:"此戏未见著录。传钞本。见《西谛善本戏曲目录》,今归北京图书馆,馆原有旧藏钞本,系乾隆间物,亦即此时之作品。"①

按:清人蒋士铨《忠雅堂诗集》卷四收有《〈中州愍烈记〉题词》组诗,其一谓:"法曲依然继《国风》,不随镫月唱玲珑。苦将杜宇三更血,染出氍毹一丈红。"其二谓:"一转红墙半亩祠,歌于斯也哭于斯。鱼扉昼闭香烟直,不许斜风卷画旗。"其三谓:"土□泥床夜漏穿,行人下马一凄然。劳他络纬催人织,啼煞枯林破屋边。"其四谓:"冷云寒日土三堆,争把冬青绕墓栽。不用见孙浇麦饭,清明时节长官来。"其五谓:"成佛登仙事等闲,能安死所即生天。北邙亦有累累冢,却令诗人吊廪延。"其六谓:"知书已未及共姜,破卵倾巢□恨长。剩有残魂寻乳燕,不知何鸟是鸳鸯。"其七谓:"终南进士饱欲死,差胜阎罗咽铁丸。安得才人沦落后,藉他前导作都官。"其八谓:"王豹、河西尚在不?当筵谁复眼如周。歌成自有神灵泣,不用低徊菊部头。"其九谓:"频年刻羽吊芳魂,几处磨碑写八分。那识乘轩梁苑客,也随风雨哭秋坟。"卷十谓:"斯文如女有正色,此语前贤已道之。安肯轻提南董笔,替人儿女诉相思。"②据此,知该剧当产生于清乾隆年间。又据李绿园《〈歧路灯〉序》:

偶阅阙里孔云亭《桃花扇》、丰润董恒岩《芝龛记》,以及近今周韵亭之《悯烈记》,喟然曰:"吾固谓填词家当有是也!藉科诨排场间,写出忠孝节烈,而善者自卓千古,丑者难保一身,使人读之为轩然笑,为潸然泪,即樵夫、牧子、厨妇、爨婢,皆感动于不容已。以视王实甫《西厢》、阮圆海《燕子笺》等出,皆桑濮也,讵可暂注目哉!"③

又,《忠雅堂诗集》卷四收有《寄怀淇令周韵亭同年》组诗,其一谓:"节义都归循吏传,文章俱入汝南评。吾闻古语才难得,天许斯人宦早成。膝上传经儿识字,花前将母妾调羹。如何民气还淳朴?应自庭闱岂弟生。"④其三曰:"北马南船往复分,那能垂翼□青云?大言曾比瑜兼亮,故态真添操

---

① 庄一拂编著:《古典戏曲存目汇考》下册,上海古籍出版社,1982年,第1543—1544页。
② 蒋士铨撰、邵海清校、李梦生笺:《忠雅堂集校笺》第一册,上海古籍出版社,1993年,第389—390页。
③ 丁锡根编:《中国历代小说序跋集》下册,人民文学出版社,1996年,第1633页。
④ 蒋士铨撰、邵海清校、李梦生笺:《忠雅堂集校笺》第一册,上海古籍出版社,1993年,第388页。

与君。与诵人瞻淇上竹,歌筵鬼唱鲍家坟。(原注:谓《愍烈记》。)可知哀乐中年甚,一曲啼鹃未忍闻。"①据诗中小注及上引李绿园《〈歧路灯〉序》,知《愍烈记》作者为周韵亭。

◆《玉瑑缘》(页1552)

《庄目》卷十一"下编传奇三·清代作品上",于查继佐名下著录传奇剧《三报恩》《非非想》《眼前因》《梅花讖》《鸣鸿度》五种②。又,同书卷十三"下编传奇五·明清阙名作品"著录有《玉瑑缘》传奇,谓:"此戏未见著录。《曲海总目提要》有此本。记鲜于同事。与《警世通言》中《老门生三世报恩》《钝秀才一朝交泰》,同一事实,剧变幻情节而敷衍之。其名《玉瑑缘》者,同妻孔氏有祖传玉瑑以赠同,后同生子托人寄孔氏即以为证故。清查继佐、毕魏各有《三报恩》传奇,题材与此同。佚。"③

按:清沈起撰、汪茂和点校《查东山先生年谱》附录一《东山外纪》载曰:"《玉瑑缘》一剧,为养生而作也,其大要具于末齣。尝语人:'老少无成相,男女无成形,从变处求不变,造物所以长存也。张计相多蓄侍婢,年百余,其所以为变者微耳。'又曰:'不专靠坠地时,靠得坠地时亦佳,所云尽其天年者是也。顾须步步作胎若未尝坠地乃是。"④由此可知,《玉瑑缘》创作之缘起,补《庄目》记载之不足。

◆《升天记》(页1594)

《庄目》卷十三"下编传奇五·明清阙名作品"著录此剧,称:"《昆池新调乐府八能奏锦》有此记。本事未详。"⑤

按:《玉谷新簧》卷之一上层收有此剧之"雪拥蓝关"一齣⑥,叙韩湘子度脱韩愈事。本事同《韩湘子升仙记》。剧中韩愈雪拥蓝关所唱【清江引】"哭五更",颇具民间文学情调。

◆《南楼传》(页1606)

《庄目》卷十三"下编传奇五·明清阙名作品"著录此剧,谓:"《今乐考

---

① 蒋士铨撰、邵海清校、李梦生笺:《忠雅堂集校笺》第一册,上海古籍出版社,1993年,第388页。
② 庄一拂编著:《古典戏曲存目汇考》中册,上海古籍出版社,1982年,第1179—1180页。
③ 庄一拂编著:《古典戏曲存目汇考》下册,上海古籍出版社,1982年,第1552页。
④ 沈起:《查继佐年谱》,汪茂和点校,中华书局,1992年,第99页。
⑤ 庄一拂编著:《古典戏曲存目汇考》下册,上海古籍出版社,1982年,第1594页。
⑥ 王秋桂主编:《善本戏曲丛刊》第一辑,台湾学生书局,1984年,第18页。

证》著录。清钞本,怀宁曹氏旧藏","演刁南楼妻刘氏事,与弹词《倭袍传》同题材。"①

按:清小说有《绣戈袍全传》,又名《绣戈乌龙记》,题江南随园主人著,凡八卷四十二回,与本剧题材同。弹词《南楼传》亦叙此事。或称《绣戈袍》成书于清乾隆时。据此,小说、弹词应是由传奇剧《南楼传》改编而来。

◆《思婚记》(页1608)

《庄目》卷十三"下编传奇五·明清阙名作品"著录有佚名《思婚记》,谓:"此戏未见著录。见《时兴滚调歌令玉谷新簧》,本事未详。"②

按:《玉谷新簧》卷之一上层,收有《思婚记》中《尼姑下山》一节③。《尼姑下山》,《八能奏锦》所收《升天记》、《目连救母劝善戏文》、《缀白裘》所收《孽海记》等,均有此情节,内容或相近,或出入较大④。此处既题《思婚记》,应是当时另有独立剧目流行,系串连《劝善戏文》中"尼姑下山""和尚下山"诸情节敷演而成。

◆《祝寿记》(页1616)

《庄目》卷十三"下编传奇五·明清阙名作品"著录此剧,曰:"此戏未见著录。见《时兴滚调歌令玉谷新簧》。"⑤未叙及所述何事。

按:《祝寿记》叙裴度事。《玉谷新簧》卷之五下层收有该剧《僚友祝裴公寿》(又题《绿野堂祝裴公寿》)一齣⑥,叙丞相裴度寿诞之日,在绿野堂大摆筵席,白居易、刘禹锡、胡杲、僧如海等往贺,白居易以《老子出关图》、刘禹锡以《张良辟谷图》、如海以《范蠡归湖图》为贺仪。白居易即席令樊素唱曲、小蛮跳舞以侑觞,刘禹锡亦遣善歌的小玲珑前来助兴,场面十分热闹。傅芸子《内阁文库读曲续记》谓:"所谓《祝寿记》之'僚友祝裴公寿',实即下列《太和记》之'庆贺裴公寿诞','绿野堂中嘉宴'。目录所载,齣名有三,观之文本,实仅一也。"⑦《中国曲学大辞典》也持此说,谓:"至于《乐府红珊》选《裴晋公绿野堂祝寿》,题《太和记》,而《玉谷新簧》选《庆贺裴公寿

---

① 庄一拂编著:《古典戏曲存目汇考》下册,上海古籍出版社,1982年,第1606页。
② 庄一拂编著:《古典戏曲存目汇考》下册,上海古籍出版社,1982年,第1608页。
③ 王秋桂主编:《善本戏曲丛刊》第一辑,台湾学生书局,1984年,第64页。
④ 参看齐森华等主编:《中国曲学大辞典》,浙江教育出版社,1997年,第437页。
⑤ 庄一拂编著:《古典戏曲存目汇考》下册,上海古籍出版社,1982年,第1616页。
⑥ 王秋桂主编:《善本戏曲丛刊》第一辑,台湾学生书局,1984年,第214页。
⑦ 傅芸子:《白川集》,日本文求堂书店,昭和十八年(1943),第132—133页。

旦》,题《祝寿记》,实则此两出相同,首曲均为【生查子】。"①

◆《秦晋配》(页1618)

《庄目》卷十三"下编传奇五·明清阙名作品"著录此剧,曰:"此戏未见著录。见《右台仙馆笔记》。……佚。"②

按:清杨恩寿《续词余丛话》卷三引俞樾《右台仙馆笔记》曰:"秦娘者,维扬勾栏中人——其父固老诸生也,谈者失其姓名——生而国色。幼失怙恃,依其舅以居,而其舅负官逋,不得已议鬻其甥女。为媒者所诳,遂入青楼。女守贞不辱。假母好言劝之,不从;恫愒之,挞楚之,惟以死自誓。假母计穷,议转鬻之他所,而以其美貌,未忍也。……吴下有蒋生者,以应京兆试,道出芜城,初无意寻芳也。蒋有友,平时亦尝受假母之托,以蒋貌美,导之往。蒋始不可,友固怂恿之。及至,女向壁哭如故。蒋调之曰:'闻卿名秦娘,小生则小字晋郎。秦、晋自宜为姻好,何拒我之深也?'女闻言,忆梦中父语,秋波斜睇,见蒋风度不凡,不觉哭声顿止。假母喜曰:'大好!大好!今日仙女思凡矣!老身且去料理酒食。'女与蒋同坐房中,虽无一言,亦无愠意。须臾酒食进,假母招女同坐,女亦盈盈而至,然泪痕固涔涔也。蒋见旁无他人,乃问之曰:'观卿情状,必有隐怀。仆虽交浅,何碍言深?'女细述己志,且告以梦,又哽咽而言曰:'郎君若能为百年之计,梦中父命,敢不敬从?若以为风尘中人,苟遭一时意兴,则虽死不从也。'蒋叹曰:'有志女子哉!小生固未娶,然贫无金屋,奈何?'女曰:'苟许相从,荆布无恨。但求先矢天日,然后再陪杯勺。'蒋许之,共誓于神。是夜,遂同燕好。假母喜女意转,坚留小住,乃流连三日。女谓蒋曰:'郎君别后,假母必不容独居,宜早为计。君家有何人?所居何处?可详告妾。'蒋曰:'家中无人,惟一寡姊相依。所居则姑苏某巷也。'女喜曰:'妾得计矣!君宜为一书与令姊,详述妾事,妾自有策脱此火坑。'蒋悉如其言。及蒋去三日,假母果别招一客至。女强笑承迎,醉之以酒,乃服客之衣、帽、袜、履,诈为客状,启户径出,大骂曰:'何物婢子,如此倔强,令人愤气填膺!'假母疑女又有变,得罪于客,追出谢之,则拂衣竟去矣。入房审视,客固醉卧未醒,而女兔脱,乃始追。女甫出门而暴风骤起,灯烛皆灭——盖女之出也,默祷于父,有阴相之者也——追者皆悚然而返。女独行昏黑中,若有导之出者,遂附船至苏州,竟至蒋家,投书于姊。姊审书不谬,留之。而女已有身。及期,产一男。姊始

---

① 齐森华等主编:《中国曲学大辞典》,浙江教育出版社,1997年,第338页。
② 庄一拂编著:《古典戏曲存目汇考》下册,上海古籍出版社,1982年,第1618页。

犹狐疑，视所生男，酷似其弟，乃大喜焉。蒋自别女，入京应京兆试，不售。或荐之就四川学政幕，甫至而学使卒。蒋留蜀不得归，……及川、楚平，叙功以知县铨选，始乞假而归。自辞家北行，至此将二十年矣。遥望故山，颇有近乡情怯之意。乃至所居坊巷，则门庭如故，且红灯双挂，彩幕高张，鼓吹喧阗，溢于户外，不知其有何事。入门，则座上客满，多不相识。有少年就问：'客从何来？'蒋诧曰：'吾故蒋某，此吾家也。'少年大骇而入。无何，有中年妇人出，则其姊也。惊且喜，曰：'吾弟归欤？'引少年就蒋曰：'此吾弟之子也。'盖其子年已弱冠。是日，适为毕姻耳。坐客皆大惊叹，以为巧遇。姊曰：'正有一事为难。弟妇已将作阿婆，而犹垂发作女儿装束。使之改装，不可。今吾弟幸而归来，事当如何？'一客曰：'何不趁此吉日，使父母、子妇同日完姻，亦佳话也。'满堂轰然，曰：'然！'于是青庐之内，花烛高烧，翁姑拜前，儿妇拜后，观者皆啧啧，谓为未有之盛事。好事者作为《秦晋配》传奇。"①马廉谓："《秦晋配》传奇，演邢妃事（即圆圆）。"②是将《商山鸾影》与《秦晋配》混作一剧，显误。

◆《书中玉》（页1626）

《庄目》卷十三"下编传奇五·明清阙名作品"著录此剧，并称："《曲录》据《南词定律》著录。本事未详。"③

按：蒲松龄《聊斋志异·书痴》略谓：彭城郎玉柱，家苦贫，昼夜研读，笃信书中真有"黄金屋""颜如玉"，年已三十，因功名未遂，拒媒议亲。一日，读《汉书》，夹藏其中之"纱剪美人"忽折腰起，自称为颜如玉，与生亲爱倍至，始戒其读书，并称："君所以不能腾达者，徒以读耳。试观春秋榜上，读如君者几人？若不听，妾行去矣。"④自此，生每捧读，女必去。后弃读，从女弈，并习弦索，日与饮博，遂得倜傥之名，亦知闺房之乐。后，女生一男，生亦进士及第。本作可能即此而改编。《南词定律》成书于康熙五十九年（1720），上距蒲松龄去世五年，不是没此可能。《南词定律》系康熙间吕士雄、杨绪、刘瑛、唐尚信诸人，参照胡介祉《随园谱》增订而成。

---

① 中国戏曲研究院编：《中国古典戏曲论著集成》第九册，中国戏剧出版社，1959年，第324—326页。
② 马廉著，刘倩编：《马隅卿小说戏曲论集》，中华书局，2006年，第214页。
③ 庄一拂编著：《古典戏曲存目汇考》下册，上海古籍出版社，1982年，第1626页。
④ 张友鹤辑校：《聊斋志异会校会注会评本》第四册，上海古籍出版社，1978年，第1454—1455页。

◆《倒铜旗》(页1627)

《庄目》卷十三"下编传奇五·明清阙名作品"著录此剧,曰:"《今乐考证》著录。《曲考》《曲海目》《曲录》并见著录。《曲海总目提要》有此本。云近时人作。本《隋唐演义》中罗成助秦琼破杨琳所设金锁阵中倒铜旗一节,以为关目,与《闹花灯》相仿。佚。"①

按:吴新雷主编《中国昆剧大辞典》收有该剧,谓:"《倒铜旗》即明末李玉所作的《麒麟阁》,因原本长达六十一出,头绪繁多,昆班艺人便截取有关秦琼拔倒铜旗一段情节,以《倒铜旗》的小本戏名称演出。今存昇平署旧抄本,自《拜旗》《借兵》《遣助》《看报》《倒旗》《斩子》至《大考》《赚关》,相当于原《麒麟阁》第二本上卷一至十三出。"②黄仕忠《日本所藏中国戏曲文献研究》称:"最早从李玉原作析出的《倒铜旗》传本,当推双红堂文库所藏之清钞本。"③同名剧作,"今知另存车王府藏清末钞本《倒铜旗全串贯》,台湾'中央研究院'傅斯年图书馆亦藏多种晚清钞本,据《俗文学丛刊》第六十五册影印者,有绿绮山房《倒铜旗总本》《倒铜旗昆剧》、百本张钞本《倒铜旗》等。此外台湾《国剧大成》亦收录有《倒铜旗》一种"④。

◆《画扇记》(页1651)

《庄目》卷十三"下编传奇五·明清阙名作品",据《读书楼目录》"乐府传奇"著录,作者佚名,并注云:"本事未详。"⑤

按:本作似演孝子张景胤事。《艺文类聚》卷二〇"人部四·孝"引宗躬《孝子传》曰:"张景胤六岁丧母,母遗物悉散施,唯留一画扇。每感思,辄开匣流涕。父郚为吴兴太守,暴疾报至。天雪,水涸,便徒跣上岸,左右捉履袜逐,发都。夜昼三日半至郡,入郭奉讳,气绝吐血,久乃苏。"⑥

◆《意外缘》(页1656)

《庄目》卷十三"下编传奇五·明清阙名作品"著录此剧,曰:"此戏未见著录。演高邮农家女,得意外姻缘事。见俞樾《耳邮》。佚。"⑦

---

① 庄一拂编著:《古典戏曲存目汇考》下册,上海古籍出版社,1982年,第1627页。
② 吴新雷主编:《中国昆剧大辞典》,南京大学出版社,2002年,第114页。
③ 黄仕忠:《日本所藏中国戏曲文献研究》,高等教育出版社,2011年,第137页。
④ 黄仕忠:《日本所藏中国戏曲文献研究》,高等教育出版社,2011年,第137页。
⑤ 庄一拂编著:《古典戏曲存目汇考》下册,上海古籍出版社,1982年,第1651页。
⑥ 欧阳询:《艺文类聚》第一册,上海古籍出版社,1982年,第371页。
⑦ 庄一拂编著:《古典戏曲存目汇考》下册,上海古籍出版社,1982年,第1656页。

按：清杨恩寿《续词余丛话》卷三引俞樾《右台仙馆笔记》曰："高邮一农家，衣食粗足。生一女，极美。父母爱之，择婿殊苛。其后门临大河。有宦家子弟泊舟河干，见女而艳之，停桡不去。一日，见有尼自其门出，遂尾之至庵，告以故，许以重赂。尼诺之。越数日，醉女以酒而送之至舟，遂扬帆而去。女醒，大啼。宦家子曲意抚慰之，矢以白首。比至家，则有翁在。女哭诉于翁，翁曰：'是吾儿之过也。然既至此，毋戚戚，吾为汝玉成其事。'乃倩媒妁具彩币至其父母家，聘为子妇焉。农家失女，正愁苦无策，至是喜出望外，遂结朱、陈之好。好事者为之谱《意外缘》传奇。"①剧演此事，已佚。

◆《渔樵记》（页1668）

《庄目》卷十三"下编传奇五·明清阙名作品"著录此剧，并引《远山堂曲品》谓："杨太仆义臣，先机而隐，复雠而遁，记之者灿若列眉，当是隋、唐间第一佳传。"②

按：《隋书》卷六三《杨义臣传》谓，义臣本代人，姓尉迟。隋初，以父功，赐姓杨，旋拜陕州刺史。为人性谨厚，能驰射，有将领之才，甚为帝器重。以征突厥功，授相州刺史，转太仆卿。征辽东，连战连胜。帝恶其威名，遽追入朝。后官至礼部尚书。《北史》卷七三亦有传，内容相类。传末论曰："义臣时属扰攘，功成三捷，而以功见忌，得没亦为幸也。"③显然有为义臣鸣不平之意。但《隋书》《北史》二传，均未叙及义臣"先机而隐，复雠而遁"之事④，褚人获《隋唐演义》第三十八、五十回有此类情节。

◆《嫖院记》（页1675）

《庄目》卷十三"下编传奇五·明清阙名作品"著录，谓："此戏未见著录。《摘锦奇音》收有二齣，并载有明人《劈破玉歌》咏《嫖院记》一首，似演妓赛观音事。"⑤

按：《摘锦奇音》卷之三上层"时尚古人劈破玉歌"，分咏《琵琶记》《金印记》《西厢记》《破窑记》《荆钗记》《白兔记》《跃鲤记》《投笔记》《鹦歌记》《织绢记》《断发记》《十义记》《千金记》《嫖院记》《三元记》《神獒记》《玉簪

---

① 中国戏曲研究院编：《中国古典戏曲论著集成》第九册，中国戏剧出版社，1959年，第326页。
② 庄一拂编著：《古典戏曲存目汇考》下册，上海古籍出版社，1982年，第1668页。
③ 《二十五史》第四册，上海古籍出版社、上海书店，1986年，第3161页。
④ 庄一拂编著：《古典戏曲存目汇考》下册，上海古籍出版社，1982年，第1668页。
⑤ 庄一拂编著：《古典戏曲存目汇考》下册，上海古籍出版社，1982年，第1675页。

记》《四节记》《谋篡记》等十九部剧作,据此,《嫖院记》当为传奇剧名。【劈破玉】歌咏曰:"赛观音佛动心,生得如花貌,王公子闻知道也来嫖。朱皇帝闻说亲来到,君臣来斗宝,半步不相饶,倒运的王龙,剥皮去献草。"①即此而言,该剧似演正德皇帝事。明沈德符《万历野获编》卷二一"佞倖·主上外嬖"载述曰:"今宣府镇城,为武宗临幸地。既厌豹房,遂呼为家里。至今二三妓家,尚朱其户,虽枢已脱,尚可辨认,盖微行所历也。本朝家法,无平阳更衣之事,惟景帝与武庙有之,其玷圣德不小。"②"武宗幸榆林,取总兵戴钦女为妃。幸太原,取晋府乐工杨腾妻刘良女。大爱幸,携以游幸。江彬及八党辈,皆以母事之。及上南征,刘氏以一簪赠上为信,后驰马失去。比至临清召刘氏,刘以无信不肯行。上轻舸疾归至潞河,挟以俱南。又幸宣府时,纳宣府总兵都督佥事马昂妹。时已适毕指挥有娠矣。善骑射能胡语,上嬖之。进昂右都督,群小皆呼马舅。其他征高丽女、色目人女、西域舞女,至扬州刷处女寡妇、仪真选妓女,又不可胜数也。盖上以宣府为家,有呼口外者罪之,故游幸留最久云。武宗时,又有霸州人王智女名王满堂,曾预选入内廷,不得留罢归。自恚绝色,偃蹇不肯嫁,且云频梦有赵万兴者方是其夫。时妖道士段钺者诇知之,乃改姓名入赘,钺聚众反于山东之峄县。至僭大号,改元大顺,平定,以满堂为后。后败俘入京,同党俱伏诛,惟满堂以中旨贷命,入浣衣局,寻得幸于豹房。及上升遐,始再出,此事尤奇怪。"③清人吴昌炽《客窗闲话》初集卷一"明武宗遗事"④,又载正德帝与宣化女子李凤姐事,为后出《梅龙镇》(又名《游龙戏凤》)之张本。《摘锦奇音》又选《嫖院记》之《出游投宿肖庄》《周元曹府成亲》二齣,与上述《嫖院记》当为同一剧。明传奇尚有另一同名剧作,系由《玉玦记》中昝喜之事改编而来,与本作所演事迥异。

◆《潮缘记》(页1678)

《庄目》卷十三"下编传奇五·明清阙名作品"著录有佚名《潮缘记》,称此戏未见著录,"本事未详"⑤。

按:冯梦龙《情史》卷七《乐和》,叙临安钱塘门外乐翁,开杂货铺以度日。其子乐和与喜将士女顺娘同馆就学,曾约为夫妇。后各长成人,和欲往

---

① 王秋桂主编:《善本戏曲丛刊》第一辑,台湾学生书局,1984年,第157页。
② 沈德符:《万历野获编》中册,中华书局,1959年,第544页。
③ 沈德符:《万历野获编》中册,中华书局,1959年,第544—545页。
④ 吴昌炽:《客窗闲话》,河北人民出版社,1985年,第1页。
⑤ 庄一拂编著:《古典戏曲存目汇考》下册,上海古籍出版社,1982年,第1678页。

求婚，父以家业盛衰相殊，未允。又三年，八月，和至江口团围头观潮，顺娘一家亦在。二人交相注目，各自含情。顺娘不慎落入潮中，和张皇失措，亦落水。待救出时，二人对面相抱，逾时始苏。乐翁道知就里，喜公允亲，择日令其婚配。冯氏《警世通言》卷二三《乐小舍拼生觅偶》亦叙此事，惟情节稍有不同。本剧或即据此而敷衍。

◆《胶漆记》（页1686）

《庄目》卷一三"下编传奇五·明清阙名作品"著录曰："此戏未见著录。仅见明人戏曲选集《群音类选》残存佚曲。其他戏曲书簿未见记载。"[1]未注出该剧本事。

按：本作叙后汉陈重、雷义友情事。《后汉书·独行列传》载曰："陈重字景公，豫章宜春人也。少与同郡雷义为友，俱学《鲁诗》《颜氏春秋》。太守张云举重孝廉，重以让义，前后十余通记，云不听。义明年举孝廉，重与俱在郎署"，"重后与义俱拜尚书郎，义代同时人受罪，以此黜退。重见义去，亦以病免"。"雷义字仲公，豫章鄱阳人也"，"举茂才，让于陈重，刺史不听，义遂阳狂被发走，不应命。乡里为之语曰：'胶漆自谓坚，不如雷与陈。'"[2]该剧据雷、陈二人事而敷衍。《群音类选》卷二四收有该剧《落第自叹》一齣。另，《乐府万象新》前集卷一下层收该剧《雷义佯狂让友》一齣，并非仅见于《群音类选》。

◆《锦绣旗》（页1695）

《庄目》卷十三"下编传奇五·明清阙名作品"著录此剧，曰："《今乐考证》著录。钞本。见《西谛善本戏曲目录》。《曲考》《曲海目》《曲录》并见著录。"[3]

按：马廉《马隅卿小说戏曲论集》所收日记载曰："《锦绣旗》一本二十五出，系俗抄本，无序、无目、无撰人姓氏，王国维《曲录》五'传奇部'下引黄文旸《曲海目》著录，不知是否即此。今将其细目列后：家门始末，华堂祝寿，寿昌起兵，赏花闻报，举家避难，途中冲散，寿昌收子，恩留义女，瑶池寿宴，甘泰挂幡，求签逢怒，奸僧果报，钱氏求神，舍身披洞，疯魔示警，天仙指点，文场得意，东床假婿，党燕授首，巧听行踪，怀私保奏，暂留军前，潼关大战，

---

[1] 庄一拂编著：《古典戏曲存目汇考》下册，上海古籍出版社，1982年，第1686页。
[2] 《二十五史》第二册，上海古籍出版社、上海书店，1986年，第1037页。
[3] 庄一拂编著：《古典戏曲存目汇考》下册，上海古籍出版社，1982年，第1695页。

改邪归正,恩封团圆。"①李修生主编《古本戏曲剧目提要》收有此剧②。

◆《赛伍伦》(页1696)

《庄目》卷十三"下编传奇五·明清阙名作品"著录,曰:"远山堂《曲品》著录。其他戏曲书簿未见著录。《曲品》列入《杂调》。并云:'此熊概子孙,为其祖记复姓事。'佚。"③

按:熊概事,见《明史》卷一五九"本传",曰:"熊概,字元节,丰城人。幼孤,随母适胡氏,冒其姓。永乐九年进士。授御史。十六年擢广西按察使。峒溪蛮大出掠,布政使议请靖江王兵遏之。概不可,曰:'吾等居方面,寇至无捍御,顾烦王耶?且寇必不至,戒严而已。'已而果然。久之,调广东。洪熙元年正月,命以原官与布政使周干、参政叶春巡视南畿、浙江。初,夏原吉治水江南还,代以左通政赵居任,兼督农务。居任不恤民,岁以丰稔闻。成祖亦知其诬罔。既卒,左通政岳福继之,庸懦不事事。仁宗监国时,尝命概以御史署刑部,知其贤,故有是命。是年八月,干还,言有司多不得人,土豪肆恶,而福不任职。宣宗召福还,擢概大理寺卿,与春同往巡抚。南畿、浙江设巡抚自此始。浙西豪持郡邑短长为不法。海盐民平康暴横甚,御史捕之,遁去。会赦还,益聚党八百余人。概捕诛之。已,悉捕豪恶数十辈,械至京,论如法。于是奸宄帖息。诸卫所粮运不继,军乏食。概以便宜发诸府赎罪米四万二千余石赡军,乃闻于朝。帝悦,谕户部勿以专擅罪概。概用法严,奸民惮之,腾谤书于朝。宣德二年,行在都御史劾概与春所至作威福,纵兵扰民。帝弗问,阴使御史廉之,无所得。由是益任概。明年七月赐玺书奖励。概亦自信,诸当兴革者皆列以闻。时屡遣部官至江南造纸、市铜铁。概言水涝民饥,乞罢之。五年还朝,始复姓。亡何,迁右都御史,治南院事。行在都御史顾佐疾,驿召概代领其职,兼署刑部。九年十月录囚,自朝至日宴,未暇食,忽风眩卒。赐祭,给舟归其丧。概性刚决,巡视江南,威名甚盛。"④事本此。

◆《双瑞记》(页1708)

《庄目》卷十三"下编传奇五·明清阙名作品"收有此目,归入"阙名"

---

① 马廉著、刘倩编:《马隅卿小说戏曲论集》,中华书局,2006年,第209页。
② 李修生主编:《古本戏曲剧目提要》,文化艺术出版社,1997年,第632页。
③ 庄一拂编著:《古典戏曲存目汇考》下册,上海古籍出版社,1982年,第1696页。
④ 张廷玉等撰:《明史》第十四册,中华书局,1974年,第4329—4330页。

之列,并谓:"或以为范希哲所撰。"①

按:马廉《鄞县李氏萱荫楼藏曲解》谓,"范(希哲)作原为八种,有八种合刊本:(一)《万全记》一名《富贵仙》,(二)《十醋记》一名《满床笏》,(三)补天记》一名《小江东》,(四)《双瑞记》一名《中庸解》,(五)《偷甲记》一名《雁翎甲》,(六)《四元记》一名《小莱子》,(七)《双锤记》一名《合欢锤》,(八)《鱼篮记》一名《双错卺》。首题'湖上李笠翁先生阅定',盖范作而经笠翁阅定者。当时书贾以笠翁负盛名,乃以(一)(二)(七)(五)(八)五种题为'笠翁续刻五种',即此书也,尚余(三)(四)(六)三种,别题'笠翁新传奇三种',同时行世,书贾藉此以射利,后人不察,竟自有误为笠翁之作者,谬矣。"②据此,庄氏推测不为无据,《双瑞记》应归入范希哲名下。

---

① 庄一拂编著:《古典戏曲存目汇考》下册,上海古籍出版社,1982年,第1709页。
② 马廉著、刘倩编:《马隅卿小说戏曲论集》,中华书局,2006年,第190页。

第二章　曲家辨正

（依据"庄目"中页码排序）

◆王济（页98）

《庄目》卷三"上编戏文三·明初及阙名作品"叙其事曰："字伯雨，号雨舟，浙江嘉兴乌镇人。官横州通判。家富好客，图史鼎彝充栋。与刘南垣、孙太初、张允清结岘山社。晚更号白铁道人。布衣襏被如寒士，人不识之。生卒年均不详，约明成化中前后在世。有《君子堂日询手镜》二卷。"①

按：马隅卿曾详考王济之生平，曰："王济，字伯雨，乌程人（《曲录》作字雨舟，浙之乌镇人），仕为横州判官。济与刘南垣、孙太初（太初名一元，处士）、张元（元作先）清结岘山社，所居有长吟阁、宝岘楼，图史彝鼎，夺目充栋。顾元庆诗话称其人物高远，所著宫词善托今词归古意，王建难称独步矣。《湖州府志》，《全浙诗话》引，五月八日记。……《夷白斋诗话》十：吴兴王雨舟，人物高远，奉养雅洁，刻意诗词，所著有《宫词》一卷，有《谷应集》，有《铁志吟余》，其宫词尤蕴藉可喜。"②又曰："王济，字伯雨，乌程人，少颖敏好学，补太学生，铨授广西横州判官，会缺守，州政多驰，盗且作，济视篆，得其习俗利弊，设施咸与横宜。俗丕变，盗亦潜弭。州以无事，以母老疏请终养，横民倾城留之，不得归。与龙霓孙一元辈觞咏，好事者题曰浙西倡和。姻党饥寒，倒囊不惜，遇事激发，可以敦鄙宽薄。乾隆《乌程县志》六《人物传》六引《刘清惠集》。"③可与《庄目》所述对读。

◆沈受先（页101）

《庄目》卷三"上编戏文三·明初及阙名作品"叙其事曰："沈受先，字寿

---

① 庄一拂编著：《古典戏曲存目汇考》上册，上海古籍出版社，1982年，第98—99页。
② 马廉著、刘倩编：《马隅卿小说戏曲论集》，中华书局，2006年，第233页。
③ 马廉著、刘倩编：《马隅卿小说戏曲论集》，中华书局，2006年，第247—248页。

卿，里居事迹未详。约明成化中前后在世。吕天成《曲品》列入《具品》，曰：'蔚以名流，雄乎老学，语或嫌于凑插，事每近于拘迂；然吴优多肯演行，吾辈亦不厌弃。'"①

按：据谭正璧《明代戏剧作家沈龄的生平及其作品考略》一文考证，沈龄，即沈寿卿，亦即沈受先，一字元寿。"沈氏所作诸传奇，在清黄文旸《曲海总目提要》及《传奇汇考标目》均题'沈受先'作。在明祁彪佳《远山堂曲品》、佚名《古人传奇总目》、清李斗《扬州画舫录》所载《曲海目》、支丰宜《曲目新编》、姚燮《今乐考证》都作'沈寿卿作'，直至王国维《曲录》，乃以'受先'为名，'寿卿'为字，自后各家文学史、戏曲史及书录家皆从王说，肯定为'沈受先字寿卿'"②。并引《安亭志》（嘉庆年间编刻本）卷一七《人物二》曰：

> 沈龄字寿卿，一字元寿，自号练塘渔者。究心古学，落拓不事生产。尤精乐律，慕柳耆卿之为人，撰歌曲教童奴为俳优。画竹仿文湖州，书法出入苏文忠、赵承旨，诗歌清绮绵婉，名满大江南北。太傅杨一清谢政居京口，特招致之，适馆授餐，日与为诗酒之会。武宗南巡，幸一清第。一清张乐侑觞，苦梨园无善本，谋于龄，为撰《四喜》传奇。更令选伶人之绝聪慧者，随撰随习，一夕而成。明旦供奉，武宗喜甚，问："谁所为？"一清以"龄"对。召见行在，欲官之，不受而归。（《嘉定志》）③

还推断其生活年代，"应在弘治、正德间前后八十年间"④。详见谭氏该文。

◆**李宜之**（页471）

《庄目》卷六"中编杂剧三·明代作品"，著录《步飞烟》一剧，并谓作者曰："李宜之，字寓园，嘉定（今属上海市）人。生平事迹未详。"⑤

按：杨钟羲《雪桥诗话余集》："李寓园为长蘅犹子，居南翔里。家有猗园，堂西海棠一树，大数围，乱后易主，寓居以终。""尝寓娄东南园睡足庵，为吴骏公参定《秣陵春》曲，世祖曾于海淀乙览及之，问参定寓园主人何姓名，骏公以嘉定县故生员李宜之对。"⑥又据寓园居士《〈秣陵春〉序》："余弱

---

① 庄一拂编著：《古典戏曲存目汇考》上册，上海古籍出版社，1982年，第101页。
② 谭正璧：《曲海蠡测》，《谭正璧学术著作集》第9册，上海古籍出版社，2012年，第312页。
③ 谭正璧：《曲海蠡测》，《谭正璧学术著作集》第9册，上海古籍出版社，2012年，第310页。
④ 谭正璧：《曲海蠡测》，《谭正璧学术著作集》第9册，上海古籍出版社，2012年，第311页。
⑤ 庄一拂编著：《古典戏曲存目汇考》上册，上海古籍出版社，1982年，第471页。
⑥ 钱仲联主编：《清诗纪事》第二册，江苏古籍出版社，1987年，第1024页。

冠时,尝为《步飞烟》杂剧,颇有一二本色语,兵燹中失去其本。与草衣道人往来吴越间,……穷老闭门,无所发愤,意谓借古人奇情韵事,谱为烟花粉黛、神头鬼面之词。"①此序写于"癸巳秋七月"②。癸巳即顺治十年(1653)。吴梅村时年四十五,且称寓园为"老兄";寓园于序中,既称道梅村诗文"上下初盛""不愧唐宋大家",又缀以"戏语",可知寓园年岁当稍长于吴,为《秣陵春》写序时,当在五十岁左右,故有"穷老闭门"之说。其事迹大致是:李宜之,字寓园,自署寓园居士,嘉定人。明诸生。国变流寓吴越间,后寓居太仓,与吴伟业诸人有交。

◆高应玘(页471)

《庄目》卷六"中编杂剧三·明代作品"略载其事③。

按:马廉考其事迹较详,曰:"同时有高应玘者字仲子,章丘人,嘉靖间例贡,隆庆时元城县丞(《山东通志·艺文》)尚有高仲子集,中麓弟子,亦工词曲,以贡仕为元城丞,见知王元美、魏懋权,所著有《醉乡归田》诸稿,其《北门锁钥》杂剧,论者以为词人之雄。"④又曰:"工诗词,隆庆时为元城丞,有清白之誉。是时王元美在大名,应玘上诗为所赏鉴,著有《醉乡小稿》《归田稿》。"⑤

◆顾思义(页474)

《庄目》卷六"中编杂剧三·明代作品"收录此人,谓:"顾思义,字里、生平均未详。杂剧一种,今存抄本,近为谭正璧收藏。"

按:《中国曲学大辞典》亦收有此人,曰:"生卒年、事迹、字号、里居均不详。祁彪佳《远山堂剧品·逸品》列其所作杂剧《余慈相会》一种,注云'南一折'。谭正璧藏此剧之抄本。祁氏谓顾思义撰杂剧,曲白俱有可观,是剧宾白'乡语酷肖',即援用浙江余姚、慈溪方言。作者或为浙人。"⑥然据谭正璧《顾思义及其作品〈余慈相会〉的发现》一文,称其所收藏该抄本,署"上海雁峰顾思义编"⑦。可知,顾氏乃上海人,雁峰或是其号。

又,明人宋懋澄《九籥集》卷五《顾思之传》谓,华亭顾思之,讳承学,以

---

① 蔡毅编著:《中国古典戏曲序跋汇编》第三册,齐鲁书社,1989年,第1439页。
② 蔡毅编著:《中国古典戏曲序跋汇编》第三册,齐鲁书社,1989年,第1439页。
③ 庄一拂编著:《古典戏曲存目汇考》上册,上海古籍出版社,1982年,第471—472页。
④ 马廉著、刘倩编:《马隅卿小说戏曲论集》,中华书局,2006年,第260页。
⑤ 马廉著、刘倩编:《马隅卿小说戏曲论集》,中华书局,2006年,第260页。
⑥ 齐森华等主编:《中国曲学大辞典》,浙江教育出版社,1997年,第148页。
⑦ 谭正璧:《曲海蠡测》,《谭正璧学术著作集》第9册,上海古籍出版社,2012年,第328页。

名家子落拓不羁,广交宾客,"家僮四五十辈,多习金、元名家杂剧,与大内院本,各成一队,绮丽如落日云"①。其本人亦善歌舞,尤喜歌苏轼"大江东去"及岳飞【满江红】,为人所称赏。顾思义,未知是其雁行否?待考。

◆王应遴(页479)

《庄目》卷六"中编杂剧三·明代作品"著录《衍庄新调》一种,并谓王应遴"生卒年不可考"②。

按:马廉据有关方志考其事迹曰:"王应遴,号云来(山阴人),万历戊午以副榜恩贡。阁臣叶向高荐入中秘,修两朝实录玉牒,晋秩大理寺左评事。奉旨开馆纂辑。熹宗嗣位,魏珰乱政,乃辑真西山《大学衍义》,首列祖宗防近习一款以献,触珰怒,廷杖二百(一百)。幸叶向高、韩火广(按:'韩火广'当作'韩爌',据《明史》本传改)力救免死,削籍(归)。崇祯初年,以执政徐光启之荐起原职,仍修志历典诸书。后加礼部员外郎。甲申三月死(卒于京邸)。"③据此,王应遴乃卒于顺治元年(1644)三月。

◆沈自徵(页483)

《庄目》卷六"中编杂剧三·明代作品"著录《杜秀才痛哭霸亭秋》等剧,并载作者事迹曰:"沈自徵,字君庸,吴江(今属江苏)人。国子监生。沈璟之侄,生卒年未详,约明崇祯中前后在世。曾游历西北边塞,窥其形胜,于山川陆原要害,如视诸掌。居京师十年,归隐于邑之西乡。崇祯间,以贤良方正辟,辞不就。卒年五十一。"④

按:王永宽、王刚所著《中国戏曲史编年》,曾分别于万历十九年十月、崇祯二年十一月、崇祯十三年、崇祯十四年记述其事迹⑤,然未及其值明末造、造渔船以待变事。黄宗羲《弘光实录钞》,于介绍吴江沈自炳、沈自駉后谓:"初,其兄自徵任侠,知天下有变,造渔船千艘于湖。自徵死而变作,自駉、自炳乃收其船以聚兵,故(吴)易得因而起。"⑥《南雷文补遗》二《御史中丞冯公(京第)墓志铭》亦谓:"辛巳(1641)、壬午(1642)间,与吴江沈自徵居庸狂饮燕市,各以霸业自许。居庸归吴,造渔舟八百只于太湖。公买牛

---

① 宋懋澄:《九籥集》,王利器校录,中国社会科学出版社,1984年,第97页。
② 庄一拂编著:《古典戏曲存目汇考》上册,上海古籍出版社,1982年,第479页。
③ 马廉著,刘倩编:《马隅卿小说戏曲论集》,中华书局,2006年,第301页。
④ 庄一拂编著:《古典戏曲存目汇考》上册,上海古籍出版社,1982年,第483页。
⑤ 王永宽、王刚:《中国戏曲史编年》,中州古籍出版社,1994年,第380、482、512、515页。
⑥ 沈善洪主编:《黄宗羲全集》第二册,浙江古籍出版社,2005年,第104页。

千头,招流民屯田于齐、鲁。其后,居庸死,吴长兴易得因其舟以起事,公之牛则为乱兵略去。"①可补各书之不足。

◆卓人月(页488)

《庄目》卷六"中编杂剧三·明代作品"收录此人,并略述其事迹②。

按:据马隅卿钩稽,"卓人月,号珂月,仁和人,崇祯八年乙亥选贡,尝读书同里沈洪芳家,与洪芳称莫逆。怀烟堂刻《二子唱和集》,又有《蕊满集》《蟾台集》。性固隐傲,意亦豪,举九年丙子,试南雍,被放归里,益深牢落之感,才高遇艰,赍志而殁。沈洪芳《十子咏序》,见《两浙輏轩录》一之五","珂月有《中兴颂集》,《千字文》为阮亭所赏(《十子咏》注)。《池北偶谈》十五之十:崇祯初,珂月撰《千字文》《大人颂》,错综成章,甚有理致。"③与黄宗羲有交。《思旧录》云:"卓人月,字珂月,杭之塘栖人,蚤有时名。丙子,余兄弟以应试寓涌金门黄家庄。珂月夜过余,索酒与泽望棹舟湖中,笑声震动两岸,犬声如豹。"④又曾与当地名流张岐然(仁庵禅师)、虞大赤、江道信等人结读书社。"仁庵以外孙馆甥,相与为友。闻见既非流俗,更广之而为读书社,则江道闇、道信、严子岸、顾斐公、虞大赤、仲彇、卓珂月、邹孝直、叔夏、严子凔、郑玄子,几尽一乡之善"⑤。

◆徐士俊(页489)

《庄目》卷六"中编杂剧三·明代作品"著录《小青娘情死春波影》一剧,并述作者事迹谓:"徐士俊,原名翙,字三有,号野君,浙江仁和(今杭州)人。生卒年均未详,约明末清初在世。……"⑥

按:清王晫《今世说》一书多载其事,谓:"徐野君嗜山水,游辄有记。尝以示吕翼令,吕曰:'数日目力之劳,省却古人多少笋舆蜡屐。'徐名士俊,浙江杭州人。少奇敏,于书无所不读。发为文,跌宕自喜。好为乐府、诗歌、古文词,与人交如坐春风、饮醇酒。有问字者,倾心教之。有一长可录者,不惜齿牙奖成之。故所至,逢迎恐后,争礼为上宾。日有课程,虽老勿替。读书无论卷叶多寡,必自首至末,以览竟为率,五经岁读一过,有徐广之风。曾遇

---

① 沈善洪主编:《黄宗羲全集》第十一册,浙江古籍出版社,2005年,第86页。
② 庄一拂编著:《古典戏曲存目汇考》上册,上海古籍出版社,1982年,第488页。
③ 马廉著、刘倩编:《马隅卿小说戏曲论集》,中华书局,2006年,第244页。
④ 沈善洪主编:《黄宗羲全集》第一册,浙江古籍出版社,2005年,第380页。
⑤ 《张仁庵先生墓志铭》,沈善洪主编:《黄宗羲全集》第十册,浙江古籍出版社,2005年,第456页。
⑥ 庄一拂编著:《古典戏曲存目汇考》上册,上海古籍出版社,1982年,第489页。

异人鲁云阳授以导引法,年近八十,苍髯丹唇,颜面鲜泽如婴儿。"①"徐野君性坦易,不与人忤。每遇能文章者与言文章,晓音律者与言音律,善琴弈丹青诸艺者与言琴弈丹青诸艺。常独行村落、山颠水涯,值村翁、溪叟、樵牧、童竖,亦与谈说,周旋终日无倦色。"②"徐野君,性洒落,不与人事。独好观俳优戏,以为骚人逸士兴会所至,非此类不足称知己。"③其性情、气度于此可见。

又,杨钟羲《雪桥诗话三集》谓:"仁和徐士俊野君,家塘栖,筑雁楼以居。纪伯紫诗所谓'新诗乐府传桃叶,定本名山署雁楼'也。能琴弈书画之艺,知音律,撰杂剧至六十余种。生于万历壬寅,年近八十,貌如婴儿。世传其曾遇异人授以导引法。知交中善画者杨上吴、周大赤、孙霞谷、沈椒雨、赵修虔。野君于其逝后,作《五君咏》。其《秦淮竹枝词》云:'桃叶堤头连水平,轻衫簇簇踏堤行。侬家心事流不去,呜咽秦筝指上鸣。''潮水青青浸柳花,三山门外莫愁家。而今谁更愁如我,独抱茵于数乱鸦。'"④壬寅,即万历三十年(1602),若顺此下推八十年,则为康熙二十年(1681)。徐氏大约生活于此时。

◆ 茅维(页502)
《庄目》卷六"中编杂剧三·明代作品"略载其事⑤。
按:马隅卿搜寻其事较详,谓:"茅维,字孝若,号僧昙,坤季子。能诗,与同郡臧懋循、吴稼澄、吴梦旸并称四子。万历四十四年丙辰,北闱登乙榜,拟授翰林院孔目,协修国史。以珰祸起,谢去……维一生经世之略,填胸满臆,好奇策,慷慨奋发,语多要害。崇祯二年己巳诣阙,上《治安疏》《足兵饷》二议,逾三万言,不用,归卒。《明》史附坤传,《湖州府志》七五之一九'文学'。""苕之称诗者,臧懋循晋叔、吴稼澄翁晋、吴梦旸允兆,而茅孝若维与之抗行,为四子。维不得于科举,以经世自负,诣阙上书,几得召见,如陈同甫所谓'天子使召问何处下手'者。为乡人所构,几陷大戮。有《十赉堂集》(甲乙丙三集),才调斐然。尝作杂剧,自比汤临川,关汉卿、东篱不屑也。《湖志》并引《吴兴旧闻补》。"⑥江庆柏《清代人物生卒年表》,据吴梦旸

---

① 王晫:《今世说》卷三,清康熙二十二年霞举堂刻本。
② 王晫:《今世说》卷四,清康熙二十二年霞举堂刻本。
③ 王晫:《今世说》卷八,清康熙二十二年霞举堂刻本。
④ 杨钟羲:《雪桥诗话三集》,北京古籍出版社,1991年,第38页。
⑤ 庄一拂编著:《古典戏曲存目汇考》上册,上海古籍出版社,1982年,第502页。
⑥ 马廉著、刘倩编:《马隅卿小说戏曲论集》,中华书局,2006年,第241页。

《射堂诗钞》九《孝若北还》著录其生于万历四十一年（1576），卒年不详①。可补《庄目》之未备。

◆朱京藩（页525）

《庄目》卷六"中编杂剧三·明代作品"著录《玉珍娘》一剧，并叙及作者，称："朱京藩，字价人。字里、生平均未详。戏曲作品，有传奇一种，尚传于世，杂剧一种，未见流传。"②

按：朱京藩《〈风流院〉自叙》谓："余生也晚，……今又值下第之惨，为之作记，以况其苦怨，名曰《风流院》。小青为读《牡丹亭》一病而夭，乃汤若士害之。……己巳小雪后二日，不可解人朱京藩题。"③己巳，当为崇祯二年（1629）。一般认为，《牡丹亭》定稿于万历廿六年（1598）秋，比《风流院》成书早三十一年。最早载及小青故事的，当为戈戈居士写于万历壬子（1612）的《小青传》，亦前于《风流院》十七年。又，明道人柴绍然《〈风流院〉叙》谓："朱子怀才未偶，著述满笥，至不得已而牢骚愤懑，复为斯记，良足悲已。"④作者之生活状况由此可知。又，虮衲牧幻《〈风流院〉叙》谓："不可解人，好读奇书，深探禅穴。每于清夜焚香，跏趺静坐，苦信踰于衲子。"⑤称"于坐禅之隙，戏为缀墨"，末署"虮衲牧幻书于栖霞岭之瞻庵"⑥。栖霞岭在浙江仁和县境，作者或即仁和人。据上引各叙述语气推测，朱氏当为久困场屋之落魄文士，故感愤牢骚颇多。作此剧时，其年龄当在四十岁以后。若此推论不谬，朱氏之生年当为万历十年之后。

◆叶承宗（页687）

《庄目》卷八"中编杂剧五·清代作品"载其事迹较简，且未标生卒年⑦。

按：《（道光）济南府志》载有叶承宗小传，谓："叶承宗，字奕绳。其先丽水人，成化初有金吾尉宝者，其高祖也。从德王之国，因家焉。承宗少嗜古，能文章，前明天启举人。崇祯十三年历城知县属辑《邑志》，取刘敕旧编更正，补缀成十六卷，时以为佳史。顺治二年登进士，授临川知县。值岁祲，发

---

① 江庆柏：《清代人物生卒年表》，人民文学出版社，2005年，第475页。
② 庄一拂编著：《古典戏曲存目汇考》上册，上海古籍出版社，1982年，第525页。
③ 蔡毅编著：《中国古典戏曲序跋汇编》第二册，齐鲁书社，1989年，第1367—1368页。
④ 蔡毅编著：《中国古典戏曲序跋汇编》第二册，齐鲁书社，1989年，第1368页。
⑤ 蔡毅编著：《中国古典戏曲序跋汇编》第二册，齐鲁书社，1989年，第1369页。
⑥ 蔡毅编著：《中国古典戏曲序跋汇编》第二册，齐鲁书社，1989年，第1370页。
⑦ 庄一拂编著：《古典戏曲存目汇考》中册，上海古籍出版社，1982年，第687页。

廪赈饥,所活甚众。大府课吏,例视催科定殿最。承宗曰:'此岂有司博上考时耶?'停征数月,民甚赖之。立香楠社,课诸生,多知名士。侍读李来泰其一也。五年冬,赣镇金声桓为逆,攻抚州,甫策防御,而守将已应贼。城破被执,逼授伪官,不屈。贼怒,系于狱。仰天叹曰:'得死所矣!'至夜自尽,时十月初七日也。年四十七,弟承桃焚其尸。"①

《(乾隆)历城县志》据《叶氏家谱》载其小传较详,曰:"叶承宗,字奕绳,世次见弟承桃传。承宗少嗜古,能文章,读书虽元旦不废。天启七年举乡试,七上春官不第,益奋力于学问。崇正(按:崇祯)十三年,知县宋祖法属辑《县志》。县新遭兵燹,文献阙如。承宗蒐罗佚闻,取刘敕旧编更正,补缀成十六卷,其人物于正史无所遗,而近者载之不滥,列女惟录已旌及死事者,裁五十余人,时以为佳史。入国朝,登顺治三年进士,授临川县知县。值岁祲,发廪赈饥,所活甚众。大府课吏,例视催科定殿最,承宗曰:'此岂有司博上考时耶?'停征数月,民甚赖之。立香楠社,课诸生,刊其艺之佳者数百篇,社士后多知名,侍读李来泰其一也。五年冬,赣镇金声桓为逆,攻抚州,承宗甫策防御,而守将吴某已应贼,城遂破。承宗被执,逼授伪官,不屈。贼怒,系于狱。承宗仰天叹曰:'得死所矣!'至夜自尽,时十月初七日也,年四十七。弟承桃焚其尸而奔告征南大将军固山额正谭仁泰。仁泰以承宗忠烈,奏授承桃兴安县知县。"②江庆柏《清代人物生卒年表》即据此谓其生于万历三十年(1602),卒于顺治五年(1648),可补《庄目》之未逮③。

《(乾隆)历城县志》又据《山左诗钞》介绍叶承宗《泺函集》曰:"承宗闭户著书,里闬罕睹其面。一时学者翕然宗之。如迁社、郚社,皆推盟主焉。工南北词曲,号泺湄啸史。《泺函》第十卷,皆杂曲也。"④

徐世昌《晚晴簃诗汇》卷二三亦载有其事,谓:"叶承宗,字奕绳,号泺湄,历城人,顺治丙戌进士,官临川知县,殉难。有《泺函》。《诗话》:泺湄本贯丽水,裔出文庄。未第时,闭门读书,雅擅文誉。迁社、郚社,皆推为主盟。及宰临川,值金声桓、王得仁之乱,被执不屈,自经以殉。"⑤

◆龙燮(页700)

《庄目》卷八"中编杂剧五·清代作品"载其事曰:"龙燮,字理侯,一字

---

① 王赠芳:《(道光)济南府志》卷五三,清道光二十年刻本。
② 李文藻:《(乾隆)历城县志》卷四一"列传七",清乾隆三十六年刻本。
③ 江庆柏:《清代人物生卒年表》,人民文学出版社,2005年,第110页。
④ 李文藻:《(乾隆)历城县志》卷二二"艺文考四",清乾隆三十六年刻本。
⑤ 徐世昌:《晚晴簃诗汇》,民国退耕堂刻本。

二为,号石楼,又号雷岸,望江(今属安徽)人。康熙中举鸿博,授检讨,左迁大理寺评事。有诗名,工词曲。著《石楼藏稿》《和苏三集》《晴牖随笔》。"①

按:"石楼"应作"石楼"。"楼"与楼之繁体字"樓"因形近而误。龙燮之事迹,可参看《(光绪)重修安徽通志》卷一八〇、《己未词科录》卷三等。陆林《试论清初戏曲家龙燮及其剧作》考之甚详②,此不赘述。

◆ 陆曜(页705)

《庄目》卷八"中编杂剧五·清代作品"收有此人,谓:"陆曜,字朗甫,常熟(今属江苏)人。诸生。清康熙中前后在世。"③

按:《庄目》所述有误。字朗甫者,乃吴江陆耀,生于雍正元年(1723),卒于乾隆五十年(1785),历官户部郎中、登州知府、运河道按察使、布政使,官至湖南巡抚,从未创作过戏曲作品。见冯浩《湖南巡抚陆君耀墓志铭》④。而此陆曜(字君旸),当是熟谙民间艺术的落魄文人。《(嘉庆)直隶太仓州志》卷四十一"人物"谓:

> 陆曜,字君旸,以字行。貌陋,好滑稽。少能协律,尤善三弦。世祖召入,弹《龙虎风云》之曲,称旨。侯门贵邸邀请无虚日。或欲隶之太常,弗屑也。年七十尚能作遏云逸响,宋琬赠诗云:"曾陪铁笛宴宁王,吹落梅花满御床。几度凄凉春草碧,不堪重过斗鸡坊。"曜殁,其传遂绝。⑤

其与文人多有交往。华亭钱芳标时以词赠答,陆卒,曾作【忆旧游】〈悼矇城陆君旸〉词,谓:

> 钓篷归去路,又是年时,梅雨廉纤。按歌人何在,斜阳槛影,尚映湘帘。教坊子弟多少,空度望江南。记月下冰弦,灯前檀拍,曾对何戡。
> 无端渭城后,任折柳匆匆,憔悴征衫。重到岐王宅,叹闲堦苔锁,旧谱尘缄。广陵漫想遗调,红豆懒频拈。只鬼唱秋坟,棠梨落处双泪沾。⑥

---

① 庄一拂编著:《古典戏曲存目汇考》中册,上海古籍出版社,1982年,第700页。
② 陆林:《求是集——戏曲小说理论与文献丛稿》,中华书局,2011年,第230—242页。
③ 庄一拂编著:《古典戏曲存目汇考》中册,上海古籍出版社,1982年,第705页。
④ 参看钱仪吉:《碑传集》第六册,中华书局,1993年,第2084页。
⑤ 王昶:《(嘉庆)直隶太仓州志》,清嘉庆七年刻本。
⑥ 南京大学中国语言文学系《全清词》编纂研究室:《全清词·顺康卷》第十三册,中华书局,2002年,第7596页。

词后注曰:

> 北曲六宫,惟道宫失传。君旸得虞山家宗伯藏本,有平仄而无字句,每欲索当世周郎尽补其缺。壬子岁,馆余之西轩,为填【云和瑟冷】一阕,君旸以三弦度之,今童子犹能歌此曲也。又尝以元人院本分别宫调、衬字,审音定拍,欲纂一书,与《南九宫谱》并传。时已垂老,虽呵冻焚膏,无少倦色。帙将成,会余以假满入都,未竟厥事,此老已云殁。今人多不弹,惜哉!①

中云:"壬子岁,馆余之西轩",壬子,为康熙十一年(1672)。本年,陆氏寄居钱府之西轩。宋琬,号荔裳,亦曾赠以诗。宋氏的生卒年为(1614—1673)②,可知,陆曜当活动于清初的顺、康年间。

徐珂《清稗类钞》"音乐类",曾载述陆曜事迹曰:

> 嘤城陆君旸初尝学吴弦于吴门范昆白,得其技,已而尽弃不用。以为三弦,北音也,自金、元以降,曲分南北,今则有南音而无北音。三弦犹饩羊也,然而吴人歌之,而祗为南曲之出调之半,吾将返于北,使撩拨之曼引而离迤者,尽归激决。
>
> 尝谱金词董解元曲,又自谱所为《两鹧姻缘》新曲,变其故宫,独为刺促偪剥之音,名《幽州吟》,骇然于人。然其时故有知者,周延儒请与游,累致千金散去,终自以不知于时,尝著《三弦谱》,欲传后。会大兵入吴,遁于三江之浒者若干年。世祖闻其名,御书红纸曰:"召清客陆君旸来。"既入,御便殿赐坐,令弹。陆乃弹元词《龙虎风云会》曲,称旨,赐之金。……
>
> 时松江提督马进宝亦缧首下狱,人不敢问。进宝故善君旸,君旸任侠,直入狱具饷。台臣闻者皆大骇,各起谋劾之。华亭张法曹急往告,君旸忼忾曰:"吾何难仍遁之三江间耶!至尊若问我,道我病死。"言讫竟行。后上果问及,如其言,上为叹息。当是时,君旸名藉甚。初本名曜,君旸者其字。至是,以上称君旸,遂以字行,凡长安门刺往来奏记,皆得直书陆君旸以为荣。
>
> 君旸后复不得志。尝过上海。上海名家子张均渌慕其技,君旸亦独奇均渌,谓均渌知己,尽授其技,作《传弦序》一篇。君旸多门徒,然

---

① 南京大学中国语言文学系《全清词》编纂研究室编:《全清词·顺康卷》第十三册,中华书局,2002年,第7596页。
② 江庆柏:《清代人物生卒年表》,人民文学出版社,2005年,第370页。

皆不及均渌也。吴中三王之中有曰稚卿者,君旸弟子也。①

曝城,在上海嘉定南门外,一名曝塘、娄塘,与太仓相距较近。据《清史稿·地理志》②,太仓直隶州下辖镇洋、崇明、嘉定、宝山四县,故其事迹入《太仓州志》。

◆李天根(页714)

《庄目》卷八"中编杂剧五·清代作品"介绍其事迹曰:天根,"字云墟。江苏江阴人。生卒年及生平事迹未详。"③

按:李天根,原名大本,字云墟,江苏江阴人。乃李崧之子。除《庄目》所录《紫金环》《白头花烛》《颠倒鸳鸯》三种剧作及《李云娘》外④,尚著有《爝火录》四十卷,及《云墟小稿》、《艳雪词》等。赵景深等《方志著录元明清曲家传略》⑤、邓之诚《清诗纪事初编》(卷一)曾简述及生平⑥,今就所见材料,增补考订如下:

清沈德潜《清诗别裁集》卷二八谓:"李天根,原名大本,字天根,江南无锡人。吾友芥轩子也。生平不妄言、不疾行,硁硁自守。人有假其名具呈当事者,知之曰:'污我名矣。'遂易之以字。余仍之,恐违其志也。"⑦

清丁绍仪《国朝词综补》卷一二谓:"李天根,字云墟,无锡人。有《艳雪词》。"⑧

李天根生卒年不详。天根之父李崧,据江庆柏《清代人物生卒年表》,其生卒年为顺治十三年(1656)至乾隆元年(1736),得年八十一⑨。依此而论,李天根之生年,当不会晚于康熙十五年(1676)。至"丙戌(康熙四十五年,1706)之春,门人集惜字会",天根已是三十余岁,才有可能"以素纸刷印虫鱼草木花板,装订成书,易城乡妇人女子夹针线破书"之事⑩。至丁卯秋(乾隆十二年,1747),已是七十余岁,积累颇厚,故有编书之事。他的生活年代,当在1656?—1747?这一时段。钱仲联主编《清诗纪事》、李灵年等

---

① 徐珂编撰:《清稗类钞》第十册,中华书局,1986年,第4994—4995页。
② 《二十五史》第十一册,上海古籍出版社、上海书店,1986年,第9081页。
③ 庄一拂编著:《古典戏曲存目汇考》中册,上海古籍出版社,1982年,第714页。
④ 赵景深、张增元编:《方志著录元明清曲家传略》,中华书局,1987年,第243页。
⑤ 赵景深、张增元编:《方志著录元明清曲家传略》,中华书局,1987年,第244页。
⑥ 邓之诚:《清诗纪事初编》上册,上海古籍出版社,1984年,第49—50页。
⑦ 沈德潜:《清诗别裁集》,清乾隆二十五年教忠堂刻本。
⑧ 丁绍仪:《国朝词综补》,清光绪刻前五十八卷本。
⑨ 江庆柏:《清代人物生卒年表》,人民文学出版社,2005年,第264页。
⑩ 邓之诚:《清诗纪事初编》上册,上海古籍出版社,1984年,第50页。

主编《清人别集总目》、江庆柏编撰《清代人物生卒年表》均未收录。

◆黄钺（页715）

《庄目》卷八"中编杂剧五·清代作品"，著录《四友堂里言》一剧，并谓作者："黄钺，号雁翁，未详其字。浙江山阴（今绍兴）人。生卒年及生平事迹未详。"①

按：《中国古典戏曲序跋汇编》谓黄钺"字招愔"②。黄钺《〈四友堂里言〉自记》谓："此余十九岁之春，所坏笔坏墨，废日废事，不畏嗤，不畏骂，不畏糊壁，不畏覆瓿，而妄意为之也。……康熙乙酉夏五月，山阴黄钺漫书于上谷旅次，距构时三十二年。"③康熙乙酉，即康熙四十四年（1705），时作者五十一岁。据此可知，黄氏生于顺治十三年（1656）。至康熙甲寅（1674），恰十九岁，撰写《四友堂里言》。此与陈灿康熙丙辰（1676）《〈四友堂里言〉叙》所云"肃衣冠进谒，至则黄子使见，问其年，曰：'二十一'"④，恰相符合。由丙辰上溯廿一年，乃黄氏生年，即顺治十三年（1656）。

◆程南陂（页719）

《庄目》卷八"中编杂剧五·清代作品"著录其《拂水剧》，并载其生平曰："未详其名。安徽徽州人。按程梦星篠园今有堂南，筑土为坡，名南坡。疑即梦星，待考。"⑤

按：庄氏推论甚是。《江苏艺文志·扬州卷》载其事迹曰："程釜（1687—1767），字夔州，一字南坡。清歙县籍，居仪征。康熙四十七年（1708）举人。师事方苞，受古文法，五十一年曾入京狱见方。五十二年进士，充武英殿分纂，授兵部职方司主事。雍正十一年（1733）新设会计司于中书省，授会考府左司事，升武选司员外郎，又选福建清吏司郎中。历任均书上考。中年解组，居仪征城南仓巷，潜心经学，谢绝交游。众将军过真州，三谒不面，以诗却之，有云'期恕我于形迹外，祇求公付笑谈余'，其高淡如此。乾隆二十五年（1760）曾倡浚市河。年81卒。"⑥"陂"，倾斜不平的坡地，又读作"pō"。《集韵》：逋禾切。

---

① 庄一拂编著：《古典戏曲存目汇考》中册，上海古籍出版社，1982年，第715页。
② 蔡毅编著：《中国古典戏曲序跋汇编》第四册，齐鲁书社，1989年，第2747页。
③ 蔡毅编著：《中国古典戏曲序跋汇编》第四册，齐鲁书社，1989年，第2747页。
④ 蔡毅编著：《中国古典戏曲序跋汇编》第四册，齐鲁书社，1989年，第2749页。
⑤ 庄一拂编著：《古典戏曲存目汇考》中册，上海古籍出版社，1982年，第719页。
⑥ 南京师范大学古文献整理研究所编：《江苏艺文志·扬州卷》上册，江苏人民出版社，1995年，第425—426页。按：是书将程氏卒年误作1667。

清程晋芳《家南陂兄招观所谱拂水剧漫赋二首》谓:"秫陵春事唱都残,谱就繁声字字酸。羯鼓待传天宝录,琵琶刚续玉京弹。荒枰败劫图谋少,逸老元勋位置难。累我书窗烧烛坐,英雄小传夜深看。""绛云舒卷傍高楼,枚卜荒唐昔梦休。歧路王孙空饮泣,南朝天子自无愁。文章革命传江总,褒贬私言继魏收。多少沧桑遗事在,并将楚调入吴讴。""红豆离离发故枝,尚书头白有余悲。香嬰照月繙经夜,珠斗横天说战时。十卷胜披龙衮史,三生重写杜秋诗。冯班已逝无能哭,感慨当筵点拍迟。"(按:实为三首)①

由上诗知《拂水剧》之概略。张慧剑《明清江苏文人年表》"乾隆十九年"谓:"安东程崟谱钱谦益事为拂水剧上演,程晋芳观剧后作纪事诗。"②安东,即今江苏涟水,为程崟住地。歙县,乃其籍贯。

又据程晋芳《寄祝家南坡兄八十寿》四首,其一谓:"江波瑟瑟绕江村,闻道匡居自课孙。几上历头开九帙,床间酒母酿千樽。华严富贵恒经涉,实胜工夫爱讨论。真是鲁灵光比数,科名同辈几人存。"其二曰:"岂独渊源号大师,远谋硕画最恢奇。国程曾预功能补,家运逢衰力尚支。松古不嫌霜陨久,桂馨偏称月来迟。楸枰影静罗窗午,搘肘看人筭劫碁。"其三谓:"朱查曾许阿龙超,(原注:竹垞、他山皆所亲炙。)正派枞阳与铸陶。(原注:曾受业望溪方子之门,尽传其学。)清异选蒐穷百氏,太平歌咏阅三朝。闲探月窟天心奥,兀坐寒灯细雨宵。下笔辄堪垂久久,不徒双鬓老难凋。"其四曰:"鹓青云幕展罗天,祝嘏辞烦早夜传。也附庭荆舒蒂萼,每凭池草说因缘。出群年齿推胡杲,惊坐衣冠想葛玄。谨守谷神期强饭,啓期三乐故能全。"③

《挽家南陂兄》四首:"衰门无吉事,摧折到斯人。上寿才称祝,浮踪已脱尘。昨传双眼暗,询我近年贫。此意良深厚,高坟绿草春。""科名登绮岁,郎署耿星光。武略森雄戟,洪波扞漫塘。渊源有游谢,吟咏洎裴王。式靡扶颠力,松身百丈强。""晚年耽静摄,却扫卧江干。识定知书隙,才高审事难。极玄诗选辑,寡和曲鸣弹。此日孤寒士,搴帷涕泗澜。""昔访白沙居,呼孙出拜余。结褵今有室,凭几旧传书。白业千秋盛,华胥一枕虚。他时述颠末,铭志敢辞诸。"④

由以上二组诗,结合《勉行堂诗集》之编年,知程崟卒于乾隆丁亥(三十二年,1767)二月。江庆柏《清代人物生卒年表》,已考其生卒年分别为康熙二十六年(1687)、乾隆三十二年(1767),字夔州,号南陂,又号二峰。安徽

---

① 程晋芳:《勉行堂诗集》卷九,清嘉庆二十三年邓廷桢刻本。
② 张慧剑:《明清江苏文人年表》,人民文学出版社,2008年,第1111页。
③ 程晋芳:《勉行堂诗集》卷一八,清嘉庆二十三年邓廷桢刻本。
④ 程晋芳:《勉行堂诗集》卷一九,清嘉庆二十三年邓廷桢刻本。

歙县人①。与程氏所叙相符,此不赘述。

程晋芳诗集中述及程崟处甚多。除上引诸首外,如《白沙留别家兄南陂四首》:"衰门凋宿望,硕果幸留君。熟识三朝事,深研六籍文。枝津绵正派,片雨出高云。视我情尤重,秋汀整雁群。""淮海论功日,曹司著望时。斲轮今袖手,列面旧施眉。独断群流服,深思素发垂。汉庭推旧绩,肃肃想威仪。""江浔宜息老,客至罢衣冠。御疾唯须药,披吟正倚栏。尘缘哀乐写,法酒岁时宽。止水芦根碧,扶孙试钓竿。""频来欣握手,我亦鬓添银。别遽秋光老,官微白屋贫。苍茫千里道,郑重百年身。时和法曹句,缄题付锦鳞。"②

又,《书在堂诸伶散去兄南坡有诗志感因和三首》,谓:"讲席禅场笑太拘,繁华队里悟空虚。歌云渐泠湘弦杳,绕屋唐花静检书。""回雪紫尘百态生,夕阳花下自盈盈。江南散去人争识,曾是南陂自教成。""销魂一曲感新离,醉里忘情觉后悲。为问香山老居士,缠头何物遣杨枝。"③知程除写剧外,还有家班,并自行调教。

此外,尚有《家南坡兄失子以诗慰之》(《勉行堂诗集》卷九)、《鹤林寺读家南坡兄诗碑次韵却寄二首》(《勉行堂诗集》卷一二)。

◆吴棠桢(页729)

《庄目》卷八"中编杂剧五·清代作品"略述其事迹,并谓其"有《雪舫诗集》《吹香词》"④。

按:马廉《马隅卿小说戏曲论集》所收日记载曰:"吴棠桢,字伯憩,号雪舫,山阴诸生,著《雪舫诗集》,与琰青、吕药庵同从万红友学填词,有《赤豆军》《美人丹》二种。"⑤可与《庄目》所载对读。然误将《吹香词》归入吴秉钧名下⑥。毛奇龄《西河词话》卷一谓:吴制府兴祚(山阴人)喜延宾客,"时予郡诸名士如吕弦绩、宋岸舫、吴伯憩、金雪岫辈,皆朝夕聚其处"⑦。同书卷二又载曰:"山阴金雪岫,厌城市喧烦,别筑一竹屋,盖以茅,四面皆种草花。吴子伯憩屡过之,至必剧饮。且以女墙鲜遮掩,必劝种芭蕉,以环其屋。"⑧

---

① 江庆柏:《清代人物生卒年表》,人民文学出版社,2005年,第766页。
② 程晋芳:《勉行堂诗集》卷一三,清嘉庆二十三年邓廷桢刻本。
③ 程晋芳:《勉行堂诗集》卷四,清嘉庆二十三年邓廷桢刻本。
④ 庄一拂编著:《古典戏曲存目汇考》中册,上海古籍出版社,1982年,第729页。
⑤ 马廉著、刘倩编:《马隅卿小说戏曲论集》,中华书局,2006年,第237页。
⑥ 马廉著、刘倩编:《马隅卿小说戏曲论集》,中华书局,2006年,第237页。
⑦ 唐圭璋编:《词话丛编》第一册,中华书局,1986年,第576页。
⑧ 唐圭璋编:《词话丛编》第一册,中华书局,1986年,第579页。

金氏遂名竹屋为芭蕉书屋。吴棠桢与魏畊有交往,魏氏《兰亭留别吴棠桢》诗谓:"山阴兰亭渺何处,双屐未游长逡巡。今来已是冬十月,天寒不醉愁杀人。林中眠月闻清磬,四望青山绝四邻。霜风凄凄哀鸿远,江帆欲拂肠堪断。梅花别墅几时攀,此去烟波竟不还。临风若想笼鹅客,瑶草澄湖销夏湾。"①

又,吴氏好友金烺【汉宫春】〈读吴雪舫新制四种传奇〉谓:

> 小立亭台,见一双幺凤,竞啄丹蕉。爱看吴郎乐府,直压吴骚。移宫换羽,却新翻、字句推敲。雄壮处,将军铁板,温柔二八妖娆。　如许锦绣心胸,想琅玕劈纸,翡翠妆毫。自有宝簪低画,红豆轻抛。当筵奏伎,听莺喉、响彻檀槽。若更付、雪儿唱去,座中怕不魂销。②

雪舫,乃吴棠桢之号。据此可知,吴氏至少有剧作四种,除《庄目》著录的《赤豆军》《美人丹》外,尚有《樊川谱》一剧,见本书考证。余不详。

◆吴秉钧(页729)

《庄目》卷八"中编杂剧五·清代作品"在其事曰:"吴秉钧,字炎青。浙江山阴(今绍兴)人。兴祚子。工词,有《课鹉词集》。"③

按:马廉《马隅卿小说戏曲论集》所收日记载曰:"吴秉钧,字子鱼,号琰青子,一作炎青,山阴人,与小阮雪舫从万红友学填词,著有《电目书》传奇。《风流棒》,吴琰青序。"④

◆廖景文(页741)

《庄目》卷八"中编杂剧五·清代作品"收有廖景文《遗真记》一种,并介绍其事迹曰:"廖景文,字觐扬,号古檀。青浦(今属上海市)人。乾隆举人,官合肥知县,以参案去官。卜筑小檀园于清溪桥畔,既擅园林之胜,复多丝竹之娱。以所撰《小青杂曲》,依声迭奏,为一时风骚盟长。著有《吟香集》。"⑤

按:清王昶《青浦诗传》卷三〇收有曲家小传:"觐扬少喜风华,长而折节,如省心与善,诸录刊刻奉行。及登贤,书宰剧县,簿书之暇,颇效河阳顾

---

① 魏畊:《雪翁诗集》卷六,民国四明丛书本。
② 南京大学中国语言文学系《全清词》编纂研究室编:《全清词·顺康卷》第十四册,中华书局,2002年,第8087页。
③ 庄一拂编著:《古典戏曲存目汇考》中册,上海古籍出版社,1982年,第729页。
④ 马廉著、刘倩编:《马隅卿小说戏曲论集》,中华书局,2006年,第237页。
⑤ 庄一拂编著:《古典戏曲存目汇考》中册,上海古籍出版社,1982年,第741页。

曲弹弦,作《小青杂曲》,令伶人王佳卿辈演之。不数年而致仕。又卜筑小檀园于清溪桥畔,间则出游闽、粤,啸傲溪山,吟情倍胜。己亥(1779)春,余乞假归家,觐扬招为神奈禊祓之游,酒盏诗笺,名流翕集。虽屡罄其囊橐,弗顾也。所撰诗话,名《清绮集》,亦足当童蒙香草。"①

《(光绪)重修华亭县志》卷一六亦载述景文生平,曰:"廖景文,号古檀。居北门外。以密云籍中乾隆十二年举人,十九年会试登明通榜,由教习选安徽合肥知县。尝奉檄兑庐郡漕米,督濬宿州河,又往符离濬南股河,皆不扰民,而先期集事,大吏嘉其能。"②廖景文之诗,流传海外,曾被日本江户时期的诗人武元登々庵誉为"流逸淡雅"③。其详细事迹考订,可参看邓长风《廖景文和他的〈清绮集〉》④、周巩平《上海明清戏曲家考略》等⑤。

曲家籍贯,周巩平《上海明清戏曲家考略·廖景文》依据方志及王昶《湖海诗传》,认为"是娄县(华亭),而不是青浦"⑥,甚是。据清初叶梦珠《阅世编》卷三:青浦县在上海县西。顺治十二年,始析华亭"之西半为娄县"⑦。廖氏当为华亭人,非青浦也。

关于《遗真记》,系写钱塘冯小青故事,其剧情、本事,《古本戏曲剧目提要》等各家著述已述及⑧,此不赘述。廖景文《感旧二绝》(之一)曾自述:"遗真一曲谱真真,旧事传来墨晕新。物换星移家乐散,十年春恨细如尘。"⑨

◆ 缪谟(页742)

《庄目》卷八"中编杂剧五·清代作品"收有缪谟《银河曲》一种,并谓:"缪谟,字号、里居、生平皆未详。"⑩

按:缪谟,字虞皋,一字丕文,号雪庄,又号云章,江苏华亭(今上海松江)人,一说娄县(今上海松江),有《雪庄词》二卷、《雪庄诗钞》八卷等⑪。

---

① 王昶:《蒲褐山房诗话新编》,周维德校辑,齐鲁书社,1988年,第301—302页。
② 杨开第修、姚光发纂:《(光绪)重修华亭县志》,清光绪四年刊本。
③ 《行庵诗草》集一。
④ 邓长风:《廖景文和他的〈清绮集〉》,《艺术百家》1988年第4期。
⑤ 周巩平:《上海明清戏曲家考略》,《戏曲研究》第24辑,文化艺术出版社,1987年12月。
⑥ 周巩平:《上海明清戏曲家考略》,《戏曲研究》第24辑,文化艺术出版社,1987年,第295页。
⑦ 叶梦珠:《阅世编》,中华书局,2007年,第77页。
⑧ 李修生主编:《古本戏曲剧目提要》,文化艺术出版社,1997年,第752—753页。
⑨ 王昶辑:《湖海诗传》卷一三,商务印书馆,1958年,第292页。
⑩ 庄一拂编著:《古典戏曲存目汇考》中册,上海古籍出版社,1982年,第742页。
⑪ 周郁滨纂:《珠里小志》,戴扬本整理,上海社会科学院出版社,2005年,第194页。

尝与陈震、徐颖柔、金思安一同师事焦袁熹，时称"焦门四子"①。赵景深等《方志著录元明清曲家传略》②、邓长风《七位明清上海戏曲作家生平钩沉·缪谟》对其生平已述及③。今就以上二书未及之材料补充如下：

清周郁滨《珠里小志》卷一三："缪谟，字虞皋，号雪庄，华亭人。寓张行人梁澹吟楼最久。幼贫废学，焦袁熹见其诗，劝之学，遂受业焉。研覃既久，其学大进，所著诗词，绘声绘影，一空色相，尤长乐府词曲，名噪士林。性落拓，不事生产，亦不汲汲科名。庚子南闱，主司击赏其文，以第三场微疵，几得复失。试北闱，亦不利。张文敏照延入律吕馆，会一目盲，遂告归。卒。梁醵钱葬之九峰细林山，并拾其遗稿，为之编缉，得诗八卷，乐府新题一卷，杂文一卷，诗余一卷，今乐府三卷，《银河曲》三卷。"④

清冯金伯《国朝画识》卷九："雪庄工诗词，亦善山水，有自题画扇【满庭芳】一阕云：'雨滚荷珠，烟笼竹翠，萧斋无计排闲。玉蜍铜雀，戏泼墨云寒。不用蝉纱鹅绢，随意展、摺扇弯环。元人派，斟量损益，窥豹管中斑。　自怜，匏系处，区区峰泖，未畅奇观。纵林峦点缀，想像之间。那得轻帆快马，从今去、航海梯山。齐游徧，蓬瀛阆苑，然后写君看。'"⑤

杨钟羲《雪桥诗话续集》卷四："华亭缪雪庄明经谟，字丕文。与张大木、张得天称焦村三凤。乾隆初，开律吕馆，文敏延与共事。拟疏荐之，会其老病，且一目眇，不果。归里未几卒，无子。诗如《寄初上人》云：'流水到门终日满，远山隔竹有时无。'《晓起闲步》云：'穿竹行无三步直，避花头更一回低。'《春城纪游》云：'桃花不逐游人去，镇日东墙相对闲。'"⑥

◆陆吴州（页742）

《庄目》卷八"中编杂剧五·清代作品"，据焦循《剧说》著录《一帆记》，称作者："陆吴州，名号、里居、生卒皆未详。"⑦

按：《江苏艺文志·扬州卷》据《淮海英灵集》《海陵文征》等，叙其事曰：陆舜（？—1692），字元升，号吴州。泰州（今属江苏）人。崇祯十四年（1641）与张幼学、张一侨在里结曲江社。顺治十一年（1654）举人，康熙三年（1664）进士。初任刑曹，多所平反。视学浙江，端士习，正文体，所拔多

---

① 龚宝琦修、黄厚本纂：《（光绪）金山县志》卷二一，清光绪四年刊本。
② 赵景深、张增元编：《方志著录元明清曲家传略》，中华书局，1987年，第263页。
③ 邓长风：《明清戏曲家考略全编》上册，上海古籍出版社，2009年，第5—7页。
④ 周郁滨纂：《珠里小志》，戴扬本整理，上海社会科学院出版社，2005年，第158页。
⑤ 冯金伯：《国朝画识》，台湾明文书局，1985年，第636—637页。
⑥ 杨钟羲：《雪桥诗话续集》，北京古籍出版社，1991年，第248页。
⑦ 庄一拂编著：《古典戏曲存目汇考》中册，上海古籍出版社，1982年，第742页。

寒畯知名之士。后以疾归,家居二十载①。《国朝文汇》甲集卷二〇,收有其所作《季布丁公论》《送曲沃令序》《石门诸山记》《过严光钓台记》四文,称:"陆舜,字吴州,江苏泰州人,康熙甲辰进士,官浙江温、处道,有《双虹堂集》。"②《清人别集总目》亦载其事③,可补《庄目》之不足。

◆周良劭(页761)

《庄目》卷八"中编杂剧五·清代作品"收录其人,谓:"周良劭,字友高,号抑斋。浙江鄞县人。著有《无可奈何词》、《葆真轩词余》。按《两浙輶轩续录》作良邵。"④

按:马廉《马隅卿小说戏曲论集》所收日记载曰:"周良劭,字友高,号抑斋,诸生,屡试不第,遂弃举业,攻词章。喜读离骚经,每读已大哭,哭已复读。性敦笃,事父母以孝闻。父既殁,犹时以馆谷分诸兄。仲兄蚤卒,孤寡力任之。母尝迫之就试,既去而母病,良劭在省中忽心动,即归,中途冒大雨得寒疾,居丧又毁瘠过哀,未数日竟死,年三十九。良劭有隽才,最精于词曲,慷慨淋漓,入宋元人之室,他若星历、句股、音韵、土遁之学,皆有撰著,未成书。又以余力为书画篆刻,见者珍之。《鄞县志》四十四之三引《烟屿楼集》。六月九日记。(眉批:1785—1822,生乾隆五十年乙巳,卒道光三年癸未。)周良劭《抑斋杂著》五卷,《补遗》一卷:徐煜昌序曰,道光三年癸未春先生捐馆,诸友检遗箧,得先生手钞诗一卷、词一编、词余二套、杂剧一折。其余著述甚宿,悉行草涂改,墨浓淡重复,不可认识矣……编列卷目,付之剞劂,词余一卷即附于词集后,以先生心血所寄也,故亦不敢废……原按前有门人王日章所撰小传,卷一为《新雨山庄诗草》,卷二为《无可奈何词集》,卷三为《浮石山房诗存》,卷四为《葆真轩词余》,卷五为《磊块杯杂剧》,补遗一卷,诗三十首词十九首。《鄞志》五八之三七'艺文'。"⑤张增元《关于元明清戏曲作家的生平史料》⑥、周绍良《曲目丛拾》等⑦,亦可参看。上引眉批中"卒道光三年",即为公元1823年,故周氏之生卒年:1785—1822,应

---

① 南京师范大学古文献整理研究所编:《江苏艺文志·扬州卷》下册,江苏人民出版社,1995年,第1127页。
② 沈粹芬等辑:《清文汇》上册,北京出版社,1996年,第672页。
③ 李灵年、杨忠主编:《清人别集总目》第二卷,安徽教育出版社,2000年,第1204—1205页。
④ 庄一拂编著:《古典戏曲存目汇考》中册,上海古籍出版社,1982年,第761页。
⑤ 马廉著、刘倩编:《马隅卿小说戏曲论集》,中华书局,2006年,第250页。
⑥ 张增元:《关于元明清戏曲作家的生平史料》,《中华文史论丛》1986年第一辑,上海古籍出版社,1986年,第242—243页。
⑦ 周绍良:《绍良文集》上册,北京古籍出版社,2005年,第742页。

作:1785—1823,此才与"年三十九"相符,故眉批推算有误。

◆孔广林(页763)

《庄目》卷八"中编杂剧五·清代作品"略述其事,然未标生卒年①。

按:江庆柏《清代人物生卒年表》据孔广林《温经楼年谱》著录曰:孔广林,生于乾隆元年(1746),卒年不详,字丛伯,号赘翁,山东曲阜人②。可补《庄目》之未逮。

孔广林深于经学,清桂文灿《经学博采录》卷五谓:"孔幼髯,名广林,字丛伯,山东曲阜廪贡生,署太常寺博士。博雅好古,治经专治郑学。著有《周礼臆测》七卷、《仪礼臆测》十八卷、《吉凶服名用篇》七卷、《禘袷觿解篇》一卷、《明堂亿》一卷、《士冠礼笺》一卷、《通德郑氏遗书所见录》七十二卷、《延恩集》一卷、《幼髯韵语录存》一卷、《外集》一卷、《温经楼游戏翰墨》二十卷,共一百三十二卷,凡四十四万五千余言。年二十六即绝意进取,闭门著述。阮文达尝谓:'海内治经之士,无其专勤'云。年七十余卒。"③由此亦可知,孔广林嘉庆二十一年(1816)仍在世。

◆严保庸(页765)

《庄目》卷八"中编杂剧五·清代作品"据蒋宝龄《墨林今话》及《今乐考证》,著录其杂剧《红楼新曲》《同心言》《吞氍报》《盂兰梦》《奇花鉴》《双烟记》等六种,并简述其事迹,然未标生卒年④。

按:江庆柏《清代人物生卒年表》据《近代词人考录》著录其生卒年分别为嘉庆元年(1796)、咸丰四年(1854),字伯屏,号问樵⑤。

清丁晏《严问樵明府》诗序曰:"名保庸,丹徒人。嘉庆己卯君发解第一,己丑成进士,改庶吉士,散馆授山东知县,以忤大府告归。君清才不偶,书画皆工。扬州梅花岭史阁部祠君题楹联云:'生有自来文信国,死而后已武乡侯。'甚为当时传诵。雅善度曲,尝演《红楼梦》'巾缘'八出,都下梨园盛行,为弹章所纠。久之事解。晚岁落魄无聊,奔走乞食,有句云:'无情况味鳏孤独,有限光阴老病贫。'亦可悲已。年五十八,殁于袁浦。于湘山司马殓之。"诗谓:"视草玉堂署,堕溷离花茵。才高天所忌,文采不庇身。

---

① 庄一拂编著:《古典戏曲存目汇考》中册,上海古籍出版社,1982年,第763页。
② 江庆柏:《清代人物生卒年表》,人民文学出版社,2005年,第93页。
③ 桂文灿:《经学博采录》,民国刻敬跻堂丛书本。
④ 庄一拂编著:《古典戏曲存目汇考》中册,上海古籍出版社,1982年,第765—766页。
⑤ 江庆柏:《清代人物生卒年表》,人民文学出版社,2005年,第234页。

贼氛炽江介,铁瓮哀围城。孤鸿集淮浦,饥雀逃烽尘。桐棺勿复痛,桑户犹反真。"①此既言其得年五十八,若生年无误,其卒年当在咸丰三年(1853),《近代词人考录》或有误。

清黄爵滋《金陵赠别四首·严问樵》谓:"一掬花前泪,袁江江水长。(原注:君姬张佩珊新殁。)那堪桃叶渡,重过郁金堂。京国怀人梦,湖山纵酒场。平生忧乐志,莫便赋徜徉。"②《盂兰梦》即为悼其姬人张佩珊而作。

◆ **戴全德**(页767)

《庄目》卷八"中编杂剧五·清代作品",著录有《红牙小谱》,并叙其作者曰:"戴全德,字号、里居、生平皆未详。"③

按:蔡毅《中国古典戏曲序跋汇编》卷九,在介绍作者时谓:"戴全德,自号惕庄主人,字、里居、生卒年皆未详。"④邓长风《二十九位清代戏曲家的生平资料》一文曰:"对于戴全德的生平,近代戏曲史家似迄未见有揭明者。"⑤又根据清人王汝璧《铜梁山人诗集》卷二四《挽全惕庄榷使》一诗之内容,"推定戴全德生于雍正九年(1731)前后"⑥,并说,这一推论,"相信略近事实。他大约得年七十二岁"⑦。

戴氏《〈红牙小曲〉自序》谓:"余莅浔阳者三载,视榷之暇,日坐爱山楼以笔墨自娱。诗词而外,旁及传奇、杂曲。花晨月夕,授雏伶歌之,聊以适性而已。戊午夏,移官江苏,检视行箧,得新剧二齣。……嘉庆三年季秋下浣,惕庄主人自叙于尚衣官舍。"⑧据此可知,戴氏号惕庄主人,曾榷关浔阳,凡三年。于戊午(嘉庆三年,1798)夏,官于江苏。据《清史稿·职官志》:"顺治十一年,命工部立十三衙门,设司礼、御用、御马、内官、尚衣、尚膳、尚宝司,设八监。"此处"尚衣",当为京师官署之派出机构。

戴全德与赵翼多有交往。邓长风文称,王汝璧于嘉庆七年壬戌(1802)

---

① 丁晏:《颐志斋感旧诗》,民国四年罗氏雪堂丛刻本。
② 黄爵滋:《仙屏书屋初集》诗录卷十三,清道光二十六年活字印本。
③ 庄一拂编著:《古典戏曲存目汇考》中册,上海古籍出版社,1982年,第767页。
④ 蔡毅编著:《中国古典戏曲序跋汇编》第二册,齐鲁书社,1989年,第1103页。
⑤ 邓长风:《明清戏曲家考略三编》,《明清戏曲家考略全编》下册,上海古籍出版社,2009年,第315页。
⑥ 邓长风:《明清戏曲家考略三编》,《明清戏曲家考略全编》下册,上海古籍出版社,2009年,第316页。
⑦ 邓长风:《明清戏曲家考略三编》,《明清戏曲家考略全编》下册,上海古籍出版社,2009年,第316页。
⑧ 蔡毅编著:《中国古典戏曲序跋汇编》第二册,齐鲁书社,1989年,第1103页。

所写的《挽全惕庄榷使》一诗,"是今所知戴全德卒年的唯一记载"①,显然不确。赵瓯北在同一年所写《哭惕庄总管之讣》诗,则是另一确证。据笔者考证,全德乃生于雍正十一年(1732),卒于嘉庆七年(1802),享年七十岁。生平所任乃两淮盐政、浙江盐政兼杭州织造,九江榷运使、苏州织造兼浒墅关监督、热河总管、内务府总管造办处官员等职,多为料理财赋之官②。

◆熊超(页773)

《庄目》卷八"中编杂剧五·清代作品",著录《齐人记》一剧,叙作者生平曰:"熊超,字班若,善化(今湖南长沙)人。康熙举人。客京师,尝馆于某王邸。王心重之。……"③

按:熊氏《〈齐人记〉自序》称:"乾隆五十二年丁未岁秋月,撰于新邑吴祠,超自识。"④可知,此作成书于公元1787年。又据其《豁堂自记》,中曰:"豁堂者,余之别号也。……余庠名超,故自号曰豁堂也。然余有愧乎号久矣。曷愧乎尔?辛未年就傅受书,虽点金不遗余力,而究未豁如也。及后家益窘,乃改业为生计者三年,然而壮志未灰,戊子,始托馆以自奋焉。……越明年,补弟子员。"⑤文中"辛未",当为乾隆十六年(1751)。若是康熙辛未(1691),作者写此剧时,已是百余岁老人,殊不可能。其侄熊华在该剧《序》中载曰:"丁未春,豁堂授徒新邑吴祠。"⑥熊超《豁堂自记》亦云:"戊子,始托馆以自奋焉。……明年,补弟子员。"⑦据此可知,其乾隆三十三年(1768),"托馆以自奋";次年,考为秀才。五十二年丁未(1787),馆于新邑吴祠,《齐人记》即成书于本年。

庄氏"康熙举人"云云,盖是全文照录于臧励龢《中国人名大辞典》所载"熊超"小传。"辞典"所叙熊超,曾国荃《(光绪)湖南通志》卷一七六"人物志十七"载有小传,谓:"熊超,字班若,康熙庚午举人。客京师,尝馆于某王邸。王心重之,谓人曰:'熊孝廉翰林选也。可立得。'超闻之,疑王为其声援,遂辞归,不与会试。后数年,将复计偕,其母语之曰:'吾今笃老,汝往,果得第,欲遽归难矣!'言毕黯然。超以母难为别,乃不行。中年邃于《易》,

---

① 邓长风:《明清戏曲家考略三编》,《明清戏曲家考略全编》下册,上海古籍出版社,2009年,第315页。
② 参看《曲家戴全德小考》,《艺术百家》2001年第2期。
③ 庄一拂编著:《古典戏曲存目汇考》中册,上海古籍出版社,1982年,第773页。
④ 蔡毅编著:《中国古典戏曲序跋汇编》第二册,齐鲁书社,1989年,第1031页。
⑤ 蔡毅编著:《中国古典戏曲序跋汇编》第二册,齐鲁书社,1989年,第1034页。
⑥ 蔡毅编著:《中国古典戏曲序跋汇编》第二册,齐鲁书社,1989年,第1035页。
⑦ 蔡毅编著:《中国古典戏曲序跋汇编》第二册,齐鲁书社,1989年,第1034页。

时有心得。研精程朱语录,与邵阳王元复、宁乡张鸣珂、同邑李文炤时相讲论,后学多慕傚之。"①此熊超非《齐人记》作者,庄氏未察,故讹误。

◆周乐清(页773)

《庄目》卷八"中编杂剧五·清代作品"载其事较简,曰:"周乐清,字文泉,号鍊情子。浙江海宁人。以父荫官同知,即引退。吟咏甚富,著有《桂枝乐府》《静远草堂诗文集》。"②

按:马廉据《海宁州志稿》等述其事曰:"周乐清,字安榴,号文泉……父嘉猷从征五筸苗,卒(嘉庆元年丙辰)于军,乐清时甫十二龄。承荫以佐贰随黔楚营,无何叠遭大父母及母丧,皆克尽礼。服阕,补道州州判,历权祁阳、永明、沅陵、新化、黔阳等县,擢麻阳令。道光十二年壬辰,檄赴乾州凤凰等厅同知,寻罣吏议,以原官归,选铨山东城武,三年罢单县。又三年咸丰纪元,以七年正赋全完,晋知州衔,调掖县兼摄印墨暨莱州府同知……所至善政清名,迄今犹有乐道之者。(宗稷辰撰墓志铭)有《静远草堂稿》。"③

◆张声玠(页778)

《庄目》卷八"中编杂剧五·清代作品"著录有《玉田春水轩杂剧》,然叙其作者张声玠生平甚简④。

按:《国朝文汇》丙集卷八,收有张声玠《四十自序》一文,述己事甚详。称其一岁至十二岁,先后随祖、父至安徽、闽之松溪、福州、建宁,"十四岁之福清,知识初启,以习举子业成,思藉科第为建白。髫龄有四方志,于是极以奔走为乐"。"十六岁,仍至福州,乃肆力于诗,与闽之学士大夫、文人墨客,觞酒淋漓,骚坛树旗鼓。其或离群索居,则经史、花月相应接"。年二十,其父权泉州、蚶江通判,次年随父读书蚶江,又赴兴化。二十三岁,乃输赀为监生,北应京兆试,落第不归,留京师一年。二十六岁时,其父病故,复归福州。服阕,就婚于外父李澜恬建阳官舍。未两月,"复从建阳赴京师,秋捷,两罢礼部试"。后回湖南,因妻死而赘于同邑辰山,尝游于衡州、浏阳,再往京师。自称:"计生平六游京师,乡试一落第,会试七落第。"⑤谙此,对张氏剧作"有所愤激"之理解当有所助。

---

① 曾国荃:《(光绪)湖南通志》,清光绪十一年刻本。
② 庄一拂编著:《古典戏曲存目汇考》中册,上海古籍出版社,1982年,第773—774页。
③ 马廉著、刘倩编:《马隅卿小说戏曲论集》,中华书局,2006年,第262—263页。
④ 庄一拂编著:《古典戏曲存目汇考》中册,上海古籍出版社,1982年,第778页。
⑤ 沈粹芬等辑:《清文汇》下册,北京出版社,1996年,第2523页。

◆ **管庭芬**(页 784)

《庄目》卷八"中编杂剧五·清代作品"载其事迹,然未标其生卒年①。

按:江庆柏《清代人物生卒年表》据民国《海宁州志稿》卷二九"本传",谓其生于嘉庆二年(1797),卒于光绪六年(1880),得年八十四②。庄氏推测与此大致相符。

◆ **陈栋**(页 786)

《庄目》卷十二"下编传奇四·清代作品下",著录《紫霞巾》一剧③。并于卷八"中编杂剧五·清代作品",介绍其作者谓:"陈栋,字浦云,号东村,又号榕西逸客。浙江会稽(今绍兴)人。笃学清修,屡试不第,游幕汴中,赍志以殁"云云④。

按:《庄目》所叙,似从郑振铎《〈杂剧二集〉题记》迻录。然吴斯勃《〈紫霞巾〉序》谓:"同乡东村先生,笃学清修,以名孝廉选邑令,改授德化学博,旋告病归。向尝授徒讲学,多所成就,几若文中子之在河汾矣。"⑤可补《庄目》之不足。

◆ **陈烺**(页 788)

《庄目》卷八"中编杂剧五·清代作品"载其事曰:"陈烺,字叔明,号潜翁。江苏阳湖(今常州)人。以盐官需次浙江。浮沉下僚,甚不得志。精于音律,有《玉狮堂十种传奇》行世。"⑥

按:《江苏艺文志·常州卷》谓:"陈烺(1822—1903),字叔明,号潜翁,别号云石山人,又称玉狮老人。清阳湖人。邑庠生。幼年苦读,屡试不第。壮年授徒皖、粤,学生多通显。年 50 始以盐官需次浙江。工诗善画,精音律,善度曲。晚年杜门研究佛学。"⑦其著作除《玉狮堂十种曲》外,尚有《诗画辑略》《禅真问答》《禅真语录》《云石山房剩稿》等多种。俞樾《〈玉狮堂传奇〉总序》曰:"潜翁陈君负干济之才,筮仕吾浙,浮沉下僚,温温无所试,

---

① 庄一拂编著:《古典戏曲存目汇考》中册,上海古籍出版社,1982 年,第 784 页。
② 江庆柏:《清代人物生卒年表》,人民文学出版社,2005 年,第 814 页。
③ 庄一拂编著:《古典戏曲存目汇考》下册,上海古籍出版社,1982 年,第 1429 页。
④ 庄一拂编著:《古典戏曲存目汇考》中册,上海古籍出版社,1982 年,第 786 页。
⑤ 蔡毅编著:《中国古典戏曲序跋汇编》第四册,齐鲁书社,1989 年,第 2318 页。
⑥ 庄一拂编著:《古典戏曲存目汇考》中册,上海古籍出版社,1982 年,第 788 页。
⑦ 南京师范大学古文献整理研究所:《江苏艺文志·常州卷》,江苏人民出版社,1994 年,第 753 页。

乃以声律自娱。所著传奇五种，曰《仙缘记》、曰《蜀锦袍》、曰《燕子楼》、曰《海虬记》、曰《梅喜缘》。虽词曲小道，而于世道人心，皆有关系。可歌可泣，卓然可传。余尤喜其《蜀锦》《海虬》二种。音节苍凉，情词宛转，视尤西堂《黑白卫》等四种，吴石渠《绿牡丹》等四种，可以颉颃其间矣。乾隆四十六年，巡盐御史伊公伊龄阿，奉敕于扬州设局，修改曲剧，四年而事竣。从事局中者，有淮北分司张辅、经历查建珮、大使汤维镜诸人。使君生其时，与其役，得以厘正音节之得失，考订事迹之异同，岂出张、查诸人下哉？何至一官落拓，徒以引商刻羽，一倡三叹，自鸣其得意也。然词曲之工，别人所共赏矣，《阳春白雪》必有知音，勿如陈子昂之碎琴于市上也。光绪戊子长夏，曲园居士俞樾序。"①徐光莹《后序》转述陈焕语曰："仆少孤露，中岁遭兵革，流离播越至五十，始以蹉官需次浙中。二十年来，宦海浮沉，一无成立。"②宗山《〈蜀锦袍〉序》："壬午需次杭州，与陈叔明先生结文字交。一日，出《蜀锦袍》传奇，示山读之。叹夫先生之才之大，其征引一踵正史，褒贬凛然，无小说诙诡之习。《播州克敌》《平台奏勋》等齣，忠义愤激之气，腾跃纸上。起结淡处著墨，余弦外音。良史三长，略具于此。视昔人之恣意妆点，正苦才短耳。天生奇女子，得奇文以传，幸矣。"③可资参阅。

◆梁孟昭（页797）

《庄目》"中编杂剧五·清代作品"载其事曰："梁孟昭，字夷秦，浙江钱塘（今杭州）人。茅九仍室。贞静寡言笑，工诗文，善书画。尝偕九仍游金陵（今南京），寓经年，忽感寒疾，临终犹起坐焚香，鼓琴一曲而逝。著有《绣墨轩集》。"④

按：清焦循《剧说》卷四谓："钱塘女史梁夷素，字孟昭，工诗画，尝作《相思砚》传奇行世。"⑤

清徐沁《明画录》卷五曰："梁孟昭，字夷素，钱塘人。梁天署女弟也。工词翰，雅善山水，深远秀逸，风格不群。前代画品中如李公择妹、文与可女、管夫人道昇，辉映笔墨，始知林下风调为最胜耳。"⑥

清姜绍书《无声诗史》卷七"梁夷素"条云："梁夷素，武林女子。工诗

---

① 蔡毅编著：《中国古典戏曲序跋汇编》第四册，齐鲁书社，1989年，第2289页。
② 蔡毅编著：《中国古典戏曲序跋汇编》第四册，齐鲁书社，1989年，第2292页。
③ 蔡毅编著：《中国古典戏曲序跋汇编》第四册，齐鲁书社，1989年，第2296页。
④ 庄一拂编著：《古典戏曲存目汇考》中册，上海古籍出版社，1982年，第797页。
⑤ 中国戏曲研究院编：《中国古典戏曲论著集成》第八册，中国戏剧出版社，1959年，第159页。
⑥ 徐沁：《明画录》，清读画斋丛书本。

画,陈眉公比之为天女花、云孙锦,非人间所易得。"①

李榕《(民国)杭州府志》卷一五四:"茅九仍妻梁氏,名孟昭,字夷素,聪颖绝伦,贞静寡言笑。工诗文,善书画。姑疾,割臂羹疗之。郡守旌其墓曰'孝慈女史'。"②

◆何珮珠(页799)

《庄目》卷八"中编杂剧五·清代作品"著录有何珮珠《梨花梦》杂剧一种,并介绍其事迹曰:"何珮珠,字芷香。安徽歙县人。何秉棠幼女。何字子甘,深于诗学,诸女习闻庭训,各擅才名,方之袁家三妹,何多让焉。著有《津云小草》。约清道光二十年前后在世。"③

按:何氏姊妹,均以诗名。清沈善宝《名媛诗话》卷一〇谓:"歙县何吟香佩芬,妹琬碧佩玉、芷香佩珠。吟香又号兰卿。……芳情逸韵,可方刘家三妹。吟香姊妹为盐知事秉棠女。"④

清雷瑨、雷瑊《闺秀诗话》卷一三曰:"歙县何浣碧,名佩玉。诗才清艳,仙貌娉婷,风雅一门,有'孝绰三妹'之目。……其妹吟香,名佩芬,亦工吟咏。……数诗皆才华绮丽,音节清亮,绝无脂粉之习。季妹芷香,名佩珠。……语并清艳,不落凡庸,足征雅人深致。"⑤

何氏姊妹曾从陈文述学诗,陈氏《绿端石双鱼砚歌》诗序曰:"歙县何氏两女弟子佩芬、佩玉从余学诗,以砚为贽,砚材既佳,制复精美。作此报之。"⑥

◆勺园主人(页806)

《庄目》卷八"中编杂剧五·清代作品"于其名下著录《梁园雪》《紫云迴》二剧,并谓作者:"勺园主人,姓名、字号、里居均未详。"⑦

按:袁祖光《绿天香雪簃诗话》:"某氏妇以私邻生有娠,咽阿芙蓉死。邻生悲之,饮酖入妇家,抚棺一哭亦死。其夫恨而合葬之。好事者为之题碣曰:'一对可怜虫之墓。'金勺园绶熙为作《可怜虫》剧本,极其哀艳。"⑧又,

---

① 姜绍书:《无声诗史》,清康熙观妙斋刻本。
② 李榕:《(民国)杭州府志》,民国十一年本。
③ 庄一拂编著:《古典戏曲存目汇考》中册,上海古籍出版社,1982年,第799页。
④ 王英志主编:《清代闺秀诗话丛刊》第一册,凤凰出版社,2010年,第521页。
⑤ 王英志主编:《清代闺秀诗话丛刊》第二册,凤凰出版社,2010年,第1233—1234页。
⑥ 陈文述:《颐道堂集》诗选卷二十四,清嘉庆十二年刻道光增修本。
⑦ 庄一拂编著:《古典戏曲存目汇考》中册,上海古籍出版社,1982年,第806页。
⑧ 钱仲联主编:《清诗纪事》第二十册,江苏古籍出版社,1989年,第14080页。

袁祖光《题金勺园〈可怜虫〉剧本》云："凄云惨雨夜迢迢，一对痴魂若可招。无限柔情无限悔，隔墙愁听玉人箫。""贞淫正变总情关，老大登场泪共潸。长笛一听遥和答，临风我唱《望夫山》。（原注：余作《望夫石》戏本，为日本烈妇富山氏传也。）"①据此可知，勺园主人，即金绶熙之号，与袁祖光乃同时代人，非德保也。

◆卢柟（页828—829）

《庄目》卷九"下编传奇一·明代作品上"著录其《想当然》一剧，叙其事迹谓："字次楩，一字子木，号浮邱山人。河南濬县人。有《蠛蠓集》。为人跅弛，好使酒骂座，尝醉榜其役夫，役夫夜压于墙殒，当楩抵坐。吴人陆光祖为濬令，平反其狱，得免死。后遍走吴会，无所遇，归益落魄，病卒。约明嘉靖十四年前后在世。"②

按：黄宗羲《明文授读评语汇辑》于卷二三"书八"载其事曰："卢柟字次楩，濬县人。次楩长于骚赋；骚赋之外，其在狱所上当道书，与柳州贬后诸书无异；爰书俗事，出其手无弗雅者。此真作手！与饰字矜名者不可同日语也。"③另，黄氏《四明山志》卷八又谓："过三江时，读卢柟诗，柟讵误入法网，滨死者数，四十三年始出狱。"④庄氏称卢柟"明嘉靖十四年前后在世"，不确。据黄宗羲所云，卢柟至少在嘉靖四十三年（1564）尚在世。

◆苏汉英（页840）

《庄目》卷九"下编传奇一·明代作品上"收录此人，谓："苏汉英，名元儁，别署不二道人。里居未详。其所作《梦境记》，有明万历间古歙黄行素原刊本，疑为皖人。"⑤

按：据官桂铨《元明福建戏曲家考》一文考证，苏元儁，字汉英，号太初，福建莆田人，流寓沙县。并引清孙大焜《沙县志》苏元儁小传曰：

> 苏元儁，字汉英，号太初，眉山长子。生而英慧，五岁即日诵诗书千余言上口，八岁能遍记古今典故。长就试太学，辄冠军。司成冯具区、季青城阅其卷，啧啧称为人龙，一时名士倾之。尝曰："措大矻矻，穷年何事，第以一经老牖下，以八股博世资，不大斗筲耶！"驰骋其才，复为

---

① 钱仲联主编：《清诗纪事》第二十册，江苏古籍出版社，1989年，第14080页。
② 庄一拂编著：《古典戏曲存目汇考》中册，上海古籍出版社，1982年，第828—829页。
③ 沈善洪主编：《黄宗羲全集》第十一册，浙江古籍出版社，2005年，第170—171页。
④ 沈善洪主编：《黄宗羲全集》第二册，浙江古籍出版社，2005年，第451页。
⑤ 庄一拂编著：《古典戏曲存目汇考》中册，上海古籍出版社，1982年，第840页。

诗、古文词。顾力穑不逢年,屡献屡刖,竟弗沮,曰:"器之不习,犹吾罪也。"迫丙子(崇祯九年,1636),试卷为场蠹所剪,掷去,叹曰:"吾之独难一第,命也!"未几逝。

生平至性,孝友过人,周急乡党、朋友,知己遍燕赵、吴越间。情耽山水,凡胜必造,凡造必诗,赋逸志远,度所编《吕真人梦境传奇》,大旨可见。

尝于沙城西山之曲,构小有山房,斋曰"伴鹤",极幽旷。有《小有初稿》行世,王百谷、李本宁曰:"汉英近体在钱、刘间,选在韦、孟间,歌行在高、岑间,乐府居明兴四子之胜。"屠纬真曰:"闽士无两。"何匪莪曰:"不意吾闽有斯人!"(同治十年1871补刻本)①

冯具区,即冯梦祯(1546—1605),号具区。王百谷,乃王稚登(1535—1612),字百谷。李本宁,即李维桢(1547—1626),字本宁。屠纬真,即屠隆(1542—1605),纬真是其字。诸文坛名家多以字呼之,年龄当相去不远。由此,可知其生平大概。

◆陆弼(页870)

《庄目》卷九"下编传奇一·明代作品上"著录曰:"陆弼,一名君弼,字无从。江都(今江苏扬州)人。九岁咏紫牡丹诗知名,与唐寅并称两才子。好博涉,多所撰述。卒年八十五,约明万历十年前后在世。著有《正始堂集》《广陵耆旧传》。吕天成《曲品》称其'诗酒文豪'。"②

按:《江苏艺文志·扬州卷》载其事曰:"陆弼,亦作陆君弼。字无从。明江都人。隆庆元年(1566)从欧大任学。三年奉欧大任结竹西社,复与丹徒茅溱等会禅智寺。好读书,尤喜结纳贤豪,声誉籍甚。万历十四年(1586)助吴琯就吴县黄河水旧本增辑《唐诗纪》170卷成。十八年成贡生。二十年岁在扬州与常熟钱希言会。三十七年在里结淮南社。曾被征与纂正史,未上而罢。卒年70余。"③著有《陆客集》《正始堂集》《酒家佣》等多种。近人董玉书所著《芜城怀旧录》卷三又谓:"陆征君无从墓在蜀冈,称'大教场'东南隅。征君明代人,名弼,一名君弼,号无从。与苏州唐伯虎并称两才子。明神宗举山林隐逸,不赴。著有《正始堂集》《毛诗郑笺》《广陵耆旧

---

① 官桂铨:《元明福建戏曲家考》,《戏曲研究》第13辑,文化艺术出版社,1984年,第194—195页。
② 庄一拂编著:《古典戏曲存目汇考》中册,上海古籍出版社,1982年,第870页。
③ 南京师范大学古文献整理研究所编:《江苏艺文志·扬州卷》上册,江苏人民出版社,1995年,第61页。

集》《芳树斋集》《北户集补注》诸书,并修《江都县志》。年八十有五卒。江都李紫裳庸德为撰墓碑。"①所载其卒年,与《庄目》相同,可资参考。

◆王恒(页933)

《庄目》卷九"下编传奇一·明代作品上"著录有《合璧记》一种,并载王恒事迹曰:"字伯贞,号少谷,浙江奉化人。约明万历十年前后在世。"②

按:马廉曰:"王恒,字伯贞,号少谷,弃诸生业,游名公间,以诗名,到辄留题,所著有诗集如干卷,又纪录遗事者名《甘露戹(原作厄)》(康熙《奉化县志》)。《甘露戹》有沈一贯序,称曰'王山人'。《两都游草》有戴澳序,字有裴,邑人(万历四一进士,奉化志艺文),称曰'伯揆'。按恒有《合璧记》,见《曲录》四,作杭州人,误也。"③

庄一拂及马廉均未考出王恒生卒年,《中国曲学大辞典》亦谓王恒"生卒年不详"④。其实,据戴澳《杜曲集》,可考知王恒生年。戴氏《寿王伯贞七十》诗谓:"尘表风神自潇洒,笑负奚囊归白下。手出新诗三十篇,春山峩峩空翠写。壮心不知齿发暮,远兴还轻秦蜀路。终华灵峭巫峨奇,儗收杖底雄词赋。芳杜洲人白发新,留君暂共鹿源春。何以为君七十寿,床头新熟黄柑酒。"⑤据诗题下小注,该诗写于"甲子年"(此甲子应为明天启四年甲子,1624),溯推则王恒生年应为公元1555年(嘉靖三十四年)。据下文所引《叙》文,《甘露灭》当作《甘露戹》,马氏未予纠正。

《杜曲集》记载戴、王二人交往处颇多。以写作时间先后为序,如:

写于"癸亥年"(天启三年,1623)的《鹿源纪事》略曰:"洲之东山故名茅洞,有泉源焉,欲遂辟其榛莽,加以疏导。时友人王伯贞杖藜与俱,谓故名近俗,谋更之,再更而意不适,伯贞以事先去。"⑥

戴澳"丙寅年"(天启六年,1626)又写有《甘露戹叙》,谓:"王伯贞《甘露戹》,大抵类王子年《拾遗记》。其事多世人眼耳所不习,然皆的有证据,非图鬼魅者比,殊足广人眼耳、佐正史之所不及。满戹甘露,任人尝取。沾其一滴,齿牙皆香。是以通儒宿老,嗟赏同声,不必藏副本于名山、俟知己于后世而洛阳纸价已高矣。大凡事不异不传,异而不核不传,事异而橅以常

---

① 董玉书:《芜城怀旧录》,江苏古籍出版社,2002年,第135—136页。
② 庄一拂编著:《古典戏曲存目汇考》中册,上海古籍出版社,1982年,第933页。
③ 马廉著、刘倩编:《马隅卿小说戏曲论集》,中华书局,2006年,第310页。
④ 齐森华等主编:《中国曲学大辞典》,浙江教育出版社,1997年,第123页。
⑤ 戴澳:《杜曲集》卷一,明崇祯刻本。
⑥ 戴澳:《杜曲集》卷八,明崇祯刻本。

手、事核而纬以蔓词亦不传。伯贞于书,无所不窥,足迹几遍天下,采摭极博,研核极精,而心手俱灵,时以笔墨供其游戏。《汲冢》之古、《齐谐》之怪、《博物志》之隐、《山海经》之奇,直欲无不有之。其家子年倘得染指此中,当如陆士衡见《三都赋》,便欲辍笔耳。此《甘露卮》之所以可传也,而不足以尽伯贞也。伯贞善贫而著书特富,尤长于骚,兼工乐府,则《甘露卮》故其巨海之一滴耳!"[1]

是书卷二收有《正月十二日试灯席上同王伯贞赋》一诗,谓:"月净千峰里,灯新五夜前。赏春花下酒,傲醉雪余天。吾老农兼圃,君闲佛共仙。草堂终夕话,不到利名边。"[2]此诗前一首为《崇祯元年元日立春》,诗题下注为"戊辰年"(1628),据此,可知《正月十二日试灯席上同王伯贞赋》一诗之写作时间。

戴澳写于"己巳年"(崇祯二年,1629)的《箬冠先生传》,谓:"箬冠先生者谁?吾友王伯贞也。好冠箬冠,故称为箬冠先生。海内名辈无不重先生,而乡里小儿无不笑先生。李青莲自谓可笑人不笑,不足为先生重。腹有笥而缾无储,口无霍而唾有珠。年垂八十,而意气遒逸,少年所不如。先生亦直为可笑而已。"[3]

由以上知王恒生于嘉靖三十四年(1555),至崇祯二年(1629)仍在世,《庄目》显然失考。

◆宫抚辰(页947)

《庄目》卷九"下编传奇一·明代作品上"著录《桃笑迹》一剧,称由王国维《曲录》迻录,并载述该剧作者曰:"宫抚辰,字号、里居、生平皆未详。"[4]

按:王国维《曲录》卷五于著录《鸳鸯绦》剧目后记述道:"右六种见《禁书总目》,此外尚有《太白剑》,明姚康撰,《桃笑迹》,明宫抚辰撰,……此五种亦似传奇名目。"[5]《清代禁毁书目四种》中,《桃笑迹》凡两见,一署"官抚辰",一署"宫抚辰"[6]。此处宫抚辰,当为"官抚辰"。"宫""官"形近而误。

章学诚《湖北通志检存稿》卷二《复社名士传》叙述官氏事迹曰:"官抚

---

[1] 戴澳:《杜曲集》卷七,明崇祯刻本。
[2] 戴澳:《杜曲集》卷二,明崇祯刻本。
[3] 戴澳:《杜曲集》卷一一,明崇祯刻本。
[4] 庄一拂编著:《古典戏曲存目汇考》中册,上海古籍出版社,1982年,第947页。
[5] 《王国维遗书》第十六册,上海古籍书店,1983年,第40页。
[6] 姚觐元:《清代禁毁书目四种》,清光绪刻咫进斋丛书本。

辰,字凝之,蕲水人,太常卿应震长子也。夙秉神异,于书无所不读,通阴符、奇门、遁甲家言。以恩选授桃源知县,不三月,丁内艰去。服阕,以荐授徐州,国变不赴。于扬州为僧,法名德昰,别号知剑道人。遨游湖海数十余年,人呼为剑叟。著《雪鸿洞稿》若干卷。……抚辰二弟抚极、抚邦。"①明眉史氏《复社纪略》,亦列有"黄州府蕲水县官抚邦、官抚极、官抚辰"诸名②。黄宗羲《明文海评语汇辑》于卷二七三"序六四"中注曰:"庐山诗自序,官抚辰"③,又于《明文授读评语汇辑》于卷三七"序七"中,转引其父黄尊素"书贵希函"曰:"官抚辰,字凝之,楚人,文有奇气而学无原本,故不免好为大言欺人。"④以上俱可证前说。

清丁宿章《湖北诗征传略》卷一五载有官抚辰及其父官应震事迹,谓:"官应震,字阳谷,万历进士,官太常卿。子抚辰、抚极、抚邦。《过齐昌登浮玉矶》云:'万顷茫茫片石浮,孤亭独障大江流。月明有影鲸鲵慑,风吼无声鹳鹤愁。吴楚两分天堑在,衡庐一望帝乡收。斜阳不尽登临兴,迟我重来作赋秋。抚辰,字凝之,以选贡官知县。少颖异博学,工诗古文,精天文兵法。上治河需兵议,当事不能用,丁母艰归。总督举为真保监军,擢徐州知府。皆不赴。及闽、粤诸藩遣使征聘,慨然曰:'天道不可违也,臣节不可变也。'祝发维扬,名德昰,号知剑道人。云游名山,晚岁归黄,居维摩堂,人犹呼为'剑叟'云。"⑤

◆张景严(页951)

《庄目》卷九"下编传奇一·明代作品上"于张景严名下,收有《分钗记》一剧。谓:"张景严,字潄滨,一作濑滨,江苏溧阳人。约明万历中前后在世","《今乐考证》著录。吕天成《曲品》、远山堂《曲品》《传奇品》《曲考》《曲海目》《曲录》并见著录。祁彪佳云:'伍生箧中金钗,为神人授以二兰,后相值贞女祠,往来酬和,卒两谐之。此与《春秋》《蓝田》诸记,皆别设科诨,绝非近日所演者。'按明谢天瑞有同名《分钗记》一本,乃演贾云华事,与此不同,见后文。"⑥

按:《江苏艺文志·常州卷》于"溧阳"目内收有张景严其人,曰:"张景

---

① 章学诚:《湖北通志检存稿》,湖北教育出版社,2002年,第109页。
② 眉史氏:《复社纪略》,北京古籍出版社,2002年,第224—225页。
③ 沈善洪主编:《黄宗羲全集》第十一册,浙江古籍出版社,2005年,第132页。
④ 沈善洪主编:《黄宗羲全集》第十一册,浙江古籍出版社,2005年,第187—188页。
⑤ 丁宿章:《湖北诗征传略》,清光绪七年孝感丁氏泾北草堂刻本。
⑥ 庄一拂编著:《古典戏曲存目汇考》中册,上海古籍出版社,1982年,第951页。

严,字(或作号)濑滨。明溧阳人,约神宗万历前后在世。工作曲,著传奇。"并加按语曰:"景严,或作景岩。又濑滨,《曲品》作濑宾。《今乐考证》《重订曲海总目》等作潄滨,似不可从。"①《乐府红珊》卷十二收有《分钗记》中的《伍经邂逅遇二兰》一齣②,叙伍经往显德寺邀寺僧石泉方丈,乘舟游凤凰桥贞女祠,得见岸上游玩的芳兰、秀兰二女,遂弹琴以诉情怀。后缘女父相邀,得与二女相会,经弹琴,二女高歌,以尽其兴。与祁彪佳《远山堂曲品》所叙,情节相符。

◆ **秦子陵**(页964)

《庄目》卷九"下编传奇一·明代作品上",收录有秦子陵其人,谓:"秦子陵,字莲香,江苏如皋人。生平事迹未详。"③

按:孙书磊《〈如意珠〉传奇稿本及其作者考辨》《〈红罗记〉传奇稿本考论》二文,根据南京图书馆所藏《如意珠》《红罗记》以及《(同治)如皋县续志》《大清如庠题名录》乃至秦氏之交游,考证出"秦子陵名城,初号莲乡,晚号逸春,别署叶村、吟坛、双龙谭钓客、卧云山房"④。据其师管华称:"莲乡秦子陵少从余游,工诗、古文、词,其举业则风华典赡,气势排奡,诚所谓少年文字气象峥嵘者,破壁而飞正未可量也。"⑤其"生年在清乾隆五十九年(1794)之后,清同治八年(1869)暮春尚在世"⑥。作有传奇五种,今仅存《红罗记》《如意珠》二种。庄氏将秦子陵归入明末,显误。

◆ **沈嵊**(页966)

《庄目》卷九"下编传奇一·明代作品上"介绍沈嵊事迹曰:"字孚中,一字唵庵,浙江钱塘(今杭州)人,居北墅,不修小节,好纵酒,日走马苏、白两堤。好谈兵,明末乱兵中,为里人击毙。"⑦

按:陆次云《沈孚中传》谓:"沈嵊,字孚中,居武林北墅。不修小节,越

---

① 南京师范大学古文献整理研究所:《江苏艺文志·常州卷》,江苏人民出版社,1994年,第1056页。
② 王秋桂主编:《善本戏曲丛刊》第二辑,台湾学生书局,1984年,第606页。
③ 庄一拂编著:《古典戏曲存目汇考》中册,上海古籍出版社,1982年,第964页。
④ 孙书磊:《〈红罗记〉传奇稿本考论》,《南京图书馆藏孤本戏曲丛考》,中华书局,2011年,第232页。
⑤ 孙书磊:《〈红罗记〉传奇稿本考论》,《南京图书馆藏孤本戏曲丛考》,中华书局,2011年,第233页。
⑥ 孙书磊:《〈红罗记〉传奇稿本考论》,《南京图书馆藏孤本戏曲丛考》,中华书局,2011年,第233页。
⑦ 庄一拂编著:《古典戏曲存目汇考》中册,上海古籍出版社,1982年,第966页。

礼惊众。作填词,夺元人席。好纵酒,日走马苏、白两堤。髯如戟,衿未青,不屑意也。崇祯末年,当九日,携酒持蟹,独上巾子峰头,高吟浮白。有僧濡笔窃记其一联云:'有情花笑无情客,得意山看失意人。'为之叫绝。拉归精舍,痛饮达旦。家人觅至,曰:'今邑试,郎君何不介意耶?'嵊方醉睐未开,履无详步,扶入试院,则已几席纵横,置足无地。嵊乃积墨广砚,立身高级,大书《登高词》于粉壁之上。其首阕曰:'万峰顶上,险韵独拈糕。撑傲骨,与秋麋,天涯谁是酒同僚?面皮虽老,尽生平受不起青山笑。难道他辟英雄一纸贤书,到做了禁登高三寸封条?'题毕而下,有拍其肩狂叫者曰:'我得一贤契矣!'嵊视之,则令也,潜视其后良久矣。令宋姓,兆和名,字禧公,云间名士,不屑为俗吏态者。把嵊臂曰:'昔贺监遇李白,为解金龟当酒。我虽远逊知章,君才何异太白?此日之事,今古攸同,盍拈是题,与君共填散曲,志奇遇乎?'嵊曰:'善!'令未成而嵊脱稿,更复击节,擢之冠军。荐之学使者,补弟子员,声誉大起。嗣是非令醉嵊,即嵊醉令,交谊既狎,略师生而尔汝,更冠易服,戏乐不羁。嵊弟有讼,对簿于令,令佯为研鞫。嵊跃出厅事,大呼曰:'错矣!错矣!'令拂袖起。事闻直指,以白简斥令。令恬然勿怨也。明鼎既移,阁部马士英卷其残旅,遁迹西陵。嵊往谈兵,士英伪为壮语云:'当背城决胜。'嵊驰归语里人曰:'此地顷为战场矣。'里人群哗曰:'丞相宵奔,将军夜遁,谁能任战,欲殃吾民?'争击毙嵊,烧其著书,所存者,独《息宰河》《绾春园》传奇二种。《绾春园》尤为词场称艳云。"①

周亮工《复余澹心》亦曾叙及沈嵊事,略曰:"三十年来,弟最心许者,钱塘沈孚中之《息宰河》。孚中名乘,虽未登峰造极,而一落笔便有证入元人三昧,狠心辣手。近日博山堂、粲花斋皆不及也,石巢又勿论矣。惜其早死,未见其成。使天假此君以年,沉雄老辈,或亦不减吾广霞也。闻此中有解事优人,竟能演此。"②可补《庄目》之不足。

◆朱寄林(页979)

《庄目》卷十"下编传奇二·明代作品下"著录《倒鸳鸯》一剧,并称作者:"朱寄林,一名英,字树声。松江(今属上海市)人。约明崇祯元年前后在世。"③

按:朱寄林《〈倒鸳鸯〉自序》,文末署"顺治岁次庚寅仲秋,云间朱英寄

---

① 张潮:《虞初新志》卷十,柯愈春编纂:《说海》第二册,人民日报出版社,1997年,第490—491页。
② 周亮工:《赖古堂集》卷二〇,清康熙十四年周在浚刻本。
③ 庄一拂编著:《古典戏曲存目汇考》中册,上海古籍出版社,1982年,第979页。

117

林氏识于江宁玉啸堂"①,庚寅为顺治七年,即公元1650年。本剧成书于此年。据此可知,朱氏清初尚在世。

◆韩上桂(页982)

《庄目》卷十"下编传奇二·明代作品下"于韩上桂名下著录《相如记》《凌云记》,并介绍作者曰:"韩上桂(?—1644),字孟郁,号月峰,别署天游子。广东番禺人。晚年好填南词,酒间漫声长歌,多操粤音。"②

按:《(同治)番禺县志》载有韩上桂小传,曰:"韩上桂,字芬男,一字孟郁。父禹梁,娴吟咏,家贫,授徒,三子皆自教之。上桂居长,父梦美丈夫持青莲拜呼为大人遂生,幼颖悟,日诵万言如宿记,尝借人二十一史一览,即默识其人物地名,年十六为诸生。闻土默特结连西部,数为边患,慨然有投笔志。于是学击剑驰马,天官兵法壬遁之书靡不研究。弱冠,举万历二十二年(1594)乡试。先是倭陷朝鲜,求援于朝,师出久无功,遂议封贡,公车抵京诣阙上书,请以奇兵出海道,扼而歼之,不报。是科,礼闱拟榜,首以拟韩范,招讨表内有'碎首玉阶'四字触忌,遂落乙榜,例得教职,不谒铨归。二十六年再不第,放怀诗酒。著有《凌云记》、填词《城坳集》《四衍詹言》《鸡肋篇》,又有《杂稿选》。(原注:《静志居诗话》:才气可方吴中桑民怿,是万历间岭南第一才子。)与同里陈子壮、韩日缵、李待问等为声气交。三十七年丁外艰,四十四年复登乙榜,以母老署定州学正,著《定州志略》。逾年冬,奔母丧归,作'五惜'以自责。服阕,补易州学正。天启二年(1622)赴春官,会讨山东白莲贼。贼方炽,廷议欲得儒生知兵者往觇其势,上桂奋袂请行,首辅叶向高壮之,加国子博士为谋充师事,忌者中以蜚语,遂不果。请假还里,以魏阉乱政,不仕。崇祯改元,起南国子博士,改助教,历监丞,摄如皋篆,有政声,升永平通判。是时,中外用兵,南北飞挽饷,匮军辄噪。上桂计漕之多寡,所载几何,上下大小,画如龟形,中以十字归算,百艘如一,不错升斗。不半月完运,边军赖以济。辽抚方一藻才之,荐擢建宁同知,仍留饷边。上桂扼腕时事,郁郁无所试,酒酣拔剑起舞,慷慨悲歌,或至堕泪。一夕,仰视天文,忧形于色。子骐超、从子骧超,叩其故,曰:'乾象异甚,变将不测,其在甲申乎?汝曹可速归事亲,吾死官守矣!'皆泣下。其叔玉海不愿归,语上桂曰:'离家万里,同死何恨。昨梦秋荷堕手,恐非佳兆。'上桂颔之。甲申三月,流贼陷京师,报至,恸哭不食。卒于宁远城。完节日,抚镇经纪其

---

① 蔡毅编著:《中国古典戏曲序跋汇编》第二册,齐鲁书社,1989年,第1359页。
② 庄一拂编著:《古典戏曲存目汇考》中册,上海古籍出版社,1982年,第982页。

丧,次子骏超奉灵车而归。乾隆四十一年(1776),赐谥'节愍',祀郡邑忠义祠。仲弟韬,万历武举,性敏,诗文皆走笔就,偶习武即得隽。未仕先卒。刻有《茹霞稿》,与上桂诸稿同时烬于兵。骐超、骏超皆庠生,父丧毕,不复就试,食力养母以终。"①

清阮元《(道光)广东通志》卷二八四、清史澄《(光绪)广州府志》卷一二〇亦有其传记。钱谦益《列朝诗集小传》丁集、陈田《明诗纪事》辛签卷六下等,均曾载其事。

韩上桂与黄宗羲有交,尝授之以诗法。黄氏《思旧录》云:"韩上桂,字孟郁,番禺人,而南京国子监丞,左迁照磨。庚午(1630),余奉祖母太夫人在经历官舍,与之为邻。有梧桐一株,盖一亩。余读书梧桐之东,孟郁读书梧桐之西,但隔一墙尔。孟郁始授余诗法,遂引入社。孟郁寻移居,集南中诗人,赋《新秋七夕诗》。余得'秋'字,诗成,为改数字。孟郁赠余诗极多,失去可惜。孟郁豪爽不羁,其在五羊,伶人习其填词,会名士呈技,珠钗翠钿,挂满台端,观者一赞,则伶人摘之而去。在旧院所作《相如记》,女优傅灵修为《文君取酒》一折,便赏百金。好谈兵略,郁郁无所试而卒。"②

罗忼烈《韩上桂年表》考证上桂生年为隆庆六年(1572)③,可补《庄目》之未逮。

◆ **范文若**(页988)

《庄目》卷十"下编传奇二·明代作品下"著录其事迹曰:"字香令,号吴侬荀鸭。松江(今属上海市)人。生平事迹无考,仅知其年寿不长。所作词曲,结构玄畅,可追元人步武,惜乎不永,一时绝叹。按其所撰《花筵赚》等五种,《新传奇品》作吴石渠撰,误。"④

按:范文若之事迹,并非无可考。生于晚明之叶梦珠在其所作《阅世编》(卷五)中记载曰:"范香令文若,生而英敏,九岁能文,年十七而举于乡,成万历己未进士,两仕剧邑,著绩迁部曹,以家隶发难,被刺而卒。子五人,四有文名。鼎革以后,世业竟无余矣。"⑤

又,《(同治)上海县志》卷三二谓:"范文若,字更生,初名景文。生而颖

---

① 《(同治十年)番禺县志(点注本)》,邓光礼等点注,广东人民出版社,1998年,第675—676页。
② 沈善洪主编:《黄宗羲全集》第一册,浙江古籍出版社,2005年,第356页。
③ 罗忼烈:《两小山斋杂著》,中国和平出版社,1994年,第58页。
④ 庄一拂编著:《古典戏曲存目汇考》中册,上海古籍出版社,1982年,第988页。
⑤ 叶梦珠:《阅世编》,来新夏点校,中华书局,2007年,第148页。

异,甫七岁试童子科,郡守许绳斋见其韶秀,能文善书,应对敏捷,抱置膝曰:'世间何物为宝,如此子乃真宝耳!'万历三十四年举于乡,四十七年成进士,除汶上令,以严察为治。改知秀水,再调光化。案牍之间,不废文翰。或意不自得,兼旬不视事,扁舟来往江湖间,以钓筒诗卷自娱。迁南兵部主事,为考功陈某中伤,左迁。稍移南大理寺评事,以忧去官。文若恃才傲物,不能致通显。里居,时值天暑,纳凉书室。家人刘贞怀利刃直前,洞其胸。太夫人闻变往救,母子俱殒。时文若年四十八。先是,文若为南兵部主政,出遇僧了颠者,挽舆骂曰:'冤家,冤家。'碎撷其衣,乃却走。文若怒鞭之,送下狱。僧入狱,不以为苦。凡罪人、病者,悉牵挽之。举狱扰乱。狱吏以白司城,出之。僧出,即趋江滨,履水面如平地。至江心而没。咸谓颠溺死矣。后有见其在六合寺中乞食,而颠如故。凡狱中所牵挽者,均起。未几,文若被弑,伤处即僧撷衣处也。"①据上述史料,范氏当生于明万历十八年庚寅(1590),十七岁举于乡,三十岁进士及第,卒于明崇祯九年丙子(1636),得年四十七岁。

◆陈鹤(页995)

《庄目》卷十"下编传奇二·明代作品下",著录《孝泉记》一剧,并称作者:"陈鹤(1516—1560),字鸣轩,号海樵,一号水樵生。浙江山阴(今绍兴)人。隐居飞来山之息柯亭。善画,水墨花草,尤为超绝,有《海樵先生集》《越海亭诗集》《息柯余韵》。"②

按:钱谦益《列朝诗集小传》"丁集中":"海樵山人陈鹤"谓:"鹤,字鸣埜,一字九皋,山阴人。颖悟绝伦,年十余,已知好古,置奇帙名帖,穷日夜诵览。十七,袭其祖军功,官得百户。郁郁负奇疾,自学医,为诊药七年,而病愈。弃其所授官,着山人服,……如是者三十年,客金陵四载,卒于邸舍。……山人卒于嘉靖壬申,又六年乙丑,而文长表其墓。"③据此可知,陈鹤之年龄当在五十岁以上。按照《庄目》所述,陈仅四十五岁便辞世,疑误。钱氏称陈鹤"卒于嘉靖壬申",亦误。嘉靖间无"壬申"纪年,由"又六年乙丑"可知,此当为"庚申"(嘉靖三十九年,1560)之误。徐渭《陈山人墓表》亦称:"陈山人鹤卒之六年,为嘉靖乙丑。"④乙丑之前六年,乃庚申,亦可证。又,《四库全书总目》卷一七七"集部·别集类存目四",《海樵先生集》提要

---

① 应宝时修、俞樾纂:《(同治)上海县志》,清同治十一年刊本。
② 庄一拂编著:《古典戏曲存目汇考》中册,上海古籍出版社,1982年,第995页。
③ 钱谦益:《列朝诗集小传》下册,上海古籍出版社,1983年,第509页。
④ 徐渭:《徐渭集》第二册,中华书局,1983年,第640页。

称:"《浙江通志》:鹤,嘉靖乙酉举人,年十七,袭荫绍兴卫百户,非其志也,遂弃官称山人,则亦孤僻之士矣。"①乙酉,乃嘉靖四年(1525)。依此,陈氏当生于明正德己巳(四年,1509),至明嘉靖乙酉,首尾恰十七年,卒于明嘉靖庚申(三十九年,1560),得年五十二。《庄目》称陈鹤生年为正德十一年(1516),若依此,陈氏中举则在虚龄十岁,绝无可能,显为谬误。

◆**沈永令(页1015)**

《庄目》卷十"下编传奇二·明代作品下",叙《桃花寨》作者谓:"沈永令,字闻人,号一枝,江苏吴江人。善画能诗。与永乔为沈氏同辈。约明崇祯十七年前后在世。"②

按:《(乾隆)震泽县志》卷一九"人物七"载有其小传,谓:"沈永令,字闻人。父士哲,见《孝友传》。性颖悟。弱冠县试,知县熊开元阅其文,谓他日必以风雅名世。顺治五年中浙江副榜,以覃恩贡入国子监。选授陕西韩城知县。时前令负帑累民,邑豪梁、吉两姓鼓众匿险抗公差。当事将提兵进剿,永令单骑至其巢,推诚招抚,皆罗拜泣服。其后,又叠揭请除滩粮。潼关道副使汤斌称为有才长者。明年以母忧去官。服阕,补高陵。被劾罢归。永令为诗赋,典赡藻丽。间作小词,直窥辛稼轩之奥。书画并入能品。其所写蒲萄、松鼠,最名于时。家居四十余年。卒年八十五。所著有《退思日录》《深柳堂集》七种。"③

清张维屏《国朝诗人征略》卷一谓:"沈永令,字闻人,江南吴江人。顺治五年副榜,官高陵知县。知韩城县时,汤文正为潼关道,以循良重之。其政治可知。(《国朝诗别裁》)闻人自号一指,因手有枝指也。诗词书画,并入能品。(《江苏诗征》)"④据此,又知其别号为一指,入清曾任韩城知县等官。汤斌(字孔伯,号潜庵)于顺治十三年(1656)始出任潼关道。沈氏任韩城知县当在本年前后。文正,汤斌谥号。《南词新谱》"古今入谱词曲传剧总目"引有"沈一指散曲",注谓:"名永令,一字文人,若宇子。"⑤据上述史料,沈氏于清顺治十三年(1656)前后出知韩城,以丁母忧去官后,又补高陵,罢归,又家居四十余年。由此可知,其直至清康熙四十年(1701)当仍在

---

① 《四库全书总目》下册,中华书局,1965年,第1582页。
② 庄一拂编著:《古典戏曲存目汇考》中册,上海古籍出版社,1982年,第1015页。
③ 陈和志:《(乾隆)震泽县志》,清光绪重刊本。
④ 张维屏:《国朝诗人征略》,清道光十年刻本。
⑤ 《南词新谱》上册,中国书店,1985年,第7页。

世。庄氏称"约明崇祯十七年前后在世"①,判断有误。

◆杨景夏(页1015)

《庄目》卷十"下编传奇二·明代作品下",著录《认毡笠》一剧作者谓:"杨景夏,字号、里居、生平皆未详。"②

按:《南词新谱》"古今入谱词曲传剧总目",著录有:"《认毡笠》,杨景夏作。"③又于本目前著录有"杨景夏散曲",并注谓:"名弘,别号脉望子,青浦人。"④景夏或系其字。此可补《庄目》之不足。

◆路迪(页1036)

《庄目》卷十"下编传奇二·明代作品下"著录《鸳鸯绦》一种,对作者路迪事迹介绍较简⑤。

按:马廉据《宜兴志》卷八"隐逸"叙述路氏事迹曰:"路迪字惠期,副使文范子,善骑射舞槊,能万人敌,时流寇纷扰,迪尝倾结天下奇士,愿为君父纾忧。逮国朝定鼎,乃散客隐居相羊于玉潭庵画闲(按:'闲'当作'阁')者四十余年,二子培、坚皆能承父志,读父书云。""迪,即海来道人,撰《鸳鸯绦》。"⑥

◆史玄(页1057)

《庄目》卷十"下编传奇二·明代作品下"介绍其事迹曰:"字弱翁,江苏吴江人。崇祯间隐居吴江之北林。著有《若翁诗文集》。"⑦

按:陈田《明诗纪事》卷三一引徐崧《百城烟水》曰:"北林在吴江县北门外,俗名新浜。崇祯间,史玄隐居之地。玄所著有诗集、文集,《河行注》《瓯东倡和集》《盐法志》《吴江耆旧传》《梅西杂志》《旧京遗事》。"⑧又引《本事诗》曰:"崇祯时,弱翁在都门娶燕姬,明慧善曲,字曰今宵。德州卢侍御世漼赋《倾城悦名士》诗赠之,一时和者甚众。乙酉后,弱翁没于西濠,姬亦嫁

---

① 庄一拂编著:《古典戏曲存目汇考》中册,上海古籍出版社,1982年,第1015页。
② 庄一拂编著:《古典戏曲存目汇考》中册,上海古籍出版社,1982年,第1015页。
③ 《南词新谱》上册,中国书店,1985年,第6页。
④ 《南词新谱》上册,中国书店,1985年,第3页。
⑤ 庄一拂编著:《古典戏曲存目汇考》中册,上海古籍出版社,1982年,第1036页。
⑥ 马廉著、刘倩编:《马隅卿小说戏曲论集》,中华书局,2006年,第299页。
⑦ 庄一拂编著:《古典戏曲存目汇考》中册,上海古籍出版社,1982年,第1057页。
⑧ 陈田辑撰:《明诗纪事》第六册,上海古籍出版社,1993年,第3547页。

为厮养妇矣。"①据此，知其没于乙酉（顺治二年，1645）之后。

又，清朱鹤龄《史弱翁诗集序》谓："嗟乎，士之能以文章著述成名于后世者，岂非天为之哉！余少婴沈瘵，勉习举子业，弗好也。顾独喜谈说《骚》《选》及西京大家之文，见有服奇嗜古、不牵世俗趋舍者，必折节而与之游。弱翁其一也。弱翁尊君某甫登贤书而殁。弱翁艰窭万状，遂发愤为诗文，绝意干禄之学。俗子疾其所为，以为古文之道如盲者之于鉴，秃者之于栉，瓯越人之于章甫，……弱翁卒岸然不顾。京口潘木公称道之于诸公间，名稍稍起。于是泝长河，游燕邸，眺览帝京宫阙之雄，燕然、碣石、涿、易、滹沱，山川起伏，郁纡磅礴之气势，以及荆卿、渐离悲歌击筑，子美南池、太白酒楼诸故迹，盘桓徙倚，慷慨感激，一发之于诗章。归而抵永嘉，寓金陵，所与唱和者如顾与治、邢孟贞、杨龙友、方尔止辈，皆名士。是时寇起三秦，残蹂中土，弱翁感时讽讥，刺刺不休，每过余萧斋，出所作相示。谈及门户箝结，盗贼披猖之故，未尝不太息欷歔，继之以泣也。弱翁之诗，峥泓萧瑟，初值钟、谭主盟，相率为凄声促节，未能自振于古。后居东湖，与愓斋联和，则全法少陵，格律日进。及遭崩坼之变，方期偕余辈数人曦发湖滨，修《谷音》《海录》之故事，而未几死矣，惜哉。弱翁劬十余载，蒸尝不续，遗书散落人间。其所著《盐法志》《燕京遗事》《松陵耆旧传》，无能搜讨，所在仅得诗若干首，为评选而欲梓之。"②

朱鹤龄另有《赠史弱翁》《伤史弱翁》二诗，前一首谓："白日残清晖，宵光安可补。鱼鸟失飞沈，珠玉成灰土。文章不庇身，处晦惟园圃。叹子双鬓斑，羁穷共谁语。惊飚无静柯，飞镝多危羽。旌旗满中原，簦笠适何所。同袍事已违，故琴犹堪抚。安得东皋田，偕子艺寒暑。"③后一首谓："井迳阴风迸泪流，遗书空散白云秋。泉台莫更求知己，执绋何人到寝丘。"④

◆ **沈季彪**（页 1078）

《庄目》卷十"下编传奇二·明代作品下"介绍其事迹曰："字号未详，浙江鄞县人。所著有《玉亭新调》《玉亭传奇》，俱未见传。"⑤

按：《传奇汇考标目》于"别本第八十七"后注曰："沈季彪，鄞人，自署四明山环溪渔父。所著有《玉亭新调》及《玉亭传奇》七种。《莲囊》《还珠》

---

① 陈田辑撰：《明诗纪事》第六册，上海古籍出版社，1993年，第3548页。
② 朱鹤龄：《愚庵小集》卷八"序二"，清文渊阁四库全书本。
③ 朱鹤龄：《愚庵小集》卷二"五言古"，清文渊阁四库全书本。
④ 朱鹤龄：《愚庵小集》卷六"七言绝句"，清文渊阁四库全书本。
⑤ 庄一拂编著：《古典戏曲存目汇考》中册，上海古籍出版社，1982年，第1078页。

《漪绿园》《皈元》《双喜》《齐人》《佛莲》(玄奘取经事)。补:《莲舟》二册。见李氏《海澄楼书目》。"①

《方志著录元明清曲家传略》引《民国鄞县通志》谓:"沈季彪,天启间人,自署四明山环溪渔父。《莲囊记传奇》前有沈季彪、蔡天祜、吕圭三人序。黄文旸《曲海总目提要》谓此即沈季彪撰。案环溪属鄞邑,则作者为鄞人。又季彪当为字,其名失考。"②有论者考证沈季彪或即沈朝烨(字季彪,一字季含,号存白,浙江仁和人),可参看③。

◆李长祚(页1080)

《庄目》卷十"下编传奇二·明代作品下"收有其人,谓:"李长祚,字延初,江苏兴化人。举人。明亡,隐居小楼,不会宾客,全发以终。"④

按:清陈鼎《李长祚传》谓:"李长祚,字延溪,兴化人。文定公春芳之曾孙也。至孝,父母蚤卒。既长,思念愈切。人或言及,则潸潸泪下。性刚介,廉洁自爱。为诸生时,即以端方称。举崇祯己卯孝廉,居乡,未尝投一刺于郡邑。癸未试礼部,中州刘文正理顺识其卷,欲以冠天下,不果,下第。还里,即闭户不出。明年,京师陷于贼,庄烈殉社稷。长祚白衣冠,号泣者累日夕,欲死以报国,家人力劝之,乃免。又明年,我朝定江南。如皋乡绅李大生之椿抗节死。有恶长祚者构蜚语,诬其曾党之椿,以故产遂破,家徒四壁,朝夕匮饔飧,不能出门户。乃遁迹射陂之唐桥,帅子弟耕田而食、凿井而饮。下帷读书,志不与时人通。与之往还者,惟八宝处士王筑夫岩及同邑逸民陆悬圃廷抡、兄子大理丞清三人而已。康熙辛亥夏五月,长祚病欲死,招三人来为题《东山观日图》,乃京口名手莫氏所写,有烟云飞舞之妙。三人题毕,长祚览之,泣数行下而卒。年七十有四。乡党无不痛悼叹息焉。外史氏曰:长祚自癸未不第,卒以孝廉终其身。使之勇于功名,当盛世出而为仕,行其所学,未必无补于苍生也。嗟乎!竟以隐逸死哉。"⑤

《江苏艺文志·扬州卷》载其事迹曰:"李长祚(1598—1671),字延明。清兴化人。春芳曾孙。明崇祯十二年(1639)举于乡,中十六年会试副榜。明亡后绝意仕进,前后县令踵门访之终不肯见。顺治五年(1648)被迫为

---

① 中国戏曲研究院编:《中国古典戏曲论著集成》第七册,中国戏剧出版社,1959年,第273页。
② 赵景深、张增元编:《方志著录元明清曲家传略》,中华书局,1987年,第154页。
③ 肖阳、赵铧:《晚明曲家沈季彪臆考》,《四川戏剧》2013年第5期,第53—55、61页。
④ 庄一拂编著:《古典戏曲存目汇考》中册,上海古籍出版社,1982年,第1080页。
⑤ 陈鼎:《留溪外传》卷六"隐逸部下",清康熙三十七年自刻本。

僧。生平多厚德。"①著有《四书正训》《容焰草堂集》等。

◆韩畾（页1083）

《庄目》卷十"下编传奇二·明代作品下"于其名下著录《白虹记》《孝烈记》《贞□记》《绣园记》，然叙作者韩畾（字经正，号石耕）事迹较简②。

按：屈大均《翁山文钞》卷四载其小传曰："韩畾，字石畊，宛平人。父位，有行谊，与无锡高忠宪公文善，携其二子来南中，畾其仲也。方畾少时，父往迹入闽，不及名。畾长，以兄名'田'，遂自名曰'畾'，谓兄之田一而吾之田二云。好学能诗，尤善鼓琴。年四十不娶，以琴自资。所至人争延致，然畾伉率无威仪，一不当意，辄唾弃去。或主其家，即役使其家僮如己者，多厌苦之。虽其主人雅知，畾终亦不能久留也。性不善饮而好酒，醉即已，稍强之，即离坐去。与人语，操北音刺刺，遇有□复者，亟挥手止之曰：'吾方与彼言，若宜谨听，无溷子也。'贫无资装，惟囊琴与二竹筐，贮生平所为诗文，扃钥甚固。携至止宿处，人欲偕之出游，辄辞曰：'吾有行装在。'畾既以丧闻江左，或道之于平湖令所。令尝以事至西湖，邀与之俱。适有召令饮者，畾独坐鼓琴数曲。命其僕进酒，酒酣，据令榻即卧，夜半，吐其帏帐茵褥。始而一监司路经钱唐，闻畾名，欲从学琴。使人先阳而曰：'非谨执弟子礼不可。'畾坐是游益困，然益自负。宾客过者，不肯辄鼓琴，请者必肃衣冠卑颜也。而至夜分，或为一鼓，若中坐有他顾及笑语者，即怫然推琴起矣。久之归，其兄于丹阳遘疾，卒年四十三。初，畾之南来也，天下尚无事。既遭丧乱，乃叙次其流寓之概，为诗一篇，数千言。儿时在留京，其父与守陵内官相识，从观陵祭。及见弓剑之陈、俎豆之设，与夫灌坛、寝殿，规制曲折，悉于诗见之，江淮间竞传写焉。又尝仿白居易《醉吟传》，作《卧琴先生传》以比之，藏于兄子所。其他杂诗文尚数百篇。唯琴秘甚，不轻授人，人亦畏从畾学，竟无有传之者。"③

屈大均另有《韩畾》一首，谓："戴颙能念父，不忍奏遗琴。日夕为新弄，泠泠山水音。朝飞怜野雉，暮宿向空林。五十无妃匹，谁知沐犊心。（原注：畾字石畊，宛平人。以其父参夫先生避乱入山，不知所终。因终身不娶，以琴为食。）"④

---

① 南京师范大学古文献整理研究所编：《江苏艺文志·扬州卷》下册，江苏人民出版社，1995年，第809—810页。
② 庄一拂编著：《古典戏曲存目汇考》中册，上海古籍出版社，1982年，第1083—1084页。
③ 屈大均：《翁山文钞》，清康熙刻本。
④ 屈大均：《翁山诗外》卷八"五言律"，清康熙刻凌凤翔补修本。

125

卓尔堪《明遗民诗》谓："经正……东林宿学，参夫先生次子。负性孤僻，率行己意。与兄田俱无家室。丧乱以来，多客于人。凡所主家，皆事之惟谨。欲馈之衣，置其卧所，甽间取其衣，不问所从来。若使之知，即不受。尝饮酒家，酣饱而去，庸保追取直，酒家止之。他日得白金数两，尽付酒家偿值。甽善琴，意若欢即弹。人有请弹者，终不为弹。方弹时，有人称善，又即止。平生以此多困。"①《传奇汇考标目》别本，引《两浙輶轩录》：清胡溁《三君咏》韩山人甽云："字石耕，大兴人。寓于湖州，善琴。自言：'授一曲须奉千金。'以是终无传者。其诗曰：'燕市空前梦，飘零抚素琴。徒怜歌一曲，谁与奉千金？落日东湖畔，苍波百尺深。泠泠多古调，天际起层阴。'"②甽儿时在金陵，乱后游江南，遍历台、宕诸胜，后客死平湖。朱尊彝《静志居诗话》（卷二二）、王士禛《池北偶谈》（卷一一）、张维屏《国朝诗人征略》（卷六）、杨钟羲《雪桥诗话》（卷一）等，均曾载其事。

邓长风《十五位明清戏曲作家的生平史料》（《戏曲研究》第 34 辑，文化艺术出版社，1990 年 9 月）、柯愈春《清代戏曲家疑年考略（二）》（《文献》1996 年第 4 期）亦叙及韩甽生平，可参看。

◆吴骐（页 1089）

《庄目》卷十"下编传奇二·明代作品下"，介绍作者谓："吴琪，字日千，里居、生平未详。有《颛顼集》。"③并称此剧"《传奇汇考标目》别本著录之。其他戏曲书簿未见记载"④。

按：《传奇汇考标目》别本题作者为"吴麒"，并于《天台梦》下注曰："刘、阮事。"⑤沈德潜《明诗别裁集》卷一二作"吴骐"，并收其诗七首。卓尔堪《明遗民诗》、胡思敬《九朝新语》等，多同沈编。汪端《明三十家诗选》谓："日千幼有神童之目，读书过目成诵，以诗文受知于陈忠裕、夏忠节两公。父遇兵伤左臂，创甚，杜门奉侍。明亡，绝意进取，自号九峰遗黎。康熙中，同里某分修《明史》，日千贻之书。"⑥《九朝新语》称："吴日千骐居华亭吴家阁，筑颛顼庐，与沙次张安世等朝夕论诗。为人清介绝俗，汤文正抚吴

---

① 钱仲联主编：《清诗纪事》第一册，江苏古籍出版社，1987 年，第 424 页。
② 中国戏曲研究院编：《中国古典戏曲论著集成》第七册，中国戏剧出版社，1959 年，第 272 页。
③ 庄一拂编著：《古典戏曲存目汇考》中册，上海古籍出版社，1982 年，第 1089 页。
④ 庄一拂编著：《古典戏曲存目汇考》中册，上海古籍出版社，1982 年，第 1090 页。
⑤ 中国戏曲研究院编：《中国古典戏曲论著集成》第七册，中国戏剧出版社，1959 年，第 276 页。
⑥ 陈田辑撰：《明诗纪事》第六册，上海古籍出版社，1993 年，第 3473 页。

时,闻骐贤,招之入幕府,骐著《凤凰说》以辞之。"①故"吴琪"应作"吴骐"。《庄子·秋水》:"骐骥骅骝,一日而驰千里。"②吴氏所取名、字本于此。清钱保塘《历代名人生卒录》卷八谓:"吴骐,康熙三十四年卒。年七十六。"③据此,知吴骐生于明万历四十八年(1620),卒于清康熙三十四年(1695),可补《庄目》未逮。邓长风《五位明清上海戏曲作家的生平及其著作》一文,对吴骐生平作了比较详细的考证,此不赘述④。《天台梦》叙刘晨、阮肇入天台山遇仙女事,事出刘义庆《幽明录》。

◆琼飞仙侣(页1103)

《庄目》卷十"下编传奇二·明代作品下"称其人"姓名、字号、里居皆未详"⑤。

按:《传奇汇考标目》于"别本第一百八十一"条,于琼飞仙侣后加按语曰:"《西清散记》:'女史程琼,字飞仙,休宁比部吴震生室。幼见董华亭书画一编,遂能捷悟。及长,书、画、算、疾,无不精敏。'琼飞仙侣,疑即此人。宜列清代。"⑥

◆松瞿道人(页1118)

《庄目》卷十"下编传奇二·明代作品下"于其名下著录有《河梁怨》《题塔记》二种,并谓:"松瞿道人,姓名、字号、里居皆未详。"⑦

按:《传奇汇考标目》"别本"第一百六十八,于"松瞿道人"下注曰:"张楚叔,号松瞿道人,一号骚隐居士,又署白雪斋主人,武林人。"⑧谢伯阳《全明散曲》取其说,并谓张琦,字楚叔,松瞿道人、西湖居士、骚隐居士、骚隐生、白雪斋主人等乃其号⑨。精词曲,富收藏,所编《吴骚合编》成书于崇祯十年(1637),可知其生活于明末清初。

---

① 钱仲联主编:《清诗纪事》第二册,江苏古籍出版社,1987年,第669页。
② 《百子全书》下册,浙江古籍出版社,1998年,第1389页。
③ 钱保塘:《历代名人生卒录》,民国海宁钱氏清风室刊本。
④ 邓长风:《明清戏曲家考略》,《明清戏曲家考略全编》上册,上海古籍出版社,2009年,第60—65页。
⑤ 庄一拂编著:《古典戏曲存目汇考》中册,上海古籍出版社,1982年,第1103页。
⑥ 中国戏曲研究院编:《中国古典戏曲论著集成》第七册,中国戏剧出版社,1959年,第287页。
⑦ 庄一拂编著:《古典戏曲存目汇考》中册,上海古籍出版社,1982年,第1118页。
⑧ 中国戏曲研究院编:《中国古典戏曲论著集成》第七册,中国戏剧出版社,1959年,第286页。
⑨ 谢伯阳编:《全明散曲》第三册,齐鲁书社,1994年,第3915页。

◆五云村人(页1121)

《庄目》卷十"下编传奇二·明代作品下",著录《彩虹记》一剧,并称作者:"五云村人,姓名、字号、里居皆未详。"①

按:《传奇汇考标目》别本第三十三于"五云村人"下注曰:"《新修太原府志》载:'徐见贤,字步云,号玉森。别署五云村人。崇祯间人。能书画,善诗词。卒于清顺治八年,年四十一。著有《五云词》。'疑即此人也。"②

◆雪簑渔隐(页1123)

《庄目》卷十"下编传奇二·明代作品下"于其名下著录《沉香亭》一种,并谓"雪簑渔隐,姓名、字号、里居皆未详",又引《曲海总目提要》称:"明初人作,不知谁笔。"③

按:苏洲,号雪簑渔者,雪簑道人,江湖文人。能作词曲,为明嘉靖间著名文士李开先之门客。《李中麓闲居集》卷一○所收《雪簑道人传》谓:"雪簑者,乃一狂妄简傲人,谓之道人则非也。心实无他,而恶之者则以为有意。见人长揖不拜,即据上坐,虽王公长老亦不之让。士人以其喜施舍,疑为贵骄公子;善染翰,疑为中书舍人;知音律、能蹴鞠,疑为飘风子弟。问其家世,则秘不以告,而疑者转深,讥者益众。予与之交厚,独得其实,为之传其大略,于以释疑解嘲云。雪簑姓苏名洲,无字,号雪簑道人。每大书及诗词后,作冒雪披簑手押,奇古骇观。原河南杞县人,徙居唐县。伯父名百当,以卖酒为业,雪簑年方十一二,随之度日,肆中偶有一人醉卧而毙,告于所司,上下使用,遂困穷逃散,雪簑亦落落无所依。恃其颖性,学一事则精一事,而字书、弹琴、蹴鞠、歌唱,皆可居海内第一流。作半笔片纸小画,亦差可人意。后极口谈内外事,津津涎唾俱出,自负有独得处,是亦狂妄之一端。但见人或病或贫者,即施药出财以救济之。尝被人连累,监禁七八月,得释则拱手别去,不出一怨言。人有侮慢之者,亦不校也。所作多生硬奇怪,或杂里中常谈,或出方外异语,以其入小学读书,止数月即弃而云游,足迹且半天下。高洁不染尘埃,疏放难拘礼法。善搭配古董、和制药材。戏谑调笑,有足动人者。人多馈之美衣服及钱物,旋即散之,朝不复为暮计,况暖预为寒忧耶?

---

① 庄一拂编著:《古典戏曲存目汇考》中册,上海古籍出版社,1982年,第1121页。
② 中国戏曲研究院编:《中国古典戏曲论著集成》第七册,中国戏剧出版社,1959年,第269页。
③ 庄一拂编著:《古典戏曲存目汇考》中册,上海古籍出版社,1982年,第1123页。

醉后高歌起舞,更有风韵,只是玩世不恭,人难亲近耳。……"①疑即其人。

《(道光)济南府志》载有苏洲小传,谓:"苏洲,号雪簑道人,杞县人。幼落魄江湖,嘉靖丙午寓居章邱,与李太常开先游。工琴善车书,大至盈丈,笔势飞动,见者惊为颠、素复出。尝作《风入松》八十一阕,李太常为作传。"又谓:"张国珍,字佩玉,号云霞,河南连川郡人。内修外养,学有独得。出游四方,多被苦留。数来章邱,李太常开先奇其术而重之,礼遇有加。雪簑道人之流亚也。"②

《乡园忆旧录》载曰:"雪簑道人苏洲,河南杞县。尝游巴中,嘉、隆闲游历下,往来淄川,益都人以为仙。诗文奇妙,无尘俗语。尝自作联曰:'雪里披簑,寒动一天星斗;云闲补衲,暖回大地阳春。'善作大字,龙蛇飞舞。龙洞大殿前有簑雪碑记,作狂草,署名曰五湖散人兼三十六洞天牧鹤使者。衡王诞日,于南山石壁大书寿字刻之。中间横画,可以卧人。石壁绝高,不知当日何以运笔。能谱一弦琴,亦孤调也。吾淄张相国家多学其书法,蜿蜒攫拏,仓卒使人莫辨其字。"③

清史梦兰《雪簑渔者草书条幅》谓:"渔者无名氏,不知何许人所书。渔翁诗一首,笔法瘦劲飘逸,大得颠、素之趣。款作雪簑渔者,并题六字其前,初当有画也。"④

◆铁桥生(页1125)

《庄目》卷十"下编传奇二·明代作品下"于其名下著录《花石纲》一种,并谓:"铁桥生,姓名、字号、里居皆不详。"⑤

按:《传奇汇考标目》"别本第一百九十五"注曰:"张穆,字穆之,号铁桥道人。东莞人。少奇挺,知剑术。壮岁入吴,结交名下士。后隐于罗浮以终。铁桥生疑即此人。"⑥

清陈田《明诗纪事》"辛签"卷二十七下谓:"穆,字穆之,东莞人,有《铁桥道人稿》。《遗民诗》:铁桥道人少奇挺,知剑术。壮岁来吴中,任侠自喜,结交皆名下士。兼工诗画,吮毫泼墨,横睨无前。其意欲有以自见,不得遂,

---

① 李开先:《李开先全集》中册,卜键笺校,文化艺术出版社,2004年,第750—751页。
② 王赠芳:《(道光)济南府志》卷六二,清道光二十年刻本。
③ 王培荀:《乡园忆旧录》卷三,清道光二十五年刻本。
④ 史梦兰:《尔尔书屋文钞》卷下,清光绪十七年止园刻本。
⑤ 庄一拂编著:《古典戏曲存目汇考》中册,上海古籍出版社,1982年,第1125页。
⑥ 中国戏曲研究院编:《中国古典戏曲论著集成》第七册,中国戏剧出版社,1959年,第289页。

归隐罗浮以终。"①

清钱澄之《题张穆之小影》略曰："余与铁桥道人别三十一年，今年四月忽相遇于吴门，须发皓然，而服制如故。神情意气，依然三十一年前之铁桥也。忆三十一年前，与四方之士大会羊城，余年三十八，铁桥四十一，息时酒狂，诗兴云涌飙发，诸子从旁敛手侧耳，至今能一一记其人之神情、髯面，同诸铁桥，今皆已无有存焉者矣。"②

◆ **王翃**（页 **1135**）

《庄目》卷十一"下编传奇三·清代作品上"载其事③。

按：朱彝尊《静志居诗话》卷二二载曰："王翃，字介人，嘉兴布衣，有《秋槐堂集》。介人初擅词曲，后研声诗，志取多师，不遗伪体。其论诗于合处见离，于离处求合。启、祯之间，大雅不作，毅然以起衰自任，而知者寥寥，惟平湖陆职方嗣端心赏之，尝访君于长水，值君洗砚河头，挟之登舟，家人不知也。遍游茗雪乃返。既而入越，谒陈推官卧子，方置酒送客，君诗有'前路夕阳外，行人春草中'之句，卧子击节曰：'此今之高三十五也。'为序其诗词。遭乱，所居不戒于火，惟余小屋二间，一供妇孺，一吟咏其中，有故人官府寮者，造之不见，寻卒于京口。五言如：'江湖长至日，风雪上方山。''驿路通秦远，峰阴入晋多。''桄榔千树雨，瘴雾百蛮天。''日气淫秋雨，岚光变夕曛。''枫林依水尽，云物近秋多。''一二故人在，飘零佳讯稀。''江山雄白下，人物近黄初。''山雪行人少，江梅腊月多。''文章身后事，邱陇梦中山。''白社违人日，元关闭子云。''江山开一望，吴越在孤舟。'七言如：'夜月旌旗五马渡，秋风草木八公山。''周道秋风行黍稷，汉宫春雨长蒲桃。''西蜀喻通司马檄，中山谤满乐羊书。''秦塞忽惊三月火，汉家空待贰师功。''三月晴风高战鼓，九江春水下楼船。'铸语高华，此方虚谷所云'律髓'是也。"④

马隅卿曾详考其生平，曰："王翃，字介人，居梅会里，少弃举子，工诗古文辞，慨然以起衰为己任，与里中诸子相倡和，因有梅里派之称，诗名著吴会间。陈推官子龙谓其有盛唐之风，序其诗词。著有《春槐》《秋槐堂》等集，惜散佚，传者什一。诗余三千余首，诸体毕备，亦多遗缺。翃本狂者，而操行高洁，张冢宰慎言、严司李正规，先后欲官之，竟不顾。《嘉兴府志》五一之

---

① 陈田辑撰：《明诗纪事》第六册，上海古籍出版社，1993年，第3443—3444页。
② 钱澄之：《田间诗文集》文集卷二十"题跋"，清康熙刻本。
③ 庄一拂编著：《古典戏曲存目汇考》中册，上海古籍出版社，1982年，第1135页。
④ 朱彝尊：《静志居诗话》下册，人民文学出版社，1990年，第698—699页。

四六页'嘉兴文苑'。"①又曰："秋槐老人王翃,字介人,嘉兴人,梅里人。家故贫,业染,日坐阛阓间,一手挟古今书以观,一手数钱与市贩菜佣相应答。饮少而嗜酒,屏绝庆吊,自处名教外。为诗文高自矜许,好制词曲,作《纨扇记》,忌者诬以诋毁里绅,证之官,家计日落,然诗日益有名。既遭世变,多感愤叹咤,见之篇章。张深之北方名贤,赁居南湖,每置酒召客,伎乐杂陈。翃辄散发赤足,叫呼号啸,虽严客无所避,人多以祢正平、杜子美之。游山阴,与陈章侯善。王季重见其诗嗟赏焉。陈卧子作序,谓有盛唐之风。其旧作曰《春槐堂集》,后作曰《秋槐堂集》,共千余首。壬辰(顺治九年)舟次赣州被盗,皆没于水,深自痛惜,每终夜拥被记忆。后入粤,惘惘自失,复撷拾记闻作诗二百余首。买舟而北,其稿又为鼠啮不可缀补,益不乐。四月泊京口,无疾而卒。友人朱彝尊曾有选抄一帙,其弟王庭梓之以传,谓其夙尚沉雄,间为和厚幽淡之句,不可一类求也。《檇李诗系》二四之一。"②著作有《二槐诗存》《细草堂集》《槐堂词》《词苑春秋》《红情笑》《纨扇记》《榴巾怨》等。③

◆包惕三(页1137)

《庄目》卷十一"下编传奇三·清代作品上",著录《云石会》一剧,并谓作者曰："包惕三,字号、里居未详。"④

按:高钵《〈云石会〉因》谓："芦中人包惕三,落拓士也。居甬东之桃花渡,独无诗,人皆异之。一月不出,一出而牵今拉古,扭李揪张,杜言哑女,一派骷髅,笑哭于纸上。"⑤又,蕊泉庵头陀《〈云石会〉传奇序》谓："因以杜生及哑女事,属余友芦中人包子,为之攫奇合髓。不出芦中一月,剖锦莲,撷紫茇,葭管松簧,宫商盈轴,颜曰《云石会》。"⑥甬东,今浙江定海县。且此作写于"辛卯上元"(即顺治八年,1651)之后,故作者当为明末清初人。据序中所叙,惕三应是作者之字,"芦中人"或是其号,居甬东之桃花渡。

又查《(乾隆)鄞县志》,该书卷一七引《续耆旧传》谓："包爕,字惕三,诸生。工诗,尤妙于琴,能度曲。尝赋《明月词》,极为时所赏,因以'包明月'呼之。客游京师,无所遇。归里,往往绝馔,弹琴赋诗泊如也。"⑦同书卷

---

① 马廉著、刘倩编:《马隅卿小说戏曲论集》,中华书局,2006年,第235—236页。
② 马廉著、刘倩编:《马隅卿小说戏曲论集》,中华书局,2006年,第236页。
③ 马廉著、刘倩编:《马隅卿小说戏曲论集》,中华书局,2006年,第236—237页。
④ 庄一拂编著:《古典戏曲存目汇考》中册,上海古籍出版社,1982年,第1137页。
⑤ 蔡毅编著:《中国古典戏曲序跋汇编》第三册,齐鲁书社,1989年,第1443—1444页。
⑥ 蔡毅编著:《中国古典戏曲序跋汇编》第三册,齐鲁书社,1989年,第1442页。
⑦ 钱维乔:《(乾隆)鄞县志》,清乾隆五十三年刻本。

二二亦据《续耆旧传》，著录包燮《夕斋草》一种，并载曰："胡德迈序曰：夕斋负才最高，飞扬跋扈，目无一世。浮沉里闬，多为变徵之声。已而饥火驱人，远游京洛间，登高吊古，胸中磊块，不可消灭。倦游归，环堵萧然，而歌声出金石，浩浩落落如故也。"①《两浙輶轩录》卷三收录包燮诗三首，包括《猗氏留别荆景明》《聊城晓发》《送黄又堂试北雍》，并谓其生平曰："包燮，字惕三，鄞人。著《夕斋集》。袁钧曰：包燮，前明诸生。少工诗，兼善鼓琴，能度曲。尝赋明月词，呼包明月。绝意进取，以谋食奔走京洛间，登高吊古，所至有诗。倦游归，环堵萧然，啸歌不废也。"②包燮与胡文学有交。胡有《包惕三移居江干旧业之偏》诗，谓："十年客舍共衔杯，此日萍逢喜却回。宅本汉阴相望对，人从栗里更归来。丽词到处传明月，高咏翛然下啸台。最是江村扶送处，柴门仍向竹阴开。"③由以上可知，《云石会》作者包惕三或即包燮。

◆**程瀛鹤**（页1137）

《庄目》卷十一"下编传奇三·清代作品上"，著录《蟾宫操》一剧，并谓作者曰："程瀛鹤，字号、里居未详。"④

按：钱塘沈颢《题〈蟾宫操〉传奇》："同里程瀛鹤先生，才名卓绝宇内，凡耳目所遭、胸怀所结慷慨不平之事，悲愉适拂之情，选声而出之腕下，命彼筝人付之筜板，为千古有情人别开生面，名曰《蟾宫操》传奇。"⑤知其为钱塘人，与赵执信《〈蟾宫操〉传奇评林》中所称"武林程年兄"恰相符合⑥。刘肇锳《〈蟾宫操〉传奇序》曰："芥溟程年兄《蟾宫操》院本，金石赋摩空，殿上鹏水三千；晓寒歌漏洩，人间峣关十二。"⑦《古本戏曲丛刊》第五集第七函收有康熙刊本《蟾宫操》题程镳作。知程氏名镳，字芥溟，号瀛鹤，钱塘人。又据程氏《〈蟾宫操〉传奇纪梦》："余庚辰春（康熙三十九年，1700）病卧京邸，客馆孤灯，意少欢也。偶借宫商用写块磊，……乙酉（康熙四十四年，1705）秋，寓津门。……丙戌（康熙四十五年）游粤西，遂梓于白州官署。"⑧作者之行迹盖见于此。白州，即今广西博白县治。

---

① 钱维乔：《（乾隆）鄞县志》，清乾隆五十三年刻本。
② 阮元、杨秉初辑：《两浙輶轩录》第一册，浙江古籍出版社，2012年，第184页。
③ 胡文学：《适可轩诗集》卷三，清康熙十二年李文胤刻本。
④ 庄一拂编著：《古典戏曲存目汇考》中册，上海古籍出版社，1982年，第1137页。
⑤ 蔡毅编著：《中国古典戏曲序跋汇编》第三册，齐鲁书社，1989年，第1445页。
⑥ 蔡毅编著：《中国古典戏曲序跋汇编》第三册，齐鲁书社，1989年，第1451页。
⑦ 蔡毅编著：《中国古典戏曲序跋汇编》第三册，齐鲁书社，1989年，第1449—1450页。
⑧ 蔡毅编著：《中国古典戏曲序跋汇编》第三册，齐鲁书社，1989年，第1455页。

◆ 毕魏（页1181）

《庄目》卷十一"下编传奇三·清代作品上"，著录《三报恩》一剧，并谓作者曰："毕魏，字万后，一名万侯，字晋卿，号姑苏第二狂。江苏吴县人。"①未叙及作者生活年代。

按：冯梦龙《〈三报恩〉序》谓："万后氏年甫弱冠，有此奇才异识，将来岂可量哉？……崇祯壬午季夏，古吴词奴龙子犹题于墨憨斋中。"②崇祯壬午，即崇祯十五年（1642）。此年，毕氏"甫弱冠"。《礼记·曲礼上》："二十曰弱冠。"可知，本年毕氏才二十岁。其生年当在天启三年（1623）。

◆ 蒋易（页1187）

《庄目》卷十"下编传奇二·明代作品下"据《传奇汇考标目》别本著录蒋易《遗扇记》一种，然叙作者生平甚简，谓："字子久，江苏江都人。"③

按：《江苏艺文志·扬州卷》④、《清人别集总目》⑤，均曾详载其事。谓：蒋易（1620—？），字子久，号前民。江都人。少补诸生，即弃去。为时不取时好，五言律尤劲健，得少陵风。与王猷定、杜濬等齐名。又，阮元《淮海英灵集》甲集卷二吴绮小传，谓绮"既归江都，贫无田宅，购废圃而居，有求诗文者，为种一梅，久之梅树成林，因名之曰'种字林'。茸莼芳舸于中，与汪蛟门懋麟、王武徵方岐、蒋前民易、桑楚执豸、宗梅岑定九、顾书宣图河、邓孝威汉仪诗酒往来"⑥。与吴绮、卓尔堪等在扬共会春江花月社。阮元《广陵纪事》卷七亦载，"红桥为诗人聚集之地，王阮亭、宋荔裳皆尝觞咏于此。后孔东塘在广陵时，上巳日招同吴蕳次（绮）、邓孝威（汉仪）、费此度（密）、李艾山（沂）、黄仙裳（云）、宗定九（元修）、宗子发（元豫）、查二瞻（士标）、蒋前民（易）、闵宾连、王武徵（方岐）、乔东湖（寅）、朱其恭、朱西柯、张谐石（韵）、杨尔公、吴彤本、卓近青（尔堪）、赵念昔（允怀）、王孚嘉、王楚士、王允文、闵义行共二十四人红桥修禊，赋诗纪事。"⑦事在康熙二十七年（1688）春，可知，蒋氏又与著名剧作家孔尚任有交往。

---

① 庄一拂编著：《古典戏曲存目汇考》中册，上海古籍出版社，1982年，第1181页。
② 蔡毅编著：《中国古典戏曲序跋汇编》第三册，齐鲁书社，1989年，第1481页。
③ 庄一拂编著：《古典戏曲存目汇考》中册，上海古籍出版社，1982年，第1087页。
④ 南京师范大学古文献整理研究所编：《江苏艺文志·扬州卷》上册，江苏人民出版社，1995年，第91页。
⑤ 李灵年、杨忠主编：《清人别集总目》第三卷，安徽教育出版社，2000年，第2182页。
⑥ 阮元：《淮海英灵集》，清嘉庆三年小琅嬛仙馆刻本。
⑦ 阮元：《广陵诗事》，王明发点校，广陵书社，2005年，第105页。

◆沈谦（页1210）

《庄目》卷十一"下编传奇三·清代作品上"介绍其事迹曰："字去矜，号东江，别署研雪子，浙江仁和（今杭州）人。居临平镇。明亡后，曾起义兵，事败，隐于家。托迹方技，绝口不谈世务。康熙九年卒。有《南曲谱》未梓，散曲二卷，收《东江别集》中。《今世说》称其六岁能辨四声，尝自言'著作须手定自刻，若以俟之子孙，恐故纸即不当二分值也。'"①

按：毛先舒（稚黄）《沈去矜墓志铭》谓："余友沈去矜，家临平，高士也。……去矜少颖慧，六岁能辨四声。益长笃学，尤好为诗古文。虽僻处杭之东偏，而声藉藉。吴越齐楚之士，过鼓村，车辙恒满。去矜形弱不胜衣，而骨性刚挺，平时与人语，气才属。及发辨议，则电闪霆激，摧屈一坐。其为文章，遥淡秀郁，错以绮丽。商略轻重，不失铢黍。每自云："子美晚节，渐于诗律细，余何敢以粗心掉之？"尚论古昔，决然自任。而平居常不快意，卒发孤愤。忆己卯、庚辰之间，流贼蹂蜀豫，转入三晋。时遣重臣将兵出，率挫衄遁逃，西北势已危，而大江以南，蜚蝗从北来蔽天，米一石值六七缗钱，饥馑连数岁，道殣如麻。士大夫方扼腕慷慨，指陈时事，联络风声，互相推与，怀古人揽辔登车之思焉。是时逸真先生，亦开章庆之堂，多延文学士，与去矜为周旋。陆景宣为东南士类冠冕，馆于沈氏。与诸公赋诗，悲歌饮酒，连日达夜。余时卧病不得与，然心向而驰，盖意气犹壮也。越四年，天下乱，客皆散去。于是去矜遂自托迹方技，绝口不谈世务。日与知己者如余，暨张祖望，登南楼，抒啸高吟。楼东眺海，西望皋亭，群峰苍然。大河南流，酹酒临风，凭吊千古，时称为'南楼三子'。景宣故亦南楼客也。又与柴虎臣、吴锦文、陈际叔、孙宇台、丁飞涛、虞锦铭，称'西陵十子'云。去矜为人孝友，父没，毁瘠呕血。东乡盗起，章庆堂焚。堂本分居属两兄，既烬，去矜即割己宅居之。久之，两兄欲徙去，去矜念兄贫，苦僦屋，固留以让兄。自逸真先生没，母范氏、妇徐氏、长子圣旭，俱相继亡。去矜悲悼渐成疾，痴数年竟卒，年五十一。所著《东江集钞》《词韵》《词谱》《南曲谱》《古今词选》《临平记》《沈氏族谱》《传奇》，凡若干卷。属纩时，语圣昭以传属应嗣寅为之，而托先舒铭墓。先舒自己酉春病剧，困甚。三月十四日，锦雯之官南和，宴友生为别。虎臣过，要余偕往，不能行，去矜时买舟入会城视余。乃明年正月虎臣死，二月十三日去矜赴来，是月锦雯卒于官，三月凶问亦至。……去矜讳谦，其先为湖州武康人。十二世祖奇英，居临平始。三传为竹轩公，官九江府贰。十

---

① 庄一拂编著：《古典戏曲存目汇考》中册，上海古籍出版社，1982年，第1210页。

传为逸真先生,讳士逸,去矜尊公也。尝为游洋将军,后以医名家。子七:圣旭、圣昭、圣时、圣旦、圣曜、圣晖。女孙二。"①

清吴景旭《墨纱灯故实·沈去矜翻西厢》诗谓:"不数王关负夙名,只今顾曲在临平。新腔换面多风范,绣户惊心少露行。诺重千金丞相裔,身亲百两太常迎。(原注:郑恒为太常寺协律郎。)春宵此刻观花烛,的的悬空分外明。"②

杨钟羲《雪桥诗话》三集卷一载曰:"沈去矜自号东江渔父,有《东江集》。其避乱舟中手书诗卷自跋云:庚寅四月二十三日四鼓过寒山,晓月映塔,流尸触船,披衣起视,悲怆欲绝。天明,因录本年所作五言律诗四十四首,聊以当哭,余体不书。海宁朱霞举水曹题诗二首,有'骚人经板荡,雪涕走关河'及'投竿子陵节,蹈海鲁连心'之句。"③

其情志、趣尚于此可见一斑。

◆张一鹄(页1212)

《庄目》卷十一"下编传奇三·清代作品上"载《三合掌》作者张一鹄事迹曰:"字友鸿,号忍斋,又号钓滩逸人、金谷叟。江苏金山(今属上海市)人。顺治戊辰进士,出为云南推官,以奏销事谪归。著有《埜庐三集》。"④

按:顺治间有戊子(四年,1648)、戊戌(十五年,1658),而无戊辰。此当是误记。张一鹄生于万历四十二年(1614),卒年不详,江南娄县(今上海市华亭县)人。顺治戊戌(十五年,1658)进士,官云南推官。有《滇黔诗》《野庐集》。事迹可参看钱仲联主编《清诗纪事》⑤。

另,《国朝画识》卷二谓:"张一鹄,字友鸿,松江人。顺治十五年进士,官司李。善写意山水,《启南》诗云:'树如飞白石如籀',似为先生咏。(《图绘宝鉴续纂》)友鸿一字忍斋,综博多才,潇洒绝俗。吴庆伯曰:'忍斋昔以成均入贡,受知于先子。尔时金陵佳丽之地,与黄石斋、杨机部唱和,倡半山会,作《半山图》,一时与之交者,得其诗兼得其画为快。经十七年,而忍斋成进士,司理滇疆,抚残黎,除宿弊,滇人德之。所著有《埜庐三集》《河存草》若干卷。(《云山酬唱》)友鸿归自云南,在京江寄余画卷,自题诗云:'一别山川气候更,迢迢万里不胜情。归来萧瑟余诗卷,画得烟霞记远行。'

---

① 柯愈春编纂:《说海》第四册,人民日报出版社,1997年,第1323—1324页。
② 吴景旭:《南山堂自订诗》南山堂三订诗卷一《齿载草》,清康熙刻本。
③ 杨钟羲:《雪桥诗话三集》,北京古籍出版社,1991年,第31—32页。
④ 庄一拂编著:《古典戏曲存目汇考》中册,上海古籍出版社,1982年,第1212页。
⑤ 钱仲联主编:《清诗纪事》第四册,江苏古籍出版社,1987年,第2102—2103页。

览之慨然。(《渔洋集》)"①

◆顾景星(页1247)

《庄目》卷一一"下编传奇三·清代作品上"于顾景星名下著录《虎媒记》一剧,并曰:"顾景星(1621—1687),字赤方,号黄公,湖北蕲州人。明末游寓昆山,往来吴、越间,颜其室曰白茅。有《白茅堂集》。尝出其诗,于施愚山相雠校,曰:'我侪本相好,攻瑕索垢,当猛鸷如寇仇,毋留纤尘,为后人口实。'时叹为名言。"②

按:此据相关文献补得顾景星事迹如下:章学诚《湖北通志检存稿》卷三《顾天锡传》附其子"顾景星传",叙其事甚详,谓:"景星,字赤方,一字黄公。生时,父梦星降于庭,形如半月,因名景星。三岁不语,一日忽语,称弥月及前生事甚悉。五岁,值葬大父,哭踊如成人。岁饥,荆王命有司元夕张灯,象人衣以彩襦,俾往观,即蹙然曰:'何不以此赈饥?'遂不往。六岁,能赋诗。八九岁遍读经史,目数行下,时称圣童,有诗文一囊。束发就府试,合肥龚鼎孳为蕲水县,一见即曰:'江夏黄童,天下无双。'荐于知府,试风檐下,立草十数艺,日未昃也。知府惊异,与论古今,叹曰:'此王佐才也。'拔冠属第一。督学试亦第一。己卯,乡试中副榜。""明年献忠果叛,癸未,屠蕲戮王棺,虏其宠姬。天锡父子避乱昆山,依族氏居。甲申鼎革,福王监国。南京试七省流寓生贡,御史陈良弼举景星第一,武英殿廷试特授推官。""马士英使人密招附己,景星力却去。游黄山白岳,归言时事,痛哭失声,因浮家淀湖为长隐计。大清兵既下昆山,多罗贝勒、土赖固山额真强致军中,命以原职随征,景星力辞养亲。还里,尝著幅巾锦裧襦,酒蘖自全。已而奉父归蕲,结茅旧舍,著述为娱。""康熙戊午,诏举鸿儒,六科公荐景星,所司敦催上道",景星托病力辞。"吏部咨报推病规避,例当题参,因与王追骐同劾奏。上温诏仍令督抚起送,景星又具状乞宽假。明年,扶病就道,给检讨奉米,三月朔入觐保和殿,赐坐,赐茶,赐馔,再以病恳放还。颜其堂曰'白茅',取《易》'无咎'义也。辛酉卒,年六十七。"③上述资料,可补庄氏之不足。又,《庄目》将顾氏生卒定为公元1621—1687年,恐未确。辛酉,乃康熙二十年(1681),上溯六十七年,恰为万历四十三年(1615),由此可知,明亡时,景星已近三十岁。庄氏所记有误。

---

① 冯金伯:《国朝画识》,清道光刻本。
② 庄一拂编著:《古典戏曲存目汇考》中册,上海古籍出版社,1982年,第1247页。
③ 章学诚:《湖北通志检存稿》,湖北教育出版社,2002年,第158—165页。

◆张瑀(页1251)

《庄目》卷十一"下编传奇三·清代作品上"著录其《还金记》一种,并称:"张瑀,未详其字,河北恒阳(今曲阳)人。"①

按:张瑀(一作踽),马廉据《正定府志》载述曰:"张踽,真定诸生,多读书,能文,以数奇寓意声歌,每即席度曲,未脱口,燕赵间亦遍赌于旗亭,梁侍郎清远摘其《还金记》'红雨青莎'之句焉,比之马东篱、王实甫云。"②赵景深等《方志著录元明清曲家传略》③,亦可参看。

◆汪楫(页1255)

《庄目》卷十一"下编传奇三·清代作品上",载汪楫生卒年曰:"1626—1689。"④

按:邓之诚《清诗纪事初编》卷四"汪楫"一目,谓其"卒于二十八年"⑤。此处所谓"二十八年",当指康熙二十八年(1689),与《庄目》所述同。然称其年"六十七",由此推论,生年当为明天启三年(1623)。而江庆柏《清代人物生卒年表》,则据唐绍祖《改堂文钞》下所收墓志铭,判定其生卒年为崇祯九年(1636)至康熙三十八年(1699)⑥。《清史稿·文苑传》"乔莱传附"未载及其生卒年。各家记载悬殊,应做进一步探究。

清何绍基《(光绪)重修安徽通志》卷二二五引《休宁县志》谓:"汪楫,字舟次,休宁人,仪征籍。侨居江都,以岁贡任赣榆训导。康熙十八年举鸿博,授翰林检讨,充《明史》纂修官,请仿宋李焘先撰长编,由是史材皆备。二十二年充封琉球正使,宣布威德,君民感服,厚有馈赠,概不受。其国为建却金亭。归撰《使琉球录》《中山沿革志》,以奉使称职,从优议叙,出知河南府,治绩为中州最。擢福建按察使,转布政使,以疾归,卒。楫负诗名,清泠奇峭,以古为宗。著有《悔斋正续集》《观海集》。"⑦

清鲁曾煜《(乾隆)福州府志》卷四六引《福建通志》谓:"汪楫,字舟次,仪真人。康熙间,举博学鸿词科。三十四年,迁福建按察使,莅任甫三日,逢热审。楫剖析钦部大狱五十余案,省释坐诬逮系者八十余案,囹圄几空。会

---

① 庄一拂编著:《古典戏曲存目汇考》中册,上海古籍出版社,1982年,第1251页。
② 马廉著、刘倩编:《马隅卿小说戏曲论集》,中华书局,2006年,第263页。
③ 赵景深、张增元编:《方志著录元明清曲家传略》,中华书局,1987年,第63页。
④ 庄一拂编著:《古典戏曲存目汇考》中册,上海古籍出版社,1982年,第1255页。
⑤ 《清诗纪事初编》下册,上海古籍出版社,1984年,第499页。
⑥ 江庆柏:《清代人物生卒年表》,人民文学出版社,2005年,第346页。
⑦ 何绍基:《(光绪)重修安徽通志》,清光绪四年刻本。

大比榜揭,宴鹿鸣,一举子直前哭伏地曰:'某即某案罪人也。为豪贵局陷,赖公昭雪,得至于此。'有奸民以假命诬某缙绅,问官周内之狱几成。楫立白其冤。骄卒发某将弁阴事,情法难两全,且时以不测挟所司。楫一讯,群魁俯首帖服。勋贵争沙田,以势挟,上官不敢挠,楫坚持不可。负势者胆落。未三月,即擢本省布政使。丙子岁饥,发帑金,采买上游米石,并请运台郡积谷平粜,价银归项,国不病而民食充。后内召去。"①

又,清朱彝尊《通奉大夫福建布政司使内陞汪公墓表》云:"擢福建按察使司,后三年转布政司使,莅官五载,民戴其德,诰授通奉大夫。召入京师,将擢卿寺,公以疾告。属车南巡,犹强起迎于宿迁。驾至扬州,衣朝衣伏道左。天子熟视曰:'汝老邪!朕几不识卿矣!'宣赐御书。未几卒。年六十有四。"②

据上引《(乾隆)福州府志》,知汪楫康熙三十四年(1695)任福建按察使,且卓有政绩,又据《通奉大夫福建布政司使内陞汪公墓表》"莅官五载"说,其卒年应为康熙三十八年(1699),年六十四,生年当为公元1636年,即崇祯九年。《庄目》及《清诗纪事初编》显误,应从《清代人物生卒年表》之说。

清阮元《淮海英灵集》甲集卷三有汪楫小传、清李元度《国朝先正事略》卷三九收《汪舟次先生事略》,皆可参看。

◆ 汪祚(页1258)

《庄目》卷十一"下编传奇三·清代作品上"述其事曰:"汪祚(1675—1763?),字敦士,一字菊田,江苏江都人。官学教习,著有《菊田集》。"③

按:清阮元《淮海英灵集》丙集卷三谓:"汪祚,字惇士,号菊田。江都人。康熙庚子副榜贡生,官学教习,乾隆丙辰副宪陈公世倌荐举博学鸿词,著有《菊田集》。"④《江苏艺文志·扬州卷》载其事曰:"汪祚(1675—?),字惇士,号菊田。清江都人。康熙五十九年(1720)副榜贡生。官学教习。乾隆元年(1736)应博学鸿词试落选。"⑤江庆柏《清代人物生卒年表》据全祖望《公车征士小录》,标其生年为康熙十四年(1675),卒年不详⑥,同《江苏

---

① 鲁曾煜:《(乾隆)福州府志》,清乾隆十九年刊本。
② 朱彝尊:《曝书亭集》第七三"墓表",《四部丛刊》景清康熙本。
③ 庄一拂编著:《古典戏曲存目汇考》中册,上海古籍出版社,1982年,第1258页。
④ 阮元:《淮海英灵集》,清嘉庆三年小琅嬛仙馆刻本。
⑤ 南京师范大学古文献整理研究所编:《江苏艺文志·扬州卷》上册,江苏人民出版社,1995年,第153页。
⑥ 江庆柏:《清代人物生卒年表》,人民文学出版社,2005年,第345页。

艺文志·扬州卷》所述。

◆**李凯**(页1260)

《庄目》卷十一"下编传奇三·清代作品上"介绍其事迹曰:"李凯,字图凌,一字雪崖,浙江鄞县人。雍正进士,生卒年未详。能诗。尤工词曲,束发即留心声律之学。著《越吟草》。"①

按:马隅卿考李凯事迹曰:"李凯,字图凌(《四明近体乐府》:一字雪崖),雍正八年进士,乾隆十九年为绍兴教谕,能诗,尤工词曲,少与范梧(字素园,一字寄翁,与弟刻,皆学诗于宗谊)交。梧精于音律,尝出所作《红玉燕》传奇相示,凯亦拟《寒香亭》传奇示梧,梧自叹不及。平居孝友,女弟兄三人,俱家贫,每年各赡银米,没身不衰,季父殁后,从兄弟俱幼,凯以银米按季给赡,至各成立乃罢,卒年六十九。《鄞县志》。"②亦可参看赵景深等《方志著录元明清曲家传略》③。张增元《关于元明清戏曲作家的生平史料》,谓"李凯生于康熙三十一年(1692),卒于乾隆二十七年(1762)"④,然与方志所载"卒年六十九"不符。柯愈春《清人诗文集总目提要》,谓"(李)凯生于康熙三十二年(1693),卒于乾隆二十六年(1761)"⑤,并有文字考辨,当以柯说为是。

◆**董舜民**(页1266)

《庄目》卷十一"下编传奇三·清代作品上",著录有《铜虎媒》一剧,并谓作者曰:"董舜民,未详其字,别号苍梧生。里居、生平亦未详。"⑥

按:"董元恺(?—1687),字舜民,号子康,别署苍梧生。清武进人。顺治十七年(1660)举人"⑦。怀才不遇,感愤颇多。著有《苍梧词》,收入《清名家词》。《清朝续文献通考》卷二八一"经籍考二十五"引尤侗语曰:"舜民以名孝廉忽遭诖误,佗傺不自得,故激昂哀感,悉寓于词。"⑧清人沈雄《古

---

① 庄一拂编著:《古典戏曲存目汇考》中册,上海古籍出版社,1982年,第1260页。
② 马廉著、刘倩编:《马隅卿小说戏曲论集》,中华书局,2006年,第234页。
③ 赵景深、张增元编:《方志著录元明清曲家传略》,中华书局,1987年,第291页。
④ 张增元:《关于元明清戏曲作家的生平史料》,《中华文史论丛》1986年第一辑,上海古籍出版社,1986年,第248页。
⑤ 柯愈春:《清人诗文集总目提要》上册,北京古籍出版社,2001年,第535页。
⑥ 庄一拂编著:《古典戏曲存目汇考》中册,上海古籍出版社,1982年,第1266页。
⑦ 南京师范大学古文献整理研究所:《江苏艺文志·常州卷》,江苏人民出版社,1994年,第271页。
⑧ 刘锦藻:《清朝续文献通考》第三册,浙江古籍出版社,2000年,第10257页。

今词话》词评卷下"董元恺苍梧词"条为:"潘眉曰:舜民卜筑苍梧别业,有偕隐终焉之志。其所游历燕、赵、秦、晋、齐、鲁、魏、宋、越、楚,以及三江、五湖、七闽、百粤诸名胜,尽入奚囊。故小词亦以苍梧名之,殊有山川郁葱之概。"①《(乾隆)武进县志》卷一三录其《毗陵竹枝词》二首,谓:"古刹龙兴跨水湄,寻春偏拂柳千丝。阿侬争渡河西去,重整湘裙拜海祠。""野花斜插翠云鬟,系艇斜桥水一湾。细印香泥南陌去,三间平屋小茅山。"②

◆ 孔传铦(页 1283)

《庄目》卷十一"下编传奇三·清代作品上",著录《软羊脂》一剧,并谓作者曰:"孔传誌,字西铭,山东曲阜人。生平未详。有《清涛词》二卷。"③

按:《古代戏曲丛刊》第五集第六函收有《软羊脂》诸剧,均题作者名为"孔传铦",故"誌"当作"铦"。又据邓之诚《清诗纪事初编》,"(《补闲集》《清涛词》)刻于康熙四十五年。诗词亦复尔雅。康熙初,阙里孔、颜以文采相尚,一时作者甚众,若传铎、传铦,亦后起之秀也"④。知其作品除《清涛词》外,尚有《补闲集》。另,孔尚任在为孔传铎《盟鸥草》所作《序》中称:"《补闲集》者,则我西铭太史之诗也。"⑤太史,本为掌天象历法之官,明清之时,亦称翰林官为太史。据此,孔传铦似又曾官于翰林院。

清孔继汾《阙里文献考》卷七三谓:"传铦,字振文,六十七代衍圣恭悫公次子也。性通敏,美丰仪,能诗画。康熙四十五年袭五经博士,授通议大夫。世宗临雍,入京陪祀,召见内殿。上注目良久,曰:'孔博士风神酷类其父。'欲用之,问博士有升迁否?传铦以'职在奉祀子思祖庙'对,乃止。赐'六艺世家'四字额。著《补闲集》《清涛词》。年五十四卒。"⑥

清冯云鹓《圣门十六子书》"宗圣曾子传"谓:"孔传铦,字振文,号西铭。六十八代衍圣公毓圻之次子。康熙四十四年,袭职翰林院五经博士,主奉祀事。"⑦

◆ 石庞(页 1284)

《庄目》卷十一"下编传奇三·清代作品上"载述其事迹曰:"字晦村,号

---

① 唐圭璋编:《词话丛编》第一册,中华书局,1986 年,第 1044 页。
② 王祖肃:《(乾隆)武进县志》,清乾隆刻本。
③ 庄一拂编著:《古典戏曲存目汇考》中册,上海古籍出版社,1982 年,第 1283 页。
④ 邓之诚:《清诗纪事初编》下册,上海古籍出版社,1984 年,第 710 页。
⑤ 袁世硕:《孔尚任年谱》,齐鲁书社,1987 年,第 209 页。
⑥ 孔继汾:《阙里文献考》,清乾隆刻本。
⑦ 冯云鹓:《圣门十六子书》,清道光刻本。

天外生,安徽太湖人。生平未详。著有《天外谈》。"①

按:石庞之事迹亦约略可寻。清何绍基《(光绪)重修安徽通志》卷二二三谓:"石庞,字晦村,太湖人。尝著《雪赋》、《春赋》,皆回文,为自古所无之格。所著有《天外谈》四卷、《晦村初集》《二集》行世。"②亦可参看邓之诚《清诗纪事初编》(卷三)③、钱仲联主编《清诗纪事》④、赵景深等《方志著录元明清曲家传略》等⑤。

另外,《庄目》载石庞剧作《因缘梦》《后西厢》《壶中天》《无因种》《诗囊恨》《薄命缘》六种,《全清散曲》增出《梅花梦》《南楼梦》《鸳鸯冢》《蝴蝶梦》四种,凡十种,可参看⑥。

◆李应桂(页1290)

《庄目》卷十一"下编传奇三·清代作品上"题作"李荫桂",谓:"李荫桂,字蕊庵,浙江绍兴人。生平未详。"⑦

按:清方炳(字文虎,会稽人)作有【凤凰阁】〈题李孟芬杂剧〉一词,谓:

自诗词之后,又增曲学。其中又自有标格。几次朵颐染指,究竟高阁。不欲把、聪明尽凿。　君才飘逸,笔底千岩万壑。视元人更有斟酌。多少事藉君传,莫使闲却。曾记得、诗人善谑。⑧

《清人室名别称字号索引》:"孟芬,李应桂。"⑨同书又称:李应桂,一作荫桂,字孟芬,号叶梦,又号蕊庵,山阴人⑩。《古本戏曲丛刊五集》所收清刻本《梅花诗》传奇,题"李蕊庵先生填词"。《小河洲》称:"山阴李应桂孟芬父填词",当即此人。可补《庄目》之不足。郭英德《明清传奇综录》谓其"生平未详"⑪,但由本词之内容,对李应桂文学修养、性格特征略可得知

---

① 庄一拂编著:《古典戏曲存目汇考》中册,上海古籍出版社,1982年,第1284页。
② 何绍基:《(光绪)重修安徽通志》,清光绪四年刻本。
③ 邓之诚:《清诗纪事初编》上册,上海古籍出版社,1984年,第356页。
④ 钱仲联主编:《清诗纪事》第七册,江苏古籍出版社,1987年,第4162页。
⑤ 赵景深、张增元编:《方志著录元明清曲家传略》,中华书局,1987年,第342页。
⑥ 凌景埏、谢伯阳编:《全清散曲》上册,齐鲁书社,1985年,第329页。
⑦ 庄一拂编著:《古典戏曲存目汇考》中册,上海古籍出版社,1982年,第1290页。
⑧ 南京大学中国语言文学系《全清词》编纂研究室:《全清词·顺康卷》第十册,中华书局,2002年,第5806—5807页。
⑨ 杨廷福、杨同甫编:《清人室名别称字号索引:增补本》上册,上海古籍出版社,2001年,第235页。
⑩ 杨廷福、杨同甫编:《清人室名别称字号索引:增补本》下册,上海古籍出版社,2001年,第247页。
⑪ 郭英德编著:《明清传奇综录》下册,河北教育出版社,1997年,第941页。

一二。

◆程端（页1294）

《庄目》卷十一"下编传奇三·清代作品上"载其《西厢印》传奇一种，并述其事迹曰："未详其字，江苏常熟人。生平未详。"①

按：程端，字岂一，江苏常熟人。诸生。才情郁勃。康熙时在世。其剧作除《西厢印》外，尚有杂剧《虞山碑》一种②。

◆乔莱（页1298）

《庄目》卷十一"下编传奇三·清代作品上"，著录有乔莱所作《耆英会》一剧。作者介绍部分，仅称其"与修《明史》"③，未叙及乔氏其他著作。

按：据光绪辛丑乔莱六世孙乔瑜所作《〈耆英会〉跋》，乔氏尚有《应制集》《直庐集》《使粤集》《归田集》《耆英会记》《使粤日记》《西粤赠言》《乔氏易俟》诸著作。④

◆吕履恒（页1300）

《庄目》卷十一"下编传奇三·清代作品上"载其《洛阳庙》传奇一种，并述其事迹曰："字元素，号坦庵，河南新安人。康熙间进士，官至户部侍郎。著有《梦月岩集》。"⑤

按：据江庆柏《清代人物生卒年表》，吕履恒生卒年为顺治七年（1650）至康熙五十八年（1719），字元素，号坦庵⑥。清戴震《（乾隆）汾州府志》卷一一谓："吕履恒，字元素，河南新安人。明大司马忠节公维祺之孙也。康熙甲戌进士。三十八年知宁乡县。性敏恕，抚羸弱尤有恩，庭几绝笞扑设。催科籍册，时召乡里民参验，胥吏不得，少生弊端。经术饰吏治，进弟子员，亲第其文艺甲乙，为之口讲指画不倦。以治行，擢御史，累官户部左侍郎。"⑦

清焦循《剧说》卷六载曰："新安吕履恒，字元素。《梦月岩诗余》有【念奴娇】〈题秣陵春传奇〉云：'六朝如梦，谁解道，野老江头歌哭？海思云愁，

---

① 庄一拂编著：《古典戏曲存目汇考》中册，上海古籍出版社，1982年，第1294页。
② 凌景埏、谢伯阳编：《全清散曲》上册，齐鲁书社，1985年，第520页。
③ 庄一拂编著：《古典戏曲存目汇考》中册，上海古籍出版社，1982年，第1298页。
④ 蔡毅编著：《中国古典戏曲序跋汇编》第三册，齐鲁书社，1989年，第1669—1670页。
⑤ 庄一拂编著：《古典戏曲存目汇考》中册，上海古籍出版社，1982年，第1300页。
⑥ 江庆柏：《清代人物生卒年表》，人民文学出版社，2005年，第139页。
⑦ 戴震：《（乾隆）汾州府志》，清乾隆三十六年刻本。

还寄托、旧部霓裳法曲。瑶水筵前,翠微宫里,夙世仙缘卜。非空非色,个中人自如玉。　　争奈身作虚舟,心同明镜,形影交相逐。劫火虽烧莲性在,不怕罡风颠扑。拨尽鹍弦,挝残羯鼓,泪断声难续。曲终人远,数峰江上犹绿。'"①

◆张澜(页1300)

《庄目》卷十一"下编传奇三·清代作品上",著录《万花台》一剧,并谓作者:"张澜,字号、里居皆未详。生平无考。"②

按:《〈万花台〉自识》,题"康熙岁在辛卯,耶溪散人张呆自识"③。知张呆,号耶溪散人,清康熙间人。又据《〈巧十三传奇〉识后》,中称:

> 余也天赋呆质。由性而呆,因呆成僻。自童时失业制义,爱博不专,长游輦毂下,名利之心澹如也。迨年届服政,甫任曲阳,梗僻之性,不谐于俗。为官所累,屡请乞休归里,克遂素志,以泉石为娱,与云山作伴,披襟林下,将自督其呆。长为呆人,没世而已。反欲借戏台为棒喝,唤醒世人之梦,不亦呆己以呆人乎!且更以数立名,依次而编。所有:《一笑缘》《二隽媒》《三世因》《四才子》《五色旗》《六国终》《七宝钗》《八洞天》《九华山》《十锭金》《百岁坊》《千里驹》《万花台》等剧,似此适兴之具,累至一十三种,试为记。……百年强半,空白头颅,终不克争名逐利,遗金逞欲,难免人指为呆,余亦无辞以书。……张呆书于凝馥斋。④

此文写于"康熙辛卯仲夏"⑤,即康熙五十年(1711)。"服政",即服官。《礼记·内则》:"五十命为大夫,服官政",意谓做官。文中称"年届服政,甫任曲阳",知张氏出任曲阳(今属河北省)知县时,年已五十。后文又称:"百年强半,空白头颅,终不克争名逐利"⑥,"强半",乃过半之意,又知其《巧十三传奇》之完成,至少是在退隐林下三五年之后。他为官曲阳的时间当很短。由此而论,他的生年当在清顺治十四年(1657)至十八年(1661)之间。

张澜所作传奇十三种,总名为《巧十三传奇》。《庄目》于张氏名下著录剧作三种,即《千里驹》《忠孝福》(一名《三世因》)、《万花台》,漏收甚多。

---

① 焦循:《剧说》,民国诵芬室读曲丛刊本。
② 庄一拂编著:《古典戏曲存目汇考》中册,上海古籍出版社,1982年,第1300页。
③ 蔡毅编著:《中国古典戏曲序跋汇编》第三册,齐鲁书社,1989年,第1674页。
④ 蔡毅编著:《中国古典戏曲序跋汇编》第三册,齐鲁书社,1989年,第1676—1677页。
⑤ 蔡毅编著:《中国古典戏曲序跋汇编》第三册,齐鲁书社,1989年,第1677页。
⑥ 蔡毅编著:《中国古典戏曲序跋汇编》第三册,齐鲁书社,1989年,第1677页。

《古本戏曲丛刊》第五集第七函收有清康熙凝馥斋刊《万花台》传奇,题张澜作。知张澜,自号张呆。沓霨林《〈万花台〉叙》,署"邻治年家弟沓霨林顿首拜题于会稽官舍"①,据文中语气,张氏当为绍兴一带人。

黄仕忠《日本所藏中国戏曲文献研究》,据《舶载书目》等文献考证,张澜,字观生,自号张呆,又号耶溪散人,斋号凝馥,稽山(字浙江绍兴)人②。

◆ 赵瑜（页 1302）

《庄目》卷十一"下编传奇三·清代作品上"载述其事,谓:"赵瑜,字瑾叔,浙江杭州人。少时雅善填词,与洪昇齐名。中年作释氏装,自称绣衲头陀,不饮酒食肉,又不言释氏之学,不肯俯仰于人,虽贫,泊如也。"③

按:马廉考其事甚详,引《清波小志》下之二五曰:"予友赵瑾叔瑜,钱塘人,入籍武康,补博士弟子员。少时雅擅词曲,撰有《青霞锦》《翠微楼》传奇数种,与洪稗畦齐名。中年喜作释氏装,自称绣衲头陀。不饮酒食肉,又不言释氏之学,不肯俯仰于人,家虽贫,泊如也。记康熙庚辰三月,夜大风雨,至黎明,闻扣门声甚急,启视之,则赵也,著屐而来。云:'天公如此,桃花摧残可知矣,吾欲往六桥吊之,君能偕我行乎?'予适小疾,畏风,辞之。瑾叔遂独行,抵暮仍过我,急索笔,写《吊桃花曲》五阙见示,音调凄婉,真有情人也,予亦倚其声而和之(原曲不录)。"④引《清波三志》上之二七曰:"赵瑜,字瑾叔,钱塘人,入籍武康,为诸生。高才博学,能诗文,嗜音律,尤长乐府,与洪稗畦昉思齐名。撰《熊罴梦》《秦淮雪》《青霞锦》《翠微楼》传奇数种。竹窗高士奇尝聘居燕邸,与昉思同撰词曲。中年后归隐西泠,筑书室于枫林之半,喜为释氏装,自称绣衲头陀,不食酒肉,家贫泊如也。寿至七十余,卧病,值岁暮,一日谓老妻曰:'吾今夕逝矣。'妻云:'门外风大不可去。'瑜曰:'诺。'越数日岁除,风正,乃命具纸笔,作小诗数首,放笔即逝。生平著作藏于家。子友桂字六长,五十余始得青衿,亦以贫老死,诸孙不克自振,今稿皆散失矣。"⑤又谓:"朱青湖彭《西湖遗事诗》云:'旗亭谱曲最清新,绣衲头陀放浪人。冒雨独寻徐处士,落红堤上哭残春。'其原注与《清波志》所载略同,惟所记传奇有《紫露楼》一种稍异。"⑥可补庄氏所载之不足。

---

① 蔡毅编著:《中国古典戏曲序跋汇编》第三册,齐鲁书社,1989 年,第 1675—1676 页。
② 参看黄仕忠:《日本所藏中国戏曲文献研究》,高等教育出版社,2011 年,第 187—188 页。
③ 庄一拂编著:《古典戏曲存目汇考》中册,上海古籍出版社,1982 年,第 1302 页。
④ 马廉著、刘倩编:《马隅卿小说戏曲论集》,中华书局,2006 年,第 265 页。
⑤ 马廉著、刘倩编:《马隅卿小说戏曲论集》,中华书局,2006 年,第 265 页。
⑥ 马廉著、刘倩编:《马隅卿小说戏曲论集》,中华书局,2006 年,第 265 页。

◆董榕(页1308)

《庄目》卷十一"下编传奇三·清代作品上",著录《芝龛记》一剧,并称作者:"董榕,字念青,一字渔山,号恒岩,又号繁露楼居士,浙江湖州人。雍正拔贡,官九江知府、赣宁道。著有《诗意集》。"①

按:董榕之玄孙耀焜所作《〈芝龛记〉跋》谓:"先高祖中宪公所著《芝龛记》乐府,行世久矣。板由原籍丰润县载至江夏,间有朽蠹。"②据此,董氏当为河北丰润人。又,光绪间郭世钦《重刊〈芝龛记〉书后》一文称:"先生讳某字某定岩其号也,又自号繁露楼居士。博综群书,明于治乱。此外著有《周易观象》《浭阳诗集》行世。仕至南赣观察,有惠政,生有至性。其在江西也,闻太夫人讣,仓皇奔丧,过南昌,没于水。"③

◆李本宣(页1319)

《庄目》卷十一"下编传奇三·清代作品上"著录《玉剑缘》并载其事曰:"字蘧门,江苏江都人。生平未详。"④

按:《江苏艺文志·扬州卷》收有其人,谓:"李本宣(1703—?),字蘧门。清江都人。工曲。康熙六十一年(1722)重订徐釚《本事诗》刊行。乾隆六年(1741)为吴敬梓《文木山房集》撰序。四十六年在金陵会方正澍。四十七年在金陵以《乘槎图》征题。"⑤江庆柏《清代人物生卒年表》据以收录⑥。

◆程北涯(页1332)

《庄目》卷十一"下编传奇三·清代作品上"著录其人,谓:"程北涯,名号、里居未详,江西南昌通判。"⑦

按:《忠雅堂集校笺》笺曰:"(程北涯)精音律,官南昌府判官。据《南昌府志》卷三〇《职官》,乾隆九年至十九年,南昌府通判为程尚赟,桐乡人,

---

① 庄一拂编著:《古典戏曲存目汇考》中册,上海古籍出版社,1982年,第1308页。
② 蔡毅编著:《中国古典戏曲序跋汇编》第三册,齐鲁书社,1989年,第1721页。
③ 蔡毅编著:《中国古典戏曲序跋汇编》第三册,齐鲁书社,1989年,第1721页。
④ 庄一拂编著:《古典戏曲存目汇考》中册,上海古籍出版社,1982年,第1319页。
⑤ 南京师范大学古文献整理研究所编:《江苏艺文志·扬州卷》上册,江苏人民出版社,1995年,第177—178页。
⑥ 江庆柏:《清代人物生卒年表》,人民文学出版社,2005年,第275页。
⑦ 庄一拂编著:《古典戏曲存目汇考》中册,上海古籍出版社,1982年,第1332页。

贡生。"①《再生缘》《后雨林》之作者，或即其人。

另，《(同治)永新县志》卷一〇载有程尚赟小传，谓："程尚赟，字北涯，桐川附贡。由南昌通判署县事，发奸擿伏，洞析毫芒，豪民猾胥，慑息不敢逞。会前令纂修邑乘，甫成，争讼盈庭。尚赟婉谕曲全，凡词涉志事，必谆切批示，邑人刊之，名《正伪录》。工声律，谦恭下士，教民为善。甫三月即解任去，邑人德之，赠以匾曰'三月大治'。送行者近千人。"②

《(光绪)嘉兴府志》卷六一则曰："程尚赟，字北涯，贡生，授南昌通判，迁饶州同知，分驻景德镇。裁省冗费，通商惠民。署瑞州、吉安、九江、赣州府事，有治声，擢建昌知府。"③

◆ **周书**（页1336）

《庄目》卷十一"下编传奇三·清代作品上"介绍其事迹较简④。

按：《(光绪)宝山县志》卷一〇谓："周书，字天一，居月浦，相国尹继善门下士也。年十六补诸生，旷达不羁。同邑凌存淳出宰粤东，招与偕往。将开砚山，作《采砚歌》以讽之，人争传颂。时修《恩平县志》，书任总纂。会粤抚与凌存淳议不合，陷以大案，几置大辟。书白其冤获免。或劝之仕，曰：'吾行吾素，何受人束缚？'为循例入贡。"⑤《(民国)宝山续县志》卷一五载曰："《恩平县志》，周书辑。""《鱼水缘》传奇，周书著。自序取安阳酒民所著《情梦节》，采其事作传奇三十二齣，《梦诧》《借骑》诸剧，尤新颖，非酒民旧本。""《澹庐遗稿》，周书著。周书见前志《文学》，《艺文》未录。其著《月浦志》，载有《澹庐诗稿》及《续刊》二种，据以补之。"⑥同书卷一六又谓："淡庐在月浦中市后街，清乾隆间诸生周书读书处。""周书《淡庐即事诗》：'门掩蓬蒿径长苔，此中车马未曾来。淡如五柳先生宅，瘦似孤山处士梅。欲问新诗无剩稿，得逢佳士即倾杯。年将四十寒如故，敢谓清时有弃才。'"⑦马廉《马隅卿小说戏曲论集》所收日记亦载录，可参看⑧。

又，周书《〈鱼水缘〉自叙》曰："昼长人静，兀坐无聊，阅安阳酒民所著

---

① 蒋士铨撰、邵海清校、李梦生笺：《忠雅堂集校笺》第三册，上海古籍出版社，1993年，第1816页。
② 萧玉春：《(同治)永新县志》，清同治十三年刻本。
③ 许瑶光：《(光绪)嘉兴府志》，清光绪五年刊本。
④ 庄一拂编著：《古典戏曲存目汇考》中册，上海古籍出版社，1982年，第1336—1337页。
⑤ 梁蒲贵修、朱延射纂：《(光绪)宝山县志》，清光绪八年刻本。
⑥ 张允高修、钱淦纂：《(民国)宝山续县志》，民国十年铅印本。
⑦ 张允高修、钱淦纂：《(民国)宝山续县志》，民国十年铅印本。
⑧ 马廉著、刘倩编：《马隅卿小说戏曲论集》，中华书局，2006年，第285页。

《情梦柝》,选词构局,差可人意。遂节取其事,参以鄙见,作传奇三十二剧,踰月告竣。"①据此可知,《庄目》称"小说《情梦折》"②、上引方志所谓"安阳酒民所著《情梦节》",均误。小说本名为《情梦柝》,题"蕙水安阳酒民著,西山灌菊散人评",封面镌《醒世奇书》,为清康熙间啸花轩刊本。清李淳凌《〈鱼水缘〉序》载其事迹:"庚辰之秋,余自五羊返端江,澹庐居士出其所著《鱼水缘》传奇,属余评点。公余清暇,手披目览,觉胡、沈诸人,恍然在眉睫间。余既喜澹庐之名之得以传,而尤惜澹庐之名仅以是传也。澹庐为宝山名诸生,工诗文,性落拓,不修边幅,试于有司,弗获售,遂益放废,哀哉!戊辰,余方守凌江,澹庐从家乡来,相见握手,欢若平生。自是,南北往还,晨夕为俱,迄今十有三年矣。每当花朝月夕,分韵联吟,驿路旗亭,托歌志慨。澹庐濡毫挥洒,若不经意,而性情所发,绝不犹人。然公随手散失,箧无剩稿。故当世不知有澹庐,而澹庐亦不求当世知。"③庚辰,乃乾隆二十五年(1760),序既称庚辰秋,周书嘱其评点,则说明此剧成书于此前。戊辰,乃乾隆十三年(1748),周书曾南游凌江(今江西宜丰县。以江在县南,故借以称),与李淳凌相交往。王永熙《序》则谓:"庚辰岁,云间凌公移守端州,余以属吏晋谒。君为凌公一好友,遂得亲芝宇于莲幕间,恂恂儒雅,善气迎人,则又恨相见之晚,而幸相见之奇。尝叙其谱谊,君与余同见知于桐城张少宗伯,因把臂定交,相得欢甚,各出所制,互讨论焉。君抱才不遇,放浪天涯。而妙解声律,闲情逸兴,往往托之传奇,《鱼水缘》其一也。"④知周书入凌氏幕,当在乾隆二十五年(1760)前后这段时间,该剧则写于入幕之时。李修生主编《古本戏曲剧目提要》于《鱼水缘》条介绍作者周书谓:"乾隆十三年,在广东高要县。"⑤尚小明《清代士人游幕表》亦谓周书"1748年同邑凌存淳出宰粤东,招之偕往"⑥。然均未注出处,未详何据?与王永熙《序》所云:"庚辰岁,云间凌公移守端州",显然不符,姑依王序所载述。

蔡毅编著的《中国古典戏曲序跋汇编》卷十三所收《〈鱼水缘〉序》,题作者为李淳凌(号竹轩),当为凌存淳(字鲲游,号竹轩)之讹,或故作狡狯伎,将真姓名隐去。据《(光绪)广州府志》:"凌存淳,字鲲游。上海县学生员,肄业成均。筮仕得府同知。掣签广东试用,署番禺时,有冯某兄弟傲张

---

① 蔡毅编著:《中国古典戏曲序跋汇编》第三册,齐鲁书社,1989年,第1824—1825页。
② 庄一拂编著:《古典戏曲存目汇考》中册,上海古籍出版社,1982年,第1337页。
③ 蔡毅编著:《中国古典戏曲序跋汇编》第三册,齐鲁书社,1989年,第1825页。
④ 蔡毅编著:《中国古典戏曲序跋汇编》第三册,齐鲁书社,1989年,第1826页。
⑤ 李修生主编:《古本戏曲剧目提要》,文化艺术出版社,1997年,第532页。
⑥ 尚小明编著:《清代士人游幕表》,中华书局,2005年,第302页。

某屋,奉母同居。一日,以小故相詈,冯不能胜,则讼言张殴其母。往验无伤,遣出。越数日,忽言伤重殒命。验之,仍无伤痕,而得服毒死状。金谓冯鸩母以陷张矣。存淳意小嫌不至此,问冯家尚有何人,云弟有二子,皆童丱,召至内署,缓词问之,则云大母素苦腹痛,近得一方:酒冲鹁鸽粪,可疗。饮之,经宿死。存淳悟曰:此鹁食断肠草,粪中有毒,其母适中之耳。破械出之。有巡抚吏讼佃户欠租,讯之无实,乃吏利其产欲占之。存淳勃然曰:'此风不可长。'即重笞之而告于巡抚岳濬。岳曰:'凌君洵健吏。'立命革役荷校以徇。省城肃然,后请终养归。"①

王《序》所谓"凌公",应指凌存淳。若此推论不谬,则李《序》"庚辰之秋,余自五羊返端江",则能印证凌存淳出任端州时间确为乾隆二十五年(1760)。周虽为凌氏门客,却交往莫逆。凌氏性情耿直,曾因小事得罪广东巡抚,被诬陷,欲问斩。周书不顾自身安危,为之奔走呼告,最终冤情得白,存淳得以官复原职。钱大昕《凌竹轩墓志铭》介绍存淳生平甚详,可参看②。

◆吴恒宪(页1342)

《庄目》卷十二"下编传奇四·清代作品下"于其名下著录《火牛阵》《玉燕钗》《义贞记》三种,并叙作者行谊曰:"吴恒宪,一作恒宣,字来旬,号郁州山人,江苏海州人"云云③。

按:据邓长风《明清戏曲家考略》考证,吴恒宣生于雍正五年(1727),卒于乾隆五十二年(1787)以后④。《嘉庆海州直隶州志》卷二五《人物八·方技》有传,叙其事较详:"吴恒宣,字来旬,山阳人,居板浦。或曰:海州人也。幼称奇童,读书目数行下。长游太学,睥睨公卿间,人呼为狂生。……喜谈兵,善歌,自称青藤后身。寿张民王伦之乱,上书山东巡抚徐绩,条战守十八事。后漕督崔应阶读其稿,叹为奇才,延入幕。崔公卒,郁郁无所遇,久之发病死。撰《郁州山人集》《云台山志》。晚年喜作传奇,今所传《义贞记》《无双记》皆其笔。"⑤未叙及《玉燕钗》《火牛阵》二剧。《无双记》,一名《双仙记》,系崔应阶与吴恒宣合撰。陆萼庭《曲家小纪·凌廷堪》一文,可参

---

① 史澄:《(光绪)广州府志》卷一〇八"宦绩五",清光绪五年刊本。
② 钱大昕:《潜研堂集》文集卷四七,清嘉庆十一年刻本。
③ 庄一拂编著:《古典戏曲存目汇考》下册,上海古籍出版社,1982年,第1342页。
④ 邓长风:《明清戏曲家考略全编》上册,上海古籍出版社,2009年,第496—497页。
⑤ 仲其臻等整理:《嘉庆海州直隶州志》,南京大学出版社,1993年,第1050页。

看①。又据《嘉庆海州直隶州志》卷二〇《艺术二·史类上》称："《云台山志》十卷，旧本题楚鄂崔应阶重编，山阳吴恒宣校订。州人相传，此书为恒宣撰。"②《传奇汇考标目》别本，称吴恒宪为"监生"③。邓长风《明清戏曲家考略》④《明清戏曲家考略续编》⑤《明清戏曲家考略三编》均有专门文章考证吴恒宣⑥，可参看。

◆**徐昆**（页1347）

《庄目》卷十二"下编传奇四·清代作品下"载有其人，曰："徐昆（1715—?），字后山，号柳崖居士，河北平山人。著有《柳崖外编》。"⑦

按：江庆柏《清代人物生卒年表》著录有两徐昆：一为山西平阳人，生年为康熙五十四年（1715），卒年为乾隆六十年（1795）。一为山西临汾人，生年为乾隆二年（1737），卒年不详。二人字号皆同⑧。此二人李灵年等所编《清人别集总目》均未收，却收另一徐昆，乃《画溪诗集》之作者，为江苏阳湖人。⑨ 马廉载述曰："《雨花台》传奇，上下二卷，三十二出，题'平水柳崖居士徐昆后山填词，同学蒲坂散人崔桂林燕山评点，同里云岩卧子刘育槐兆三授梓'。首有崔桂林乾隆二十七年序，山夫杨维栋二十八年序。按昆尚有《柳崖外编》? 卷。"⑩此处言"平水"，即指临汾。平水在临汾西南。庄氏称其为"河北平山人"，显误。崔桂林之序写于乾隆二十七年（1762），亦证明作者乃平阳徐昆。郭英德《明清传奇综录》亦持此说。

◆**刘阮山**（页1348）

《庄目》卷十二"下编传奇四·清代作品下"，收有刘阮山《七夕圆》（一名《槎合记》）、《精卫石》二种，并称刘阮山"字号、里居、生平皆未详"⑪。

按：马廉《马隅卿小说戏曲论集》所收《隅卿日记选钞》载曰："刘可培，

---

① 陆萼庭：《清代戏曲家丛考》，学林出版社，1995年，第211页。
② 仲其臻等整理：《嘉庆海州直隶州志》，南京大学出版社，1993年，第1088页。
③ 中国戏曲研究院编：《中国古典戏曲论著集成》第七册，中国戏剧出版社，1959年，第295页。
④ 邓长风：《明清戏曲家考略全编》上册，上海古籍出版社，2009年，第494—497页。
⑤ 邓长风：《明清戏曲家考略全编》上册，上海古籍出版社，2009年，第235—237页。
⑥ 邓长风：《明清戏曲家考略全编》下册，上海古籍出版社，2009年，第126—128页。
⑦ 庄一拂编著：《古典戏曲存目汇考》下册，上海古籍出版社，1982年，第1347页。
⑧ 江庆柏：《清代人物生卒年表》，人民文学出版社，2005年，第638页。
⑨ 李灵年、杨忠主编：《清人别集总目》中册，安徽教育出版社，2000年，第1853页。
⑩ 马廉著、刘倩编：《马隅卿小说戏曲论集》，中华书局，2006年，第264页。
⑪ 庄一拂编著：《古典戏曲存目汇考》下册，上海古籍出版社，1982年，第1348页。

字阮山,武进人,有《石帆词钞》四卷(《常州词录》)。孙子香词话:'阮山……性耽风雅,喜词曲,有《耆英会》《绣图缘》《槎合记》行世。'四月七日记。刘大约系嘉道间人。"①又据《江苏艺文志·常州卷》:"刘可培(1745—1812),字元赞,号阮山。室名筠心阁、蜷桂山房。清阳湖人。焕章长子。增贡生。官候选训导。博学多闻,客闽、皖、豫、滇,颇受器重。性耽风雅,善词曲。"②可培著有《蜷桂山房诗》《石帆词》等多种,另有《筠心阁传奇》六种。可知刘阮山即刘可培。

◆金蕉云(页1348)

《庄目》卷十二"下编传奇四·清代作品下",著录《生辰纲》一剧,并叙作者曰:"金蕉云,名号、里居、生平皆未详。"③

按:清单学傅《海虞诗话》卷七谓:"金上舍樾,字侣韩,号樵云。居邑西金家村,即慈乌村也。八岁,师以'莺梭织柳丝'命对,应声云:'燕翦裁花片。'性爱诗酒,颇跌宕自喜。游京师,历齐、鲁、皖、豫数年。《题梅小坪上舍冷梅图》云:'可是林逋手种花,绕庐疏影动横斜。千枝香雪澹春色,一片白云空月华。''君是几生修证果,我方三载怅离家。弯环十里寒溪路,叹息栖迟愿尚赊。'格局清澈。佳句如《海音楼》云:'山衔明月上,风挟大江流。'《大观亭》云:'风帆三楚暝,烟树六朝寒。'《简宗牧厓》云:'入洛羡君能作赋,涉河怜我久忘家。'《秋柳》云:'班马一声衰草路,乱蝉几树夕阳村。'有《唾余集》二卷。"④海虞,晋置县,故址在今常熟县东。知金氏为常熟人。金蕉云即金樾,剧中所叙水浒故事,亦与其个性相合。

◆宋廷魁(页1349)

《庄目》卷十二"下编传奇四·清代作品下",著录《介山记》一剧,并谓作者:"宋廷魁,字竹溪,山西介休人。约清乾隆元年前后在世。有《鹤鸣集》。"⑤

按:竹溪居士宋廷魁《〈介山记〉自跋》,写于乾隆十五年(1750)⑥。庄氏"乾隆元年"云云,不确。又,李文炳《〈介山记〉叙》谓:"余友宋子竹溪,

---

① 马廉著、刘倩编:《马隅卿小说戏曲论集》,中华书局,2006年,第223页。
② 南京师范大学古文献整理研究所:《江苏艺文志·常州卷》,江苏人民出版社,1994年,第460页。
③ 庄一拂编著:《古典戏曲存目汇考》下册,上海古籍出版社,1982年,第1348页。
④ 单学傅:《海虞诗话》,民国四年铜华馆本。
⑤ 庄一拂编著:《古典戏曲存目汇考》下册,上海古籍出版社,1982年,第1349页。
⑥ 蔡毅编著:《中国古典戏曲序跋汇编》第三册,齐鲁社,1989年,第1915页。

介山之逸才也。少颖悟，童试时，即有才名。为人肢体清癯，双眸炯炯，精彩射人。性好纪览，为词章下笔敏妙，纵横不羁。所著《鹤鸣集》，二十万余言，诗古文词力追古人。"①

◆傅玉书（页1350）

《庄目》卷十二"下编传奇四·清代作品下"，著录《鸳鸯镜》一剧，并谓其作者曰："傅玉书，字竹庄，号笱墅老人，贵州瓮安人。约清乾隆二十年前后在世。"②

按：《〈鸳鸯镜〉自序》称："乙丑春，予以礼闱下第，寓砚都门，与应山张君雅人，文酒过从。……其后，屡试不第，束装南归。又与一二昆季商帖括之业，此事不复记忆。癸巳仲冬念六，予生日也。凤巢弟过予，小饮辄醉，……乾隆三十九年岁次甲午正月人日，笱墅老人自序。"③乙丑，当为乾隆十年（1745）。倘若其礼闱下第时已三十来岁，那么，写作本剧时，当已是花甲老人。其曾孙傅达源《〈鸳鸯镜〉跋》谓："先曾王父生平著述，经卢南石、吴白华、钱箨石、翁凤西诸巨公所刊布者，曰《竹庄四书文》、曰《古今诗赋文钞》、曰《桑梓说》，其属吾邦文献，经仪征相国所鸠镌者曰《黔风旧闻录》、曰《黔风鸣盛录》。兵燹，板悉烬。其历为达源所宝藏者，曰《五经四子书拾遗》、曰《象数蠡测》。"④可知，傅氏与钱载（号箨石）、吴省钦（号白华）、卢荫溥（号南石）、翁元圻（号凤西）诸人为同时代人，所撰作品甚多。

◆许树棠（页1351）

《庄目》卷十二"下编传奇四·清代作品下"载曰："许树棠，字号、里居、生平皆未详。"⑤

按：许氏生平，马廉曾作考证，谓："许树棠，字思召，号憩亭，嘉庆十四年己巳恩科进士，才情横溢，摇笔万言，居恒于文字外不置意，衣弊衣行陇亩间，适州吏目至，舆隶挤之田中，树棠默无言。已而知为许进士也，吏目诣门谢，乃留与共饮。以知县注选籍，未及铨，卒，年二十八。著有《谈圃诗文集》二卷，《憩亭杂俎》一卷（仿《西堂杂俎》而作，凡小品之文四十余篇），皆

---

① 蔡毅编著：《中国古典戏曲序跋汇编》第三册，齐鲁书社，1989年，第1919页。
② 庄一拂编著：《古典戏曲存目汇考》下册，上海古籍出版社，1982年，第1350页。
③ 蔡毅编著：《中国古典戏曲序跋汇编》第三册，齐鲁书社，1989年，第1923页。
④ 蔡毅编著：《中国古典戏曲序跋汇编》第三册，齐鲁书社，1989年，第1924页。
⑤ 庄一拂编著：《古典戏曲存目汇考》下册，上海古籍出版社，1982年，第1351页。

未刊。《鹡鸰裘》传奇未刊稿,管廷芬录入《一瓶笔存》中。参阅《海宁州志稿》。"①另据《(民国)杭州府志》卷八六、《八千卷楼书目》卷一"经部",许树棠尚撰有《诗经纬解》《三易偶解》等书。

◆黄振(页1352)

《庄目》卷十二"下编传奇四·清代作品下"介绍其事迹曰:"黄振,字瘦石,江苏如皋人。风流豪宕,辟池馆,蓄女乐,倚声度曲,有名小红、月香、翠竹者。其所居曰雪声堂。诗古文辞,各诣精妙,有《斜阳馆诗文集》。"②

按:马廉考其事迹较详,谓:"黄振,字舒安,号瘦石,如皋县人,贡生,少有文名。卢雅雨都转观风十二属,特拔第一。游京师,战艺北闱,屡荐不售。念高堂发白,缱绻而归,筑斜阳馆,东距古丰汪氏文园百里,坛坫相望,与黄瘿瓢、刘南卢、郑板桥辈觞咏无虚日,一时拟冒征君水绘之盛。著有《瘦石集》二十卷。《崇川咫闻录》七之四八,《献征余录·文苑》,七月十七日记。与江樵所、范思堂、陈石桥结近社,见江传。"③"瘦石弟学玘,字孺子,号楚桥,工诗,精研六书篆隶之学。其州吴思堂先生,年九十余,尝客于皋,楚桥师事之,故其学益进。戊午(嘉庆三年?)春游皖江,受知于朱石君(大兴朱珪)相国,序其史印十卷名曰《历朝史印》而传之。兄瘦石先生,为皋邑骚坛领袖,近五十年尝选辑《东皋诗存》,自赵宋至国朝乾隆三十一年,得诗四十八卷,汪氏文园梓而行之。楚桥承兄之业,自三十一年至道光九年,复得诗十二卷,其掇拾丛残,搜罗遗佚,洵风雅功臣也……《崇川咫闻录》八之十二。"④江庆柏《清代人物生卒年表》谓,黄振生于雍正二年(1724),卒于乾隆三十八年(1773),字舒安,号瘦石,江苏如皋人⑤。

◆李栋(页1353)

《庄目》卷十二"下编传奇四·清代作品下"载其事曰:"李栋,字吉士,号松岚,江苏兴化人,康熙举人。少颖异,性孝友,粹品兼才,诗文甚富,工画,兼善篆隶。"⑥

按:清冯金伯《国朝画识》卷九"李栋"条谓:"李栋,字吉士,号松岚,兵

---

① 马廉著、刘倩编:《马隅卿小说戏曲论集》,中华书局,2006年,第262页。
② 庄一拂编著:《古典戏曲存目汇考》下册,上海古籍出版社,1982年,第1352页。
③ 马廉著、刘倩编:《马隅卿小说戏曲论集》,中华书局,2006年,第258页。按:《马隅卿小说戏曲论集》本页作"黄振字","字"字当为衍文,径改。
④ 马廉著、刘倩编:《马隅卿小说戏曲论集》,中华书局,2006年,第258—259页。
⑤ 江庆柏:《清代人物生卒年表》,人民文学出版社,2005年,第690页。
⑥ 庄一拂编著:《古典戏曲存目汇考》下册,上海古籍出版社,1982年,第1353页。

部侍郎乔孙。少颖异,孝友性成。八岁失怙,弱冠与弟栻先后补弟子员,横经讲授者三十年。壬午中顺天乡试,谒座主果亭徐公,徐举手曰:'子所谓文行卓绝烁然,称今之曾、闵者非耶?'为延誉公卿间。居无何,卒于京邸。栋为人丰颐厚体,粹品兼才。所著诗文甚富,又工绘事及篆隶。(《高邮州志》)李栋精绘事,尤工小李将军,声振江淮间。(《图绘宝监续纂》)"①

《江苏艺文志·扬州卷》载其事迹曰:"李栋,字吉四,一字松岚。清兴化人。溁从子。康熙四十一年(1702)顺天举人。授内阁中书。工诗文,兼工山水。"②著有《楚湘杂记》《楚游杂咏》《松岚诗文集》《自怡堂稿》等。

◆沈起凤(页1355)

《庄目》卷十二"下编传奇四·清代作品下",著录《才人福》一剧,并称作者曰:"沈起凤,字桐威,号贲渔,又号红心词客。江苏吴县人。乾隆举人"云云③。

按:吴门独学老人(石韫玉)《〈红心词客传奇〉序》:"《红心词客传奇》四种,亡友沈贲渔先生之所作也。先生名起凤,字桐威,别号贲渔。工于词,故自号红心词客。少以名家子,博学工文章。乾隆戊子,科举于乡,年才二十有八。累赴春官不第,抑郁无聊,辄以感愤牢愁之思,寄诸词曲。"④戊子即乾隆三十三年(1768),时年二十八岁,知沈氏当生于乾隆六年(1741)。另据陆萼庭《沈起凤年表》考证,沈氏嘉庆七年(1802)卒于北京,年六十二⑤。

◆王金英(页1362)

《庄目》卷十二"下编传奇四·清代作品下",著录《太平园》一剧,并介绍作者谓:"王澹人,字号、里居未详。生平无考。"⑥

按:纪晓岚《阅微草堂笔记》卷一一谓:"江宁王金英,字菊庄,余壬午分校所取士也。喜为诗,才力稍弱,然秀削不俗,颇近宋末四灵。尝画艺菊小照,余戏仿其体格题之,有'以菊为名字,随花入画图'句,菊庄大喜。则所

---

① 冯金伯:《国朝画识》,清道光刻本。
② 南京师范大学古文献整理研究所编:《江苏艺文志·扬州卷》下册,江苏人民出版社,1995年,第834页。
③ 庄一拂编著:《古典戏曲存目汇考》下册,上海古籍出版社,1982年,第1355页。
④ 蔡毅编著:《中国古典戏曲序跋汇编》第三册,齐鲁书社,1989年,第1942页。
⑤ 陆萼庭:《清代戏曲家丛考》,学林出版社,1995年,第161页。
⑥ 庄一拂编著:《古典戏曲存目汇考》下册,上海古籍出版社,1982年,第1362页。

尚可知矣。撰有《诗话》数卷，尚未成书，霜凋夏绿，其稿不知流落何所。"①

法式善《梧门诗话》卷六曰："王澹人金英，自号菊庄居士，秣陵人，诗工遇啬，潦倒而没。裘漫士、彭芸楣、蒋心馀诸先生皆礼重之。《秋热》绝句云：'炙犹可热秋无力，愁不能攻酒失权。输与山中樵牧好，万松深处倚云眠。'尝梦中作《种菊》诗云：'陶潜有地皆栽菊，司马无时不荷锄。待到露凝霜降后，秋光也到野人居。''妆点园林讵等闲，不希妖冶斗春颜。此花开后真难继，只有梅堪伯仲间。'"②

据以上可知，王金英，字澹人，自号菊庄居士，乾隆壬午（1762）举人。为诗秀削不俗，近宋末四灵。可补《庄目》之不足。

◆周韵亭（页1368）

《庄目》卷十二"下编传奇四·清代作品下"收有其人，并谓："周韵亭，名号、里居、生平皆未详。"③

按：清人蒋士铨《忠雅堂诗集》卷四收有《寄怀淇令周韵亭同年》组诗，其一谓："节义都归循吏传，文章俱入汝南评。吾闻古语才难得，天许斯人宦早成。膝上传经儿识字，花前将母妾调羹。如何民气还淳朴？应自庭闱岂弟生。"④今人笺曰："（周韵亭）为乾隆十二年举人，官淇县县令，著有《愍烈记》剧。"⑤并考证周韵亭即周埙，又字伯谱。《江西诗征》卷七七"国朝"谓："埙字伯谱，龙泉人。乾隆十七年进士，官知县。"⑥《（嘉庆）大清一统志》卷二〇〇亦载述周埙事迹，曰："周埙，龙泉人。乾隆中，知淇县。创西泉书院以课士。每春秋，辄载酒馔郊行，劳民之有勤力者，民是以大劝。"⑦由此知其生平梗概。

又，王文治《梦楼诗集》卷一四《快雨堂集》收有《周韵亭司马招同陈澂之、汪檩亭凝翠舫小集，听家姬令乐》一诗，谓："衙斋竹木清且幽，曲廊凝翠翠欲浮。卷幔银灯出红袖，入破一声云不流。主人新词戛金玉，辨羽咀宫谐竹肉。樊素能歌白傅诗，小红爱唱尧章曲。就中翘楚名翠翘，翠眉花面楚宫

---

① 纪晓岚：《纪晓岚文集》第二册，孙致中等校点，河北教育出版社，1991年，第241页。
② 法式善：《梧门诗话》，许征整理，新疆大学出版社，2006年，第76页。
③ 庄一拂编著：《古典戏曲存目汇考》下册，上海古籍出版社，1982年，第1368页。
④ 蒋士铨撰、邵海清校、李梦生笺：《忠雅堂集校笺》第一册，上海古籍出版社，1993年，第388页。
⑤ 蒋士铨撰、邵海清校、李梦生笺：《忠雅堂集校笺》第一册，上海古籍出版社，1993年，第389页。
⑥ 曾燠：《江西诗征》，清嘉庆九年刻本。
⑦ 穆彰阿：《（嘉庆）大清一统志》，四部丛刊续编景旧钞本。

腰。平启朱唇调玉管,轻舒皓腕拨檀槽。梁园过客身如寄,抖擞征衫恣游戏。闲将文字证禅那,兼以音声为佛事。痛饮官街漏鼓沉,起看皓月当天心。微风不动群响寂,露滴梧桐太古心。"①可知其戏曲活动情况。

◆吴堦(页1378)

《庄目》卷十二"下编传奇四·清代作品下"著录其人,并谓其"吴堦,字次叔,江苏武进人。乾隆甲辰(1784)召试二等,分发山东,屡迁知曹州府,卒于任。有《礼石山房诗词》四卷。"②

按:"堦"乃"阶"之异体字,一般写作"阶"。《国朝词综补》卷二三录吴堦词两首(【赤枣子】【采桑子】),并谓其生平:"吴堦,字次升,阳湖人。官曹州知府,有《微云馆词》。"③吴堦与黄景仁、刘嗣绾、陆继辂、孙星衍等人有交往,见《两当轩全集》卷一二,《尚䌹堂集》诗集卷三七,《崇百药斋文集》卷六、卷二〇,《崇百药斋续集》卷二,《孙渊如先生全集》"冶城集补遗"。

江庆柏《清代人物生卒年表》,据宗稷辰《躬耻斋文钞》九等文献所载,著录其生卒年分别为乾隆二十二年(1757)、道光元年(1821)。字次升,号礼石、古茨,江苏阳湖人④。《江苏艺文志·常州卷》称其乾隆四十九年(1784)召试二等,授中书,擢桃源知县、山东曹州知府。通史,工词曲,亦能文。除剧作外,尚著有《金乡纪事》《礼石山房集》《微云馆词钞》等,并称《护花旛》乃未完稿,由陆继辂续成之⑤。

◆董达章(页1379)

《庄目》卷十二"下编传奇四·清代作品下"著录有《花月屏》《琵琶侠》二种,并载述其作者曰:"董达章,字士锡,号定园,江苏常州人。钱维乔甥。其《琵琶侠》传奇,杨芳灿为之序。"⑥

按:《庄目》将董达章、董士锡父子混为一谈。支伟成《清代朴学大师列传·董士锡》谓:"董士锡字晋卿,一字损甫,江苏武进人。副榜贡生,候选直隶州州判。幼从大母受《孝经》章句,及就外傅读诸经史,悉能通解。年

---

① 王文治:《梦楼诗集》,清乾隆六十年食旧堂刻道光二十九年补修本。
② 庄一拂编著:《古典戏曲存目汇考》下册,上海古籍出版社,1982年,第1378页。
③ 丁绍仪:《国朝词综补》,清光绪刻前五十八卷本。
④ 江庆柏:《清代人物生卒年表》,人民文学出版社,2005年,第302页。
⑤ 南京师范大学古文献整理研究所编:《江苏艺文志·常州卷》,江苏人民出版社,1994年,第548页。
⑥ 庄一拂编著:《古典戏曲存目汇考》下册,上海古籍出版社,1982年,第1379页。

十六，从两舅氏张皋文、宛邻游，承其指授，古文赋诗词皆精妙，而所受虞仲翔《易》义尤精。顾家贫，非客游无以为养。馆于张古馀、阮芸台、方茶山、洪石农诸处，率名公卿也。又历主通州紫琅书院，扬州广陵、泰州两书院讲席，所至士皆慕而化之。李申耆应聘修《怀远志》，因事去，必待君蒇其事，其倾服如此。道光辛巳，佐房师淮扬道苏公幕。乡试期迫，值苏染时疫，或劝舍之而行，作色峻拒，卒留侍疾数阅月。南河总督黎襄勤公知君才，及是，贤君之为，延纂《续行水金鉴》。《金鉴》作于雍正间，岁久未辑。则以为前作详于考古，略于征今；今续之者宜详于征今，而略于考古。如永定河之工程，今增于古几十倍矣，而前书未详，尤宜备载。因草创数十条以上，公大叹服。三载，书未就，襄勤遽逝。继任张公仍敦请纂修，而卒成之。自中岁左肘生瘤，治不获效，其后竟以瘤败致死。所著《齐物论斋集》二十三卷，内《古赋》二卷，包世臣至推为独绝往代。并殚心阴阳五行家言，溯原于《易》，成《遁甲因是录》二卷。尚有《遁甲通变录》《形气正宗》等稿藏于家。"①《江苏艺文志·常州卷》亦载董士锡事迹，但并未叙及其戏曲创作事，可参看②。

董达章(1753—1813)，字超然，号定园③。董达章乃董士锡之父，《庄目》将其父子混为一人，显误。《清代毗陵名人小传》谓："达章字超然，号定园，武进人。少不慧，二十余文忽奇突，学诗半年，蓦入杜、韩之室，务为巉刻沉壮。晚乃归于宋人，以浏湸凑泊为工。暗鸣叱咤、悲愤雄厉之气，时见于言。客京师，纪晓岚、程鱼门甚重之。"④《江苏艺文志·常州卷》载："董达章(1753—1813)，字超然。晚以字行，更号定园。清武进人。监生。好诗，工举子业。但屡试不中，乃遍游燕、齐、晋、豫、楚、粤，落拓无所遇。后归，终老于家。"⑤著有《游记》《定园随笔》《半野草堂文集》《诗集》《半野草堂词》以及剧作《琵琶侠》《花月屏》等多种。此剧半野草堂刊本曾题"常州定园居士填词，泰州红豆村樵评点"，据此，知《琵琶侠》乃董达章所作。马廉《鄞县李氏萱荫楼藏曲解》著录曰："《琵琶侠》，清董士锡撰"⑥，亦误。

---

① 支伟成：《清代朴学大师列传》，岳麓书社，1998年，第246页。
② 南京师范大学古文献整理研究所：《江苏艺文志·常州卷》，江苏人民出版社，1994年，第638页。
③ 江庆柏：《清代人物生卒年表》，人民文学出版社，2005年，第749页。
④ 张维骧编纂：《清代毗陵名人小传稿》上册，常州旅沪同乡会，1944年，第27页。
⑤ 南京师范大学古文献整理研究所：《江苏艺文志·常州卷》，江苏人民出版社，1994年，第505页。
⑥ 马廉著、刘倩编：《马隅卿小说戏曲论集》，中华书局，2006年，第193页。

◆孙郁（页1380）

《庄目》卷十二"下编传奇四·清代作品下"，著录《天宝曲史》一剧，并谓作者曰："孙郁，字雪厓，号苏门啸侣，河北魏博（今大名东北）人。生平未详。"[1]

按：《〈天宝曲史〉凡例》，为康熙十年雪厓主人孙郁所拟，故此剧应编入《庄目》卷十一"下编传奇三·清代作品上"。又据杨钟羲《雪桥诗话续集》卷三："康熙癸丑（1643），元城孙郁雪崖，以进士知桐乡县事。"[2]知其曾官桐乡知县。另据汪森琴《〈漱玉堂三种〉传奇序》："余侨寓于桐。先生官于桐，甫半载夺之使去。而桐之民之心，无不具有先生。"[3]知其宦于桐仅半载而已。

清魏宪《百名家诗选》卷七四专收孙郁诗，并谓："孙郁，字右汉，号雪厓，元城人。"又"小引"云："余过五鹿，与孔观察谈诗，首推孙进士雪厓先生。观察笑曰：'孙诗与子不同。孙气雄子则逸，孙词练子则纵，孙格高子则法，孙意刿子则达。'余惘然自失者五六日，因取箧中未镌诗，汇质雪厓。雪厓不我鄙夷，细为删订。于《饮宋南陔》则曰：'新情。'于《答金潜五》则曰：'清新矫健。'于《顾茂伦过访》则曰：'清空一气如话。'于《祝崔惕庵》则曰：'清稳高脱，绝无俗气，自是风尘外物。'于《访陈兰涯》则曰：'清绮新拔，绝不寄人篱下。'于《访顾思庵》则曰：'美秀而文，亦复闲远洒脱。'于《过潞王坟》则曰：'悲壮无敌。'于《落花》则曰：'写得蹁跹有致。'于《秋咏》则曰：'高浑似杜，钱、刘不得望其项背。'于《坠马》则曰：'疏宕顿挫，自笑自怜，甚有奇气。'余捧读之下，知为过誉，不敢自信。急携至观察署。偏袒大呼曰：'雪厓之不弃子也如此，则子之诗可知矣，雪厓之诗愈可知矣！'雪厓之诗可知，则余之佩服雪厓也，岂阿所好哉？观察复执卷微笑曰：'使二君旗鼓中原，正未知鹿死谁手。余逡巡，谢不敏，请以雪厓诗问世，必有不为少陵者，于陶、庾均好之也。进而论性情，求骨力焉，则雪厓其神矣。"[4]

◆仲振奎（页1382）

《庄目》卷十二"下编传奇四·清代作品下"于仲振奎名下著录《红楼

---

[1] 庄一拂编著：《古典戏曲存目汇考》下册，上海古籍出版社，1982年，第1380页。
[2] 杨钟羲：《雪桥诗话续集》，北京古籍出版社，1991年，第154页。
[3] 蔡毅编著：《中国古典戏曲序跋汇编》第三册，齐鲁书社，1989年，第1995页。
[4] 魏宪：《百名家诗选》，清康熙魏氏枕江堂刻本。

梦》《怜春阁》两剧①。

按:清人汤贻汾《琴隐园诗集》卷三二收有《七十感旧》组诗,第六十首谓:"我客有徐孺,锁骨聆珊然。放衙厌清坐,相对手一编。梅州多佳士,佼佼李、杨、颜。谈艺辄忘寐,各有笔如椽。酒既不嫌薄,烹亦不求鲜。知我喜吟友,谅我少俸钱。太邱有经史,长统无园田。时还曳珠履,偕至坐马鞯。销夏酌萧寺,寻秋咏高山。官闲母安健,此乐人垂涎。"诗后小注曰:"客我者嘉应徐又白,有锁子骨之异,继至者嘉应李秋田、杨秋蔼、颜湘轵并工诗文。兴宁陈畴主讲墨池书院。泰州仲云涧,柘庵之兄,工填词,著有传奇十六种。皆常相过从,尝偕盂兰寺观荷、神光山登高。"②

仲振奎,字春龙,号云涧,江苏泰县人。其弟仲振履,也是剧作家,字云江,号柘庵。汤贻汾既称"常相过从",所言当不谬。据此,仲氏之剧作当远不止《红楼梦》《怜春阁》两种,待考。

◆左潢(页1385)

《庄目》卷十二"下编传奇四·清代作品下",著录《桂花塔》一剧,谓作者曰:"左潢,字巽毂,号古塘樵子,安徽桐城人。有《瑞芝堂集》。"③

按:蒋容昌《〈桂花塔〉序》谓:"余出守毗陵,先生正司铎云阳。"④云阳,战国楚邑,汉曲阿县。三国吴改曲阿为云阳。即今江苏丹阳县。司铎,古代颁布新令,必奋木铎以警众。后世称教官为司铎。序写于嘉庆癸酉(1813),时左氏任丹阳教谕。吴梅《〈兰桂仙〉跋》谓:"左巽毂曾为霍山知县,所行颇负声誉。"⑤据此,左氏之宦迹约略可见。

◆顾森(页1388)

《庄目》卷十二"下编传奇四·清代作品下"著录其《回春梦》一种,然介绍其事迹较简,且未标生卒年⑥。

按:江庆柏《清代人物生卒年表》据《云庵遗稿》卷一《丙辰元旦试笔》,谓其生于康熙五十六年(1717),卒年不详⑦。《回春梦》作者外孙杨坊

---

① 庄一拂编著:《古典戏曲存目汇考》下册,上海古籍出版社,1982年,第1382—1383页。
② 汤贻汾:《琴隐园诗集》,清同治十三年曹士虎刻本。
③ 庄一拂编著:《古典戏曲存目汇考》下册,上海古籍出版社,1982年,第1385页。
④ 蔡毅编著:《中国古典戏曲序跋汇编》第三册,齐鲁书社,1989年,第2026页。
⑤ 蔡毅编著:《中国古典戏曲序跋汇编》第三册,齐鲁书社,1989年,第2034页。
⑥ 庄一拂编著:《古典戏曲存目汇考》下册,上海古籍出版社,1982年,第1388页。
⑦ 江庆柏:《清代人物生卒年表》,人民文学出版社,2005年,第620页。

《跋》，述其生平甚详①。作者《自序》曰："《回春梦》何由而作也？伤余生平之命蹇也。余生自名邦，系出旧族，不幸才开知识，家务多艰，未弱冠而孤，无片瓦立锥之业，人间辛苦，靡不备尝。及长，为稻粱谋，奔走四方。三入京华，后从事馆阁，议叙授涿鹿尉，地属天下繁难首区，日事于车尘马足，刻无宁晷，然藉得微禄以养亲，亦不之苦，兢兢业业，黾勉供职。大吏厕之，荐剡，方以为转否为泰矣，忽为周牧事波及削职，远窜关中，茕茕孤旅，苦莫胜言。继之，眷属来依，耕瘠地数亩，为糊口计，育一男一女，喁喁相向，稍慰寂寥。又以为转否为泰矣。无何，男四岁而夭，今膝下惟一弱女。考余一生之遭际，不知者必以为短行险毒，故报应之若此也。然余自问生平，实无纤芥之恶，此无他，天也命也！天命既定，即有盖世才拔山力，奚能挽回？今老矣，鬓毛如雪，齿牙摇落，心如槁木，无能为矣。然悒郁之气，犹耿胸次。因思天意既不可回，好梦或可得乎！梦者，意也。意之所及，即属梦矣；梦之所成，即为真矣。此《回春梦》之所由作也。藉此一消胸中之块垒，其工拙不及计也。"②此种表述方式同徐爔《写心杂剧》同，马廉评价说："此为中国一般旧式读书人之理想，作者借以自述也。"③顾森生平，邓长风《九位明清江苏、上海曲家生平考略》一文有考证，可参看④。

◆裳华（页 1391）

《庄目》卷十二"下编传奇四·清代作品下"，著录《皇华记》一剧，并谓作者："常艺圃，字里、生平皆未详。"⑤

按：《中国古典戏曲序跋汇编》谓："裳华，字艺圃，生卒年未详，岭海（即岭南）人。"⑥《庄目》误"裳"为"常"。

据裳华《〈皇华记〉自序》，本剧写于嘉庆八年（1803）仲夏，题"岭海裳华自识于湘江舟次"⑦。又据署名"弟重熙皋田"所作【满江红】："宪翰青箱，旧业是、瀛洲阆苑。独伯氏，蹉跎四十，明经作县。十载囊书游帝里，一官跨马来罗甸"⑧，知其四十岁之前尚困顿场屋，功名失意。至四十始以明经及第，出任县官。宦游十载，五十岁时，"跨马来罗甸"。罗甸，《明史》卷

---

① 蔡毅编著：《中国古典戏曲序跋汇编》第三册，齐鲁书社，1989 年，第 2048—2049 页。
② 蔡毅编著：《中国古典戏曲序跋汇编》第三册，齐鲁书社，1989 年，第 2046—2047 页。
③ 马廉著、刘倩编：《马隅卿小说戏曲论集》，中华书局，2006 年，第 292 页。
④ 邓长风：《明清戏曲家考略全编》上册，上海古籍出版社，2009 年，第 492—494 页。
⑤ 庄一拂编著：《古典戏曲存目汇考》下册，上海古籍出版社，1982 年，第 1391 页。
⑥ 蔡毅编著：《中国古典戏曲序跋汇编》第三册，齐鲁书社，1989 年，第 2072 页。
⑦ 蔡毅编著：《中国古典戏曲序跋汇编》第三册，齐鲁书社，1989 年，第 2073 页。
⑧ 蔡毅编著：《中国古典戏曲序跋汇编》第三册，齐鲁书社，1989 年，第 2076 页。

三一六《贵州土司》："自蜀汉时,济火从诸葛亮南征有功,封罗甸国王。"①罗甸国,在今贵州黔西县一带。此借指贵州。其弟裳炳(字星垣)在《跋〈皇华记〉曲谱后,步李璞庵刺史元韵》中称:"五十之年忘髯白,耿耿剑气空中横。失马何遽不为福,人世忽如鸟过目。不见同行肃与雷,津门尚笑便门哭。(自注:肃司马、雷刺史,同兄守东津门,积劳先后卒。)……西江一掷二百万,贷粟监河真可怜。五载风涛憔悴尽,穷途当笑余歌兴。……书剑飘零博一官,征袍才卸又移山。(自注:兄拣发铜仁军营,署偏桥半载领运。)"②知其入黔时年当五十,负责水上运输凡五年。以文士入军营,故作者有"生乃与哙等伍,势则使然"之叹③。偏桥,在贵州施秉县东,濒临沅水。作者至铜仁军营未久,便调往偏桥任领运。故称"征袍才卸又移山"。又,杨元锡【莺啼序】谓:"从兹后、风流云散,鳞鸿不解相思苦。又谁知、仗剑黔中,折衡樽俎?万里关山,捧檄独往,冒蛮烟瘴雨。……可怜星使,风雪乘槎,下空泠滟滪。过秭归、一炬惊人,辛勤何补?甫脱愁城,旋填苦海,九江又触阳侯怒,把廿万官铅沉水府。文章憎命,由来狡狯,词人难免,鬼欺神妒。"④知其领运运铅船只,曾在秭归因船上起火几乎酿成灾难,至九江,又因风急浪高,所运廿万官铅尽没于水,作者并因此而丢官。据史载,贵州威宁玛姑柞子厂、水城福集厂产黑、白铅,每年须将八百余万斤铅输送往京师宝泉局或各省钱局,以供铸钱用。乾隆中叶,威宁知州刘标、代理巡抚良卿、贵州粮道永泰等,皆因侵吞铅等物,被撤职查办,故领运一职,责任重大。若作者写此剧时已五十五岁,那么,其生年当在乾隆十四年(1749)。作者《自序》里所称"惟是六十载之物为,递增十五国之人情"中"六十"⑤,盖为约数。

◆ **瞿颉(页1391)**

《庄目》卷十二"下编传奇四·清代作品下"著录其《元圭记》《雁门秋》《桐泾月》《紫云回》《鹤归来》等剧作五种,并载其事迹曰:"字菊亭,江苏常熟人。富文才,弱冠即举于乡。"⑥

按:瞿颉(1743—?),字孚若,一字菊亭,江苏常熟人。《(同治)苏州府志》卷一〇三引杨氏《艺文志》曰:"瞿颉,字孚若,乾隆三十三年举人,官鄞

---

① 张廷玉等撰:《明史》第二十七册,中华书局,1974年,第8169页。
② 蔡毅编著:《中国古典戏曲序跋汇编》第三册,齐鲁书社,1989年,第2076—2077页。
③ 《〈皇华记〉自序》,蔡毅编著:《中国古典戏曲序跋汇编》第三册,齐鲁书社,1989年,第2072页。
④ 蔡毅编著:《中国古典戏曲序跋汇编》第三册,齐鲁书社,1989年,第2075页。
⑤ 蔡毅编著:《中国古典戏曲序跋汇编》第三册,齐鲁书社,1989年,第2072页。
⑥ 庄一拂编著:《古典戏曲存目汇考》下册,上海古籍出版社,1982年,第1391页。

都知县。撰《酆都县志》。性通敏,以四书注疏有与朱注异者,标出,参以己见。著《四书质疑》四卷。喜为诗古文,兼善词曲。子毓秀,亦工诗词。"①《(同治)苏州府志》卷一三八谓其著有"《四书质疑》四卷、《酆都志》、《崇宁志》、《秋水阁古文》二卷、《秋水吟》二卷、《鹤归来》二卷"②。

《海虞诗话》卷七:"瞿大令颉,字孚若,号菊亭,居五渠。乾隆三十三年举人,本名颙,后避仁宗讳,改今名。知酆都县,有政绩。精于音律,著有《鹤归来》《雁门秋》等院本,并《巴蜀见闻录》《四书质疑》数种。尝得钱蒙叟秋水阁旧额,悬之渠上草堂,因即以名其集。《书朱买臣传后》云:'男儿宦达盍有誉,五十富贵妻已去。故乡典郡亦足豪,邸吏惶惶胥失措。朱幡五马会稽来,此是当年负薪处。可怜覆水竟难收,自经沟渎莫肯顾。呜呼!买臣妻,世无数,只今邑子谁严助。'君少年乡举,十一试礼部不售。己酉春试,《出院》云:'那堪后进推先辈,渐觉同来少故人。'又云:'身随九陌春俱老,心逐三条烛并灰。'盖感慨深矣。解组后,予犹及见之,语及春明,仍郁郁云。"③

邓长风有《瞿颉和他的〈鹤归来〉传奇》一文④,可参看。

◆赵对澂(页1394)

《庄目》卷十二"下编传奇四·清代作品下"著录其《酬红记》一种,并载其事迹曰:"字念堂,号野航。别署浮槎山樵,安徽合肥人。有《小罗浮馆词》。"⑤

按:赵对澂(1798—1860),字念堂,号野航。又号浮槎山樵,安徽合肥人⑥。鹊堂子,道光廪生,历亳州、和州、池州学正。城陷死难。著有《小罗浮馆诗》⑦。清何绍基《(光绪)重修安徽通志》卷二一一引《合肥县志》谓:"赵对澂,字野航,合肥廪贡,官广德州学正。咸丰十年,州城陷,殉难。对澂工诗词,著有《小罗浮仙馆诗集》《野航十三种》。"⑧清陆继辂有《题门人赵博士对澂僧服小像》诗二首,谓:"顾曲情怀客感多,知君着意蓟情波。几时验取天花隆,入骨幽香奈尔何。""渐空结习到文辞,老我年来证辟支。却

---

① 冯桂芬:《(同治)苏州府志》,清光绪九年刊本。
② 冯桂芬:《(同治)苏州府志》,清光绪九年刊本。
③ 单学傅辑:《海虞诗话》,民国四年铜华馆铅印本。
④ 邓长风:《明清戏曲家考略全编》上册,上海古籍出版社,2009年,第468页。
⑤ 庄一拂编著:《古典戏曲存目汇考》下册,上海古籍出版社,1982年,第1394页。
⑥ 江庆柏:《清代人物生卒年表》,人民文学出版社,2005年,第542页。
⑦ 李灵年、杨忠主编:《清人别集总目》中册,安徽教育出版社,2000年,第1544页。
⑧ 何绍基:《(光绪)重修安徽通志》,清光绪四年刻本。

向枯禅重话旧,扰人入定是相思。"①

◆程景傅(页1397)

《庄目》卷十二"下编传奇四·清代作品下"著录"程景传"《还妇编》一种,并简述其生平事迹②。

按:程景传,当为程景傅,以繁体"傳"与"傅"相近而误。乃大学士程景伊之弟。程景傅(1714—?),字命三,号霖岩。清武进人。著有《小学励志录》《灵岩杂著》《自怡诗集》《消夏集》《还妇篇》等。《粟香五笔》卷七《自怡诗集》条谓:"近阅李申耆先生《武阳合志·文学传》云:'程景傅,字命三,年甫冠即偕兄景伊游学于金绷轩先生之门,学日益进,屡试报罢,以贡授宣城训导,教士以敦行为本。年六十归田,徙宅为家祠,僦居他所,平生一以引导后学为己任,多士景从如云,掇名者以籍计。尤熟于乡邦掌故,修纂邑乘,咸资考订。性好吟咏,年逾八旬,犹偕汤铭书、汪萍洲、杨靖叔为四老同甲会,优游乡里,称人瑞云。'著有《自怡诗集》《霖岩杂著》,皆刊行。又按,程文恭公,讳景伊,字聘三,号莘田,与余高祖敬斋公唱和甚多,著有《云塘书屋诗稿》十五卷、《文稿》十二卷、《代言存草》二卷。"③

◆万承纪(页1398)

《庄目》卷十二"下编传奇四·清代作品下"于万承纪名下著录《护花铃》一种,然叙作者生平较简④。

按:清许仲元《三异笔谈》卷二"万氏升沉"叙万承纪事较详。谓:"我师万梅皋先生,及嗣君廉山,均慕杜季良之行,皆以侠召衅。然先生卒以免难,廉山行且受知,皆于绝路逢生。此其中具有天焉。先生壬申庶常,散馆外用,宰良乡,牧通州。以东路厅事,牵涉抵罪者颇众,乃以一身任之。拟绞,后得长系。廉山弟兄皆于狱中督课。仲乙亥下第,薄游保阳,依表舅李明府宏照于清苑。蒋丈云师介引执贽焉。同塾者蒋丈婿曹州吴太守阶,参戎刘存子陆丰令遵,陆及其弟逵,廉山兄四郎。廉山年十五,才已出诸人上,庚子夏旋京师,嘱仲曰:'子归见吴太史。子将谋纳赎,能于掌铨和相国前一探可否乎?'至都,即以师意告祖姑丈,怃然曰:'梅皋衙门前辈,余素知其人。试乘间询之。'越月余,谓仲曰:'万事且缓。至斋守文以案情重,捐须加倍,

---

① 陆继辂:《崇百药斋三集》卷六,清道光八年刻本。
② 庄一拂编著:《古典戏曲存目汇考》下册,上海古籍出版社,1982年,第1397页。
③ 金武祥:《粟香五笔》,清光绪刻本。
④ 庄一拂编著:《古典戏曲存目汇考》下册,上海古籍出版社,1982年,第1398页。

恐非大力不办。且福堂不堪设教，何汲汲为？闻竹井师有摄保督之耗，其人有肝胆，且重梅皋。若果，当共图之。'仲依语覆师。阅二年，竹井相果督促定，上巡幸津淀，过通。见崇墉屹然，无少残缺，与他处异。垂问系何员承修。英督即对以原任知州万廷兰。旋，圣命查卷核办，不日出狱，放归。归十余年，考终，寿九十余，犹见廉山兄弟并为司马也。廉山宰元和，承审寿州熏板案。后经初颐园平反，有所诘责，辄自引咎，且据案力办。廉山口给甚，初抚数至词屈，憎之。被谴独重，革职永不叙用。事后呈请捐食，本省一驳，吏部再驳，军机处请加倍捐复又驳。忽遇减坝漫溢，菊溪师以夹片得请，不能驳，亦不必捐也。然以廉山之才，接武花砖，亦复何愧。乃屡吟归燕，仅以副车从军，叙州别驾。至小廉学不及父、祖远甚。而年少科第，出典试差，抗颜为师，人且谓厚福将与和圃阁学匹，乃竟不永年，且先廉山殁。天之所以忽与忽夺者，诚何意哉！豫章习俗，雅尚堪舆，风水一说，容或有之乎？"①花砖，唐时内阁北厅前阶有花砖道。唐李肇《国史补》卷下："御史故事，大朝会则监察押班，……紫宸最近，用六品，殿中得立五花砖。"②此谓以廉山之才，有望官于内阁。

◆杨豆村（页1399）

《庄目》卷十二"下编传奇四·清代作品下"于杨豆村名下著录《无双传》一种，谓作者"名号、里居、生平皆未详"③，并云："《亦有生斋词集》有《题杨豆村无双传乐府·金缕曲》词。"④

按：除赵怀玉外，杨豆村与赵翼、钱维城俱有交往。

赵翼有《题杨豆村小照》三首，诗题下小注曰："君自谓梦钱文敏公告以魏野后身，因取生张八、熟魏三故事，绘女郎于旁，故诗戏之。"诗其一谓："东坡是邹阳，次律是永师。佛家轮回说，其理究可疑。茫茫天地间，化育日蕃滋。若只此人数，流转无已时。将使大块力，不容有生机。太平生齿繁，遇乱则渐稀。旧时化去者，又将于何依？可知去来今，立论原无稽。君不识前身，乃凭他人知。他人识果否，又从梦传之。毋乃太荒幻，造此一段奇。"其二谓："我思魏仲先，高蹈深山空。何又不耐静，出交诸钜公。投诗王文正，呼之伴赤松。无地起楼台，赠寇语亦工。至令人主知，召入明光宫。画其草堂景，荣光贲茅蓬。既爱红袖拂，岂忘碧纱笼。毋乃充隐徒，迹淡心

---

① 许仲元：《三异笔谈》，重庆出版社，1996年，第50—51页。
② 李肇：《国史补》，上海古籍出版社，1979年，第52页。
③ 庄一拂编著：《古典戏曲存目汇考》下册，上海古籍出版社，1982年，第1399页。
④ 庄一拂编著：《古典戏曲存目汇考》下册，上海古籍出版社，1982年，第1399页。

则浓。古来沉冥者,多少高飞鸿。君其母托此,取上仅得中。"其三谓:"张八与魏三,相遇宾筵局。生熟各参半,情缘本未属。君纵野后身,托生到世俗。彼岂复相随,为君侍巾幞?胡为风情狂,绘此颜如玉。君自相君面,于思皓盈束。(原注:君多髯,故戏之。)达摩本臊胡,长孺又老秃。却使婵娟子,侍立纤纤足。诗成促捧砚,兴至欲灭烛。何殊党家姬,羊羔酒唱曲。"①

钱维城《题杨豆村〈无双传乐府〉后四首》,其一曰:"同着黄衫岂见疑,忍将一剑送蛾眉。我知姹女凌波日,定是娲皇炼石时。"其二谓:"死者能生生不死,离中忽合合偏离。英雄儿女俱无赖,只有神仙是我师。"其三曰:"田光刎向荆卿激,蒯彻烹缘韩信悲。不露端倪拂衣去,黄金难铸女夷。"其四谓:"尚书歌舞逐云移,觞咏东皋又一时。门巷即今谁管领,春风红豆谱新词。(原注:东皋园本曹尚书故第,后归静山先生,易丝什为吟咏。见邵青门《记》中。)"②

◆ **吴孝思**(页 1399)

《庄目》卷十二"下编传奇四·清代作品下"著录其《春梦婆》《昭君归汉》二种③。

按:吴孝思二剧,均见载于薛寀《堆山集》。薛寀(1598—1663),字谐孟,号岁星。明崇祯进士,以比部郎擢知开封府。明亡,弃家为僧,号堆山,隐居于灵岩间。著有《薛谐孟笔记》《薛堆山诗文稿》等。清王应奎《柳南续笔》卷二"薛太守"条,曰:"武进薛太守谐孟,方山先生之元孙也。鼎革后为头陀,居玄墓,自以名寀,吾今不冠,当去'宀',又削发,当去'丿',仅存'米'字。元墓有米堆山,因名米,号堆山。"④尤侗《艮斋杂说》卷五:"徐昭法孝廉,勿斋先生子也。勿斋殉节,孝廉披发入山,足不入城市,以书画自食。汤中丞尝屏驺从,扁舟访之。竟踰垣而遁。时人两贤之。时又有薛进士寀,尝为开封太守。乱后薙发,依山僧以居。自更其名曰米。元墓有米堆山,因以自号。饮酒吟诗,佯狂以终。"⑤赵怀玉《云溪乐府》谓:"薛寀,武进人。崇祯间知开封。时寇张甚,寀所上计,宪臣多不能用。戊寅冬,寇围汴城三日,黄、左诸帅至,勉馈给之。返郡,流涕大呼曰:'时事去矣。'投劾归。甲申后,弃家为僧,更名米,号堆山,一瓶一钵,萧然于灵岩、元墓间。疾革,

---

① 赵翼:《瓯北集》卷二三,上海古籍出版社,1997 年,第 494 页。
② 钱维城:《茶山诗钞》卷一〇,《钱文敏公全集》,清乾隆四十一年眉寿堂刻本。
③ 庄一拂编著:《古典戏曲存目汇考》下册,上海古籍出版社,1982 年,第 1400 页。
④ 王应奎:《柳南续笔》,中华书局,1983 年,第 169 页。
⑤ 尤侗:《艮斋杂说》,中华书局,1992 年,第 93 页。

自翻历日,曰:'将以腊月十二日行。'至期而瞑。"①薛寀所著《堆山集》,既叙及《春梦婆》《昭君归汉》二剧,那么,吴孝思当为明代人,生活年代决不会迟于薛寀。即此而论,《庄目》将吴孝思归入清代(下),显误。

◆ 吴兰徵(页 1400)

《庄目》卷十二"下编传奇四·清代作品下",著录《绛蘅秋》一剧,并称作者:"吴兰徵,字号、里居、生平皆未详。"②

按:江宁万荣恩嘉庆丙寅(1806)所写《吴香倩夫人〈绛蘅秋传奇〉叙》谓:"《红楼梦》一书,言情也,记恨也。……此新安女士吴香倩所以有乐府之作也。香倩为余内兄俞子遥帆之夫人,德性温和,声名贤淑,幼事椿萱,克尽孝道。其延父嗣,守母丧,抚弱弟,又能目识名流,辞富安贫,愿得贤如伯鸾者从之。以迄善事翁姑,和联上下,……更可称者,雅善诗歌,妙解音律,劈笺分韵,有林下风。所著有《湘灵集》诗词杂著稿十卷,及集史鉴中凡事涉闺阃足为劝惩者为一书,名《金闺鉴》,得二十卷,又《三生石传奇》,皆各如春在花,如水行川,议论横生,浓淡尽致,为一时所脍炙。寒岁冬暮,遥帆兄折柬相招,过柳塘书屋西轩,坐梅花树下,扫雪煮茗,论谈竟日,出《绛蘅秋》一册见示,曰:'此予闺中人之近作,尚未告成,子其为细校之。'予敬置几席,按拍恬吟,其中警幻示梦,宁荣追欢,玉镜含愁,银瓶写怨,情之一往而深,皆文之相引于无尽。……遥帆以奉倩之神伤,安仁之心苦,思于《珠沉》之下,续成是书以问世,得《瑛吊》数折,字字泪痕,遂搁笔不能复作,以待异日之续成焉。慷慨淋漓,声泪交进,红霏绿碎,不是过矣。名之曰《零香集曲稿》,索予志数语于上。"③据此,知吴兰徵,字香倩,新安人,擅诗词,解音律,著有《湘灵集》《金闺鉴》,以及传奇《三生石》《绛蘅秋》。后一种乃未成稿,至《珠沉》以下,由其夫俞遥帆(俞用济,字遥帆)续成,名之曰《零香集曲稿》。《绛蘅秋》与《零香集曲稿》,实乃一剧之异称。然而,许兆桂《〈绛蘅秋〉序》却称:"丙寅春,俞生悼亡,亟刻其结褵吴夫人梦湘《绛蘅秋》三十阕于《零香集》《三生石》传奇之后。"④与万荣恩之《序》所述不尽符。万氏乃遥帆之妹丈,所言当近是。梦湘,当为吴氏之号。

---

① 赵怀玉:《亦有生斋集》乐府卷二,清道光元年刻本。
② 庄一拂编著:《古典戏曲存目汇考》下册,上海古籍出版社,1982 年,第 1400 页。
③ 蔡毅编著:《中国古典戏曲序跋汇编》第三册,齐鲁书社,1989 年,第 2106—2107 页。
④ 蔡毅编著:《中国古典戏曲序跋汇编》第三册,齐鲁书社,1989 年,第 2105 页。

◆袁廷梼(页1404)

《庄目》卷十二"下编传奇四·清代作品下"述其事曰:"字又凯,江苏苏州人。生卒年及生平均未详。"①

按:袁廷梼(1762—1809),字又恺,号绶阶,江苏吴县人②。监生,喜结交,好风雅。《(同治)苏州府志》卷八三载其小传,谓:"袁廷梼,更名廷寿,字又恺,国学生。生六岁而孤,生母韩教之成立。家有竹柏楼,韩所居也。廷梼绘图,征海内诗文以显其节,故竹柏楼颇著声艺林间。家饶于赀,遗书万卷。廷梼与钱詹事大昕、王侍郎昶、王光禄鸣盛、江征士声、段大令玉裁为师友,而尤与黄主事丕烈相契,故学有本原。后家中落,曾都转燠招修扬州图经,同事震其名,既乃叹曰:'今黄叔度也。'卒年四十八。丁子复传。堉贝墉,刻其遗著。墉字既勤,亦好藏书,好金石书画,好结交天下名士,略与廷梼相似,亦以嗜古,不事生产,贫其家,殁于道光中。"③

◆吴嘉淦(页1407)

《庄目》卷十二"下编传奇四·清代作品下",著录《广寒秋》一剧,谓:"陈文述《颐道堂文钞》附录徐尚之撰《陈小云司马传》中有云:吴君清如所撰《广寒秋》《雕玉佩》诸院本,皆假君以为重。"④并称作者:"吴嘉淦,字清如,江苏吴县人。生平未详。"⑤

按:"吴嘉淦,字清如,江苏吴县人。道光戊戌进士。二十六年二月由内阁中书入直,官至户部员外郎。"⑥清黄燮清《国朝词综续编》卷六载曰:"吴嘉淦,字澄之,号清如,吴县人。道光十八年进士,官户部员外郎,军机章京。有《蝉前蝶后词》。"⑦《庄目》"嘉淦"作"嘉淦",误。《(同治)苏州府志》卷八四载吴嘉淦小传,谓:"吴嘉淦,字澂之。道光戊戌进士,由内阁中书历官户部河南司员外郎,充甲辰会试同考官、丙午四川副考官,皆得士。主平江书院讲席。卒年七十有六。嘉淦雅负诗名,初学明七子,后学宋人,尤喜陆游。古文亦宗法宋人。同时有祖喆,字骈吉,诸生,亦能为古文。嘉

---

① 庄一拂编著:《古典戏曲存目汇考》下册,上海古籍出版社,1982年,第1404页。
② 江庆柏:《清代人物生卒年表》,人民文学出版社,2005年,第606页。
③ 冯桂芬:《(同治)苏州府志》,清光绪九年刊本。
④ 庄一拂编著:《古典戏曲存目汇考》下册,上海古籍出版社,1982年,第1407页。
⑤ 庄一拂编著:《古典戏曲存目汇考》下册,上海古籍出版社,1982年,第1407页。
⑥ 梁章钜:《枢垣记略》卷一九,清光绪元年刊本。
⑦ 黄燮清:《国朝词综续编》,清同治十二年刻本。

浧延诸家塾,晚年酬应之作,或出其手。喆后死于兵,文稿散失。"①

叶廷琯《蜕翁所见诗录·感逝集》谓:"清如早慧多才,诗词骈散文涉笔即工。弱冠声誉鹊起,名在'吴中七子'之列。中年家落,谋食近游。三十九始举贤书,又十年戊戌成进士,以中书舍人值枢禁,洊升户曹,分校札闱,出典蜀试。六十外引疾归,买小园于井仪坊以娱老,颜曰退园。自刊其诗文为《仪宋堂集》。人本和易,后生好名者多瞩就之,酌酒论文无虚日。庚申家破,避乱崇明,甲子春始归里,乙丑十月卒,齿七十六矣。……至林下十年之诗与散体文数卷,庚申春刻甫竣而毁于兵乱,并原稿失之。避难海外,又有《乘桴小草》二卷。"②据此可知,吴氏生于乾隆五十五年(1790),道光八年(1828)乡试中式,道光十八年(1838)始中进士,卒于同治四年(1865)。江庆柏《清代人物生卒年表》所述同此。另,清沈涛《瓠庐诗话》卷上曰:"近时朱酉生绶、沈闰生传桂、王井叔嘉禄、潘功甫曾沂、彭泳莪蕴章、吴清如嘉洤、韦君绣光黻,称'吴门后七子。'"③本剧作者当即此人。

杨钟羲《雪桥诗话余集》卷七载吴嘉洤事迹,曰:"吴清如与朱酉生、沈闰生、王井叔、潘功甫、彭咏莪、章君绣有吴中七子之目,以进士官农曹,入掌枢机,出司文柄。有以疑义质穆相,必曰问吴某。丙午考试差,宣庙谕曰:吴嘉洤写作俱佳,何以不入翰林? 晚岁感及知遇,形诸篇咏,诗出入山谷、剑南,文宗庐陵及震川、尧峰诸家。仁和冯文介公培元,其门下士也。壬子以讲学督学湖北殉难。"④事又见清韦光黻《闻见阐幽录》⑤。

清曹楙坚《秦淮喜晤诸君各系一绝句·吴清如嘉洤》谓:"名场如我笑蹉跎,且共尊前听艳歌。独数君家修月手,一身风露避姮娥。"⑥吴嘉洤与陈文述、林则徐、彭蕴章诸人有交往,见《颐道堂集》诗选卷一三、卷一五、卷二二,外集卷一○,文钞卷八、卷一三;《云左山房诗钞》卷五、卷八;《松风阁诗钞》卷七、卷八、卷九、卷一四、卷二一。

◆ **李文瀚**(页 1408)

《庄目》卷十二"下编传奇四·清代作品下"简述其事⑦。

---

① 冯桂芬:《(同治)苏州府志》,清光绪九年刊本。
② 钱仲联主编:《清诗纪事》第十四册,江苏古籍出版社,1989年,第10120页。
③ 沈涛:《瓠庐诗话》,清刻本。
④ 杨钟羲:《雪桥诗话余集》,北京古籍出版社,1992年,第454页。
⑤ 王稼句点校、编纂:《苏州文献丛钞初编》下册,古吴轩出版社,2005年,第731页。
⑥ 曹楙坚:《昙云阁集》诗集卷四,清光绪三年曼陀罗馆刻本。
⑦ 庄一拂编著:《古典戏曲存目汇考》下册,上海古籍出版社,1982年,第1408页。

按：李文瀚（1805—1856），字莲舫，又字云生，安徽宣城人①。清梅曾亮《赠李莲舫》诗谓："李君好诗兼好酒，官学瘦马时寻友。青铜三百不肯留，却笑财房空两手。除夕准衣苦留客，客多屋小时被肘。一客煮鱼踞灶觚，一客哦诗拈敝帚。醉呼联吟声达旦，债客惊咤窥返走。富儿空矜饰厨传，礼率意真乃见厚。观君胸次能尔容，一饱鲸鱼吞八九。宣城诗派久湮塞，气猛才豪仗疏剖。诗声远度幀篝篓，三韩归装乞琼玖。惜哉旗亭少解事，一曲黄河负杨柳。天生此材用有时，着鞭未合居人后。君闻此言当一笑，富贵于吾复何有。且学陶潜除酒巾，那计刘歆拟酱瓿。绿垂红绽春又来，更约屠苏岁同守。"②清丁晏《李云生太守》小序谓："名文瀚，宣城人，道光戊子举人，教习，授陕西知县，都中定交。后至淮，入漕师幕。余宅比邻，过从邕谈无虚日。读书好古，得关中金石碑帖，拓以寄余。今升鄜州知州，擢四川夔州府，终于任。"诗云："李翰好古学，箧中有新诗。扶风初筮仕，惠和且温慈。关中富金石，响搨贻所知。遥望鄜州月，千里长相思。"③其性情风度可见一斑。

◆ 张埙（页1411）

《庄目》卷十二"下编传奇四·清代作品下"，著录《中郎女》一剧，并谓作者曰："张瘦桐，逸其名，浙江秀水（今嘉兴）人。生平无考。"④

按：张埙字商言，号瘦铜，一作瘦桐，又号吟乡（一作吟芗）、石公山人、小茅山人。吴县（今属江苏）人。少与蒋士铨齐名，乾隆进士，官内阁中书。与翁方纲、赵翼、孔继涵诸人相友善。著有《竹叶庵集》《林屋词》《碧箫词存》等。事见《随园诗话》《蒲褐山房诗话》《晚晴簃诗汇》等。《中郎女》，乃剧之俗称，应为《蔡文姬归汉》。赵翼有《题吟芗所谱〈蔡文姬归汉〉传奇》诗八首，谓："绝塞归来髯似麻，新声哀怨出胡笳。可怜一样高才女，不及扶风曹大家。""识曲工诗韵若兰，忍随塞马到呼韩。人间何限伤心事，千载同悲李易安。""也似苏卿入塞秋，黄沙漠漠带旄裘。诸君莫论红颜污，他是男儿此女流。""琵琶马上忍重弹，家国俱催两泪潸。经过明妃青冢路，转怜生入玉门关。""卸却丰貂改旧粧，镜奁开处费端相。少年梳惯光熙样，不识今时髻短长。""莫被曹瞒诡窃名，谓他此举尚人情。君看复壁收皇后，肯听椒涂泣别声。""逸典能抄四百篇，不烦十吏校丹铅。谁知书籍归王粲，翻赖流

---

① 江庆柏：《清代人物生卒年表》，人民文学出版社，2005年，第273页。
② 梅曾亮：《柏枧山房全集》诗集卷五，清咸丰六年刻民国补修本。
③ 丁晏：《颐志斋感旧诗》，民国四年罗氏雪堂丛刻本。
④ 庄一拂编著：《古典戏曲存目汇考》下册，上海古籍出版社，1982年，第1411页。

离一女传。""写出婵娟寸断肠,虎贲应倍感中郎。笑他高老《琵琶记》,何处添来赵五娘。"①可证。

◆罗小隐(页1412)

《庄目》卷十二"下编传奇四·清代作品下"著录《祷河冰》一剧,并谓作者罗小隐"未详其名,江西南昌人。生平无考。"②

按:《祷河冰》,又名《祷河冰谱》。陆萼庭《康平居曲话·〈祷河冰〉与陶澍》谓:

> 清罗小隐的《祷河冰》,最早见录于姚燮《今乐考证》,列入"国朝院本(传奇)"部分。后来严敦易作《罗小隐的祷河冰》短文介绍此剧。傅惜华《清代杂剧全目》录此,并记作者之名为"罗瀛"。近年出版的庄氏《汇考》则就严文撮要录入,但又把它归属传奇。③

据清丁仁《八千卷楼书目》卷二〇"集部"著录,"《祷河冰谱》一卷,国朝罗瀛撰刊本。"④由此可知,小隐或是罗氏之号。

◆朱依真(页1420)

《庄目》卷十二"下编传奇四·清代作品下"著录其生平曰:"朱依真,字小岑,广西桂林人。生平未详。"⑤

按:朱依真,字小岑,广西临桂人。清乾嘉间著名诗人。博学多才,然不为仕进,以布衣终身,被袁枚称为"粤西诗人之冠"。有诗集《九芝草堂诗存》、词集《纪年词》以及戏曲《人间世》《分绿窗》,多次点校《十七史》,曾主纂《临桂县志》。

清邓显鹤《九芝草堂诗存序》略谓:

> 临桂朱小岑布衣,以名家子生当盛世,幼立志不为科举业,穷居委巷,卖文自给。非其人不通一刺,不交一语。视人世烜耀赫奕、脂韦膴忍之习,去之若浼,疾之若仇。独刻意为诗,以其幽渺夐邃、沉鸷镵刻之思,寄其冲夷高旷、严冷峭洁之概,幽而不怨,涩而不僻。盖其生性狷介,脱屣浮荣,以泉石为性命,而又寄以渊博之学,缮刻之功。以是为

---

① 赵翼:《瓯北集》卷一〇,上海古籍出版社,1997年,第195—196页。
② 庄一拂编著:《古典戏曲存目汇考》下册,上海古籍出版社,1982年,第1412页。
③ 陆萼庭:《清代戏曲家丛考》,学林出版社,1995年,第364页。
④ 丁仁:《八千卷楼书目》,民国本。
⑤ 庄一拂编著:《古典戏曲存目汇考》下册,上海古籍出版社,1982年,第1420页。

诗,其皭然不淄,较然不欺之志,隐然见于言中,悠然露于言外,岂犹有浅与直之弊与?虽欲不工,且至弗得也。司马子长云:"其志洁,故称物芳。"欧阳永叔云:"诗非能穷人,惟穷者而后工。"晚近士大夫,锐于仕进,徒欲苟且科第为夸耀,不得则放情自恣,取逸邱樊,所谓不得已而然,非其志也,又安望其言之不苟,可信今而传后哉!若小岑者,可不朽矣。①

清梁章钜《三管诗话》曰:"朱小岑布衣依真,髫龄即嗜声律,不喜为制举业,而于十七史,丹铅数过,诗格亦日高,随园老人至粤西时,与之唱和,推为粤西诗人之冠。有《九芝草堂集》。邓显鹤序云:'小岑刻意为诗,以微眇夐邃、沈鸷镵削之思,写其冲夷高旷严冷削洁之概,幽而不怨,涩而不僻,乃适肖其为人。'非过誉也。余辑《三管诗》,于布衣所存独多,且有美不胜收之憾。常喜诵其《题万东斋课读图》一律云:'略剪茆茨见古淳,地偏花药有精神。家风远过刘长盛,童子皆如井大春。天际鹤鸣时上下,隙中驹影易因循。绘图拈出穷经力,不敢浮荣眩后人。'词旨深稳,落落方家。"②

杨钟羲《雪桥诗话》卷一○谓:"临桂朱依真小岑,著作甚富,兼工词曲,有论词诗二十八首。谓词至前明,音响殆绝。竹垞始复古,第嫌其体物集,不免叠架。其后六首云:'刚道霓裳指下声,天风海雨倏然生。不逢郢匠挥斤手,楮叶三年刻未成。''范陆诗名自一时,江南江北鬓成丝。遗声莫遣多骚屑,不任空城晓角吹。''妙手拈来意匠多,云中真有凤衔梭。读书未敢因人废,奈尔天南小吏何。''杂拟江淹笔有花,徽鞾不办作东家。等闲渲出西湖色,却倚傍人写鹊华。''欲起琅邪仔细论,机锋拈出付儿孙。禾中选体荆溪律,一代能扶大雅轮。''琴趣言情尚汴音,独将骚雅写秋林。当年姜史皆回席,辛苦无从觅绣针。'至其前廿二首中,于美成有微词,则偏宕之论也。"③

清钱楷有《朱小岑布衣依真》一诗,曰:"志不求闻达,萧然折角巾。足音珍似玉,画理澹于人。活世参方剂,安贫见性真。相看别桂岭,应笑我风尘。"④

清陈寿祺《赠桂林朱小岑布衣依真》诗谓:"罗尉谁能及鸾鹄,桂海高人有朱穆。父兄文采接风流,(原注:小岑尊人桐庄太守、仲兄秋岑贡士,皆以

---

① 邓显鹤:《南村草堂文钞》,弘征点校,岳麓书社,2008年,第88—89页。
② 梁章钜著、蒋凡校注:《〈三管诗话〉校注》,梁超然审订,广西人民出版社,1996年,第143页。
③ 杨钟羲:《雪桥诗话》,北京古籍出版社,1989年,第465页。
④ 钱楷:《绿天书舍存草》卷五,清嘉庆二十三年阮元刻本。

文学名。)小年咳唾生珠玉。厌听名经千佛喧,耻登试席孤罴伏。九芝草堂云气寒,招隐湖山即濠濮。平生耽奇语欲奇,亦近昌黎亦昌谷。晓风残月吊屯田,寒食饧箫断仍续。千古魂销江醴陵,草色斜阳远天绿。(原注:小岑工填词,有《人间世》传奇、《分绿窗》杂剧数种,其《吊柳》一折,尤为南北名流激赏。)迩来旗鼓偃中原,随园词坛善推毂。老过西粤得君诗,怅惘青琴未终曲。焦尾能令爨下闻,苦心何惜车前鬻。(原注:钱唐袁简斋全州寄小岑诗:'关心打桨开船际,一曲青琴听未终。')揭来遇我漳南天,发箧千篇授我读。自言六稔游闽陬,万里青山见君独。人生出处感离索,自觉夔蚿互怜速。文章有神文有道,未肯风怀让端复。但愁人事多参商,接膝连旬期已促。平章先辈登选楼,商略名山甘仰屋。(原注:小岑与余纵谈古今,期异日各刻乡先辈遗书,又欲撰《闽川考》,未逮也。)莫嫌短褐鬓如丝,会与咸池发并沐。白鸥浩荡不可驯,侧身天地何蜷局。"①

◆ 谢坤(页1423)

《庄目》卷十二"下编传奇四·清代作品下"著录谢堃《十二金钱》《血梅记》《黄河远》《绣帕楼》传奇四种,并述其事曰:"谢堃,字佩禾,陕西甘泉人。少孤贫,不治生产,稍长,即挟册四方。著有《春草堂集》,附刻传奇四种。"②未注生卒年。

按:《江苏艺文志·扬州卷》收有其人,唯"堃"作"坤"。"堃"同"坤",乃异体字。谓其事迹曰:"谢坤(1784—1844),字佩禾。清甘泉人。国子监生。工诗。家藏名书画甚多。中年以后游学四方。客山东曲阜最久。饱览衍圣公府收藏。著述甚富。"③另有《春草堂诗话》《金玉琐碎摘抄》等多种。甘泉,本为山名,在江苏江都市西北三十五里。清时,曾析江都地置甘泉县,与江都并属扬州府。庄氏误此甘泉为陕西之甘泉。

◆ 蒋恩瀫(页1431)

《庄目》卷十二"下编传奇四·清代作品下",著录《青灯泪》一剧,并谓作者曰:"蒋恩瀫,字酉采,号梅水道人。湖北黄梅人。"④

按:郭俨《〈青灯泪〉传奇叙》曰:"湖北蒋孝廉酉泉先生,困踬名场,抱激

---

① 陈寿祺:《绛跗草堂诗集》卷二,清刻本。
② 庄一拂编著:《古典戏曲存目汇考》下册,上海古籍出版社,1982年,第1423页。
③ 南京师范大学古文献整理研究所编:《江苏艺文志·扬州卷》上册,江苏人民出版社,1995年,第268页。
④ 庄一拂编著:《古典戏曲存目汇考》下册,上海古籍出版社,1982年,第1431页。

昂之志,怀瑰异之才,而值迍邅之遇,郁郁以终其身,可悲也。"①知其字为"酉泉"。

清丁宿章《湖北诗征传略》卷一七谓:"蒋恩溦,原名儆溓,字酉泉,道光举人。"著有《竹林老屋诗钞》《毛诗广义》。又谓:"恩溦幼敏慧,从伯楚瑶兄弟悯其孤贫,招入家塾,遂刻意读书,出意峭拔。乡举后不沾沾帖括,肆力诗古文词。诗骀宕闲旷,词亦秀腻。客许滇生尚书幕,碑板传记,多出其手。"②

◆ 张梦祺（页1434）

《庄目》卷十二"下编传奇四·清代作品下"收录其人,谓:"张梦祺,号兰坡,里居、生平皆未详。"③并著录其所作《玉指环》传奇一种。

按:孙书磊《南图藏"稿本"〈玉指环〉传奇考辨》一文引《(光绪)直隶和州志》卷一九"人物·宦绩"曰:

> 张梦祺,字兰坡,幼聪颖过人,读辄十行下,解音律、明算数,不徒为咕哗学。乙未举于乡,戊戌成进士,签得山东知县。初,祺为诸生时,言行讱谨,若无异常人,及历任历城、安邱、峄县、栖霞、东阿等县,抑豪强,锄奸宄,治烦理剧,施措裕如,山东称能吏焉。嗣迁德平,卒于官。④

梦祺,乃张开来(字引生,自号白头翁)次子,安徽含山县人。孙文又引黄丽中修、于如川纂《(光绪)栖霞县续志》卷五"循吏小传"谓:"张梦祺,久襄审局,明察若神。初任栖霞,断狱不啻老吏。学精赋役,兼谙申韩,一切文件悉出己手。案无批驳,上宪称之曰能。不久超迁,阖邑惜焉"⑤,并进而考证曰:"张梦祺于道光十九年(1839)十一月至二十年(1840),任山东峄县知县;二十一年(1841)二月至二十二年(1842)六月,任山东安邱县知县;二十九年(1849)至三十年(1850)年,任山东栖霞县知县;三十年至咸丰元年(1851),任山东东阿县知县。"⑥还于附论《吴梅手稿〈玉指环传奇序〉的发现》一文中引吴梅《〈玉指环〉传奇序》略曰:

> 兰坡先生作此记,一依《云溪友议》布局,将院本中一切俗套,删除

---

① 蔡毅编著:《中国古典戏曲序跋汇编》第四册,齐鲁书社,1989年,第2333页。
② 丁宿章:《湖北诗征传略》,清光绪七年孝感丁氏泾北草堂刻本。
③ 庄一拂编著:《古典戏曲存目汇考》下册,上海古籍出版社,1982年,第1434页。
④ 孙书磊:《南京图书馆藏孤本戏曲丛考》,中华书局,2011年,第243页。
⑤ 孙书磊:《南京图书馆藏孤本戏曲丛考》,中华书局,2011年,第245页。
⑥ 孙书磊:《南京图书馆藏孤本戏曲丛考》,中华书局,2011年,第245页。

净已,较旧本已雅洁矣,又以玉箫为姜氏婢,不作曲伎,意更周匝。盖《友议》中本不言伎,而《两世因缘》及《玉环记》皆作伎女者,便于戾家生活,于是,俗科恶诨,满纸谰言。余尝谓:传奇家多添关目,实自形才弱也。先生治行并龚黄,文章追魏晋,而南词妍丽,又得东塘、昉思之绪,才人固无所不能耶。自藏园作曲,以扶植伦纪为主,夏惺斋、董恒岩因之,忠孝节义,表章益力,南北曲体遂得与唐诗、宋词并尊。然而,理障腐语,摇笔即来,与昔之桑濮言情、科第矜贵,同一肤辞耳。能划削肤词者,方称作手。先生学藏园而不囿于藏园,斯所以可贵也。①

为研究该剧之重要参考文献。

◆ 胡盍朋(页 1435)

《庄目》卷十二"下编传奇四·清代作品下",著录《汨罗沙》一剧,并谓作者曰:"胡盍朋,字号、里居、生平皆未详。"②

按:吴绍矩《胡子寿先生事略》略谓:胡先生讳盍朋,字子寿,一字簪廷,自号小樵亭主人,又号勿疑轩主人,世居江苏溧阳县东乡章家集。为义门先生之孙,南樵先生之子。同气四人,兄子康先生盍省,弟子修先生盍晋,子远先生盍绩。诸郎兰玉彬彬,世传祖砚,连枝竞秀,奕叶重光。先生幼聪颖绝伦,六岁读书,日千余言。年十二,工诗,赋游仙诗,寄托遥深。年十四,诗为父所称赏,有"笑我诗真如病骥,着渠势已欲攀龙"之句。年十七,受知于历城毛伯雨,补博士弟子员。年二十一,馆妇翁汤希哲先生允明玉茗堂,著《海滨梦》传奇,纪淮阴侯客窜遗孤于南粤王事。年二十三,秋闱不得意,感蒲留仙之记叶生,著《鹤相知》传奇以自况。年二十六,著《汨罗沙》传奇,时彦许为东塘、藏园后身。先生生于道光六年丙戌(1826)正月二十四日,卒于同治五年丙寅(1866)十月十五日,享年四十一岁。著有《白榆堂诗》《十四宫词》,以及戏剧《汨罗沙》《海滨梦》《鹤相知》《中庭笑》等四种,前两种尚存③。

◆ 汪宗沂(页 1436)

《庄目》卷十二"下编传奇四·清代作品下",著录《后缇萦》一剧,并介绍作者:"汪宗沂(1837—1906),字仲尹,一字泳春,号弢庐,安徽歙县

---

① 孙书磊:《南京图书馆藏孤本戏曲丛考》,中华书局,2011年,第251—252页。
② 庄一拂编著:《古典戏曲存目汇考》下册,上海古籍出版社,1982年,第1435页。
③ 蔡毅编著:《中国古典戏曲序跋汇编》第四册,齐鲁书社,1989年,第2370—2373页。

人。……光绪庚辰(1880)进士,签分山西,告病归。年七十,卒于维扬。"①

按:王逸塘《今传是楼诗话》:"汪宗沂仲伊,号弢庐,吾皖之歙人。自幼博览群书,习其乡先辈江慎修、戴东原之学,善礼乐,通六艺,旁及卜筮、遁甲、堪舆等术,以儒生游曾文正之门,居江宁幕府,交遍一时巨公名士。……民国初年,自京师归里,卒年八十余。"②依此,汪氏当卒于公元1916年之后。《庄目》所叙,与此不符。

◆ 宋鸣珂（页1439）

《庄目》卷十二"下编传奇四·清代作品下"谓:"宋鸣珂,字澹思,江西奉新人。其宅有二十梅花草堂。"③

按:宋鸣珂(？—1791),字揩桓,号梅生,别署澹思,室名南州草堂,江西奉新人。著有《南川草堂诗钞》等。清曾国藩《(光绪)江西通志》卷一四〇载有其小传,谓:

> 宋鸣珂,字揩桓,奉新人。五仁次子。乾隆进士登第,后归原班谒选,援例授南城兵马司指挥,卒于任。鸣珂少负异禀,尤长于诗。问学于桑主事调元、陈布政奉兹,三十后专以同邑帅家相为宗。论者谓家相《卓山集》佳处不减杜陵,鸣珂诗不减卓山云。④

《(同治)南昌府志》卷四五⑤、《(同治)奉新县志》卷八⑥,亦收录其小传,可参看。

◆ 汪莼庵（页1444）

《庄目》卷十二"下编传奇四·清代作品下",著录有《梅花梦》一剧,并称作者:"汪莼庵,名里、生平皆未详。"⑦

按:成都吉唐道人《〈梅花梦〉序》谓:"长寿汪莼庵明经,以不羁之才作为元人院本。《梅花梦》传奇,其杰构也。全书摹仿蒋苕生《空谷香》。其组织之工、音律之细、宾白之佳,又差与《桃花扇》《长生殿》伯仲。演诸氍毹,

---

① 庄一拂编著:《古典戏曲存目汇考》下册,上海古籍出版社,1982年,第1436页。
② 张寅彭主编:《民国诗话丛编》第三册,上海书店出版社,2002年,第336—337页。
③ 庄一拂编著:《古典戏曲存目汇考》下册,上海古籍出版社,1982年,第1439页。
④ 曾国藩:《(光绪)江西通志》,清光绪七年刻本。
⑤ 许应鑅:《(同治)南昌府志》,清同治十二年刻本。
⑥ 吕懋先:《(同治)奉新县志》,清同治十年刻本。
⑦ 庄一拂编著:《古典戏曲存目汇考》下册,上海古籍出版社,1982年,第1444页。

真足逸情动魄、可感可兴。"①据此,知汪莼庵为四川长寿人。

◆马羲瑞(页1450)

《庄目》卷十二"下编传奇四·清代作品下"于马肇一名下著录《天山雪》一剧,谓:"马肇一,字号、里居、生平皆未详。"②

按:《(乾隆)甘州府志》卷一一谓:"马羲瑞,字肇易。博涉载籍,有声于时。尝偕高海、田敏、王迪简、段为藻、夏攀龙拟修《张掖新志》,未成而罢,盖皆一时之翘楚云。羲瑞曾制《天山雪》传奇。有诗,见《艺文》。"③同书卷一五收有郭人麟《跋天山雪传奇八首》,之五谓:"白眉忠胄慨无聊,管岭千魂控九霄。恰喜中丞有小阮,杏林倩女咏桃夭。"④第一句诗后注曰:"马广文羲瑞填谱,即殉节马总戎令子也。"⑤由此知,马羲瑞乃罹难总兵马爌之子。《庄目》失考,且将"肇易"误作"肇一"。

《(乾隆)甘州府志》卷一五收有马羲瑞诗作七首,包括:《晚过居家湖即事》《甘泉观鱼》《祁连积雪》《黑河夏涨》《木塔疏钟》《空楼晚眺》《水亭柳浪》,可参看。其生平事迹,因邓长风《甘州之役与〈天山雪〉传奇——美国国会图书馆读书札记之三十》⑥、周琪《清代〈天山雪〉传奇考辨》等已有考述⑦,此不赘。

◆许善长(页1457)

《庄目》卷十二"下编传奇四·清代作品下"著录其人,然未标注其生卒年⑧。

按:赵景深《许善长年谱略》一文,考订许氏生于清道光三年(1823),卒于清光绪十五年(1889)以后⑨。吴晓铃赞同此说⑩。邓长风《许善长家世

---

① 蔡毅编著:《中国古典戏曲序跋汇编》第四册,齐鲁书社,1989年,第2402—2403页。
② 庄一拂编著:《古典戏曲存目汇考》下册,上海古籍出版社,1982年,第1450页。
③ 钟庚起:《(乾隆)甘州府志》,清乾隆四十四年刊本。
④ 钟庚起:《(乾隆)甘州府志》,清乾隆四十四年刊本。
⑤ 钟庚起:《(乾隆)甘州府志》,清乾隆四十四年刊本。
⑥ 邓长风:《明清戏曲家考略续编》,《明清戏曲家考略全编》上册,上海古籍出版社,2009年,第198—200页。
⑦ 周琪:《清代〈天山雪〉传奇考辨》,《中国古代小说戏剧研究》第八辑,甘肃人民出版社,2012年。
⑧ 庄一拂编著:《古典戏曲存目汇考》下册,上海古籍出版社,1982年,第1457页。
⑨ 赵景深:《明清曲谈》,古典文学出版社,1957年,第234页。
⑩ 吴晓铃:《清代戏曲作家生卒略表》,《吴晓铃集》第5卷,河北教育出版社,2006年,第284页。

及生平补考》一文,认为"许善长仕途止于吉安,其卒大约在光绪十六年(1890)或稍后不久"①。

◆曾传均(页1461)

《庄目》卷十二"下编传奇四·清代作品下"收有此人,谓:"曾传均,字茶村,善化(今湖南长沙)人。由校官改令粤西,著有《万松堂纪事》。"②然未考其生卒年。

按:江庆柏《清代人物生卒年表》,据杨恩寿《坦园文录》卷一一所收墓志铭,谓曾传均字茶村,号文劭,生于清道光七年(1827),卒于清光绪七年(1881)③。杨恩寿《词余丛话》载其事曰:"曾茶村大令与余同学,天才豪放。著有《万松堂纪事》,逼近史迁。人亦磊落不羁,酒户甚大。屡蹶秋闱,由校官改令粤西,非其志也。谱有《蕙兰芳》传奇,衍张承敞经张献忠之乱,与其妇离而复合。插叙流贼本末较详。义夫烈妇,勃勃有生气,非苟为裁红刻翠也。"④庄氏引文,乃节略而成,此可补《庄目》之不足。

◆宋凌云(页1474)

《庄目》卷十二"下编传奇四·清代作品下"于宋凌云名下著录《瑶池宴》一剧,并谓作者"字逸仙,江苏长洲(今苏州)人,昆山李博室"⑤。

按:宋逸仙其人,沈德潜《〈轩渠集〉序》略略道及,谓:"《轩渠集》,李夫人宋氏逸仙所著诗与词也。逸仙为铨部南园先生孙女,广文瞻菉兄爱女。少有才名,既长,进以学殖。今读其诗,以幽闲贞静之姿,写温柔敦厚之旨,中间叹岁华之云迈,慨人事之变迁,魂梦仙游,栖情禅寂。而思亲之作,十居三四,于陟岵陟屺,无忝所生,随所遇而感触者,时惓惓焉,可谓仁孝之人,其言蔼如者已。……犹忆甲午、乙未间,尝登南园先生堂,时相酬倡,先生为言女孙幼聪慧,喜韵语,他日必以诗鸣。今相距几四十年,先生久没塞垣,墓木几拱,女孙果以诗鸣,善承家学,而华屋山丘,不胜悲怆,即予亦忽忽成八十翁矣。吁!其足重也夫!其可感也夫!"⑥

---

① 邓长风:《明清戏曲家考略续编》,《明清戏曲家考略全编》上册,上海古籍出版社,2009年,第188页。
② 庄一拂编著:《古典戏曲存目汇考》下册,上海古籍出版社,1982年,第1461页。
③ 江庆柏编著:《清代人物生卒年表》,人民文学出版社,2005年,第784页。
④ 中国戏曲研究院编:《中国古典戏曲论著集成》第九册,中国戏剧出版社,1959年,第259页。
⑤ 庄一拂编著:《古典戏曲存目汇考》下册,上海古籍出版社,1982年,第1477页。
⑥ 沈德潜:《沈德潜诗文集》第三册,人民文学出版社,2011年,第1549—1550页。

沈氏集中有《寄宋南园文选》(《归愚诗钞》卷一二)、《挽宋南园文选》(《归愚诗钞》卷一三)、《九日饮南园诗屋》(《归愚诗钞》卷十五)等作,《挽宋南园文选》曰:"(其一)才复铨衡旧,重为出塞行。虎头空异相,马革足平生。泪下三边卒,魂归万里程。知公遗恨在,绝域未休兵。(其二)主圣容孤直,臣劳笞独贤。声名重参选,心血尽筹边。清论朝班上,遗棺雪岭前。乘槎有归日,未及汉张骞。(其三)忆昔论文日,城南坐小楼。把杯当七夕,分手竟千秋。(自注:时乙未七夕,不数日,南园从军西上。)白雁飞空到,黄云望欲愁。《大招》吾有作,何处是秦州。"①由此可知,沈德潜与逸仙祖父宋南园之交情。

宋南园即宋聚业,字嘉升,号南园,长洲(今江苏苏州)人。康熙三十六年丁丑(1697)进士,官吏部文选司郎中,故曰铨部。曾任云南乡试副考官,有《南园诗稿》。其事见《国朝耆献类征》卷一四二。逸仙,乃聚业之孙女,自有家学渊源。

《(同治)苏州府志》谓:"宋凌云《轩渠集》,聚业女,诸生李博室,字逸仙。"②《(民国)吴县志》曰:"宋凌云《轩渠集》,附词,聚业女,昆山诸生李博室,字逸仙,吴县人。"③清朱云翔【木兰花慢】词序谓:"逸仙,宋南园先生女,适昆山李某。"④以上记载中关于宋凌云与宋聚业之关系,均有误。凌云乃聚业孙女,非女。沈德潜《清诗别裁集》卷三一载曰:"宋凌云,字逸仙,江南长洲人,李博室。昔铨部宋南园先生尝向余言:'孙女弱龄即喜诵吾子诗,妆台侧时手一编也。'今将四十年,其言如昨,而逸仙已归泉壤矣。俯仰三世,可胜慨然!"⑤并录逸仙《偶成》一首、《忆父》二首。以沈德潜与宋聚业之熟悉程度,所言当可信。

另据顾信芳(1708—1771)【念奴娇】〈题逸仙宋夫人瑶台宴杂剧〉一词,知宋氏剧作名《瑶台宴》⑥,与《庄目》所据朱云翔词中所称《瑶池宴》有一字之差。

◆ 胡无闷(页1477)

《庄目》卷十二"下编传奇四·清代作品下"于胡无闷名下著录《章台

---

① 沈德潜:《沈德潜诗文集》第一册,人民文学出版社,2011年,第250页。
② 冯桂芬:《(同治)苏州府志》卷一三九,清光绪九年刊本。
③ 曹允源:《(民国)吴县志》卷五八,民国二十二年铅印本。
④ 王昶:《国朝词综》卷三三,清嘉庆七年王氏三泖渔庄重刻增修本。
⑤ 沈德潜:《清诗别裁集》,清乾隆二十五年教忠堂刻本。
⑥ 赵兴勤、赵韡编:《清代散见戏曲史料汇编(诗词卷·二编)》,台湾花木兰文化出版社,2015年,第286页。

柳》一剧,并谓作者"字里未详"①。

按:《(乾隆)黄岗县志》卷一○载有胡珠小传,谓:

> 胡珠,字山佃,明末诸生。好古力学,尚节义,以走马试剑自喜。父早卒,事祖来通以孝闻。献贼之乱,珠献策楚抚宋一鹤,时韪其言,而不能用,楚竟以破。左良玉镇武昌,闻其名辟之,不就,遂避居岳州平江磻溪,躬耕自给。吴三桂反,迫致之。珠避走,濒死者数,得免。乱平,反其居,屋已灰矣。而故人所寄白金三千,掷野塘中,尚在。觅其人还之。康熙二十三年聘修《楚志》。后客死于岳。著有《无闷园诗文》一百卷。孙作舟,雍正癸卯举人。②

另,《(嘉庆)长沙县志·流寓》亦载有胡珠事迹,曰:

> 胡珠,字山佃,黄冈人。高才博学,著声坛坫。崇祯末隐居教授,招之,不出。后迁居平江湖源山,与长邑接壤,因侨寓焉。康熙癸亥聘修《通志》,佥推史才。所著有《诗律》《诗论》等篇。卒葬长邑之越都岭,子宗濂辈遂家于此。③

平江,今湖南平江县,清时属岳州府。县北为永宁,西为湖源,东道岩,东南连云,东北幕府山(又名天岳山)。平江,为胡珠避居地。胡无闷或即胡珠,此可补《庄目》之未逮。依此,其剧作当列入传奇类"清代作品上"。

◆ **芙蓉山樵(页1500)**

《庄目》卷十一"下编传奇三·清代作品上"④、卷十二"下编传奇四·清代作品下"⑤"附录一·近代作品"均著录有《合浦珠》一剧⑥。前一种与后一种,分别为袁于令、林纾作。唯卷十二题名为"芙蓉山樵"作,并谓该作者"姓名、字号、里居皆未详,疑即经济,陕西甘泉人",此剧有"道光丙申刊本"⑦。

按:《江苏艺文志·扬州卷》收有经济其人,并介绍其事迹曰:"经济(1801—?),字子通,号半园。清甘泉人。幼慧工诗。以国子监生应顺天及

---

① 庄一拂编著:《古典戏曲存目汇考》下册,上海古籍出版社,1982年,第1477页。
② 王凤仪:《(乾隆)黄岗县志》,清乾隆五十四年刻本。
③ 赵文在:《(嘉庆)长沙县志》,清嘉庆十五年刊二十二年增补本。
④ 庄一拂编著:《古典戏曲存目汇考》中册,上海古籍出版社,1982年,第1138页。
⑤ 庄一拂编著:《古典戏曲存目汇考》下册,上海古籍出版社,1982年,第1500页。
⑥ 庄一拂编著:《古典戏曲存目汇考》下册,上海古籍出版社,1982年,第1733页。
⑦ 庄一拂编著:《古典戏曲存目汇考》下册,上海古籍出版社,1982年,第1500页。

江南乡试。屡荐不售,遂蛰居里门,以诗自娱。道光六年(1826)与汪潮生、陈逢衡、谢坤等集广陵西园,作上巳会。二十年旅居金陵。所作诗多反映了淮扬的灾难现实。"①著有《半园诗录》《怀古堂诗》《韵糜词》等。此甘泉乃江苏甘泉,非陕西也。

◆ 意园(页1501)

《庄目》卷十二"下编传奇四·清代作品下"著录意园《双珠记》一种,曰:"《今乐考证》著录。其他戏曲书簿未见著录。《考证》引《海天余话》云:畹如、靥花姊妹本孪生,顶趾无少异。其所居小阁曰双珠,意园为谱《双珠记》传奇。按《续板桥杂记》载秦淮名姝,首推二汤,孪生姊妹也。早坠风尘,从良未遂。桐邑杨米人,曾为二姬作《双珠记》传奇,情文并茂,惜尚秘之枕函云。疑即此剧。米人名映昶。佚。"②

按:庄氏所述事,乃出自《虞初续志》卷一一珠泉居士《续板桥杂记》,中谓:"秦淮古佳丽地,自六朝以来,青溪笛步间,类多韵事。洎乎前明轻烟澹粉,灯火楼台,号称极盛。……秦淮名姝,首推二汤。二汤者,本郡人。以九十行称,孪生姊妹也。态度则杨柳晚风,容华若芙蕖晓日。并翠眉而玉颊,各卢瞳而赪唇。乍见者如一对璧人,无分伯仲。注目凝睇,觉九姬靥辅微圆,左手背有黑痣一小点,可识别也。早堕风尘,从良未遂。阖户数十指,惟赖二姬作生涯。虽车马盈门,不乏贵游投赠,而缠头到手辄尽。居新桥之牛市,临流数椽,湫隘已甚。余曾于辛丑夏初,邂逅一晤。今秋往访,适为势家招去侑觞,不复谋面。闻之桐城孙楚侬云:'二姬穷愁日甚,虽年才二纪,而消瘦容光,较初破瓜时,已十减六七矣。然三分丰韵,尚堪领袖秦淮也。'嗟乎!人美如玉,命薄于云。如二姬者,殆以奇姿遭造物之妒欤?楚侬又语余云:'桐邑杨米人,曾为二姬作《双珠记》传奇,情文并茂。'惜尚秘之枕函,余未得而读之。"③

钱仲联主编《清诗纪事》收有其人,映昶,应作瑛昶,字米人,安徽桐城人。诸生,官知府,著有《不易居诗钞》④。《(光绪)重修安徽通志》谓其"著《衍波亭诗词集》《中隐轩诗话》《东野鄙谈》《悔轩杂俎》等书"⑤。

---

① 南京师范大学古文献整理研究所编:《江苏艺文志·扬州卷》上册,江苏人民出版社,1995年,第293页。
② 庄一拂编著:《古典戏曲存目汇考》下册,上海古籍出版社,1982年,第1501页。
③ 柯愈春编纂:《说海》第三册,人民日报出版社,1997年,第897—899页。
④ 钱仲联主编:《清诗纪事》第十一册,江苏古籍出版社,1989年,第7443页。
⑤ 何绍基:《(光绪)重修安徽通志》卷二二三,清光绪四年刻本。

赵怀玉《亦有生斋集》文卷一四《直隶长芦盐运分司天津运同杨君家传》谓:"君姓杨氏,讳瑛昶,字印蘧,又字米人。世居安徽之桐城。考讳春,封文林郎,例赠朝议大夫。前妣蒋,妣方,俱封孺人,例赠恭人。君幼聪颖,受业于外祖方先生根橒。为密之先生曾孙,课诵有家法,八岁即能诗,有'皓月隐梨花,轻风落香雪'之句。大兴朱学士筠视安徽学,始以诗赋受知,年二十二矣。其后屡应乡试不售,遂遍游东南名胜。所至,大僚倒屣恐后。宜昌同知王君宸,故老宿,一见订忘年交。时房县令张君敔与王并以画名,人以得二人画及君诗为三绝。李侍郎绶视学江西,幕客皆分阅文字,君独揽其成。侍郎擢抚楚中,笺奏皆出君手。以方太恭人殁时,未视含殓而朝议。已年近七旬,不乐远游,遂就安徽巡抚郭公之聘,距家百里,可朝发夕至也。会会稽梁文定公耳君名,以书抵朝,议欲延至京师。君迫父命而行。未几,梁公卒,转客金尚书简所。脯修无几,幸公卿间文笔多以烦君,润笔所入,得寄归为菽水费。然屡试京兆,又应五台召试,皆无所遇。念家贫亲老,亟于禄仕,遂以吏目分发直隶河工,借补唐县主簿,迁雄县丞,署武邑永清事,真授宝坻,兼摄三河、蓟州。擢北运河同知,迁天津运同,历权河间、大名知府。其在宝坻,人文寥落。乡试榜出,往往无名。君至,创修泉州书院,而亲课之。五年中,中式八人,邑中诧为仅事。遇蝻孽生,募夫扑灭,以斗米易斗蝗,米尽,按市价给钱代之。在武邑,值岁大旱,君斋心吁祷,甘澍立应。在运河,河水冲决,抢修应时,事豫而立,故同时南北两岸丞倅多被纠劾,君独得免。在天津,以熟悉盐务为上官保奏。然君所至,政成多暇,每于公廨隙地,莳花垒石,为吟咏游憩之所,宾客亦多乐就之。天性孝友,笃于伦纪。解衣推食,唯力是视。宝坻署窄小,乡人往依者,于署旁筑舍居之,颜曰'维桑行馆'。及奉父讳,总督梁公欲奏留直隶,君泣涕力辞。君虽敫历郡县,过从多文字交。嘉庆丙寅,余应曾都转燠、伊太守秉绶聘,纂葺《扬州图经》,吴祭酒锡麒亦主讲安定。君随吴督部熊光谳狱楚粤归,过邗上,得申昔款。适连日阴雨,未畅游览而别。别后两寄君书,其第二书未达,而君讣已至。悲夫!君生乾隆十八年二月十九日,卒嘉庆十三年十一月二十七日,春秋五十有六。所著有《诗词钞》若干卷行世。它如《中隐轩诗话》《东野鄙谈》《悔轩杂俎》《都门竹枝词》《七十二沽诗》及遗文之未及编次者,尚俟刻焉。配恭人张氏,湖北汉阳同知若本女。子履泰,陕西候补县丞。女适国子监生张蕙。孙曰锺岳。论曰:予官京师,自一二素心外,知好落落,其宦于畿辅者,交游尤寡。独君一见如旧相识,每入都,辄邀一二素心与君小集,集必有诗。岂知分手背面,向之在京师者大半归老,而君与谢君振定且溘先朝露矣。履泰悃愊无华,能世其学,表章先业,唯恐失坠。顷来关中,值余患风痹,数数过问,且乞有以永君之传。斯则微履泰之请,固早夕筹之者也,爰撼其行。俾读斯文者,如见其人焉!"①至于意园云云,当为杨米人之号。其生卒年为:1753—1808。江庆柏《清代人物生卒年表》未收其人。

◆ **黄祖颛**(页1502)

《庄目》卷十二"下编传奇四·清代作品下",著录《迎天榜》一剧,并谓作者:"愈园主人,姓名、字号、里居皆未详。"②

按:《古本戏曲丛刊》第五集收有此作,题"清,□项传撰",系康熙刊本。此即黄祖颛(1633—1672),字项传,号愈园主人。陆世仪康熙乙巳《〈迎天榜〉序》谓:"项传少奇颖。年数岁能作诗歌、古文辞,即席命题,辄倾座客。十六七,闻予讲学来谒,呈《阙里赋》,浩衍弘博,宿学见之皆敛手。"③此剧据袁了凡《立命说》、俞净《意感神记》而敷衍。详见陆萼庭《〈迎天榜〉传奇作者考》④、李修生主编《古本戏曲剧目提要》⑤。

◆ **姜兆翀**(页1502)

《庄目》卷十二"下编传奇四·清代作品下",于苴城墁佣名下收有《孔雀记》一剧,并谓作者:"姓名、字号、里居皆未详。"⑥

按:《(嘉庆)舒城县志》卷三二谓:"华亭姜兆翀曼佣为舒城学博时作《孔雀记》传奇。"⑦据此,知该剧作者为华亭人姜兆翀。同书卷一九载有姜兆翀小传,谓:

> 姜兆翀,号儒山,华亭举人。乾隆乙巳,由景山教习任舒教谕。莅任勤课督,评骘不稍假借。癸丑年,以文庙颓坏,与邑绅谋改造,亲历四乡,劝捐得三千余金,乃鸠工庀材,修大成殿,改建两庑,正棂星门。向复捐俸百余金,整理泮池。经营三载,位极劳瘁。功垂成,以亲老告终养归。将行,以学官功未竣,留诗劝勉,复刻《修学纪略》。舒人于其去,皆捧酒赋诗为饯送。后有贾客至华亭,音问常往来不绝焉。⑧

---

① 赵怀玉:《亦有生斋集》,清道光元年刻本。
② 庄一拂编著:《古典戏曲存目汇考》下册,上海古籍出版社,1982年,第1502页。
③ 蔡毅编著:《中国古典戏曲序跋汇编》第四册,齐鲁书社,1989年,第2505页。
④ 陆萼庭:《清代戏曲家丛考》,学林出版社,1995年,第77—84页。
⑤ 李修生主编:《古本戏曲剧目提要》,文化艺术出版社,1997年,第471—472页。
⑥ 庄一拂编著:《古典戏曲存目汇考》下册,上海古籍出版社,1982年,第1502页。
⑦ 熊载升:《(嘉庆)舒城县志》,清嘉庆十一年刻本。
⑧ 熊载升:《(嘉庆)舒城县志》,清嘉庆十一年刻本。

知其政绩主要集中在乾隆乙巳（五十年，1785）至癸丑（五十八年，1793）、甲寅（五十九年，1794）之间，剧当作于这一时段。《（嘉庆）松江府志》卷六〇、《（光绪）重修华亭县志》卷一六等，亦载其"本传"，可参看。曲家之生平，刘世德《〈孔雀记〉传奇作者考》一文考述较详①，此不赘述。

---

① 刘世德：《〈孔雀记〉传奇作者考》，《中华戏曲》第1辑，山西人民出版社，1986年。

下编 "庄目"未收曲目、曲家增补

第三章　曲目增补

（依据首字笔画排序）

◆《一线天》(漫翁撰)

《庄目》卷八"中编杂剧五·清代作品"收有晚清袁蟫所作《一线天》杂剧①。同书卷十三"下编传奇五·明清阙名作品"亦著录有《一线天》，谓："此戏未见著录。郑澍若《虞初续志》引袁枚《书麻城狱》，按曰：汤荩忠述其祖应求公令麻城，以杨、涂讼事，几罹不测，人知其冤，莫谁何也。既而狱直，好事者为谱传奇名《一线天》云。此事与元人宋诚夫所书《工狱》相同。佚。"②然未收漫翁《一线天》。

按：郭英德《明清传奇综录》亦未收该作。清人孔贞瑄（字璧六，号聊园，山东曲阜人）写有《题〈一线天〉传奇》组诗，其一："迂阔违时鲁二生，叔孙强拉不同行。何当勉慰苍生望，再起东山一论兵。"其二："一剑飘零迥出尘，临邛垆畔乍相亲。谁知靺沐登床者，犹是犊裩涤器人。"其三："食藏寸铁逼霜寒，赁舍香魂认主难。不有赤绳生死系，几令鸣剑向新官。"其四："仕路由来有正奇，任将粉墨染须眉。趁他锣鼓轰天响，最苦收场人散时。"③

孔氏生于明崇祯七年（1634），卒于康熙五十五年（1716）④，所题断非百余年后袁氏所写《一线天》杂剧，据上引题词所述故实，也非明清阙名之《一线天》传奇。又检孔贞瑄《聊园文集》，其中收有《一线天演文序》一文，谓：

---

① 庄一拂编著：《古典戏曲存目汇考》中册，上海古籍出版社，1982年，第789页。
② 庄一拂编著：《古典戏曲存目汇考》下册，上海古籍出版社，1982年，第1518页。
③ 孔贞瑄：《聊园诗略》诗续集卷一四，清康熙刻本。
④ 关于孔贞瑄卒年，《中国文学家大辞典·清代卷》《清人别集总目》《清代人物生卒年表》等均未详。此处参看肖阳、赵铧：《清代诗人孔贞瑄卒年考辨》，《安徽广播电视大学学报》2014年第4期。

圣夫子删定六经，三代礼乐之遗，尽在东鲁学士家，业《易》《诗》者有之。至《尚书》昌明，《春秋》微隐，从事者盖寡。《书》之体博大详核。事摭其实，文踵其旧，无所避忌，云亭山人之《桃花扇》似之，《春秋》则异。是深其文词矣，用笔曲；广其义类矣，寄旨远。衮钺不形于腕底，褒讥但存于言外，一字为经，片言成训。自游、夏之徒不能赞，况晚近浅陋经生、猥矜著作者能妄窥其藩篱乎？乃吾于《一线天》遇之。漫翁之为是编也，盖身历乎穷达顺逆之境，目击乎炎凉喧寂之变，意有所畜，书不忍尽言；事有所触，言不忍尽意，淡淡白描，而仕途之正奇、官场之好丑，俱跃跃纸上，使人服其忠厚、忘其淋漓。盖名高而成党祸，才盛而起诗狱。雅人智士，临文若斯之难且慎也！至其写闺情，则香艳流于凄婉；状义侠，则悲壮出以沉雄，是以搏象之全力制鼠，屠龙之剩技调猿，笔挟风云，思入幻杳，世谓《史记》足继麟经，何其许腐迁之过也！予谓《一线天》堪追《史记》，庶几可谓知言乎？大抵吾鲁著作渊薮，不独经学、理学、史学具有源流，即稗官、传奇、词曲之小道，亦各有所本，非《四声猿》《十种》新书之类悦人耳目、漫要才子浮名者，可同年而并传之也。①

由该序略窥剧情之一二，并知作者为漫翁。

◆《一种情》

《庄目》卷九"下编传奇一·明代作品上"，于沈自晋名下收有《一种情》传奇（实乃沈璟《坠钗记》），并谓："溧阳沈祚有《指腹记》演贾云华还魂事，亦名《一种情》，但与此剧目同事异。"②

按：焦循《据说》卷五云："吴石渠十二三时，便能填词。《一种情》传奇乃其幼年作也，恐为父呵责，托名粲花。粲花者，其司书小隶也。今所传者四种：《疗妒羹》《书中人》《西园记》《绿牡丹》。"③若所言可信，石渠当有《一种情》传奇，本事不详。其剧作凡六种，除焦氏所称四种外，尚有《情邮记》一种。

◆《一笑缘》

《庄目》卷十一"下编传奇三·清代作品上"，于张澜名下著录剧作三

---

① 孔贞瑄：《聊园文集》，清康熙刻本。
② 庄一拂编著：《古典戏曲存目汇考》中册，上海古籍出版社，1982年，第873页。
③ 中国戏曲研究院编：《中国古典戏曲论著集成》第八册，中国戏剧出版社，1959年，第182—183页。

种,即《千里驹》《忠孝福》(一名《三世因》)、《万花台》①,漏收《一笑缘》。

按:张澜《〈巧十三传奇〉识后》称:"余也天赋呆质。由性而呆,因呆成僻。……反欲借戏台为棒喝,唤醒世人之梦,不亦呆已以呆人乎!且更以数立名,依次而编。所有:《一笑缘》《二篝媒》《三世因》《四才子》《五色旗》《六国终》《七宝钗》《八洞天》《九华山》《十锭金》《百岁坊》《千里驹》《万花台》等剧,似此适兴之具,累至一十三种,试为记。"②据此,知张氏尚作有《一笑缘》一剧,本事未详。

◆《七宝钗》

《庄目》卷十一"下编传奇三·清代作品上",于张澜名下著录剧作三种,即《千里驹》《忠孝福》(一名《三世因》)、《万花台》③,漏收《七宝钗》。

按:据张澜《〈巧十三传奇〉识后》载述,其尚作有《七宝钗》等传奇,详见本书《一笑缘》一目。本事未详。

◆《九华山》

《庄目》卷十一"下编传奇三·清代作品上",于张澜名下著录剧作三种,即《千里驹》《忠孝福》(一名《三世因》)、《万花台》④,漏收《九华山》。

按:据张澜《〈巧十三传奇〉识后》载述,其尚作有《九华山》等传奇,详见本书《一笑缘》一目。本事未详。

◆《二十八宿归天》

《庄目》未予收录。

按:平步青《霞外攟屑》卷九《小栖霞说稗》所收"观剧诗"条谓:

> 伶人演剧扮用古事,然多颠倒贤奸,盖皆不识字者所为。……湘侍曰:"今剧中有所谓《二十八宿归天》者,盖《赐绣旗》之后齣。光武保全功臣,古今所罕,而大反其事,何耶?"瑷妩曰:"此必明初人所为,盖以讥太祖诛僇功臣,为傅、蓝诸公而发。"浣霞以为然。⑤

《曲海总目提要》卷三六,收有《赐绣旗》一剧,然未叙及二十八宿事。据此

---

① 庄一拂编著:《古典戏曲存目汇考》中册,上海古籍出版社,1982年,第1301页。
② 蔡毅编著:《中国古典戏曲序跋汇编》第三册,齐鲁书社,1989年,第1676—1677页。
③ 庄一拂编著:《古典戏曲存目汇考》中册,上海古籍出版社,1982年,第1301页。
④ 庄一拂编著:《古典戏曲存目汇考》中册,上海古籍出版社,1982年,第1301页。
⑤ 中国戏曲研究院编:《中国古典戏曲论著集成》第九册,中国戏剧出版社,1959年,第185页。

可知,《二十八宿归天》一剧,当为《赐绣旗》之续书,且在内容上"大反其事"。

◆《二筐媒》

《庄目》卷十一"下编传奇三·清代作品上",于张澜名下著录剧作三种,即《千里驹》《忠孝福》(一名《三世因》)、《万花台》①,漏收《二筐媒》。

按:据张澜《〈巧十三传奇〉识后》载述,其尚作有《二筐媒》等传奇,详见本书《一笑缘》一目。本事未详。

◆《八仙庆寿》(陈梦雷撰)

《庄目》卷八"中编杂剧五·清代作品"收傅山《八仙庆寿》一剧②,然未著录陈梦雷《八仙庆寿》。

按:清人陈梦雷《松鹤山房诗文集》诗集卷九收有《八仙庆寿》杂剧,乃承应剧。凡用【新水令】【步步娇】【折桂令】【江儿水】【雁儿落带得胜令】【侥侥令】【收江南】【园林好】【沽美酒带太平令】【清江引】十支曲子。

◆《八洞天》

《庄目》卷十一"下编传奇三·清代作品上",于张澜名下著录剧作三种,即《千里驹》《忠孝福》(一名《三世因》)、《万花台》③,漏收《八洞天》。

按:据张澜《〈巧十三传奇〉识后》载述,其尚作有《八洞天》等传奇,详见本书《一笑缘》一目。本事未详。清有白话短篇小说集《八洞天》,分叙八个故事,乃五色石主人编,有清初刻本,未知该剧所写与《八洞天》小说有关系否?

◆《十锭金》

《庄目》卷十一"下编传奇三·清代作品上",于张澜名下著录剧作三种,即《千里驹》《忠孝福》(一名《三世因》)、《万花台》④,漏收《十锭金》。

按:据张澜《〈巧十三传奇〉识后》载述,其尚作有《十锭金》等传奇,详见本书《一笑缘》一目。本事未详。

---

① 庄一拂编著:《古典戏曲存目汇考》中册,上海古籍出版社,1982年,第1301页。
② 庄一拂编著:《古典戏曲存目汇考》中册,上海古籍出版社,1982年,第693页。
③ 庄一拂编著:《古典戏曲存目汇考》中册,上海古籍出版社,1982年,第1301页。
④ 庄一拂编著:《古典戏曲存目汇考》中册,上海古籍出版社,1982年,第1301页。

◆《万珠袍》

《庄目》卷十三"下编传奇五·明清阙名作品"著录有《万珠夜》一种,谓:"此戏未见著录。缀玉轩钞本。二册,见《北平国剧学会图书目》。"①《万珠袍》未予著录。

按:马廉《马隅卿小说戏曲论集》所收日记载曰:"《万珠袍》二册,题'头本总讲,二本总纲……曲谱甚佳'字样,上册十六折,下册十八折。"②据此,该剧于民国初年仍流行于世,马氏曾寓目。此作有缀玉轩抄本传世。

孙楷第谓:"万珠袍二卷,旧抄本。不著撰人名氏。演庞万珠与妻梁凤娟事。略谓万珠名庭实,扬州人,父已亡,其祖曾封王南海,遗明珠万颗,因以万珠为字。万珠性放诞不羁,既承家荫,无意功名,又屡欲纳妾,其妻梁凤娟忧之。凤娟父开府山东,怜麾下佐领黄某之贫,为家书属家人存济之。黄妻穆氏携长女娇莺、次女娇燕因移家于梁氏之第。凤娟以夫意不可回,因与莺、燕约盟,结为姊妹,期不相负,定计使娇莺归万珠为妾,重索聘礼,几倾万珠之产。凤娟则与夫析产另居,旋改嫁一男子黄又嘏。万珠落拓,又见弃于妇,乃奋志进取,中状元,荣归,始悉前此皆凤娟所设之计。其凤娟所嫁男子黄又嘏,实即黄娇莺之妹娇燕,因曾易男装省其父,使依旧不改,因得冒称男子也。于是万珠、凤娟团圆,而黄氏二女亦咸归万珠云。"③

◆《三生石》(吴兰徵撰)

《庄目》未予收录。

按:吴兰徵(字香倩,号梦湘)尚作有《三生石》传奇,见本书《绛蘅秋》一目。另,俞用济《〈绛蘅秋〉序》后缀语称:"香倩《三生石传奇》三十六齣,其写才子佳人,寄恨斟情,言画工则高东嘉《琵琶记》,言化工则王实甫《西厢》曲,至写世情反覆,有尤西堂、蒋苕生、张漱石之牢骚,而浑厚过之。……兹先将《绛蘅秋》付梓;其《三生石》一俟寄归,即授剞劂。"④此剧叙儿女之情兼及世情,乃清代才子佳人小说或言情剧创作之通例。另外,《绛蘅秋》之刊印当在《三生石》之前,许兆桂所谓亟刻《绛蘅秋》于《三生石》之后云云,显然与俞氏自述有违。

---

① 庄一拂编著:《古典戏曲存目汇考》下册,上海古籍出版社,1982年,第1665页。
② 马廉著、刘倩编:《马隅卿小说戏曲论集》,中华书局,2006年,第270页。
③ 孙楷第:《戏曲小说书录解题》,人民文学出版社,1990年,第401—402页。
④ 蔡毅编著:《中国古典戏曲序跋汇编》第三册,齐鲁社,1989年,第2108—2109页。

◆《三生石》(吴苇撰)

《庄目》未予收录。

按:蒋士铨《忠雅堂诗集》卷五收有《〈三生石〉传奇题词,为吴湘南秀才作》组诗十首,其一:"才为娄妃表墓碑,自操特笔解传疑。不知更有湖中婢,能乞仙郎《薤露》词。"其二:"彩毫辛苦与流传,也算三生石上缘。二百年中多少客?竟无人识死婵娟。"其三:"从来灵魂畏销沉,金石文章不易寻。君向梦中传彩笔,故应留得九原心。"其四:"死死生生百样哀,虚无多谢鬼怜才。梦中说梦肠堪断,曾受佳人一拜来。"其五:"鬼爱深松翠柏间,城中流落孰相关?不应忘却妆楼伴,独向桥东响佩环。"其六:"忠臣烈妇有同心,忍见宫衣万劫沉。特判南山填苦海,生天齐作喜欢音。"其七:"官职居然署小神,营营逐逐满江滨。可怜争食如鸡鹜,不异人间蚁虱臣。"其八:"多才漫作有情痴,惨惨凄凄死不辞。我亦死中重活者,此情惟有解人知。"其九:"冷云昏月一层湖,雾鬓风鬟镜里虚。忽就诗人偷现影,补将遗恨载《虞初》。"其十:"心情老大态颓唐,一任莺莺燕燕狂。不爱风流爱忠孝,已将花月换冰霜。"①据此,知吴湘南作有《三生石》传奇。吴湘南,即吴苇,湘南乃其字。其生平事迹详见本书第四章"曲家增补"。

◆《三国记》

《庄目》卷十三"下编传奇五·明清阙名作品"著录有《三国志》②,《三国记》未予著录。

按:《玉谷新簧》卷之一下层,收有《三国记》中《周瑜差将下书》《云长护河梁会》《曹操霸桥饯别》诸龂③,可补《庄目》之不足。

◆《三笑因缘》

《庄目》未予收录。

按:清人吴锡麒《有正味斋词集》续集卷一收有【桂枝香】〈题唐子畏美人拈花图〉。词题下小序曰:"江漪塘所藏,云即《三笑因缘》传奇中秋香也。"词谓:

---

① 蒋士铨撰、邵海清校、李梦生笺:《忠雅堂集校笺》第一册,上海古籍出版社,1993年,第494—495页。
② 庄一拂编著:《古典戏曲存目汇考》下册,上海古籍出版社,1982年,第1527页。
③ 王秋桂主编:《善本戏曲丛刊》第一辑,台湾学生书局,1984年,第11、15、22页。

秋回一蒻，只脉脉无言，折枝低捻。金粟前身约略，破禅香溅。风前记起灵山笑，证三生眼波重展。泥金衫袖，渗金窗户，斜阳人面。

料只是情天眷恋，肯才人名字，押上红券。游戏光阴尽彀，风花磨链。初三下九频频约，怕梨涡晕来难浅。几时圆合，兰因絮果，画图相见。①

由此知演唐伯虎、秋香之剧者，除《花舫缘》《花前一笑》二剧外，清代尚有《三笑因缘》传奇剧行世，演唐寅与秋香事。今尚存乾隆间梨园传抄本。

◆《千秋鉴》

《庄目》卷八"中编杂剧五·清代作品"收有张雍敬《千秋恨》（已佚）②、刘清韵《千秋泪》（四折）③，但未有《千秋鉴》之著录。

按：马廉《马隅卿小说戏曲论集》所收日记载曰："《千秋鉴》二册，上卷十八出，下卷题'续编千秋鉴下卷'，自二十出至三十七出续有小引云：'《千秋鉴》一剧为武林串演诸友命题而作也，登场之后脍炙一时，迄今十有余载，而同声之人，星散过半。癸丑孟秋复遭回禄，真稿尽付祖龙。至乙卯仲秋，忽有友人向余觅兹剧甚恳，而不可复，殊为怅恨，遍询故友，仅获其半。予遂于遗编断简之中，细加补葺，续成完璧，较前更加奇艳。然旧本曾付梨园，盛行吴下，恐续编未后前符，故表而出之，以破鱼珠之诮。今续编已成，则予就欲归阴府矣。'《曲录》五之三七清无名氏。"④该剧《中国剧目辞典》⑤《中国曲学大辞典》⑥《古本戏曲剧目提要》⑦《傅惜华藏古典戏曲珍本丛刊提要》等皆曾著录⑧，可参看。

◆《大忽雷》

《庄目》未予著录。

按：《大忽雷》，乃杂剧名。一般曲目未作收录。"周妙中《江南访曲录要》（载《文史》第二辑）和郭英德《明清传奇综录》在'小忽雷'条中叙及南图所藏清嘉庆间刘喜海（燕庭）味经书屋钞本《小忽雷》时，才提及《小忽

---

① 吴锡麒：《有正味斋词集》，清嘉庆刻有正味斋诗集本。
② 庄一拂编著：《古典戏曲存目汇考》中册，上海古籍出版社，1982年，第724页。
③ 庄一拂编著：《古典戏曲存目汇考》中册，上海古籍出版社，1982年，第800页。
④ 马廉著、刘倩编：《马隅卿小说戏曲论集》，中华书局，2006年，第270—271页。
⑤ 王森然遗稿：《中国剧目辞典》，河北教育出版社，1997年，第73页。
⑥ 齐森华等主编：《中国曲学大辞典》，浙江教育出版社，1997年，第548页。
⑦ 李修生主编：《古本戏曲剧目提要》，文化艺术出版社，1997年，第623页。
⑧ 王文章主编：《傅惜华藏古典戏曲珍本丛刊提要》，学苑出版社，2010年，第357页。

雷》传奇所附的《大忽雷》杂剧"①。刘世珩《汇刻传奇》所收《小忽雷》附刻本《大忽雷》,题"岸堂主人鉴定,梦鹤居士编词",故或认为此作乃"顾彩、孔尚任撰",亦有认为乃顾彩作者。详情见孙书磊《〈大忽雷〉杂剧考》一文②。该剧凡两折,叙唐代才子陈子昂碎胡琴大忽雷事。宋尤袤《全唐诗话》卷一引《独异记》,载其事曰:

> 子昂初入京,不为人知。有卖胡琴者,价百万,豪贵传视,无辨者。子昂突出,顾左右以千缗市之。众惊问,答曰:"余善此乐。"皆曰:"可得闻乎?"曰:"明日可集宜阳里。"如期偕往,则酒肴毕具,置胡琴于前。食毕,捧琴语曰:"蜀人陈子昂,有文百轴,驰走京毂,碌碌尘土,不为人知。此乐贱工之役,岂宜留心?"举而碎之,以其文轴遍赠会者。一日之内,声华溢都。时武攸宜为建安王,辟为书记。③

该剧所叙事本此。

◆《小沧桑》

《庄目》卷十二"下编传奇四·清代作品下",于潘炤名下著录《乌阑誓》一剧④,然《小沧桑》未予收录。

按:马廉曰:"潘炤字鸾坡,吴江人,著小百尺楼丛书,有传奇二种,《乌阑誓》三十六出,《小沧桑》四出,首有乾隆五十九年甲寅自序,嘉庆元年丙辰袁枚题词。"⑤据此,知潘氏另有《小沧桑》一剧,疑为杂剧。此作未见,所演何事亦不详。

◆《小妹子》

《庄目》未予著录。

按:清人赵昱【浪淘沙】〈伶人许云亭音色绝丽,时贤即以云亭两字赋诗相赠,余亦戏效,谱长短句二阕〉谓:

> (其一)莺嫩阁轻云。齿亦流芬。樱桃乐府总输君。金缕鞋提周后小,心事缤纷。　　花艳赛罗裙。三沐三熏。飞琼仙氏几回闻。无

---

① 孙书磊:《〈大忽雷〉杂剧考》,《南京图书馆藏孤本戏曲丛考》,中华书局,2011年,第153页。
② 参看孙书磊:《南京图书馆藏孤本戏曲丛考》,中华书局,2011年,第157—161页。
③ 何文焕辑:《历代诗话》上册,中华书局,1981年,第67—68页。
④ 庄一拂编著:《古典戏曲存目汇考》下册,上海古籍出版社,1982年,第1372页。
⑤ 马廉著、刘倩编:《马隅卿小说戏曲论集》,中华书局,2006年,第259页。

事认同呼小玉,名记双文。(原注:擅场一剧,名《小妹子》,曲殊侧艳,故用小周后事。)

（其二）小立自亭亭。粉镜吴伶。眉如翠叶眼如星。左右风怀春欲诉,柳困花醒。　歌拍按云屏。愁到慵听。韩娥遗响霭齐青。身学楚宫腰细细,心有犀灵。①

清人钱德苍所编《缀白裘》三集收有《小妹子》一剧,标曰"杂剧",为演唱时调的风情小剧。叙为情人所遗弃的小妹子对意中人深切思念之情状。《缀白裘》三集编竣于乾隆丙戌(三十一年,1766),而词人赵昱生于康熙二十八年(1689),卒于乾隆十二年(1747),说明该剧在雍、乾之际或更早就已经流行,且出现了专门搬演此剧的名伶许云亭。此资料对于研究花部戏曲的产生与发展,极具文献价值。

◆《广陵钟》

《庄目》未予著录。

按:近人程颂万《题广陵钟传奇》一诗,曰:"江馆秋衣动芰荷,钟声催散广陵歌。中年渐觉词流少,世事无如痛饮何?夜雨龛灯扶恨立,夕阳尊酒诔情多。凭渠点拍招洪蒋,花想鬘天泣曼陀。"②既有"点拍招洪蒋"之语,知本作当为传奇剧无疑。剧本情节、剧作者均不详,已佚。

◆《中庭笑》

《庄目》未著录。

按:据吴绍矩《胡子寿先生事略》,胡盍朋作有此剧。文中称:"《中庭笑》,传《孟子·齐人》章事,四折。"③据此,本作当为杂剧。齐人乞祭余于墦间之事,见《孟子·离娄下》。

◆《五关记》

《庄目》未见著录。

按:明黄文华编《鼎镌昆池新调乐府八能奏锦》,收有《云长霸桥饯别》一齣,云出自《五关记》,有残缺。云长,正文作"曹操"。朱崇志《中国古代

---

① 张宏生主编:《全清词·顺康卷补编》第四册,南京大学出版社,2008年,第2251—2252页。
② 程颂万:《石巢诗集》卷五,民国十二年武昌刻十发居士全集本。
③ 蔡毅编著:《中国古典戏曲序跋汇编》第四册,齐鲁书社,1989年,第2372页。

戏曲选本研究》述及此剧①。《三国志通俗演义》有"关云长封金挂印""关云长千里独行""关云长五关斩将""云长擂鼓斩蔡阳"诸则故事。"千里独行"一则,有关羽立马于霸陵桥上,与匆匆赶来的曹操话别,并拒受所赠黄金、以刀尖领受所馈战袍之事。本作当即此敷衍。

◆《五色旗》

《庄目》卷十一"下编传奇三·清代作品上",于张澜名下著录剧作三种,即《千里驹》《忠孝福》(一名《三世因》)、《万花台》②,漏收《五色旗》。

按:据张澜《〈巧十三传奇〉识后》载述,其尚作有《五色旗》等传奇,详见本书《一笑缘》一目。本事未详。

◆《元正嘉庆》

《庄目》未予著录。

按:清人陈梦雷《松鹤山房诗文集》诗集卷九收有《元正嘉庆》杂剧,乃承应剧。凡用【北新水令】【南步步娇】【北折桂令】【南江儿水】【北雁儿落带得胜令】【南侥侥令】【北收江南】【南园林好】【沽美酒带太平令】【清江引】十支曲子。元正,元旦。傅玄《朝会赋》:"采秦汉之旧仪,肇元正之嘉会。"嘉庆,喜庆吉祥。剧中由外扮东方朔、生扮李白、旦扮董双成、小旦扮麻姑,没多少故事情节,只取其场上热闹,以应景耳。

该剧作于"侍诚亲王禁庭"之时③。此处之诚亲王,当指康熙帝第三子允祉。据《清史稿》等记载,康熙三十七年(1698)三月,允祉封诚郡王。三十八年(1699)敏妃之丧,其未满百日薙发,坐降贝勒。四十八年(1709),进封诚亲王。雍正六年(1728),降诚郡王。八年(1730)二月,复晋诚亲王。五月削爵,禁景山永安亭。十年(1732)闰五月,卒,年五十有六。由此推论,《元正嘉庆》一剧,当作于康熙末年。

《松鹤山房诗文集》诗集卷九收"杂曲"五篇,计《元正嘉庆》《元夜新词》《八仙庆寿》《月夜泛舟》《四时行乐曲》,其中《元正嘉庆》《八仙庆寿》应为戏曲。汪超宏曾撰文论及,可参看④。

---

① 朱崇志:《中国古代戏曲选本研究》,上海古籍出版社,2004年。
② 庄一拂编著:《古典戏曲存目汇考》中册,上海古籍出版社,1982年,第1301页。
③ 徐世昌:《晚晴簃诗汇》卷三六,民国退耕堂刻本。
④ 汪超宏:《明清曲家考》,中国社会科学出版社,2006年,第398页。

◆《六声猿》

《庄目》未予收录。

按：明末清初方文《嵞山集》卷十二收有《六声猿》诗，诗前小序曰："昔徐文长作《四声猿》，借祢衡诸君之口，以泄其胸中不平，真千古绝唱矣！予欲俨其义作《六声猿》，盖取宋末遗臣六事，演为杂剧。词曲易工，但音律未谙。既作复止，先记以诗。俟他日遇知音者，始填词焉。"诗其一《谢侍郎建阳卖卜》谓："肮脏乾坤八尺躯，且将卜肆溷屠沽。当时犹解钦风节，今日程刘（按：当作留）辈亦无。"诗末注曰："程文海、刘（按：当作留）梦炎也。"其二《家参政河间谈经》谓："平生志业在春秋，说与诸生涕泗流。吴楚风诗犹不采，那堪戎索遍神州。"其三《唐玉潜冬青记骨》谓："凤巢龙穴不成栖，玉匣珠襦踏作泥。唯有年年寒食节，冬青树下杜鹃啼。"其四《郑所南铁函藏书》谓："吴门春草绿参差，枯井藏书那得知。三百余年书始出，中原又似画兰时。"其五《王炎午生祭文相》谓："文相精忠泣鬼神，当年犹有见疑人。可知尽节惟应死，才说权宜便不真。"其六《谢皋羽恸哭西台》谓："严子滩头风雪飘，生刍一束蓟门遥。伤心岂独悲柴市，万古崖山恨不销。"①据此，知其有《六声猿》杂剧未成稿，分别叙写宋末谢枋得、郑所南、谢翱、唐珏等人事。小序既言"既作复止"，此当为未成稿。

◆《六国终》

《庄目》卷十一"下编传奇三·清代作品上"，于张澜名下著录剧作三种，即《千里驹》《忠孝福》（一名《三世因》）、《万花台》②，漏收《六国终》。

按：据张澜《〈巧十三传奇〉识后》载述，其尚作有《六国终》等传奇，详见本书《一笑缘》一目。本事未详。

◆《分绿窗》

朱依真《分绿窗》，《庄目》未予著录。

按：清邓显鹤《朱小岑诗存序》略谓："小岑著作甚富，兼工词曲，其《纪年词》及《分绿窗》《人间世》杂剧，皆可传。身后散佚过半，今所刊存无几。"③清陈寿祺《赠桂林朱小岑布衣依真》诗"千古魂销江醴陵，草色斜阳

---

① 方文：《嵞山集》，清康熙二十八年王概刻本。
② 庄一拂编著：《古典戏曲存目汇考》中册，上海古籍出版社，1982年，第1301页。
③ 邓显鹤：《南村草堂文钞》，弘征点校，岳麓书社，2008年，第111页。

远天绿"句后注曰:"小岑工填词,有《人间世》传奇、《分绿窗》杂剧数种,其《吊柳》一折,尤为南北名流激赏。"①清林昌彝《论诗一百又五首》(之四十五)有谓:"荃兰哀怨谱孤弦,牛耳齐盟孰比肩。莫听凄凉江醴曲,千秋魂断柳屯田。"诗后小注曰:"临桂朱小岑依真。小岑工填词,有《人间世》传奇、《分绿窗》剧,其《吊柳》一剧,最为凄怆。"②由以上可知,朱依真除《庄目》所录《人间世》外,尚有《分绿窗》杂剧。据诗注,《分绿窗》当为短杂剧集,其中有叙柳永事者《吊柳》一种。冯梦龙《古今小说》卷一二《众名姬春风吊柳七》即叙柳永与谢玉英情事。南戏有《花花柳柳清明祭柳七记》③,《寒山堂曲谱》收录残曲,全剧已佚。本作当据其事而改编。

◆《双补恨》

《庄目》卷八"中编杂剧五·清代作品"收有汤贻汾《逍遥巾》杂剧一种④,又于卷十二"下编传奇四·清代作品下"另收有《剑人缘》传奇一种⑤,然未收《双补恨》。

按:《江苏艺文志·常州卷》据《清代毗陵书目》及《曲目新编》,汤贻汾所作剧应为三种,总称《梯仙阁三种曲》。除《庄目》著录二种外,另有《双补恨》一种,已佚⑥。本事不详。

◆《双鱼坠》

《庄目》卷九"下编传奇一·明代作品上"著录有沈璟《双鱼记》⑦、卷十二"下编传奇四·清代作品下"著录有孙郁《双鱼佩》⑧、李怀《双鱼谱》诸剧⑨,然未收录《双鱼坠》传奇。

按:马廉《马隅卿小说戏曲论集》所收日记载曰:"书贾送来道光重刊《四声猿》小本,前有无关本书之小序一篇,文理亦不甚通顺,但记有《双鱼坠》《翰墨缘》两种传奇名,姑录之待考:'天津俞先生讳汝述,字岵瞻,浙之

---

① 陈寿祺:《绦跗草堂诗集》卷二,清刻本。
② 林昌彝:《衣讔山房诗集》卷七,清同治二年广州刻本。
③ 庄一拂编著:《古典戏曲存目汇考》上册,上海古籍出版社,1982年,第41页。
④ 庄一拂编著:《古典戏曲存目汇考》中册,上海古籍出版社,1982年,第781页。
⑤ 庄一拂编著:《古典戏曲存目汇考》下册,上海古籍出版社,1982年,第1438页。
⑥ 南京师范大学古文献整理研究所:《江苏艺文志·常州卷》,江苏人民出版社,1994年,第631页。
⑦ 庄一拂编著:《古典戏曲存目汇考》中册,上海古籍出版社,1982年,第849页。
⑧ 庄一拂编著:《古典戏曲存目汇考》下册,上海古籍出版社,1982年,第1380页。
⑨ 庄一拂编著:《古典戏曲存目汇考》下册,上海古籍出版社,1982年,第1471页。

达人也。曩读白乐天诗，屡屡达形诸口。余谓自以为达，其人未必达也，何也？达之见未忘也，而先生不然。先生之年古稀外矣，先生之兴正未艾也，癸酉春自题其生冢曰"清文学岵瞻俞公墓"，镌之于石。呜呼，何其达也，殆所谓"夭寿不贰修身以俟之"者乎？余于先生翁婿也，最悉其生平大概，淡与泊相遭，而磊落俊伟之气，时时见之诗歌。至若《双鱼坠》《翰墨缘》两传奇，亦仅一狐之腋云尔。锦水郑栻子敬百抄题。'"①《双鱼坠》与《双鱼佩》，系一剧之二称，抑或另有一剧耶？录以备考。作者俞汝述，字岵瞻，乃为由天津流宕浙江者。

◆《双熊梦》

《庄目》未收庄岿其人，更未述及其所作《双熊梦》。

按：据光绪《武阳志余》卷七，庄岿作有此剧②。疑为传奇，已佚。清初朱素臣作有同名剧作，叙清官况钟受双熊衔鼠入梦启示，分别为熊友兰与苏戌娟、熊友蕙与侯三姑平反冤狱之事。本作题材当同。

◆《双鬟画壁》

《庄目》未予收录。《庄目》卷九"下编传奇一·明代作品上"收有王骥德《双环记》③、卷十一"下编传奇三·清代作品上"收有徐爔同名剧作④，然均非本剧。

按：清人王昶《春融堂集》卷七收有《送金钟越归扬州》一诗，谓："上计来燕市，依人下蜀冈。图传周小史，曲记杜秋娘。花絮三春晚，风尘两鬓苍。好偕东阁侣，樽酒话清狂。"⑤"曲记杜秋娘"句后小注曰："钟越有侍史定郎小影，又撰《双鬟画壁》传奇，甚工。"⑥金钟越，即金兆燕，字钟越。作有传奇剧《旗亭记》，凡三十六龆，题目作"王之涣听歌吐气，谢双鬟怜才得婿；除国贼女子奇功，宴旗亭才人胜会"⑦。据此，《双鬟画壁》或是《旗亭记》之别称，此或可补《庄目》之不足。

---

① 马廉著、刘倩编：《马隅卿小说戏曲论集》，中华书局，2006年，第258页。
② 南京师范大学古文献整理研究所：《江苏艺文志·常州卷》，江苏人民出版社，1994年，第507页。
③ 庄一拂编著：《古典戏曲存目汇考》中册，上海古籍出版社，1982年，第891页。
④ 庄一拂编著：《古典戏曲存目汇考》中册，上海古籍出版社，1982年，第1339页。
⑤ 王昶：《春融堂集》，清嘉庆十二年塾南书舍刻本。
⑥ 王昶：《春融堂集》，清嘉庆十二年塾南书舍刻本。
⑦ 庄一拂编著：《古典戏曲存目汇考》下册，上海古籍出版社，1982年，第1344页。

◆《反武场》

《庄目》未见著录。

按：清平步青《霞外攟屑》卷九"小栖霞说稗"谓："小说以周太祖易废帝，又以主兵者为史建瑭，与正史不符，使读者反疑为假借矣。至《说唐前传》有'罗成一日擒五王'，无论朱粲等五伪王非同时禽俘，罗成并无其人，又安有此战耶？此与戏剧中《反武场》，常遇春中武状元，同试者有陈友谅、张士诚、方国珍、明玉珍四王，皆俗优妆点，不值一哂耳。"①据此可知，清代尚流行《反武场》一剧，演明初常遇春诸人事。

◆《心田记》

《庄目》未予著录。

按：孙书磊《〈心田记〉杂剧考述》一文，谓南京图书馆藏有该剧"钞本一册，不分卷。封面题《心田记》，署'树蕙草堂藏'。卷首有署'同治甲戌夏四月望日渔庄钓徒自题于吟碧山房'之《自序》，卷末有署'墨溪半禅甫题，平江吴子文云骏氏录'的《题词》。无目录，正文四折，分别标'访催''劝卖''劝买''跪松'，不标折次"②，叙苏州人赵松山以贩卖田地为业，奔走于富豪万奕桓和以钱谋官之钱积山之间，以巧于辞令，善于斡旋，而从中渔利。或称之为讽刺剧③。

◆《忆长安》

《庄目》卷十二"下编传奇四·清代作品下"于李文瀚名下著录《胭脂鸟》《紫荆花》《凤飞楼》《银汉槎》诸剧④，然未收录本剧。

按：清人张祥河《小重山房诗词全集·鹤在集》收有《李云生太守〈忆长安〉传奇书后》三首，其一："鄜州月共古人看，旧址羌村土木完。（原注：新建拾遗祠于羌村。）他日锦城祠祭日，神弦齐唱忆长安。"其二："故交樗散画师传，万里伤心邂逅边。陷贼当年郑司户，更谁诀别到重泉。"其三："丹心为国为朝堂，长恨何为讽汉皇。野老吞声曲江上，但传侍辇及昭阳。"⑤据诗

---

① 民国六年刻香雪崦丛书本。
② 孙书磊：《南京图书馆藏孤本戏曲丛考》，中华书局，2011年，第274页。
③ 参看孙书磊：《〈心田记〉杂剧考述》，《南京图书馆藏孤本戏曲丛考》，中华书局，2011年，第276页。
④ 庄一拂编著：《古典戏曲存目汇考》下册，上海古籍出版社，1982年，第1408—1409页。
⑤ 张祥河：《小重山房诗词全集》，清道光刻光绪增修本。

意,本剧当演杜甫于安史之乱前后之事。作者为李云生。李文瀚(1805—1856),字云生,又字莲舫,号讯镜词人,安徽宣城人。

◆《支机石》

《庄目》未予著录。

按:黄仕忠《日藏中国戏曲文献综录》"杂剧类",收有此剧。清光绪十七年辛卯(1891)刊本。正文署"新建蔡荣莲金炬填词,丹徒尹恭保彦孙正拍"[1],据此补入。作者之姓名亦由此可知。蔡荣莲、尹恭保生平事迹,详见本书第四章"曲家增补"。

◆《文昌化》

《庄目》未予著录。

按:清人李嘉乐《仿潜斋诗钞》卷三《课余集》收有《马杏逸老人著〈文昌化〉传奇为题二律》,其一谓:"迷津何处觅慈航,逸叟新开翰墨场。十五万言窥变化,二千余载纪文昌。笔端有典堪征信,世上无情恐易忘。料得此编刚脱稿,中宵仙笔吐光芒。"其二曰:"雪香云煖隐高贤,尘市中寻物外缘。(原注:杏逸榜卧室曰雪香云煖。)自有才华工说法,断无孝友不成仙。常情谁果甘心恶,季世还凭苦口怜。遥望寸园松竹茂,久将交谊托忘年。"[2]据此补入,疑演文昌帝君事。《楚辞·远游》:"后文昌使掌行兮。"[3]已有文昌之名。相传梓潼帝君掌管文昌府事,人间禄籍为其所辖,故称之为文昌帝君。《明史》卷五〇《志第二十六》:

> 梓潼帝君者,记云:"神姓张,名亚子,居蜀七曲山。仕晋战没,人为立庙。唐、宋屡封至英显王。道家谓帝命梓潼掌文昌府事及人间禄籍,故元加号为帝君,而天下学校亦有祠祀者。"[4]

剧或据其事而敷衍。

◆《文姬归夏》

《庄目》卷六"中编杂剧三·明代作品"于陈与郊名下著录《文姬入塞》

---

[1] 黄仕忠:《日藏中国戏曲文献综录》,广西师范大学出版社,2010年,第71页。
[2] 李嘉乐:《仿潜斋诗钞》,清光绪十五年刻本。
[3] 王逸注、洪兴祖补注:《楚辞章句补注》,吉林人民出版社,1999年,第166页。
[4] 张廷玉等撰:《明史》第五册,中华书局,1974年,第1308页。

一剧①,同书卷八"中编杂剧五·清代作品",收有唐英《笳骚》剧,并称:"一名《入塞》",演"蔡文姬入塞故事"②。然未叙及本剧。

按:清唐英《陶人心语》卷三收有《甲子重阳后一日招友人看菊优饮,翌日有赋诗投谢者,各赋七律一首覆答》组诗,其三曰:"高朋雅补龙山会,黄鞠青罇双碧楼。伴醉不妨文字饮,折花重上老人头。诗裁锦句传佳兴,拍谱清笳唱暮秋。本色何郎非傅粉,阿咸尤喜擅风流。"③"拍谱清笳唱暮秋"句后小注曰:"是日演《文姬归夏》十八拍曲一阕。"④此或为唐氏《笳骚》一剧之别称,可补《庄目》之不足。

◆《方城记》

《庄目》未予收录。

按:《徽池雅调》卷之一下层收有《方城记》中《张飞祭马》一齣,此剧版心题《古城记》。本齣由张飞一人独唱【驻云飞】【点绛唇】【哪吒令】【鹊踏枝】【寄生草】【后庭花】【耍孩儿】等数支曲。如【寄生草】曲:"俺这里何曾睡,心儿里好是牵,不能得天明早起相交战。往常间日月如梭箭,今日里似有长绳绊。恨天怨天不与人行方便,恨不得把月儿遮、星儿掩,将红轮扯起照东边。"⑤语言古朴粗犷,接近民间口语。《庄目》卷十二"下编传奇四·清代作品下"据《今乐考证》,著录有容美田《古城记》,曰:"《九峰三弄》之一,与古本《古城》异。佚。"⑥此或为古本《古城记》之改题。《风月锦囊》所收《三国志大全》⑦,亦无祭马情节。

◆《无双记》

《庄目》未予著录。

按:《嘉庆海州直隶州志》卷二五《人物八·方技》吴恒宣传谓:"吴恒宣,字来旬,山阳人,居板浦。……晚年喜作传奇,今所传《义贞记》《无双记》皆其笔。"⑧知其尚作有传奇《无双记》。《庄目》卷十二"下编传奇四·清代作品下"于吴恒宪(一作恒宣)名下著录有《火牛阵》《玉燕钗》《义贞

---

① 庄一拂编著:《古典戏曲存目汇考》上册,上海古籍出版社,1982年,第440页。
② 庄一拂编著:《古典戏曲存目汇考》中册,上海古籍出版社,1982年,第736页。
③ 唐英:《陶人心语》,清乾隆唐寅保刻本。
④ 唐英:《陶人心语》,清乾隆唐寅保刻本。
⑤ 王秋桂主编:《善本戏曲丛刊》第一辑,台湾学生书局,1984年,第70页。
⑥ 庄一拂编著:《古典戏曲存目汇考》下册,上海古籍出版社,1982年,第1359页。
⑦ 孙崇涛、黄仕忠笺校:《风月锦囊笺校》,中华书局,2000年,第578页。
⑧ 仲其臻等整理:《嘉庆海州直隶州志》,南京大学出版社,1993年,第1050页。

记》三种①,未言《无双记》,此据《嘉庆海州直隶州志》补。陆萼庭认为此《无双记》即崔应阶与吴恒宣合撰之《双仙记》②。

◆《无底洞》

《庄目》卷八"中编杂剧五·清代作品"著录有佚名《无底洞》,谓:"此戏未见著录。曹氏旧钞本。共六折,谱《西游记》故事,见《读曲小识》。"③

按:马廉《马隅卿小说戏曲论集》所收日记据缀玉轩所藏旧曲新钞重装本著录此剧,谓:"《无底洞》一册,目作十四龆。"④与《庄目》所述显然不是同一版本,疑是传奇。

◆《木兰记》

《庄目》未见著录。

按:明嘉靖间《新刊耀目冠场擢奇风月锦囊正杂两科全集》(简称《风月锦囊》)卷之一收有《新增木兰记》,录有【二郎神】【喝潮生】【雁唳平沙】【葫芦令】四支曲⑤。本书总目续编列有"十二卷《木兰记》"字样,然原文已阙。此剧应本于乐府歌辞《木兰诗》,演木兰从军故事。"未见著录与传本;明鹿阳外史《双环记》(明吕天成《曲品》卷下、祁彪佳《远山堂曲品·能品》等著录,《群音类选·清腔》卷十五选有散龆)、徐渭《四声猿·雌木兰》等,皆与其无涉"⑥。

◆《火里莲》

《庄目》未予著录。

按:清人李欣荣《寸心草堂集外诗》"补遗",收有《大观园观剧,随步海幢寺,呈贯乘上人索和》一诗。其一谓:"火里莲花尚刺心,新声全部抵千金。西泠公子才人笔,任是无情也不禁。"⑦"新声全部抵千金"句后注曰:"《火里莲》传奇,金问渔少尹为歌郎五寿填谱,名流题咏已遍。"⑧据此,知有此剧。然究竟是以何种声腔演出以及剧作内容如何,均不详。皮黄戏有

---

① 庄一拂编著:《古典戏曲存目汇考》下册,上海古籍出版社,1982年,第1342页。
② 陆萼庭:《清代戏曲家丛考》,学林出版社,1995年,第211页。
③ 庄一拂编著:《古典戏曲存目汇考》中册,上海古籍出版社,1982年,第817页。
④ 马廉著、刘倩编:《马隅卿小说戏曲论集》,中华书局,2006年,第271页。
⑤ 孙崇涛、黄仕忠笺校:《风月锦囊笺校》,中华书局,2000年,第25—27页。
⑥ 孙崇涛、黄仕忠笺校:《风月锦囊笺校》,中华书局,2000年,第27页。
⑦ 李欣荣:《寸心草堂集外诗》,清光绪十六年海幢经坊刻本。
⑧ 李欣荣:《寸心草堂集外诗》,清光绪十六年海幢经坊刻本。

《火烧红莲寺》,未知与此相关否?

◆《火焰山》

《庄目》未予收录。

按:清人潘奕隽《三松堂集》诗集卷八收有《坳堂观察招饮观剧,即席口占》二首,其一谓:"此心出处贵坚持,只怕魔多见佛迟。高坐莲台群焰息,当筵隐语耐深思。"诗末小注曰:"演《西游记》火焰山收服红孩儿事。"①知当时尚有《西游记》故事中《火焰山》一剧流行于歌场,作者不详。未知此剧出自宫廷大戏《昇平宝筏》否?

◆《王母瑶池宴》

《庄目》未见著录。

按:余怀《板桥杂记》"顾媚"一目谓:"岁丁酉,尚书挈夫人重过金陵,寓市隐园中林堂。值夫人生辰,张灯开宴,请召宾客数十百辈,命老梨园郭长春等演剧。酒客丁继之、张燕筑及二王郎,(原注:中翰王式之、水部王恒之。)串《王母瑶池宴》。夫人垂珠帘,召旧日同居南曲呼姊妹行者与燕,李六娘、十娘、王节娘皆在焉。时尚书门人楚严某,赴浙监司任,逗留居樽下,骞帘长跪,捧卮称:'贱子上寿!'坐者皆离席伏。夫人欣然为馨三爵,尚书意甚得也。余与吴国次、邓孝威作长歌纪其事。"②据此,知当时流行该剧目,然作者不详。南戏有《王母蟠桃会》③、元杂剧有《宴瑶池王母蟠桃会》④、朱有燉有《群仙庆寿蟠桃会》等⑤,题材均同。此处所记,未知所演为何类作品,或是别有剧作?

◆《王翠翘传奇》

《庄目》未予收录。

按:《庄目》卷十二"下编传奇四·清代作品下",于王昙名下著录有《玉钩洞天》《回心院》《鱼龙爨》《众香园》《万花缘》《归农乐》⑥。舒位《答示仲瞿话旧之作十首》(之六)"半部《离骚》山鬼谶,一声檀板水仙灰"句后注

---

① 潘奕隽:《三松堂集》,清嘉庆刻本。
② 余怀:《余怀全集》下册,李金堂编校,上海古籍出版社,2011年,第416—417页。
③ 庄一拂编著:《古典戏曲存目汇考》上册,上海古籍出版社,1982年,第24页。
④ 庄一拂编著:《古典戏曲存目汇考》上册,上海古籍出版社,1982年,第348页。
⑤ 庄一拂编著:《古典戏曲存目汇考》上册,上海古籍出版社,1982年,第414页。
⑥ 庄一拂编著:《古典戏曲存目汇考》下册,上海古籍出版社,1982年,第1402—1404页。

曰：“仲瞿尝作王翠翘事传奇，已付一炬。”①据此可知，王氏尚有《王翠翘传奇》一种，"已付一炬"，今已不存。王翠翘事，见清初青心才人所编小说《金云翘传》，叙王翠翘与书生金重历经种种磨难，离而复合事。

◆《瓦桥关》

《庄目》未予著录。

按：黄仕忠《日藏中国戏曲文献综录》"传奇类"，著录有日本关西大学所藏《瓦桥关》一剧，作者佚名，叙抗金名将岳飞事。"一齣奉旨，二齣起兵，三齣托梦，四齣败阵，五齣归天，六齣定计，七齣报信，八齣定计，九齣祭灵。按：演岳飞破金兵，二圣归天，王贵惧放走金兵遭飞责怪，遂归京求秦桧，告飞按兵不动之罪，十二道金牌追回岳飞。末有残脱"②。

◆《邓尚书吃酒》

《庄目》未予收录。

按：清人赵翼《瓯北集》卷五二收有《村剧有〈邓尚书吃酒〉，戒家人有乞诗文者不许通报，惟酒食相招则赴之。余近年亦颇有此兴，书以一笑》。其一谓："老怕嚣尘费往回，蓬门无事不轻开。乞诗文者俱相拒，或有佳招我自来。"其二曰："安乐窝中简送迎，苞苴来亦领人情。明知未必皆真意，或有人犹爱老成。"③据此可知，当时江南乡间，尝演《邓尚书吃酒》一剧。

◆《长恨歌》

《庄目》未予著录。

按：叶观国《绿筠书屋诗钞》卷一六"得槐轩后集"收有《春仲八日皇十一子召集撷秀山房，同人吉通政渭厓、茅庶子耕亭、钱殿撰湘舲咸在坐》一诗，中谓："须臾张灯奏新乐，乐句乃本香山翁。"④句后注曰："演唱《长恨歌》新剧。"⑤又称："金钗钿合致缱绻，海山碧落追鸿濛。可信古诗皆入曲，《关雎》《殷武》谐徵宫。"⑥据此，知该剧演唐明皇、杨玉环情事。事本陈鸿

---

① 赵兴勤、赵韡编：《清代散见戏曲史料汇编（诗词卷·初编）》下册，台湾花木兰文化出版社，2014年，第404页。
② 黄仕忠：《日藏中国戏曲文献综录》，广西师范大学出版社，2010年，第166页。
③ 赵翼：《赵翼全集》第六册，凤凰出版社，2009年，第1079页。
④ 叶观国：《绿筠书屋诗钞》，清乾隆五十七年刻本。
⑤ 叶观国：《绿筠书屋诗钞》，清乾隆五十七年刻本。
⑥ 叶观国：《绿筠书屋诗钞》，清乾隆五十七年刻本。

《长恨歌传》、白居易《长恨歌》，与《长生殿》题材同。此处既言"《长恨歌》新剧"，当非洪昇《长生殿》剧。洪氏《长生殿》大概完成于康熙二十七年（1688），而叶观国生于康熙五十八年（1719）。据《国朝先正事略》卷三八，钱棨（字湘龄）于乾隆四十六年（1781）以进士第一及第，授修撰。丙午（乾隆五十一年，1786）分校顺天乡试。明年入直上书房。己酉（乾隆五十四年，1789）分校会试，迁赞善。叶氏诗既称其为殿撰，故本作当写于乾隆四十六年（1781）至五十二年（1787）之间。此时，距《长生殿》完稿已近百年，不可能称之为"新剧"。由此推断，当时应有新剧《长恨歌》流传。已佚。作者不详。

◆《风尘三侠》

《庄目》未予著录。

按：郑逸梅《南社丛谈》"南社社友著述存目表"，于陆澹安名下收有此剧①。晚明凌濛初曾根据唐人小说《虬髯客传》，创作有杂剧三种，即《识英雄红拂莽择配》（即《北红拂》）、《虬髯翁正本扶余国》《蓦忽姻缘》，分别叙红拂、虬髯客、李靖"风尘三侠"事，合称"红拂三侠"。唯演李靖的《蓦忽姻缘》不得见。陆氏所作《风尘三侠》，或即演红拂诸人事。

◆《风情剧》

《庄目》未予收录。

按：《徽池雅调》卷之二上层收有杂剧《风情记》中《闲忆情郎》一折②。唱【八声甘州】【前腔】【香罗带】【醉扶归】【皂罗袍】【好姐姐】【香柳娘】【前腔】【余文】数曲。首尾一韵，倾诉女子相思之情，实乃独角戏。

◆《东方朔偷桃》

《庄目》卷七"中编杂剧四·元明阙名作品"收录有佚名《东方朔》一种，谓："远山堂《剧品》著录。仅此简名，题目正名无考。其他戏曲书簿亦未见著录。《剧品》谓南北曲一折，以雅谑供寿筵，便不入俗云。佚。"③

按：清张埙《二月二日经筵礼成，赐宴文渊阁，赐臣埙《镫夕联句帖》、一玉如意、一彩段、一龙尾研、一笔墨、绢笺各十，即事纪恩三十韵》诗，略谓：

---

① 郑逸梅编著：《南社丛谈：历史与人物》，中华书局，2006年，第427页。
② 王秋桂主编：《善本戏曲丛刊》第一辑，台湾学生书局，1984年，第116页。
③ 庄一拂编著：《古典戏曲存目汇考》中册，上海古籍出版社，1982年，第577页。

"怀核天边有,听歌世上无。仙人浮海至,法曲定场殊。桃熟蓬山顶,花明玉女肤。昔曾怀肉者,今到此闲夫。(原注:杂剧演十八学士、东方曼倩故事。)既奏还宫乐,(原注:杂剧毕,又奏雅乐。)重闻放赏呼。(原注:皇八子承旨呼名以赐,曰放赏也。)"①知乾隆时,宫中演出《十八学士登瀛洲》及《东方朔偷桃》二杂剧。《十八学士登瀛洲》一剧,《庄目》已著录。《东方朔偷桃》剧,当与《东方朔》杂剧不同,而别为一剧。与杨观潮《吟风阁杂剧》中《偷桃》未知是一剧否?

◆《丝鞭记》
《庄目》未见著录。
按:明秦淮墨客(纪振伦)选辑、唐振吾刊行《新刊出像分类陶真选粹乐府红珊》卷之八"捷报类",收有《丝鞭记》"吕状元宫花报捷"一齣。正文则出示齣目。本剧叙吕蒙正爱情故事。刘小姐苦守寒窑,盼夫得中早归。夫果然高中状元,派人来接她进京,小姐喜出望外,谓:"夫,你今修书来,我晓得了。当初在彩楼之上将丝鞭招他。他今日得中,故把宫花报我。彩楼一见喜非常,丝鞭抛打似鸾凰。莫道妇人无眼力,尘埃先识状元郎。"②剧之命名,盖由此而来。本作与南戏《吕蒙正风雪破窑记》《全家锦囊》所收《吕蒙正》以及抄本《彩楼记》,为同一题材剧作。本齣似从《破窑记》第二十四齣《宫花报捷》改编而来,文字有些出入,情节亦略有不同。

◆《仙岩记》
《庄目》未予收录。
按:西宁子长《〈四声猿〉跋》曰:"余读澂道人《仙岩记》,心眼至慧,梦寐通灵,不独文章奇绝,而实获麟生之兆。观其佳嗣岐嶷特出,望而知为奇男子云。道人生平喜谈奇书,又最赏徐山阴《四声猿》,称其抑奸戒淫,奖勇怜才。山阴故已另辟洞天,道人且为山阴大开生面,知己仅石公也哉?厥声相感,真足动天地而变日星矣。道人直与山阴振衣巫峡巅,中夜猿闻,英雄泪落,千载赏心,当在流水高山之外。"③据此,知澂道人尚有《仙岩记》一种,疑为传奇剧作,补此待考。澂道人,又号澂园居士,曾为徐渭《四声猿》作"引"二首。磊砢居士《〈四声猿〉跋》曰:"徐山阴,旷代奇人也。行奇、遇

---

① 张埙:《竹叶庵文集》卷一九"诗十九·秘阁集四",清乾隆五十一年刻本。
② 王秋桂主编:《善本戏曲丛刊》第二辑,台湾学生书局,1984年,第392页。
③ 蔡毅编著:《中国古典戏曲序跋汇编》第二册,齐鲁书社,1989年,第868—869页。

奇、诗奇、文奇、画奇、书奇，而词曲为尤奇。然而石公之传，遒宕而奇；澂公之序与评，俊逸而奇。后先标映，汇为奇书，吾不辨其是徐、是袁、是顾，而只觉其为奇而已。"①据此知澂道人姓顾。其自题曰"西陵澂道人"。西陵，古渡名，在浙江杭州萧山区西二十里，滨临运河。六朝时为西陵戍，五代吴越改名西兴。澂道人，可能是杭州附近人。其《〈四声猿〉题词》"跋"曰："此余归黄伯姊知和氏所作也。伯姊著有《卧月轩稿》行世，今年春秋八十矣，挥毫不倦，间填此阕，其音节豪壮，褒贬谨严，堪与是编同垂不朽。因附刻焉。"②查清黄虞稷《千顷堂书目》卷二八"别集类"，著录有黄茂梧妻顾若璞《卧月轩稿》一卷，注曰："字知和，钱塘人，副使黄汝亨子妇。"③由此，知澂道人乃钱塘顾若璞之弟。

◆《出玄记》

《庄目》未予著录。

按：《类纂今古传奇梨园正式乐府万象新》前集卷二上层，收有《出玄记》中《和尚戏尼姑》一齣。然与郑之珍《目连救母劝善戏文》卷上"和尚下山"对读，知《和尚戏尼姑》一齣，乃由郑氏剧作化出，用曲、宾白均大同小异，唯于【江头金枝】曲内增出大段滚唱，达二十余句，亦见戏场一时之风俗。《出玄记》云云，或是《目连救母劝善戏文》中"和尚下山"之改题。

◆《古其风留人眼》

《庄目》未予收录。

按：傅惜华《清代杂剧全目》曾著录此剧，为马世俊作。此作有顺治间原稿本，未见。"叙穷书生邵宏夫的教馆生涯，于世态炎凉多所刻画。作者早年贫寒，借以自况"④。

◆《台城记》

《庄目》未予著录。

按：《（同治）鄞县志》卷七收有乾隆三十年二月严禁演戏告示一文，中谓："为严禁演戏，以靖地方事。照得民间酬神报赛，固所不禁，而敛钱

---

① 蔡毅编著：《中国古典戏曲序跋汇编》第二册，齐鲁书社，1989年，第868页。
② 蔡毅编著：《中国古典戏曲序跋汇编》第二册，齐鲁书社，1989年，第867页。
③ 黄虞稷：《千顷堂书目》，瞿凤起、潘景郑整理，上海古籍出版社，2001年，第696页。
④ 齐森华等主编：《中国曲学大辞典》，浙江教育出版社，1997年，第455页。

演戏,为害多端。本府访得各属乡村演唱《目莲(连)》《西游》《台城》等戏名,曰'大戏'。三日、五日,始得终场。"①据此可知,乾隆时,尚盛行《台城》大戏。既与《目连》等并举,当演梁武帝佞佛事。湘剧有《台城出家》一剧,"演武帝征服李宪回朝,郗后阴魂托梦,告以己在阴司化蟒,饱受地狱之苦,乞帝请高僧超度。武帝出榜招僧,西方佛祖派弟子化作禅师,揭榜应召,设坛超度,使郗后免除化蟒之罚,并点化武帝修行,武帝遂决意于台城出家"②。辰河戏亦有此目。地方戏当由清代这一大戏演化而来。

◆《史阁部勤王》
《庄目》未予著录。
按:张相文编订《阎古古全集》卷三,收有《庐州见传奇有史阁部勤王一阕,感而志之》诗二首,其一云:"元戎亲率五诸侯,不肯西征据上游。今夜庐州灯下见,还疑公未死扬州。"其二云:"绣铠金鞍妃子装,兴平一旅下河阳。猿公剑术无人晓,惊道筵前舞大娘。(原注:此指高杰之妇即李自成妻。)"③清查为仁《莲坡诗话》卷上谓:"沛县阎古古尔梅,号白耷山人,赴史道邻阁部聘。时值兴平伯高杰为许定国所杀,古古劝阁部往镇抚之,阁部勿听,且退保维扬。古古遂以书投之而去。后于庐州见传奇,有《史阁部勤王》一阕云云。"④本作乃演史可法事。

◆《四才子》
《庄目》卷十一"下编传奇三·清代作品上",于张澜名下著录剧作三种,即《千里驹》《忠孝福》(一名《三世因》)、《万花台》⑤,漏收《四才子》。
按:据张澜《〈巧十三传奇〉识后》载述,其尚作有《四才子》等传奇,详见本书《一笑缘》一目。本事未详。

◆《玉龙球记》
《庄目》未予著录。
按:黄仕忠《日本所藏中国戏曲文献研究》收有此剧,系日本东京大学

---

① 唐荣邦:《(同治)鄜县志》,清同治十二年刊本。
② 王森然遗稿:《中国剧目辞典》,河北教育出版社,1997年,第810页。
③ 阎尔梅:《阎古古全集》,张相文编订,中国地学会,1922年。
④ 王夫之等撰:《清诗话》上册,上海古籍出版社,1978年,第476页。
⑤ 庄一拂编著:《古典戏曲存目汇考》中册,上海古籍出版社,1982年,第1301页。

东洋文化研究所收藏的清养和堂钞本,作者佚名。此乃残本,存二十七齣。"此戏所演为唐明皇时,富彝、富凤(原草书写作'凤',即'凤'字)及银瓶兄妹曲折之婚恋故事,穿插以杨国忠、安禄山、史彦明之争斗。以玉龙球为聘,银瓶之姻事为一剧之关键。遵以传奇之惯例,此剧原名当作'玉龙球记'"①。

◆《玉邪妆》
《庄目》未予收录。
按:《不登大雅文库目录》第十箱"戏曲"收有《橘者言》四剧稿本,缺末剧,其目为:《玉邪妆》《高老庄》《乔坐衙》《雌雄镇》。②据以补。然未题作者,本事不详,是何类剧作,亦不详。《古本戏曲剧目提要》③《中国曲学大辞典》等均未收④。

◆《玉连环》
《庄目》未予著录。
按:《玉连环》,又名《钟情传》。《庄目》卷十三"下编传奇五·明清阙名作品"收有《钟情缘》⑤,未知即此剧否?《玉连环》有清嘉庆间刊本行世。雨亭主人《序》称:"云间朱氏,贫家一女子也。少孤寡,有德性,嗜学颇博,注《周易》,擅诗赋,至晚年亟爱盲词。尝邀太仓项金娣弹唱诸家传说,……因此作《玉连环》,又名《钟情传》,授项歌之。"⑥朱氏《〈绘真记〉自序》署名为"云间女史朱素仙"⑦。可知,朱素仙,号云间女史,云间(今上海松江区)人。著有《玉连环》《绘真记》传奇二种。祖正《〈玉连环〉跋》转引刘献廷《广阳杂记》卷三谓:"剧演《玉连环》,楚人强作吴歙,丑拙至不可忍。"⑧若《广阳杂记》所述《玉连环》与此作为同一目,那么,朱氏当为康熙间人。

---

① 黄仕忠:《日本所藏中国戏曲文献研究》,高等教育出版社,2011年,第132页。
② 马廉著、刘倩编:《马隅卿小说戏曲论集》,中华书局,2006年,第385页。
③ 李修生主编:《古本戏曲剧目提要》,文化艺术出版社,1997年。
④ 齐森华等主编:《中国曲学大辞典》,浙江教育出版社,1997年。
⑤ 庄一拂编著:《古典戏曲存目汇考》下册,上海古籍出版社,1982年,第1699页。
⑥ 蔡毅编著:《中国古典戏曲序跋汇编》第三册,齐鲁书社,1989年,第2009—2010页。
⑦ 蔡毅编著:《中国古典戏曲序跋汇编》第三册,齐鲁书社,1989年,第2013页。
⑧ 蔡毅编著:《中国古典戏曲序跋汇编》第三册,齐鲁书社,1989年,第2012页。

◆《玉莲华》

《庄目》未予著录。

按：《(同治)续纂江宁府志》收有此剧，谓：

> (道光年旌)何长发聘妻高氏女。父文华，为县役。何之父亦茶佣。女小字玉莲，年十五，未嫁，婿病疫死，义不再适，投缳以殉。两家合葬养虎巷。邑人金鳌为作墓志，并制《玉莲华》传奇以表章之。①

由此可知剧作本事及作者。金鳌生平事迹，详见本书第四章"曲家增补"。

◆《玉梅香》

《庄目》未予著录。

按：此剧南京图书馆藏有残钞本。周妙中《江南访曲录要》曾著录，作者题"宜黄凤凰山民"②，姓名、作者无考。孙书磊《〈玉梅香〉传奇残本考略》一文载述曰："其为钞本，但并非完整的四卷本，而是一册二卷的残本。封面双行题'言情小说'，以下单行题'玉梅香传奇下'。首叶首行上题'玉梅香传奇卷三'，次行下署'宜黄凤凰山民倚声'。卷三共计二十七叶。第二十八叶首行上题'玉梅香传奇卷四'，次行下署'宜黄凤凰山民倚声'。卷四共计二十七叶。全册两卷共计五十四叶。……无标点，无评点。无目录，三、四两卷正文各出只标出目，而不标出次。其中，卷三含有九出，依次为《绮感》《乐叙》《情探》《寄书》《诀影》《询病》《哭咏》《听歌》《寒盟》。卷四亦含有九出，依次为《婉讽》《溅红》《扫庐》《伤逝》《念友》《思子》《访幽》《幻聚》《演曲》。各出曲词的曲牌俱未标注其所属的宫调名。"③"该剧是写朱怀玉与陈绮梅之间同窗读书，渐生爱情，彼此相许，最终却被陈父破坏，造成绮梅忧郁而逝、怀玉因此落发出家的悲剧结局"④。周妙中称，此剧"似是仿《红楼梦》之结局"⑤，其实，情节上有仿弹词《珍珠塔》之痕迹。如朱怀玉离开舅父家返江南，路上风雨交加，感念表妹(其姑母之女)之情。而弹词中方卿于返乡途中，遇风雪交加，困苦

---

① 蒋启勋：《(同治)续纂江宁府志》卷一四之一四上"江宁"，清光绪六年刊本。
② 周妙中：《江南访曲录要》，《文史》第二辑，中华书局，1963年，第239页。
③ 孙书磊：《南京图书馆藏孤本戏曲丛考》，中华书局，2011年，第256页。
④ 孙书磊：《南京图书馆藏孤本戏曲丛考》，中华书局，2011年，第260页。
⑤ 周妙中：《江南访曲录要》，《文史》第二辑，中华书局，1963年，第239页。

潦倒,亦感念表妹(其舅父之女)之情。剧叙陈父铺谋定计拆散女儿绮梅与怀玉之婚事,陈母倒有意曲成。弹词与之相反,翠娥之父陈琏一力支持女儿与内侄方卿成婚,而方氏则嫌贫爱富,阻挠婚事。剧叙绮梅为父逼婚不过咳血而逝,弹词则叙翠娥被逼婚,多有偶合。《珍珠塔》弹词,据赵景深考证,"最早刊本为清乾隆四十六年刊本"①。依此推论,《玉梅香》之成书不会早于此,大概产生于嘉庆初年。

◆《玉箫记》

《庄目》未予著录。

按:清人王庆勋《诒安堂诗稿》初稿卷四《槎水往还集下》收有《题肖英〈玉箫记〉院本》一诗,谓:"本应名士悦倾城,底事天公转欠平。春意做成红豆劫,泪丝消得紫云情。闲怀岂讳关儿女?痴愿何曾隔死生。忍笑才人心狡狯,已将悲感写分明。"②据此,知当时有《玉箫记》院本行世,或演儿女情事,有别于元乔吉《玉箫女两世姻缘》杂剧。肖英,在《诒安堂诗稿》中屡见,如初稿卷一、初稿卷二、初稿卷三、初稿卷四、二集卷一、二集卷二、二集卷三、二集卷七、二集卷八。当为杨肖英,生平、籍里不详。

◆《生生意》

《庄目》未予收录。

按:《不登大雅文库目录》第十箱"戏曲"著录:"清溪草堂传奇《生生意》三十折,旧抄本。"③为传奇剧,凡二卷三十折,有清抄本,据以补。郭英德《明清传奇综录》收有松菊主人编《生生意》传奇,并介绍剧情梗概,可参看④。

◆《白玉楼》

《庄目》卷十"下编传奇二·明代作品下"著录有蒋麟征《白玉楼》传奇一种,谓:"演李贺事,以上帝召贺作《白玉楼记》,故名。与明阙名《诗囊恨》,清黄璞《天上有》,同一题材。"⑤

按:清人袁栋合另有《白玉楼》一种。张慧剑《明清江苏文人年表》"乾

---

① 谭正璧、谭寻:《弹词叙录》,上海古籍出版社,1981年,第236页。
② 王庆勋:《诒安堂诗稿》,清咸丰三年刻五年增修本。
③ 马廉著,刘倩编:《马隅卿小说戏曲论集》,中华书局,2006年,第385页。
④ 郭英德编著:《明清传奇综录》下册,河北教育出版社,1997年,第1183页。
⑤ 庄一拂编著:《古典戏曲存目汇考》中册,上海古籍出版社,1982年,第979页。

隆十九年",据《四当斋书目》下四等记载,谓"吴江袁栋合所著《陶朱公》《姚平仲》《郑虎臣》《鹅笼书生》《白玉楼》《桃花缘》等杂剧为《玉田乐府》刊行"①。《太平广记》卷四九引《宣室志》曰:"陇西李贺字长吉,唐郑王之孙。稚而能文,尤善乐府词句,意新语丽,当时工于词者,莫敢与贺齿,由是名闻天下。以父名晋肃,子故不得举进士,卒于太常官,年二十四。其先夫人郑氏,念其子深,及贺卒,夫人哀不自解。一夕梦贺来,如平生时,白夫人曰:'某幸得为夫人子。而夫人念某且深,故从小奉亲命,能诗书,为文章。所以然者,非止求一位而自饰也。且欲大门族,上报夫人恩。岂期一日死,不得奉晨夕之养,得非天哉!然某虽死,非死也,乃上帝命。'夫人讯其事,贺曰:'上帝神仙之居也,近者迁都于月圃,构新宫,命曰"白瑶"。以某荣于词,故召某与文士数辈,共为新宫记。帝又作"凝虚殿",使某辈纂乐章。今为神仙中人,甚乐,愿夫人无以为念。'既而告去。夫人寤,甚异其梦,自是哀少解。"②又,元辛文房《唐才子传》记述曰:"李贺,七岁能辞章,名动京师。韩愈、皇甫湜览其作,奇之而未信,曰:'若是古人,吾曹或不知;是今人,岂有不识之理?'遂相过其家,使赋诗。贺总角荷衣而出,欣然承命,旁若无人,援笔题曰《高轩过》。二公大惊,以所乘马命联镳而还,亲为束发。贺疾笃,恍惚昼见人绯衣驾赤虬腾下,持一版书,若太古雷文,曰:'上帝新作白玉楼成,立召君作记。'贺叩头辞,谓母老病。其人曰:'天上比人间差乐,不苦也。'居顷之,窗中勃勃烟气,闻车声甚速,遂绝。死时才二十七,莫不怜之。贺诗稍尚奇诡,组织花草,片片成文,所得皆惊迈,绝去翰墨畦迳,时无能效者。乐府诸诗,云韶众工,皆谐于律吕。尝叹曰:'我年二十,不意一生愁心,如欲谢梧桐叶矣。'李藩缀集其歌诗,因托贺表兄访所遗失,并加点窜,付以成本。弥年绝迹,及诘之,曰:'每恨其傲忽,其文已焚之矣。'今存十之四五。"③事本于此。

◆《白蝴蝶》

《庄目》未予著录。

按:郑逸梅《南社丛谈》"南社社友著述存目表",于陈蝶仙著述中,录有"《白蝴蝶》传奇"④,为《庄目》所漏收。本事未详。

---

① 张慧剑:《明清江苏文人年表》,人民文学出版社,2008年,第1111页。
② 李昉等编:《太平广记》第一册,中华书局,1961年,第304页。
③ 辛文房:《唐才子传》,京华出版社,2000年,第154—155页。
④ 郑逸梅编著:《南社丛谈:历史与人物》,中华书局,2006年,第424页。

◆《讨妒檄》

《庄目》未予收录。

按:《江苏艺文志·常州卷》据光绪《武阳志余》卷七"集部·词曲类",著录有庄《讨妒檄》一种①。疑为传奇,本事不详,已佚。

◆《龙女牧羊》

《庄目》未予收录。

按:郑逸梅《南社丛谈》"南社社友著述存目表",于陆澹安名下收有此剧②。当系据唐人李朝威小说《柳毅传》改编而来。其中叙及洞庭龙君小女,嫁泾川小龙,受尽虐待而"牧羊于道畔"之事。

◆《乔坐衙》

《庄目》卷六"中编杂剧三·明代作品"分别收有李开先、张岱《乔坐衙》,均已佚③。

按:《不登大雅文库目录》第十箱"戏曲"收有《橘者言》四剧稿本,缺末剧,其目为:《玉邪妆》《高老庄》《乔坐衙》《雌雄镇》④。据以补。然未题作者,疑演《水浒传》中李逵寿张乔坐衙事。究竟是何类剧作不详。

◆《同窗记》

《庄目》未予著录。

按:《徽池雅调》卷一下层收有《同窗记》中《英伯相别回家》《山伯赛槐荫分别》二齣,原刻本《精选天下时尚南北徽池雅调》"一卷下层"目次为《山伯分别》,下注曰"仝窗"。正文版心题《还魂记》。王秋桂《善本戏曲丛刊》第一辑《新编徽池雅调目录》:《同窗记》(版心题《还魂记》):《英伯相别回家》《山伯赛槐阴分别》,无疑是视所选二齣戏,均出自同一剧目。《中国曲学大辞典》"同窗记"条谓:"朱少斋作。亦名《英台记》《还魂记》,今无传本。《摘锦奇音》选《山伯千里赴约》,《尧天乐》选《河梁分袂》,《缠头百练》选《访友》,《时调青昆》选《山伯访友》《英台自叹》。《徽池雅调》选《山伯

---

① 南京师范大学古文献整理研究所:《江苏艺文志·常州卷》,江苏人民出版社,1994年,第506页。
② 郑逸梅编著:《南社丛谈:历史与人物》,中华书局,2006年,第427页。
③ 庄一拂编著:《古典戏曲存目汇考》上册,上海古籍出版社,1982年,第426、526页。
④ 马廉著、刘倩编:《马隅卿小说戏曲论集》,中华书局,2006年,第385页。

赛槐阴分别》《英台相别回家》,齣内题《还魂记》,目录题《同窗记》,可见实即一剧。"①亦视二齣戏为同出一剧。

两相对照,实则不然。《英伯相别回家》与《山伯赛槐阴分别》,情节相同,内容相似,语言相近,不可能在同一剧作中重复相关内容,不妨列表以示意之:

《英伯相别回家》	《山伯赛槐阴分别》
(旦)(唱)昨日一同玩长江,争奈他人不忖量,被他瞧破我机关,拜别梁兄转家庭。(生)吾今三载困寒窗,忽听贤弟叫我,即忙向前问取端的。	【驻云飞】(旦)……梁兄果志诚,忒聪明。昨日先生不在学中,被众生邀去,拾翠寻芳,游玩江滨,被轻薄桃花识破真容,险些儿难藏隐,辞别梁兄还故乡。
(旦)哥哥送我到青松,只见白鹤叫忽忽,两个毛色一般样,未知哪个雌来哪个雄?	【浪淘沙】(旦)那是白鹤立松阴,对对齐鸣。哥哥,声相似也,色相同也,雌雄谁是任君评?两个毛色一般样,难认其真。
(旦)哥哥送我到墙头,墙内有树好石榴,本待摘与哥哥吃,只恐知味又来偷。	【浪淘沙】(旦)……徐步通墙阴,榴熟堪羡,其中滋味值千金。
(旦)哥哥送我到庙庭,上面坐的是神明,两个有口难分诉,中间只少个做媒人。东廊行过又西廊,判官小鬼立两旁,双手抛起金圣筶,一个阴来一个阳。	(旦)行行到庙庭,拜谒神明。原来是土地公、土地婆。梁兄,说个笑话,日间同坐,夜间同宫否?喜得一阳又一阴,眼前有颜如玉,中间只少个媒人。
(旦)哥哥送我到池塘,池塘一对好鸳鸯,两个本是成双对,前生烧了断头香。②	(旦)鸳鸯立沙洲,一个儿又不行,悲悲切切恐离群。物尚知如此,可以人而不如鸟乎?想是前生烧了断头香,今世无缘。欲将此事从头说,语话来在舌尖根。说又说不出,说出来只恐颠倒迷昏。③

倘若同出一剧,内容决不致重复如此之多。那么,二者究竟出自何剧,这不能不引起我们的思索。

明胡文焕《群音类选》"诸腔"卷四,收有《访友记》中《山伯送别》《赛槐阴分别》二齣,所叙内容,与《徽池雅调》所选梁祝故事戏相似,但值得

---

① 齐森华等主编:《中国曲学大辞典》,浙江教育出版社,1997年,第385页。
② 王秋桂主编:《善本戏曲丛刊》第一辑,台湾学生书局,1984年,第24—27页。
③ 王秋桂主编:《善本戏曲丛刊》第一辑,台湾学生书局,1984年,第30—36页。

注意的是,《赛槐阴分别》一齣,用曲亦与《徽池雅调》所选大致相同,如下表:

《山伯赛槐阴分别》(《徽池雅调》)	《赛槐阴分别》(《群音类选》)
【驻云飞】(旦)"远别双亲"	(旦)【驻云飞】"远别双亲"
(生)"鸟鸣嘤嘤"	【前腔】"鸟鸣嘤嘤"
【皂罗袍】"我把举中究问"	【皂罗袍】"我把举中究问"
(旦)"告禀梁兄"	【前腔】"告禀梁兄"
(生)"我见你幽闲贞静"	【前腔】"我见你幽闲纯静"
(旦)"人禀阴阳"	【前腔】"人禀阴阳"
【浪淘沙】(旦)"那是白鹤"	(生)【浪淘沙】"那是白鹤"
(旦)"行行到朝廷"	【前腔】"行行到朝廷"
(旦)"鸳鸯立沙洲"	【前腔】"鸳鸯立沙墩"
(生)"我与你同窗有三年,眼睁睁难舍离分,一程又一程,长亭共短亭。"	【前腔】"我与你同窗三旬,眼睁睁难舍离分,一程又一程,长亭共短亭。"
(旦)"三年同学"①	无②

《群音类选》本,在【前腔】"我与你同窗"后,尚有【尾犯序】"一旦两离分"、【前腔】"合志共囊萤"、【前腔】"贤兄度我心"、【前腔】"闻言犹未明"、【忆多娇】"惨切"、【前腔】"衷肠事"、【前腔】"实心说"、【斗黑麻】"深感贤弟"、【前腔】"还更望吾兄"、【前腔】"愁只愁此行"、【前腔】"虑只虑此行"、【尾声】"草头露水"十余支曲文③,为《徽池雅调》所未及。且《群音类选》本"梁兄何必疑思问"后,梁山伯之道白:"听说原因句句真,使人疑惑豁然分。今朝不忍须臾别,特地殷勤送几程"④,在《徽池雅调》本中改作英台唱词。种种迹象表明,这两种曲选所收"赛槐阴分别",当是出于同一版本。唯《徽池雅调》本对原作内容有所简化而已。我们不妨认定,《山伯赛槐阴分别》一齣,当是采自《访友记》。《徽池雅调》原刊本目录,仅列《山伯分别》,并注曰"全窗",目中并未列《山伯赛槐阴分别》,亦可佐证。或是二者因题材同,当时编者未予详察,在刊刻时于版心同题《还魂记》,亦是可能之事。

那么,《英伯相别回家》,又是出自何剧?笔者认为,似当由刊刻于嘉靖

---

① 王秋桂主编:《善本戏曲丛刊》第一辑,台湾学生书局,1984年,第29—36页。
② 胡文焕编:《群音类选》第三册,中华书局,1980年,第1678—1682页。
③ 胡文焕编:《群音类选》第三册,中华书局,1980年,第1683—1686页。
④ 胡文焕编:《群音类选》第三册,中华书局,1980年,第1680—1681页。

年间的《风月锦囊》中的《祝英台记》演化而来。二者文字颇多相似。如开头的(旦)"昨日一同玩长江"、【夜行船】"花底黄鹂"①,内容大致相同。不过,《风月锦囊》本【夜行船】后所唱"迢递,曲径芳堤""堪题,绿柳荫中""思知,春色三分",【近腔】"芳草地""同欣会",【忆多娇】"心哽咽"等曲文,以其过于文雅,均为《徽池雅调》本所不取,而《风月锦囊》本穿插于曲文中的夹白,如"哥哥送我到墙头""哥哥送我到井东""哥哥送我到青松""哥哥送我到庙庭""东廊行过转西廊""哥哥送我到池塘""哥哥送我到长河""哥哥送我到江边""哥哥送别转书房""与君共学有三春"②,在《徽池雅调》本中,均转换成曲文,由旦角来唱,仅个别字有所不同。且结末二句"谨记河边分别去,未知何日再相逢"③,仍予保留。其基本面貌,与原作相比,已发生了很大变化。而《群音类选》所选《访友记》中《山伯送别》,则与《风月锦囊》所选大致相近,无《风月锦囊》本旦唱"昨日一同玩长江"曲文,开头即为【夜行船序】"花底黄鹂"、【前腔】"迤逦,曲径芳堤"、【斗宝蟾】"堪题,绿柳阴中"、【前腔】"听启,春色三分"④,而删【近腔】"芳草地""同欣会",【忆多娇】"心哽咽"诸曲,亦删去英台临别所言:"梁兄,我家一个妹子,未曾许聘他人。你若回时,到我家来,我对爹爹说,把妹子与你成亲,不忘三年之恩。今日就此分别"⑤,这一段重要文字。相反,《徽池雅调》却将其保留。如此看来,《群音类选》所收本与《风月锦囊》本较为相近,而《徽池雅调》本虽说源出《风月锦囊》中的《祝英台记》,但已蜕变为自成面目的另一种版本,亦即本书所题《同窗记》。这一推测,或去事实不远。

《大明天下春》卷五上所选《同窗记》中"山伯访友"有这样一段:

(生)已往事不要说他,我且问你那日红亭泣别,不忍分离,亏你下得狠心,也不说半句真话。

(旦)哥,你还道我不曾说呵。墙头石榴庙里神,青松白鹤吐真情。池内鸳鸯交颈语,天台采药问虚真。红莲并蒂言多味,首举关雎论圣经。谁知就里全生长不晓,辜负文君一片心。(叹介)

(旦)一路上见景题诗,托物比兴。哥,谁知你不解文君意,那识伯牙心。

(生)贤弟,我今日特为令妹婚姻而来,那亲事怎么说?

---

① 孙崇涛、黄仕忠笺校:《风月锦囊笺校》,中华书局,2000年,第537页。
② 孙崇涛、黄仕忠笺校:《风月锦囊笺校》,中华书局,2000年,第538—539页。
③ 孙崇涛、黄仕忠笺校:《风月锦囊笺校》,中华书局,2000年,第539页。
④ 胡文焕编:《群音类选》第三册,中华书局,1980年,第1676—1677页。
⑤ 孙崇涛、黄仕忠笺校:《风月锦囊笺校》,中华书局,2000年,第539页。

（旦）哥，我哪里有妹子，舍不得你同窗三载、八拜之交，许你前来结下丝萝，谁知你失信不来，反道我不是。①

所追述的二人离别之情节，亦见于《摘锦奇音》所收《同窗记》中"山伯千里赴约"。《时调青昆》中《同窗记》"山伯访友"、《怡春锦》(又名《缠头白练》)所选《同窗记·访友》，皆与《英伯相别回家》一一对应，越发证明本齣乃出自《同窗记》。

由上述可知，《徽池雅调》所选两齣梁祝故事戏，并非同出一源。前者，如该书原刊本目录所言，出自《同窗记》；后者乃由《访友记》节录而来。把它们误认作同一剧目，是未能将二者认真比勘，仅凭齣目或题材、内容而臆测的缘故。

◆《名山志》

《庄目》未予收录。

按：清初粲花主人选辑、西湖漫史点评《新镌汇选昆调歌林拾翠》卷之二收有《名山志》一剧，其中《湖宴》《诉衷》二齣入选②。作者佚名，本事不详。

◆《团圆梦》

《庄目》未予收录。

按：清人詹应甲《赐绮堂集》卷二六"弦秋词三"收有【金缕曲】〈题沈著轩邀月图〉，谓：

> 月向空中笑，笑先生、诗瓢何大，酒瓢何小。不筑糟邱成独酌，眼底醉心人少。我与我、饮醇交早。二十年来真面目。(原注：图成于己酉岁，阅今二十年矣。)算青天、碧海曾相照。浮大白，一轮皎。　龙眠妙笔生花老，最关情、樊楼旧馆，钱塘归棹。一卷河渠能下酒，(原注：著轩向为河幕，东诸侯多延致之。)略展半生怀抱。听唱出、团圆梦好。(原注：所著有《团园(按：应为圆)梦》传奇。)苍翠满衣苔湿履。料松心、石骨同倾倒。月留影，打成稿。③

据本词小注增补。本事不详。

---

① 〔俄〕李福清、〔中〕李平编：《海外孤本晚明戏剧选集三种》，上海古籍出版社，1993年，第410—411页。
② 马廉著、刘倩编：《马隅卿小说戏曲论集》，中华书局，2006年，第197页。
③ 詹应甲：《赐绮堂集》，清道光止园刻本。

◆《在陈绝粮》

《庄目》未予著录。

按:清人汪士铎《悔翁诗钞》卷五收有《有感》一诗,谓:"气必足帅志,力必足举事。德必足忠勤,才必足副意。更能际遇佳,巍然成伟器。不农复不商,巧言工文字。谐俳下侪优,适用不如吏。坐失驹隙时,强争蝇头利。蝎蠹其麕集,正士所鄙弃。宜其宋虞闲,日以儒为戏。"①诗末小注云:"归德各邑优扮在陈绝粮,子路想及樊迟农圃。孔子云:'事已如此,不如寻蘧老伯讨蒸饽食。'"②此处叙及剧作内容,且云盛演于归德(今河南商丘)各地。孔子陈、蔡绝粮事,见《史记·孔子世家》。子路事,《史记·仲尼弟子列传》多有载述,《孔子世家》亦曾叙及。民间据此而敷衍。

◆《夗央被》

《庄目》"附录一·近代作品"未予著录。

按:郑逸梅《南社丛谈》"南社社友著述存目表"收录有王蕴章所著《夗央被》传奇③。本事未详,未知与元杂剧《鸳鸯被》题材同否?

◆《存孤记》(佚名)

《庄目》卷九"下编传奇一·明代作品上",收有同名剧作,乃明人陆弼所作,叙东汉王成受李固之女文姬之托救护其弟李燮事④。同书卷八"中编杂剧五·清代作品",于许鸿磬名下著录有《孝女存孤》,叙孝女张淑贞抚侄之事⑤。而《(光绪)绛县志》所载《存孤记》,未予收录。

按:《(光绪)绛县志》所载《存孤记》,乃叙乾隆时能吏陈梦说之事,略谓:

> 陈梦说,初名梦月,字象臣,号晓岩,陈村里人,生于垣曲刘张村。十岁随父返里读书,能知大义。工诗古文词,见者咸许为大器。二十二岁补县学生,中乾隆丙辰恩科举人,戊辰科进士,补刑部主事,迁员外郎郎中,兼办河南、安徽司,并提牢听。遇事勤慎明允,长于折狱,王大臣称为贤员。后转礼部郎中。暹罗入贡,奉旨伴送贡使入粤海,六

---

① 汪士铎:《悔翁诗钞》,清光绪张士珩味古斋刻本。
② 汪士铎:《悔翁诗钞》,清光绪张士珩味古斋刻本。
③ 郑逸梅编著:《南社丛谈:历史与人物》,中华书局,2006年,第414页。
④ 庄一拂编著:《古典戏曲存目汇考》中册,上海古籍出版社,1982年,第870页。
⑤ 庄一拂编著:《古典戏曲存目汇考》中册,上海古籍出版社,1982年,第771—772页。

阅月而复命。著《入粤纪事》一书。次年补浙江宁绍台道,得同乡官佽助而后到任,其为京官之廉可知矣。在任革陋规、察奸吏、惠黎民,凡有修塘、修城、修船大工役,大疑狱,上宪皆委办。决之而法外施仁,如梅监生欧官一案,曲宥其少子,台人德之,演剧为《存孤记》以传其事。①该剧之作者及剧作之存佚皆不详。

◆《尽忠传奇》

《庄目》未予收录。

按:清沈德潜《归愚诗钞余集》卷一〇"古今体诗"收有《观〈尽忠传奇〉座上作》一诗,谓:"小朝廷议犬狺狺,大将长驱捷比神。拓地十年诬作叛,格天一德耸称臣。(原注:秦桧建一德格天之阁。)莫须有定风波狱,归去来全明哲身。从此国仇无可报,万年遗臭款金人。"②据此,本作当演岳飞事。飞乃抗金名将,为奸臣秦桧所构陷,遇害于风波亭。事见《宋史》"本传"。明姚茂良《精忠记》一剧,即演其事,然剧名不同,当另有一同题材剧作。

◆《并蒂花》

《庄目》未予著录。

按:《江苏艺文志·扬州卷》著录,题曰《并蒂花》二卷,集部词曲类,有自刻袖珍本③。据此补入。剧作本事不详。

◆《曲曲》

《庄目》未予著录。

按:孙书磊《茅恒及其论曲传奇〈曲曲〉考》一文谓该剧是"以戏剧的形式阐述作者昆曲曲唱理论的具有曲论性质的传奇"④,其"完整本仅存于南京图书馆所藏《霓裳新咏谱》三十册之第十五册中"⑤。作者为清人茅恒。"该剧宾白、曲词齐全,版式同其他各册,曲词亦皆配工尺谱。剧作共八出,即《稔音》《精听》《辨声》《考乐》《悟填》《致访》《砭俗》《究情》,不标出次,不分卷。卷首署'李暎庚曜西氏'作于'光绪龙飞二十有三祀岁次疆圉作噩

---

① 胡延:《(光绪)绛县志》卷一九,清光绪二十五年刻本。
② 沈德潜:《沈德潜诗文集》第二册,人民文学出版社,2011年,第613页。
③ 南京师范大学古文献整理研究所编:《江苏艺文志·扬州卷》下册,江苏人民出版社,1995年,第1196页。
④ 孙书磊:《南京图书馆藏孤本戏曲丛考》,中华书局,2011年,第283页。
⑤ 孙书磊:《南京图书馆藏孤本戏曲丛考》,中华书局,2011年,第287页。

玄英辜月冬至日'之《叙》和'朱方茅恒北山氏'作于光绪二十三年十一月冬至日之《自序》"①。

◆《杂剧记》

《庄目》未予收录。

按：《徽池雅调》分别于卷之一、卷之二上层，收有《杂剧记》中《妓情相忆》②《洞房花烛》（骨牌名）、《洞房花烛》（曲牌名）、《月下佳期》（曲牌名）、《联捷新词》《弄璋新词》等节③，就作品内容而论，相互间并无连贯内容。盖为伶人搬演时随时取用而设。即此而论，《杂剧记》并非是独立剧目，而是利于穿插于戏曲表演中的伎艺段落的统称，缘其形式较特殊，故列于此以资参考。

◆《百岁坊》

《庄目》卷十一"下编传奇三·清代作品上"，于张澜名下著录剧作三种，即《千里驹》《忠孝福》（一名《三世因》）、《万花台》④，漏收《百岁坊》。

按：据张澜《〈巧十三传奇〉识后》载述，其尚作有《百岁坊》等传奇，详见本书《一笑缘》一目。本事未详。清初白话短篇小说集《照世杯》（酌元亭主人编次）中有"百和坊将无作有"一目，叙假名士欧醉（自号滁山）打秋风、图财利反而遭打受窘事。未知与本作内容相关否？

◆《百花春》

《庄目》卷十三"下编传奇五·明清阙名作品"著录有《百花记》一目⑤，于其他各卷还分别著录有《百花梦》《百花舫》《百花洲》《百花台》诸剧，均与本剧名目不同。

按：汪由敦《松泉集》诗集卷一三收有《丁卯恭和御制新正二日试笔元韵》一诗，谓："仙毫挥洒物同春，七日三阳协令辰。（原注：去腊廿五日立春，至是七日矣。）到眼阶蓂双叶秀，从头苑柳一番新。花紫舞袖团金粉，（原注：是日乾清宫赐宴，演《百花》新剧。）香溢芳樽泛玉津。岁岁承恩惭报

---

① 孙书磊：《南京图书馆藏孤本戏曲丛考》，中华书局，2011年，第287页。
② 王秋桂主编：《善本戏曲丛刊》第一辑，台湾学生书局，1984年，第61页。
③ 王秋桂主编：《善本戏曲丛刊》第一辑，台湾学生书局，1984年，第89—98页。
④ 庄一拂编著：《古典戏曲存目汇考》中册，上海古籍出版社，1982年，第1301页。
⑤ 庄一拂编著：《古典戏曲存目汇考》下册，上海古籍出版社，1982年，第1566页。

称,敬持丹笔体深仁。"①小注明言"乾清宫赐宴,演《百花》新剧"。然仅据《百花》之目,易与明人《百花记》相混淆。同书卷一七又收有《新正二日乾清宫侍宴恭纪》一诗,曰:"紫殿元辰秩广筵,法宫重荷渥恩偏。春风乍转双蕊秀,韶律先舒百卉妍。(原注:是日演《百花春》剧。)九有岁华调玉烛,一堂喜气洽瑶笺。小臣忝窃叨荣遇,拜赐欣歌既醉篇。"②知其剧名为《百花春》。丁卯,乃乾隆十二年(1747)。汪由敦于乾隆二年(1737)八月成进士,改翰林院庶吉士,散馆,授编修。十年,充日讲起居注官。十一年四月,授右春坊右中允。八月授翰林院侍讲。十三年,转侍读③。汪由敦得于乾清宫观赏伶人所演《百花春》新剧,当在其任翰林院侍讲之时。剧演何事,新剧何人所编,均不甚了了。

◆《红罗记》

《庄目》未予著录。

按:孙书磊《〈红罗记〉传奇稿本考论》一文谓:南京图书馆藏有秦子陵《红罗记》传奇,乃清末秦子陵作。全书四册四卷,题"如皋莲乡秦子陵填词",或作"如皋小雅秦子陵填词"。该剧又名《芭蕉楼》《驻春楼》。全剧四十四龂,叙嘉兴书生黄玠与金陵女子吴绿筠、已故翰林曾又青之女曾云娥(字浣雪),历经种种磨折、终成眷属之事。黄生《驻春楼稿》、云娥红罗诗帕,均为联络爱情之物,故以之为剧名。详情见孙书磊文章④。

◆《红楼梦》

《庄目》收有严保庸《红楼新曲》⑤、吴镐《红楼散套》⑥,然未收花韵庵主《红楼梦传奇》。

按:马廉谓:"涵芬楼藏书目录,有《绣刻演剧》七十二册,不著撰人,明刊本,有抄补;又嘉庆时刊本,题'花韵庵主撰红楼梦传奇'一本。"⑦据此补入。

---

① 汪由敦:《松泉集》,清文渊阁四库全书本。
② 汪由敦:《松泉集》,清文渊阁四库全书本。
③ 钱维城:《加赠太子太师吏部尚书谥文端汪由敦传》,钱仪吉:《碑传集》第三册,中华书局,1993年,第896页。
④ 孙书磊:《南京图书馆藏孤本戏曲丛考》,中华书局,2011年,第229—237页。
⑤ 庄一拂编著:《古典戏曲存目汇考》中册,上海古籍出版社,1982年,第766页。
⑥ 庄一拂编著:《古典戏曲存目汇考》中册,上海古籍出版社,1982年,第765页。
⑦ 马廉著、刘倩编:《马隅卿小说戏曲论集》,中华书局,2006年,第295页。

◆《红鞯鞨》

《庄目》未予著录。

按：清人金烺作有【满江红】〈自制红鞯鞨传奇题词〉一词，曰：

作客端州，正遇着、炎荒时节。小楼外、长江一幅，征帆远接。瘴雨蛮烟铃阁上，红蕉丹荔华筵设。看参军、幕府尽才人，芳词缬。　初未识，阳关叠。从不解，鹦哥舌。也邯郸学步，自惭痴绝。板错还凭雪舫较，（原注：同里吴伯憩。）句讹常向鹅笼别。（原注：阳羡万红友。）却成来，减字与偷声，红鞯鞨。①

剧作内容待考，已佚。

◆《老君下界》

《庄目》未予著录。

按：马廉《马隅卿小说戏曲论集》所收日记据缀玉轩所藏旧曲新钞重装本著录此剧，谓："《老君下界》一册，无目，二十二齣。"②显然是传奇。老君，即太上老君，为道教至尊之神。《史记·老庄申韩列传》谓："老子者，楚苦县厉乡曲仁里人也。姓李氏名耳，字伯阳，谥曰聃，周守藏室之史也"③，"老子修道德，其学以自隐无名为务居周久之，见周之衰，乃遂去。至关，关令尹喜曰：'子将隐矣，彊为我著书。'于是老子乃著书上下篇，言道德之意五千余言而去，莫知其所终。"④又，《南齐书·顾欢传》云："老子入关之天竺维卫国，国王夫人名曰净妙，老子因其昼寝，乘日精入净妙口中，后年四月八日夜半时，剖左腋而生。坠地即行七步，于是佛道兴焉。"⑤其事见《独异志》《列异传》《混元圣纪》《蜀本纪》等古籍。本剧当据此而敷衍。

◆《自由花》

《庄目》于"附录一·近代作品"陈嵩寿（字蝶仙，号栩园、惜红生）名下收有《自由花》一剧，并曰："谱才子佳人事。仅存五齣，未完。"⑥

---

① 南京大学中国语言文学系《全清词》编纂研究室编：《全清词·顺康卷》第十四册，中华书局，2002年，第8091—8092页。
② 马廉著，刘倩编：《马隅卿小说戏曲论集》，中华书局，2006年，第271页。
③ 《二十五史》第一册，上海古籍出版社、上海书店，1986年，第247页。
④ 《二十五史》第一册，上海古籍出版社、上海书店，1986年，第247页。
⑤ 《二十五史》第三册，上海古籍出版社、上海书店，1986年，第2007页。
⑥ 庄一拂编著：《古典戏曲存目汇考》下册，上海古籍出版社，1982年，第1741页。

按:郑逸梅《南社丛谈》"南社社友著述存目表",于陈蝶仙著述中,称该作为"《自由花》弹词"①,当可信。

◆《行孝记》

《庄目》未予著录。

按:《梨园会选古今传奇滚调新词乐府万象新》前集卷一下层,收有《闵损御车行孝》一齣,谓出自《行孝记》。叙孝子闵子骞事。所用曲为【铧锹儿】"阵阵朔风起"、【前腔】"遍体肉惊颤"、【忆多娇】"向往野人踪灭"、【前腔】"途路涉"、【尾声】"岖崎险道"五支②。《群音类选》卷二四收录《十孝记》中《黄香扇枕》《兄弟争死》《缇萦救父》《伯俞泣杖》《郭巨卖儿》《衣芦御车》《王祥卧冰》《张氏免死》《薛包被逐》《徐庶见母》数齣。因《衣芦御车》与《闵损御车行孝》题材同,故被误认为是同一剧作③。《衣芦御车》所用曲为【胜如花】"风烟阻"、【前腔】"瞻云念"、【啄木莺儿】(啄木儿)"蒙严指"、【黄莺儿】"弟兄间"、【前腔】"休回护"、【簇袍黄】(簇御林)"休含痛"、【皂罗袍】"慈亲若在"、【黄莺儿】"免愁烦"、【前腔】"行和止"④。文字全然不同。在唱腔安排上,有"合""合前"之唱法,亦有父子对唱以及父欲逐妻、子苦劝谏诸情节。而《闵损御车行孝》,是叙闵损推车冲雪而行,欲迎父归,是独自一人悲诉于场上,情节不同。据此推论,《乐府万象新》所收该剧,与《群音类选》"衣芦御车",乃完全不同的两种剧作,明代当另有《行孝记》剧本存在,惜已佚。

◆《西子记》

《庄目》未予著录。

按:《梨园会选古今传奇滚调新词乐府万象新》前集卷一,于"时尚新调"栏,收入《庄子因骷髅叹世》一齣,谓出自《西子记》,命名之由来不得而知。然既称"时尚新调",多为流行于万历年间的新曲。其中【耍孩儿】一曲,连续用三四十"莫不是"之排比句,一气呵成,历述人间种种世相。以如此大段曲文抒写情怀,在古代曲作中实属罕见。

---

① 郑逸梅编著:《南社丛谈:历史与人物》,中华书局,2006年,第424页。
② 〔俄〕李福清、〔中〕李平编:《海外孤本晚明戏剧选集三种》,上海古籍出版社,1993年,第102—104页。
③ 李平:《〈乐府万象新〉所收戏曲及其见于晚明其他戏曲散齣选本情况对照表》,〔俄〕李福清、〔中〕李平编:《海外孤本晚明戏剧选集三种》,上海古籍出版社,1993年,第5页。
④ 胡文焕编:《群音类选》第二册,中华书局,1980年,第1271—1273页。

◆《闯王破都城》

《庄目》未予收录。

按：陈维崧《迦陵词全集》卷二七所收【贺新郎】词小序曰："余与于皇作《自嘲词》竟，于皇复谓余曰：忽忆一事，大资嗢噱。昔甲申闯贼之变，迎降者，大司马某亦与焉。其人后官两浙，开讌西湖，召梨园侑酒，即命演闯贼破都城故事。数龀后，闯贼入城，一人执手板，蒲伏道旁，自唱'臣兵部尚书某迎接圣驾。'盖某即坐上某也。某怅然不怿，良久曰：'嘻！亦太甚矣！某何至是？'遂罢酒去。余与于皇抚掌之次，同赋是词，仍用原韵。"词曰："岭对离宫绣。听鼙鼓、渔阳遗恨，乾坤罕有。记得黄巾初入洛，朝士马都如狗。还自许、师臣宾友。谁把侍中貂细插，锦河山、忍被军声透。八风舞，郎当袖。　　梨园白发潜悲吼。谁信道、千秋南董，系诸伶口。马上弯弧争欲射，客有道旁泥首。捧降表、夕阳亭候。今日堂堂红烛里，正当年、肉袒牵羊叟。头暗触，屏风后。"①据此，知清初流行该剧，且所叙多采自史实。序中所称"迎降者，大司马某"，当指张缙彦。其乃河南新郑人，崇祯四年（1631）进士。自知县行取，授主事，再授编修。崇祯十六年（1643）十月任兵部尚书。次年三月，李自成破京师，张缙彦迎降②。《明史》卷三〇八《马士英传》谓："张缙彦以本兵首从贼，贼败，缙彦窜归河南，自言集义勇收复列城，即授原官，总督河北、山西、河南军务，便宜行事。其他大僚降贼者，贿入，辄复其官。诸白丁、录役输重赂，立跻大帅。都人为语曰：'职方贱如狗，都督满街走。'其刑赏倒乱如此。"③降清后，历任教职，以编刻《无声戏》，自称"不死英雄"，为御史萧震所劾，流放宁古塔，寻死于戍所④。

◆《齐人记》（马世俊撰）

《庄目》未予收录马世俊《齐人记》杂剧。

按：《江苏艺文志·常州卷》"溧阳"下，收有此剧，著录曰：《齐人记》，集部词曲类，有顺治间原稿本，傅惜华《清代杂剧全目》收录⑤。据以补入。《齐人记》当就《孟子》"齐人有一妻一妾"敷衍而成。明沈季彪、清顾彬，均

---

① 陈维崧：《迦陵词全集》，清康熙二十八年陈宗石患立堂刻本。
② 张廷玉等撰：《明史》第十一册，中华书局，1974年，第3502页。
③ 张廷玉等撰：《明史》第二十六册，中华书局，1974年，第7942页。
④ 《清史稿》卷二四六，《二十五史》第十二册，上海古籍出版社、上海书店，1986年，第9862页。
⑤ 南京师范大学古文献整理研究所：《江苏艺文志·常州卷》，江苏人民出版社，1994年，第1071页。

有同名传奇,清熊超有同名杂剧。题材均同。

◆《吴越传奇》

《庄目》未予收录。

按:清初龚鼎孳曾应李舒章之约,与朱遂初(徽)、孙惠可(襄)诸人同看此剧。其《午日李舒章中翰招同朱遂初、孙惠可两给谏集小轩,演〈吴越传奇〉,得端字》诗曰:"青灯蒲酒共盘桓,崔九堂前韵未残。楚泽椒兰追侘傺,吴宫麋鹿幻悲酸。名花倾国人何恨,烟水藏身计果难。歌舞场中齐堕泪,乱余忧乐太无端。"①明梁辰鱼《浣溪纱》又名《吴越春秋》,未知与此剧为同一剧否?

◆《护国记》

《庄目》未见著录。

按:明阮祥宇编《新编万家会锦乐府万象新》后集卷一上层,收有此剧中《许逊点化阳明》一齣。许逊,字敬之,世居许昌,高节不仕,颍阳由之后也。父汉末避地于豫章之南昌,因家焉。母梦中吞金凤所衔珠而生逊。逊生而颖悟,姿容秀伟,少小通疏,与物无忤,剋意为学,博通经史,明天文、地理、音律、五行、谶纬之书,尤嗜神仙修炼之术,颇臻其妙。从吴猛学,得神方秘诀,遂与郭璞访名山,求善地,为栖真之所,日以修炼为事。郡举孝廉,不就。朝廷屡加礼命,不得已,乃以晋武帝太康元年,起为蜀郡旌阳县令,多有善政。民饥,亦曾以灵丹点瓦砾为金埋于地,以暗助之。后弃官东归,蜀民感其德化,无计挽留,所在立祠,家传画像,敬事如神明。逊闻金陵丹阳县黄堂靖有女师谌姆,多道术,往谒,拜为师,传授其正一斩邪之法,三五飞步之术,又多施惠于民,尝卓剑泉出,深山除蛇,大江斩蛟,周行江湖。宋徽宗封其为至道玄应神功妙济真君,证位为天枢使相,道教尊称其为太史真君,俗称为旌阳真君。事见《历世真仙体道通鉴》卷二七"许太史"。阳明,疑为王阳明,即王守仁,字伯安。因其曾在会稽阳明洞隐居,又创办阳明书院于此,故世称阳明先生,曾平定"宸濠之乱",为明代不可多得的建有事功的大儒。《明史》有传。许逊点化阳明事,乃子虚乌有。《大明天下春》《玉树英》《尧天乐》《乐府菁华》等曲选,收有此齣。然《大明天下春》题作《阳春记》,未知与《护国记》为一剧否?

---

① 龚鼎孳:《定山堂诗集》卷一七,清康熙十五年吴兴祚刻本。

◆《杜少陵献大礼赋》

《庄目》卷十一"下编传奇三·清代作品上"著录朱㿸(素臣)所作传奇剧《一着先》《十五贯》《大吉庆》《文星现》《未央天》《四大庆》《四奇观》《四圣手》《全五福》《忠孝间》《振三纲》《秦楼月》《狻猊璧》《通天台》《朝阳凤》《瑶池宴》《万年觞》《聚宝盆》《翡翠园》《锦衣归》《龙凤钱》等,凡二十一种①,然未收录本剧。

按:清沈德潜《归愚诗钞》卷一〇"七言古诗"收有《凌氏如松堂文讌观剧》一诗,谓:

> 置酒高堂夜挝鼓,锦帏卷处纷歌舞。霓裳拍序铁板声,传出英雄与儿女。梨园子弟声价高,法曲亲闻天尺五。座中半是人中龙,盛名煜爚推南东。鸿文素积玄圃玉,荣遇直上长杨宫。妙年联翩擅豪气,俊迈似欲无终童。而我颓龄亦在列,何异春苑飞秋蓬。忆昔康熙岁辛巳,横山先生执牛耳。堂开如松延众英,一时冠盖襄阳里。酒酣乐作翻新曲,龙笛鹍弦斗声伎。云鬟小队舞柘枝,雪面参军堕簪珥。流风无迹彩云散,花月欢场曾有几?侧身天地念前尘,日月奔波一弹指。雪中鸿爪记当初,重上华堂三纪余。此日庭前乔木在,往时筵上故人无。封胡羯末逢公姓,树蕙滋兰忆左徒。弦管声中增叹息,绮筵惭愧白髭须。②

"酒酣乐作翻新曲"句后注曰:"时朱翁素臣制曲,有《杜少陵献三大礼赋》《琴操问禅》《杨升庵伎女游春》诸剧。"③据《杜工部年谱》:天宝十载辛卯,"(杜甫)在长安,进《三大礼赋》,玄宗奇之,命待制集贤院。"④《新唐书》卷二〇一《文艺传》载杜甫事迹曰:"甫,字子美,少贫不自振,客吴越、齐赵间。李邕奇其材,先往见之。举进士不中第,困长安。天宝十三载,玄宗朝献太清宫,飨庙及郊,甫奏赋三篇。帝奇之,使待制集贤院,命宰相试文章,擢河西尉,不拜,改右卫率府胄曹参军。数上赋颂,因高自称道,且言:'先臣恕、预以来,承儒守官十一世,迨审言,以文章显中宗时。臣赖绪业,自七岁属辞,且四十年,然衣不盖体,常寄食于人,窃恐转死沟壑,伏惟天子哀怜之。若令执先臣故事,拔泥涂之久辱,则臣之述作虽不足鼓吹《六经》,至沉郁顿挫,随时敏给,扬雄、枚皋可企及也。有臣如此,陛下其忍弃之?'会禄山乱,

---

① 庄一拂编著:《古典戏曲存目汇考》中册,上海古籍出版社,1982年,第1171—1179页。
② 沈德潜:《沈德潜诗文集》第一册,人民文学出版社,2011年,第192页。
③ 沈德潜:《沈德潜诗文集》第一册,人民文学出版社,2011年,第192页。
④ 杜甫著、杨伦笺注:《杜诗镜铨》下册,上海古籍出版社,1980年,第1145页。

天子入蜀,甫避走三川。"①其《进三大礼赋表》谓:

> 臣甫言:臣生长陛下淳朴之俗,行四十载矣。与麋鹿同群而处,浪迹于陛下丰草长林,实自弱冠之年矣。岂九州牧伯,不岁贡豪俊于外?岂陛下明诏,不仄席思贤于中哉?臣之愚顽,静无所取。以此知分,沈埋盛时,不敢依违,不敢激讦,默以渔樵之乐,自遣而已。顷者,卖药都市,寄食朋友。窃慕尧翁《击壤》之讴,适遇国家郊庙之礼,不觉手足蹈舞,形于篇章。漱吮甘液,游泳和气,声韵寖广,卷轴斯存。抑亦古诗之流,希乎述者之意。然词理野质,终不足以拂天听之崇高,配史籍以永久。恐倏先狗马,遗恨九原。谨稽首投延恩匦献纳上表,进明主《朝献太清官》《朝享太庙》《有事于南郊》等三赋以闻。臣甫诚惶诚恐,顿首顿首,谨言。②

本剧据此而敷衍。

◆《杨升庵伎女游春》

《庄目》卷十一"下编传奇三·清代作品上"著录朱㿥(素臣)所作传奇剧《一着先》《十五贯》《大吉庆》《文星现》《未央天》《四大庆》《四奇观》《四圣手》《全五福》《忠孝闾》《振三纲》《秦楼月》《狻猊璧》《通天台》《朝阳凤》《瑶池宴》《万年觞》《聚宝盆》《翡翠园》《锦衣归》《龙凤钱》等,凡二十一种③,然未收录本剧。

按:清沈德潜《归愚诗钞》卷一〇"七言古诗"收有《凌氏如松堂文讌观剧》一诗(诗见本书《杜少陵献大礼赋》一目所引原文,此处从略)。其中"酒酣乐作翻新曲"句后注曰:"时朱翁素臣制曲,有《杜少陵献三大礼赋》《琴操问禅》《杨升庵伎女游春》诸剧。"④杨升庵,即明代正德朝状元杨慎。据史载,嘉靖三年七月,杨慎因"两上议大礼疏,嗣复跪门哭谏。中元日下狱,十七日廷杖,二十七日复杖之。慎毙而复苏,谪戍云南永昌卫。时同事死者、配者、黜者、左迁者二百八人"⑤。慎时年三十七岁。王世贞《艺苑卮言》载述曰:"用修谪滇中,有东山之癖。诸夷酋欲得其诗翰,不可,乃以精白绫作裓,遗诸伎服之,使酒间乞书。杨欣然命笔,醉墨淋漓裾袖,酋重赏伎

---

① 《二十五史》第六册,上海古籍出版社、上海书店,1986年,第4738页。
② 杜甫撰、杨伦笺注:《杜诗镜铨》下册,上海古籍出版社,1980年,第1045—1046页。
③ 庄一拂编著:《古典戏曲存目汇考》中册,上海古籍出版社,1982年,第1171—1179页。
④ 沈德潜:《沈德潜诗文集》第一册,人民文学出版社,2011年,第192页。
⑤ 李贽:《续藏书》卷二六《文学名臣》,《李贽文集》第四卷,社会科学文献出版社,2000年,第572—573页。

女购归,装潢成卷。杨后亦知之,便以为快。"①又谓:"用修在泸州,尝醉,胡粉傅面,作双丫髻插花,门生舁之,诸伎捧觞,游行城市,了不为怍。人谓此君故自汙,非也。一措大裹赭衣,何所可忌?特是壮心不堪牢落,故耗磨之耳。"②清沈雄《古今词话》"词话下卷"所收"杨慎词富赡"一目亦记载:

    (杨慎)因辨礼谪戍永昌,暇时红粉傅面,作双丫髻插花,诸妓捧觞以行,了不为怍。有以书规之者,答云:"文有仗景生情,诗或托物起兴。如崔廷相临阵,则召田僧拓为壮士歌。宋子京修史,使丽竖燃椽烛。吴元中起草,令远山磨隃糜,是或一道也。走岂能执鞭古人,聊以耗壮心、遣余年耳。知我者不可以不闻此言,不知我者不可以不闻此言。"③

本剧据其谪戍期间逸事而敷衍。

◆《汨罗记》

《庄目》卷十一"下编传奇三·清代作品上",著录袁于令所作传奇九种,即《玉符记》《合浦珠》《西楼记》《长生乐》《金锁记》《珍珠衫》《瑞玉记》《战荆轲》《鹔鹴裘》④,未收《汨罗记》。

按:祁彪佳《远山堂曲品》于徐应乾名下著录有《汨罗记》,并谓:"闻友人袁凫公有《汨罗记》,极状屈子之忠愤,记成乃为秦灰,不可得见,惟散其事于《神女》《双栖记》中。孔坪为此,历历叙致,已是畅其所欲言。"⑤袁于令,字凫公。据此,袁氏当作有《汨罗记》,叙屈原事,已佚。

◆《沈宋昆明赋诗》

《庄目》卷八"中编杂剧五·清代作品",于裘琏名下著录有《昆明池》一剧⑥,然未知与本剧为同一剧目否?

按:清汪由敦《松泉集》诗集卷一一收有《恭和御制是日复得诗四首元

---

① 王世贞:《艺苑卮言》卷六,丁福保辑:《历代诗话续编》中册,中华书局,1983年,第1053页。
② 王世贞:《艺苑卮言》卷六,丁福保辑:《历代诗话续编》中册,中华书局,1983年,第1053—1054页。
③ 唐圭璋编:《词话丛编》第一册,中华书局,1986年,第802页。
④ 庄一拂编著:《古典戏曲存目汇考》中册,上海古籍出版社,1982年,第1138—1141页。
⑤ 中国戏曲研究院编:《中国古典戏曲论著集成》第六册,中国戏剧出版社,1959年,第65页。
⑥ 庄一拂编著:《古典戏曲存目汇考》中册,上海古籍出版社,1982年,第709页。

韵》组诗,其三谓:"玉音辰告肃班联,风雅渊源典诰篇。保泰百年钦主圣,赓歌一德励臣贤。(原注:圣谕'有致治,当崇实政;为学,当务躬行,不专尚文辞,我君臣所宜共勉'语。)缤纷更拜承筐赐,(原注:讌毕复拜御集,文绮彩笺之赐。)馥郁同携满袖烟。欲笑昆明传丽句,只从游幸诧群仙。(原注:伶人演沈宋昆明赋诗故事。)"①知当时演出该剧,然作者姓名、剧之名目皆不详。事本宋尤袤《全唐诗话》卷之一"上官昭容",曰:

中宗正月晦日幸昆明池赋诗,群臣应制百余篇。帐殿前结彩楼,命昭容选一篇为新翻御制曲。从臣悉集其下,须臾,纸落如飞,各认其名而怀之。既进,唯沈、宋二诗不下。移时,一纸飞坠,竞取而观,乃沈诗也。及闻其评曰:"二诗工力悉敌。沈诗落句云:'微臣雕朽质,羞睹豫章才。'盖词气已竭。宋诗云:'不愁明月尽,自有夜珠来。'犹陟健豪举。"沈乃伏,不敢复争。②

未知与裘琏《昆明池》为同一剧否?

◆《芙蓉记》

《庄目》收有《芙蓉屏》《芙蓉亭》《芙蓉影》《芙蓉屏记》诸剧目,但未及江楫所作《芙蓉记》传奇。

按:此作有清康熙刊本,上、下卷,凡三十齣,叙真州崔英(字俊臣)携妻王氏赴永嘉尉任,途中遇盗而离散,后得以见昔年所画芙蓉图而聚首。事本明李昌祺《剪灯余话》所收《芙蓉屏记》。本剧乃楚荆门百莱主人江楫所作,首有作者之《〈芙蓉记〉序》。江楫,字葵南,号百莱主人。荆门(今属湖北)人。其生平事迹详见本书第四章"曲家增补"。

◆《芙蓉城》(汪轫撰)

汪轫《芙蓉城》,《庄目》未予收录。《庄目》卷八"中编杂剧五·清代作品",著录有龙燮《芙蓉城》杂剧,谓:"《曲录》著录。《龙改庵二种曲》乾隆刊本。《曲录》据《传奇汇考》著录之。本事见施注《苏文忠公诗集·芙蓉城诗》下引胡微之《王子高芙蓉城传略》,亦见《云麓漫钞》《绿窗新话》。"③然与此处所述实非同一剧目。

按:清人蒋士铨《忠雅堂诗集》卷一〇收有《汪鱼亭为亡友赵山南由仪

---

① 汪由敦:《松泉集》,清文渊阁四库全书本。
② 何文焕辑:《历代诗话》上册,中华书局,1981年,第62页。
③ 庄一拂编著:《古典戏曲存目汇考》中册,上海古籍出版社,1982年,第701页。

228

作〈芙蓉城〉杂剧,题词四首》,其一:"信有神仙便可招,满楼江色气萧条。才人命短诗人困,还忍低头按《绿么》?"其二:"玉宇高寒日似年,呕心文字悔生天。芙蓉落后婵娟死,只恐仙官亦可怜。"其三:"同物偏悭会面缘,记从滕阁望归船。我登科日君垂死,还住人间十六年。"其四:"梦作阎罗事已非,恐劳词客再沾衣。横江我有将军板,待拍惊涛十丈飞。"①据此,知《芙蓉城》一剧乃汪鱼亭为亡友赵由仪所作。又据蒋士铨《汪鱼亭学博传》,"汪轫字辇云,号鱼亭,系出新安,先世迁江西武宁,遂为武宁人。"②知鱼亭乃汪轫之号。

◆《芙蓉屏记》(边三岗撰)

《庄目》卷三"上编戏文三·明初及阙名作品",收入佚名《芙蓉屏记》戏文③;卷六"中编杂剧三·明代作品",著录有叶宪祖所作《芙蓉屏》杂剧④;卷十一"下编传奇三·清代作品上",著录有王环《芙蓉屏》传奇,均已佚⑤。未收边三岗所撰《芙蓉屏记》。

按:据黄仕忠《日本所藏中国戏曲文献研究》,日本东京大学东洋文化研究所收藏有明人边三岗所撰《芙蓉屏记》传奇清人过录本。是书称"此为世间孤本"⑥,又谓:"犹存早期南戏之体制。如分龂而无龂目;曲牌连刻,而不另起行。至其序文及【西地锦】所表现的创作思想,有着以传奇为教化的明显的痕迹,可以丰富万历初年的戏曲理论资料"⑦,"《曲海总目提要》所录,即是此本,而非江(楫)作。"⑧亦叙崔英、王氏夫妇重合事,详情参看该书所载⑨。黄仕忠编校《明清孤本稀见戏曲汇刊》(下册)收有《芙蓉屏记》,剧本前之"说明"可参看。边三岗生平事迹,详见本书第四章"曲家增补"。

◆《芭蕉树》

《庄目》未予收录。

---

① 蒋士铨撰、邵海清校、李梦生笺:《忠雅堂集校笺》第一册,上海古籍出版社,1993年,第856页。
② 蒋士铨撰、邵海清校、李梦生笺:《忠雅堂集校笺》第四册,上海古籍出版社,1993年,第2117页。
③ 庄一拂编著:《古典戏曲存目汇考》上册,上海古籍出版社,1982年,第121页。
④ 庄一拂编著:《古典戏曲存目汇考》上册,上海古籍出版社,1982年,第448页。
⑤ 庄一拂编著:《古典戏曲存目汇考》中册,上海古籍出版社,1982年,第1315页。
⑥ 黄仕忠:《日本所藏中国戏曲文献研究》,高等教育出版社,2011年,第231页。
⑦ 黄仕忠:《日本所藏中国戏曲文献研究》,高等教育出版社,2011年,第232页。
⑧ 黄仕忠:《日本所藏中国戏曲文献研究》,高等教育出版社,2011年,第232页。
⑨ 参看黄仕忠:《日本所藏中国戏曲文献研究》,高等教育出版社,2011年,第231—232页。

按：清人葛祖亮有《中秋阅〈芭蕉树〉传奇》诗，谓："茫茫旅思入官衙，又道中秋泛九霞。隔宿些词停凿落，（原注：前一日夜饮，闻有声绕西街，乃楚俗招魂。）初昏羌泪涩琵琶。红镫点点欺明月，翠袖飘飘拂晚花。最是江南同夜永，可堪箫鼓沸邻家。"①据此补入。当为传奇剧。剧情及作者均不详。元人李文蔚有《芭蕉雨》杂剧，已佚，未知题材同否？

◆《花月痕》

《庄目》卷十二"下编传奇四·清代作品下"于陈栋名下著录有《花月痕》等剧②。"附录一·近代作品"，于庞树柏名下著录有《碧血碑》《玉钩痕》二剧③。

按：郑逸梅《南社丛谈》"南社社友著述存目表"，于庞檗子（庞树柏，字檗子）名下著录曰："《庞檗子遗集》《抱香簃随笔》《墨泪龛笔记》《龙禅室摭谈》《灵岩樵唱》《清代女纪》《今妇人集》《碧血碑》杂剧、《花月痕》传奇、《玉钩痕》传奇（与惜秋生合作）。"④据此，知庞氏另有《花月痕》剧作，可补《庄目》之不足。

◆《花关索》

《庄目》未予收录。

按：平步青《霞外攟屑》卷九《小栖霞说稗》所收"花关索王桃王悦鲍三娘"条谓：

> 梨园戏剧所演之人之事，十九寓言；而实事可以演剧者，反多湮灭。何则？演义、编剧者，大都不睹载籍之人；而渊雅通古者，又不屑为此也。近出《茶香室三钞》卷三引《前溪逸志》，云："武康县有严康屯兵处。康，邑人也。奇丑而力，爪牙为刀，革肤为铁，唯喉三寸肉耳。妻鲍三娘，美而勇。时有花关索者，年少，美容仪，鲍悦而私之，矢贯康喉而毙。至今邨庄杂剧，演其遗事。"⑤

《花关索》疑为杂剧。

---

① 葛祖亮：《花妥楼诗》卷二，清乾隆刻本。
② 庄一拂编著：《古典戏曲存目汇考》下册，上海古籍出版社，1982年，第1429页。
③ 庄一拂编著：《古典戏曲存目汇考》下册，上海古籍出版社，1982年，第1732页。
④ 郑逸梅著：《南社丛谈：历史与人物》，中华书局，2006年，第431—432页。
⑤ 中国戏曲研究院编：《中国古典戏曲论著集成》第九册，中国戏剧出版社，1959年，第191—192页。

◆《花报》

《庄目》未予收录。

按：清人顾宗泰《月满楼诗文集》诗集卷三六《觚棱集》收有《王梦楼太守、茅耕亭学士招同刘云房少宰、查篆仙观察、陈桂堂太守讌集二知堂观剧，席上即事有作》组诗，其三曰："长斋余事按声歌，（原注：太守绣佛长斋，垂二十年矣。）快雨堂中妙选多。（原注：太守诗文擅海内，不废顾曲。钿卿而后，比日有澹云、微云、拂云者，皆一时妙选，雅迈时伶）曲擅仙云银烛夜，唤回香梦寄南柯。（原注：时按《花报》《瑶台》诸曲，雅谱宫商，不同新奏。）"①据此，知王文治尚有《花报》一剧。《庄目》卷八"中编杂剧五·清代作品"收有王文治《迎銮乐府》，并谓该组剧凡九种，"每种一折，皆浙中故实。曰《三农得澍》《龙井茶歌》《祥征冰茧》《海宇歌恩》《灯燃法界》《葛岭丹炉》《仙醖延龄》《瑞献天台》《瀛波清晏》"②。另有一剧《饲蚕记》，第一齣《海宇歌》、第二齣《三农得澍》、第三齣《葛岭丹炉》、第四齣《祥征冰茧》③，与《迎銮乐府》多有重合，然均未叙及《花报》一剧，疑是王文治另有新剧。已佚。

◆《苏台雪》

《庄目》未予收录。仅于"附录一·近代作品"王蕴章名下，著录有《可中亭》《香桃骨》《碧血花》《霜华影》《玉鱼缘》《绿绮台》六种。④

按：郑逸梅《南社丛谈》"南社社友著述存目表"收录有王蕴章《苏台雪》传奇⑤，并于"南社社友斋名表"，介绍王蕴章别署曰："莼庐、篁冷轩、古健羡斋、玉晚香簃、云外朱楼、秋平云室、海山仙龛、雪蕉吟馆、一花一蝶亭、梅魂菊影室、千二百轻鸾室。"⑥为《庄目》所未具。该剧本事未详。

◆《赤发鬼》

《庄目》未予收录。

按：《赤发鬼》一剧，演《水浒传》中刘唐事。顾景星《白茅堂集》卷一〇

---

① 顾宗泰：《月满楼诗文集》，清嘉庆八年刻本。
② 参看庄一拂编著：《古典戏曲存目汇考》中册，上海古籍出版社，1982年，第744页。
③ 李修生主编：《古本戏曲剧目提要》，文化艺术出版社，1997年，第743页。
④ 庄一拂编著：《古典戏曲存目汇考》下册，上海古籍出版社，1982年，第1738—1739页。
⑤ 郑逸梅编著：《南社丛谈：历史与人物》，中华书局，2006年，第414页。
⑥ 郑逸梅编著：《南社丛谈：历史与人物》，中华书局，2006年，第444页。

收有《合肥公邀同钱牧翁看丁继之演〈水浒·赤发鬼〉,丁年已八十,即席次牧翁寿丁六十诗韵》一诗,曰:"左右看君正少年,翠鬟红袖并花前。按歌传遍青楼曲,作使当场白打钱。酒态惯撩监史罚,舞腰犹博善才怜。贞元朝士今无几,却有民间地上仙。"①据此可知,刘唐戏流行于当时歌场。刘唐事,主要见于《水浒传》"智取生辰纲""月夜走刘唐"等章节。许自昌所作传奇剧《水浒记》流行颇广,后世舞台常演者,有《借茶》《刘唐》《杀惜》《活捉》等齣折子戏。该剧当由《水浒记》化出。

◆《还金镯》

《庄目》未予收录。

按:平步青《霞外攟屑》卷九《小栖霞说稗》所收"还金镯"条谓:

> 越中高腔演《还金镯》,见《包公案》。据《坚瓠广集》卷五引《湖海搜奇》,乃柳鸾英、阎自珍事,云:"人作《钗钏记》传奇,今此记不传。《龙图公案》袭之,伶人又转演作别事,遂忘为柳阎真事矣。"《今古奇观》卷二十四《陈御史巧勘金钗钿》一回,略同。②

知此剧用越中高腔演唱,已佚。与《钗钏记》题材同,唯剧中人物姓名已改。

◆《饭袋记》

《庄目》未予著录。

按:明黄文华编《鼎镌昆池新调乐府八能奏锦》卷一上层选有《饭袋记》中《乞食见妻》一齣,然已阙。《群音类选》《乐府红珊》《歌林拾翠》诸选本,均未收此剧。本事不详。傅惜华认为:"《饭袋记》,即《东郭记》之别名,明孙仁孺作。"③叶德均也认为,《东郭记》《八能奏锦》别题《饭袋记》,实即一书"④。刘大杰同样认为,孙仁孺的《东郭记》《八能奏锦》别题《饭袋记》"⑤。《中国曲学大辞典》"饭袋记"辞条谓:"写齐人到墦间乞食,其妻妾追踪而至。此齣情节,虽与孙仁孺《东郭记》第二十三齣《与其妾讪其良人而相泣于中庭》颇相近,但曲白迥异。《八能奏锦》今存明万历元年(1573)爱日堂蔡正河刊本,而今存《东郭记》白雪楼原刊本有万历四十年序,显然

---

① 顾景星:《白茅堂集》,清康熙刻本。
② 中国戏曲研究院编:《中国古典戏曲论著集成》第九册,中国戏剧出版社,1959年,第220页。
③ 傅惜华:《傅惜华戏曲论丛》,文化艺术出版社,2007年,第340页。
④ 叶德均:《戏曲小说丛考》上册,中华书局,1979年,第195—196页。
⑤ 刘大杰:《中国文学发展史》下卷,复旦大学出版社,2006年,第160页。

前者早于后者。可见两者并非同一剧目。"①当以《中国曲学大辞典》所称为是。

◆《佳宴记》

《庄目》未予著录。

按：《梨园会选古今传奇滚调新词乐府万象新》前集卷一上层，收有《四翰林佳会》一齣，谓出自《佳宴记》。剧叙花期佳节，解缙邀请胡广、杨羽、张辅诸人在翰林院赏花饮酒，并遣人去教坊司叫来乐妓歌舞助兴。《乐府红珊》卷一一"宴会类"收有《解缙玉堂佳会》，谓出自《合璧记》。《乐府万象新》所收本，用曲为【满庭芳】【山花子】【前腔】【前腔】【字字双】【舞霓裳】【红绣鞋】【余文】九支曲子。《乐府红珊》所用曲大致相同，亦为九支，然宾白有出入。本齣开头部分，《乐府红珊》增出庖人之插科打诨，【字字双】曲后，亦增以"净"所扮教坊女子与翰林院堂候官之对话及教场女下场时之调侃语。文字虽有出入，但《佳宴记》乃《合璧记》之改题，当无疑。

◆《单骑记》

《庄目》未予著录。

按：《乐府红珊》卷七"思忆类"，收有此剧之《郭汾阳母妻思忆》一齣，剧叙郭子仪新婚宴尔，为求取功名，赴京畿应募，母、妻痛伤离别，悲不自胜，然亦希望其胸怀壮志，整顿乾坤，为国立功。此剧极少见其他戏曲书目著录。

◆《卖相思》

《庄目》卷十一"下编传奇三·清代作品上"著录沈谦（号研雪子）《卖相思》传奇②。秦之鉴《卖相思》未予著录。

按：马廉据《丹徒县志》载曰："秦之鉴，《翻西厢》《卖相思》传奇二种。"③据此以补。《翻西厢》《卖相思》二剧，梁廷枏《曲话》、李斗《扬州画舫录》卷五等均作研雪子作。

◆《周忠介公遗事》

《庄目》未予收录。

---

① 齐森华等主编：《中国曲学大辞典》，浙江教育出版社，1997年，第433页。
② 庄一拂编著：《古典戏曲存目汇考》中册，上海古籍出版社，1982年，第1211页。
③ 马廉著、刘倩编：《马隅卿小说戏曲论集》，中华书局，2006年，第266页。

233

按：清人朱景英《畲经堂诗文集》诗续集卷二收有《九日同人集东堂观剧，是日演周忠介公遗事》一诗，谓："萸酒停觞菊未开，西风节候罢登台。殊乡忍作龙山会，故事凭增虎阜哀。孟博传中存梗概，要离冢畔满蒿莱。无端吊古逢今日，一曲令人首重回。"①据此，知有演《周忠介公遗事》一剧。据《明史》卷二四五《周顺昌传》载：

> 周顺昌，字景文，吴县人。万历四十一年进士。……顺昌为人刚方贞介，疾恶如仇。巡抚周起元忤魏忠贤削籍，顺昌为文送之，指斥无所讳。魏大中被逮，道吴门，顺昌出饯，与同卧起者三日，许以女聘大中孙。旗尉屡趣行，顺昌瞋目曰："若不知世间有不畏死男子耶？归语忠贤，我故吏部郎周顺昌也。"因戟手呼忠贤名，骂不绝口。旗尉归，以告忠贤。御史倪文焕者，忠贤义子也，诬劾同官夏之令，致之死。顺昌尝语人，他日倪御史当偿夏御史命。文焕大恚，遂承忠贤指，劾顺昌与罪人婚，且诬以赃贿，忠贤即矫旨削夺。先所忤副使吕纯如，顺昌同郡人，以京卿家居，挟前恨，数谮于织造中官李实及巡抚毛一鹭。已，实追论周起元，遂诬顺昌请嘱，有所乾没，与起元等并逮。
>
> 顺昌好为德于乡，有冤抑及郡中大利害，辄为所司陈说，以故士民德顺昌甚。及闻逮者至，众咸愤怒，号冤者塞道。至开读日，不期而集者数万人，咸执香为周吏部乞命。诸生文震亨、杨廷枢、王节、刘羽翰等前谒一鹭及巡按御史徐吉，请以民情上闻。旗尉厉声骂曰："东厂逮人，鼠辈敢尔！"大呼："囚安在？"手掷锒铛于地，声琅然。众益愤，曰："始吾以为天子命，乃东厂耶！"蜂拥大呼，势如山崩。旗尉东西窜，众纵横殴击，毙一人，余负重伤，逾垣走。一鹭、吉不能语。知府寇慎、知县陈文瑞素得民，曲为解谕，众始散。顺昌乃自诣吏。又三日北行，一鹭飞章告变，东厂刺事者言吴人尽反，谋断水道，劫漕舟，忠贤大惧。已而一鹭言缚得倡乱者颜佩韦、马杰、沈扬、杨念如、周文元等，乱已定，忠贤乃安。然自是缇骑不出国门矣。
>
> 顺昌至京师，下诏狱。许显纯锻炼，坐赃三千，五日一酷掠，每掠治，必大骂忠贤。显纯椎落其齿，自起问曰："复能骂魏上公否？"顺昌嚏血唾其面，骂益厉。遂于夜中潜毙之。时六年六月十有七日也。②

本作当演其事。清初李玉《清忠谱》亦演周顺昌及颜佩韦、马杰、杨念

---

① 朱景英：《畲经堂诗文集》，清乾隆刻本。
② 张廷玉等撰：《明史》第二十一册，中华书局，1974年，第6354—6355页。

234

如诸人事，未知是同一剧否？

◆《宗泽传奇》

《庄目》未予收录。

按：清沈德潜《归愚诗钞》卷二〇"七言绝句"收有《观剧席上作》组诗，其八谓："掣肘汪、黄势不支，杜充那可任安危。渡河杀贼平生愿，垂死长吟蜀相诗。"①据此，知演宋名臣宗泽事。诗未标注剧名，姑以此代之。《宋史》卷三六〇《宗泽传》略谓：宗泽。字汝霖，婺州义乌人。元祐六年（1091）进士，有文武才。初任大名馆陶尉，调为晋州赵城令，所至有政绩。徽、钦二帝蒙尘北行，泽以副元帅，闻即提军趋滑，走黎阳，至大名，欲径渡河，据金人归路邀还二帝，而勤王之兵卒无一至者。又值张邦昌僭位，事未果。高宗即帝位于南京，泽入见，涕泗交颐，陈兴复大计。时与李纲同入对，相见论国事，慷慨流涕，纲奇之。帝欲留泽，黄潜善等沮之。除龙图阁学士、知襄阳府。此后，每有建言，往往为黄潜善、汪伯彦所抑。后"忧愤成疾，疽发于背。诸将入问疾，泽矍然曰：'吾以二帝蒙尘，积愤至此。汝等能歼敌，则我死无恨。'众皆流涕曰：'敢不尽力！'诸将出，泽叹曰：'出师未捷身先死，长使英雄泪满襟。'翌日，风雨昼晦。泽无一语及家事，但连呼'过河'者三而薨。都人号恸。……泽质直好义，亲故贫者多依以为活，而自奉甚薄。常曰：'君父侧身尝胆，臣子乃安居美食邪！'始，泽诏集群盗，聚兵储粮，结诸路义兵，连燕、赵豪杰，自谓渡河克复可指日冀。有志弗就，识者恨之。"②该剧"出师未捷"二句，乃出自杜甫《蜀相》一诗。据沈氏诗，本作演宗泽事，据史事而敷衍。

◆《定霸记》

《庄目》未予收录。

按：《江苏艺文志·扬州卷》据民国《续修兴化县志》卷一四，著录顾麟瑞此剧。其生平事迹详见本书第四章"曲家增补"。剧本本事未详。

◆《宜春院》

《庄目》未予收录。

按：董汉策（1623—1691），字帷儒，一字芝筠，乌程（今浙江湖州）人。

---

① 沈德潜：《沈德潜诗文集》第一册，人民文学出版社，2011年，第421页。
② 《二十五史》第八册，上海古籍出版社、上海书店，1986年，第6445页。

所作【沁园春】词小序谓:"秋夜沈晦庵社兄招饮,优人演《宜春院》传奇,乃稗史所载广陵女子张红红故事也。即席漫赋。"词曰:

月倚凉秋,春随薄醉,酒动花神。谱开元遗事,风流天子,梨园协律,调笑能臣。暂怨长门,终归幕府,双绾鸳鸯结契新。(原注:红红被玄宗召入禁中,为宜春院长,卒嫁韦生。又仆射南宫之女,亦嫁韦生,韦时已任节度。)还应道,但宜男赋就,便胜宜春。　　重将旧史评论。一女子、尝关治乱因。叹怜取红红,英雄颠倒,(原注:韦生访红红不得,奔走淮扬间。)卢龙扰攘,也惜真真。(原注:指禄山与太真也。)羯鼓愁云,琵琶江月,博得今宵笑几巡。安排好,早天生李郭,有箇人人。(原注:时晦庵得子,有晬盘之庆,故两结俱逗此意。)①

据此可知,清初流行《宜春院》传奇。张红红事,见唐段成式《乐府杂录》,中谓:

大历中,有才人张红红者,本与其父歌于衢路丐食。过将军韦青所居,青于街衕中闻其歌者喉音寥亮,仍有美色,即纳为姬。其父舍于后户,优给之。乃自传其艺,颖悟绝伦。尝有乐工自撰一曲,即古曲《长命西河女》也,加减其节奏,颇有新声。未进闻,先印可于青,青潜令红红于屏风后听之。红红乃以小豆数合,记其节拍。乐工歌罢,青因入问红红如何。云:"已得矣。"青出,绐云:"某有女弟子,久曾歌此,非新曲也。"即令隔屏风歌之,一声不失,乐工大惊异,遂请相见,叹伏不已。再云:"此曲先有一声不稳,今已正矣。"寻达上听。翌日,召入宜春院,宠泽隆异,宫中号"记曲娘子",寻为才人。一日,内史奏韦青卒,上告红,红乃于上前呜咽奏云:"妾本风尘丐者,一旦老父死,有所归,致身入内,皆自韦青,妾不忍忘其恩。"乃一恸而绝。上嘉叹之,即赠昭仪也。②

本作据此而敷衍,然作者不详,已佚。

◆《岳飞记》

《庄目》未予著录。

---

① 南京大学中国语言文学系《全清词》编纂研究室编:《全清词·顺康卷》第六册,中华书局,2002年,第3625页。
② 中国戏曲研究院编:《中国古典戏曲论著集成》第一册,中国戏剧出版社,1959年,第47—48页。

按:《新锲汇编杂乐府新声雅调大明天下春》卷八下层,录有《岳飞记》传奇中《岳夫人收尸》《施全祭主行刺》二齣,叙岳飞父子精忠报国,反遭奸臣秦桧陷害,屈枉而死。岳夫人得知噩耗,携女往临安收尸,祭奠于风波亭。祭毕,岳夫人撞石身亡。其女恨不能为父兄报仇,亦投井身死。岳飞帐下副将施全,为替主帅报仇,趁秦桧去灵隐寺设斋上香,预先挟利刃潜入桥下,欲行刺秦桧,为奸臣侦知,反落贼手,亦撞桥身死。《群音类选》"诸腔类"卷二收有《风和尚骂秦桧》《施全祭主》二齣,俱出自《东窗记》。后一种与《大明天下春》所收,文字出入不大。故《岳飞记》当为《东窗记》之改题?

◆《弥勒笑》

《庄目》未予收录。

按:清人茹纶常《容斋诗集》卷一九《独吟集》收有《题〈弥勒笑〉传奇》一诗,谓:"一笑黄粱梦境谙,只应弥勒可同龛。移宫换徵浑闲事,好向声闻断处参。"①诗题下小序云:"江南张漱石原本名《梦中缘》,寸田改为北曲,命今名。"②据此可知,题曰寸田的作者,曾将张坚(漱石)的《梦中缘》传奇,改作北曲演唱,改题曰《弥勒笑》。寸田,据《容斋诗集》,应为吕寸田。吕氏名公溥,字仁原,号寸田,河南新安人。著有《寸田诗集》等。

《(民国)新安县志》卷一三载:

《弥勒笑》四十二齣,吕公溥撰。

按:公溥自序:关内外优伶所唱十字调、梆子腔,歌者易谱,听者易解,殊不似听红板曲,辄倦而思卧,但嫌关目牵强,说白俚俗,不足以供雅筵。乃取江南张漱石《梦中缘》作蓝本改,为之删并,得四十齣,首尾各一齣。余笔虽拙,不能掩没前人之巧,情胜故也,易名曰《弥勒笑》,以为佳漱石《梦中缘》之佳,劣则《弥勒笑》之劣也。余曰双图萱堂之一笑,且藉以抒余情焉耳。公溥所著各书,前已录存,比据《静慎斋杂钞稿》补。③

由此可知《弥勒笑》一剧改作之缘起。

◆《忠荩记》

《庄目》未予著录。

---

① 茹纶常:《容斋诗集》,清乾隆三十五年刻乾隆五十二年嘉庆四年十三年增修本。
② 茹纶常:《容斋诗集》,清乾隆三十五年刻乾隆五十二年嘉庆四年十三年增修本。
③ 李希白:《(民国)新安县志》,民国二十七年铅印本。

按:《新锲汇编杂乐府新声雅调大明天下春》卷八上层录有《解缙获罪分离》《解家赴谪辽东》二目,均标注出自《忠荩记》①。大意谓:解缙为佞臣纪刚诬奏,以"欺君罔上,蠹国殃民"罪拿问,妻孥被遣戍辽东。临行,嘱儿祯亮、祯期莫忘父仇,待机申冤。母子于辽东受尽饥寒冻馁。《明史·解缙传》谓缙才高气傲,"任事直前,表里洞达。引拔士类,有一善称之不容口。然好臧否,无顾忌"②,以是为人所忌恨。"永乐八年,缙奏事入京,值帝北征,缙谒皇太子而还。汉王言缙伺上出,私觐太子,径归,无人臣礼。帝震怒。缙时方偕检讨王偁道广东,览山川,上疏请凿赣江通南北。奏至,逮缙下诏狱,拷掠备至。词连大理丞汤宗,宗人府经历高得旸,中允李贯,赞善王汝玉,编修朱纮,检讨蒋骥、潘畿、萧引高并及(李)至刚,皆下狱。汝玉、贯、纮、引高、得旸皆瘐死。十三年,锦衣卫帅纪纲上囚籍。帝见缙姓名曰:'缙犹在耶?'纲遂醉缙酒,埋积雪中,立死。年四十七。籍其家,妻子宗族徙辽东"③。该剧本于此。明王恒《合璧记》亦演此事。《群音类选》卷一八曾收有《学子赏花》《庆赏端阳》《母子问答》《玉华刑耳》等龀④,疑本作乃《合璧记》之改题。

◆《忠谏记》

《庄目》未予著录。

按:明黄文华选辑《新锲精选古今乐府滚调新词玉树英》目录于五卷上层收有《文拯除奸》一龀,下标曰《忠谏记》,然该书于卷二上层《潘陈对操》(《玉簪记》)下皆阙。今人李平在《海外孤本晚明戏剧选集三种》之序言所列"未见著录及待考作品"表中曰:"《忠谏记》,《文拯除奸》,佚文存目。"⑤本剧当演宋代廉吏包拯事。史载,包拯立朝刚毅,贵戚宦官为之敛手,闻者皆惮之。人以拯贤比黄河清。童稚妇女,亦知其名,呼曰"包待制"。京师为语曰:"关节不到,有阎罗包老。"为人性峭直,恶吏苛刻,务敦厚。事见《宋史》"本传"。

---

① 〔俄〕李福清、〔中〕李平编:《海外孤本晚明戏剧选集三种》,上海古籍出版社,1993年,第579—588页。
② 张廷玉等撰:《明史》第十四册,中华书局,1974年,第4121页。
③ 张廷玉等撰:《明史》第十四册,中华书局,1974年,第4121—4122页。
④ 胡文焕编:《群音类选》第一册,中华书局,1980年,第24页。
⑤ 〔俄〕李福清、〔中〕李平编:《海外孤本晚明戏剧选集三种》,上海古籍出版社,1993年,第20页。

◆《昆仑记》

《庄目》未予著录。

按:《庄目》卷十三"下编传奇五·明清阙名作品",收有《昆仑索》一种,并谓:"《曲录》著录。《明清传奇钩沉》辑有佚曲二支。《曲录》据《九宫大成南北词宫谱》著录。本事未详。"①而《摘锦奇音》卷之四下层收有《昆仑记》中"崔生幽期赴约"一齣,剧中写:"(旦扮红绡上)深幽莺啼恨院香,偷来花下解珠珰。碧云飘断音书绝,空倚玉箫愁凤凰。妾乃郭令公家歌妓红绡是也,见居在第三院内。两日前那崔千牛来见我老爷,我送他出院去,曾佐些手势,教他十五夜乘着月色会我院中。如今正是十五夜了,但不知这哑谜儿他参得透否?况且我这里重门峻壁,就插翅也飞不来。我这半腔春恨,满腹离愁,都付一声的长叹也。(末扮昆仑奴上)行行堂入五侯家,寒食东风御柳斜。细看月轮还何意,试开金屋扫庭花。俺昆仑奴磨勒是也。说定今夜与郎君赴红绡之约,早见那天从人头皎团团的明月推上来也。(生扮崔千牛上)磨勒你看冰轮渐满、玉宇无尘,仗你的力,今夜做一个人月圆也。(末)当此夜阑人静、月望星稀,老奴前行,郎君便随后者。"②

并唱【越调斗鹌鹑】【紫花儿序】【金蕉叶】【调笑令】【小桃红】【鬼三台】【秃厮儿】【圣药王】【尾声】数支曲,叙红绡女与崔生情事,本事见唐裴铏《传奇·昆仑奴》。

◆《昇平曲》

《庄目》未予收录。

按:清人赵怀玉《亦有生斋集》诗卷一〇"古今体诗"收有《题〈昇平曲〉传奇》一首,谓:"南极星明正及秋,海西人亦效共球。未知贞观图王会,粉本能如院本不?"③据此增补,剧作本事及作者均未详。

◆《武三思素娥》

《庄目》未予著录。

按:周亮工《因树屋书影》卷一载曰:"今人演《武三思素娥》杂剧,鄙俚荒唐,见之令人喷饭。然实本于唐祠部郎中袁郊所作《甘泽谣》。或曰:《甘

---

① 庄一拂编著:《古典戏曲存目汇考》下册,上海古籍出版社,1982年,第1638页。
② 王秋桂主编:《善本戏曲丛刊》第一辑,台湾学生书局,1984年,第205页。
③ 赵怀玉:《亦有生斋集》,清道光元年刻本。

泽谣》别自有书,今杨梦羽所传,皆从他书钞撮而成,伪本也。或曰:梦羽本未出时,已有抄《太平广记》中二十余条为《甘泽谣》以行者,则梦羽本又赝书中之重儓矣。"①《太平广记》卷三六一引《甘泽谣》曰:"素娥者,武三思之妓人也。三思初得乔氏青衣窈娘,能歌舞。三思晓知音律,以窈娘歌舞,天下至艺也。未几,沉于洛水,遂族乔氏之家。左右有举素娥曰:'相州凤阳门宋媪女,善弹五弦,世之殊色。'三思乃以帛三百段往聘焉。素娥既至,三思大悦,遂盛宴以出素娥,公卿大夫毕集,唯纳言狄仁杰称疾不来。三思怒,于座中有言。宴罢,有告仁杰者。明日谒谢三思曰:'某昨日宿疾暴作,不果应召,然不睹丽人,亦分也。他后或有良宴,敢不先期到门。'素娥闻之,谓三思曰:'梁公强毅之士,非款狎之人,何必固抑其性。再宴不可无,请不召梁公也。'三思曰:'傥阻我宴,必族其家。'后数日,复宴。客未来,梁公果先至。三思特延梁公坐于内寝。徐徐饮酒,待诸宾客。请先出素娥,略观其艺。遂停杯,设榻召之。有顷,苍头出曰:'素娥藏匿,不知所在。'三思自入召之,皆不见。忽于堂奥隙中闻兰麝芬馥,乃附耳而听,即素娥语音也。细于属丝,才能认辨,曰:'请公不召梁公,今固召之,不复生也。'三思问其由,曰:'某非他怪,乃花月之妖,上帝遣来,亦以多言荡公之心,将兴李氏。今梁公乃时之正人,某固不敢见。某曾为仆妾,敢无情?愿公勉事梁公,勿萌他志,不然,武氏无遗种矣。'言迄更问,亦不应也。三思出,见仁杰,称素娥暴疾。未可出。敬事之礼,仁杰莫知其由。明日,三思密奏其事,则天叹曰:'天之所授,不可废也。'"②是剧或据此而敷演。据周氏所称,此当为杂剧。

◆《武香球》

《庄目》未予著录。

按:马隅卿曾见此戏,曰:"《武香球》钞本,无序、无目、无撰人名氏,都六十三出,末似有缺,前三十二出有四字标目,系另一人手笔,书中并无书名,仅封面有题字。"③弹词有《文武香球》,《弹词叙录》叙其故事曰:"元顺帝时,山东立成县龙山位有子官保,号梦锦,在月珍观内读书。总兵侯公旦有女月英,熟娴武艺。一日在园中射黄莺,箭被黄莺衔入月珍观,为官保所得。官保见箭上有'侯氏月英'字样。一日,官保偶入侯家花园,又见榻上有香球罗帕,即以自己所系香球相易。月英至园中找寻香球,见官保,互相

---

① 周亮工:《书影》,上海古籍出版社,1981年,第27页。
② 李昉等编:《太平广记》第八册,中华书局,1961年,第2866页。
③ 马廉著、刘倩编:《马隅卿小说戏曲论集》,中华书局,2006年,第216页。

爱慕,遂订婚约。后侯夫人同月英去月珍观烧香还愿,又与官保相遇。侯夫人亦为女当面许婚,并嘱官保速告父母遣媒求婚。官保回家请父母遣媒前往,侯公旦嫌官保家贫,不允,另将月英许兵部冷中华子冷碧成。月英怒掷冷家聘礼,殴伤媒婆。媒婆迁怒龙家,乃谣唆龙家乳母之夫马快周文,诬乳母与龙家父子有私怀孕。周文欲杀妻与官保,官保为神救至河南紫平山下。太原人张英因未贿上司被撤职,在此落草,留官保为小使。……官保在紫平山,一日游后山,熟卧园内,为张英女桂英所见,爱其香球,又询知其身世,有意嫁之。乃每晚在园中教官保枪法。两人互订婚约。一日,桂英教官保骑马,为张英所见,二人心慌,一马双驮,逃下山去。中途夫妻失散。官保遇张文、李武,结为兄弟,后发现张、李为盗,遂离去,流落汴梁城,求乞为生,得遇蒋文女婢唐兰英。蒋文知官保系世侄,留官保于家,并以女美云相许。桂英男装寻夫,经李家庄,收妖得神枪。至京城宿店,店主女王运莲思之成病,请姑母为媒,向桂英求婚,桂英以香球为聘。婚后桂英自陈为女,与王女姐妹相称。值官保进京,中状元,得遇桂英。元帝开武场,桂英中武状元,张文得榜眼,李武为探花,受命与官保共往桃花山招安侯月英,并回征来犯之哈迷国,得胜回朝。官保因功封王,与侯、张回乡,查清其父受赃一案。杨虎、周文皆被斩。此后官保与侯月英、张桂英、蒋美云、唐兰英、王运莲、吉祥成婚,全家欢聚。"[1]宝卷有同名作品。戏曲或由弹词改编而来。京剧有《文武香球》,题材与弹词同。

◆《河阳桃李》

《庄目》未予收录。

按:清人詹应甲《赐绮堂集》卷九"诗"收有《郡斋小集,用钱竹西明府清履辛未新正试笔韵四首》,其三谓:"黄宪停车地,(原注:啸崖。)王珣谢客时。(原注:春堂。)种花人侑酒,(原注:时演《河阳桃李》之剧,以种花人监酒。)烧烛吏钞诗。(原注:啸崖与竹西于席间各诵新诗,付小吏录之。)佳话传柑会,陈编束笋披。未消残腊雪,看到麦苗滋。"[2]据此诗小注增补,疑演晋时潘岳事。《晋书》卷五五《潘岳传》谓:

> 潘岳,字安仁,荥阳中牟人也。祖瑾,安平太守。父芘,琅邪内史。岳少以才颖见称,乡邑号为奇童,谓终、贾之俦也。早辟司空太尉府,举秀才。泰始中,武帝躬耕藉田,岳作赋以美其事,……才名冠世,为众所

---

[1] 谭正璧、谭寻:《弹词叙录》,上海古籍出版社,1981年,第115—117页。
[2] 詹应甲:《赐绮堂集》,清道光止园刻本。

疾,遂栖迟十年。出为河阳令,负其才而郁郁不得志。①

又,宋祝穆《事文类聚》后集卷三一"花卉部"《河阳栽花》条谓:"潘岳为河阳令,栽桃李,号河阳满县花。"②同书外集卷一四"县官部"《植河阳花》条亦谓:"潘岳为河阳令,植桃李花,人号曰河阳一县花。"③剧盖本于此。

◆《河伯娶妇》

吴道荣《河伯娶妇》,《庄目》未予收录。

按:马廉谓:"吴道荣,字尊生,新安人,知音律,所著有《金环记》《河伯娶妇》杂剧。见闽中陈衍磐生《大江草堂》二集卷十三《嘉客记》。"④据此补入,或演西门豹事。

◆《玩赏记》

《庄目》未予著录。

按:《梨园会选古今传奇滚调新词乐府万象新》前集卷一收有《庾亮登楼玩月》一齣,旁标《玩赏记》。叙晋庾亮登南楼赏月事。《晋书》卷七三《庾亮传》曰:"初,亮所乘马有的颅,殷浩以为不利于主,劝亮卖之。亮曰:'岂有己之不安而移之于人!'浩惭而退。亮在武昌,诸佐吏殷浩之徒,乘秋夜往共登南楼,俄而不觉亮至,诸人将起避之。亮徐曰:'诸君少住,老子于此处兴复不浅。'便据胡床与浩等谈咏竟坐。其坦率行己,多此类也。"⑤事本此。本齣所唱曲文为【皂罗袍】"天际高悬冰鉴"、【菊花心】"今宵皓月"、【满庭芳】"画角城楼疏钟"、【黄莺儿】"明月漫江楼"、【皂罗袍】"皎皎银簪(蟾)"、【黄莺儿】"明月挂长空"、【皂罗袍】"水色山光相映"、【黄莺儿】"明月正中天"、【风云会四朝元】"江楼风静"、【前腔】"秋光如净"、【前腔】"秋声遥听"、【前腔】"叨握兵柄"、【北折桂令】"彩云端"、【前腔】"万里天出"等,凡十四支曲⑥。而《乐府红珊》卷一一"宴会类",收有《泰和记》中《庾元亮中秋夜宴》一齣,用曲为【满庭芳】"画角城头疏钟"、【黄莺儿】"明月浸江

---

① 《二十五史》第二册,上海古籍出版社、上海书店,1986年,第1418页。
② 祝穆:《事文类聚》,清文渊阁四库全书本。
③ 祝穆:《事文类聚》,清文渊阁四库全书本。
④ 马廉著、刘倩编:《马隅卿小说戏曲论集》,中华书局,2006年,第321页。
⑤ 《二十五史》第二册,上海古籍出版社、上海书店,1986年,第1469页。
⑥ 〔俄〕李福清、〔中〕李平编:《海外孤本晚明戏剧选集三种》,上海古籍出版社,1993年,第125—135页。

楼"、【皂罗袍】"皎皎银蟾"、【黄莺儿】"明月挂长空"、【皂罗袍】"水气山光"、【黄莺儿】"明月正中天"、【皂罗袍】"天桂高悬冰鉴"、【菊花新】"今宵皓月"、【风云会四朝元】"江楼风静"、【前腔】"秋光如净"、【前腔】"秋声遥听"、【前腔】"叨持兵柄"、【北折桂令】"彩云端"、【前腔】"荡长空"等，亦为十四支曲子①，且多有相同，知二剧同出一源。《玩赏记》，又名《南楼月》，为《泰和记》之一种②。

◆《织绢记》

《庄目》未予著录。

按：《类纂今古传奇梨园正式乐府万象新》前集卷二上层收有《织绢记》中《槐荫分别》一齣，剧谓：董郎孝心感动上天，玉皇遣月姬下凡，指槐荫为媒，结为夫妻。妻称："奴是上天一月姬，君今行孝玉皇知。差奴下凡织绫锦，百日工满上天庭。"③临行，月姬赠以枣子一枚，梨子一个，扇子一把，并称已怀有身孕，若生男，当奏过天曹，遣还。说罢，飘然而去。董郎伤心欲绝。此齣《八能奏锦》《乐府菁华》《尧天乐》《玉树英》《摘锦奇音》均曾收录。惜全剧已佚。事本《搜神记》。

◆《罗状元归隐》

《庄目》未予收录。

按：清人焦循《雕菰集》卷五"诗"载有《观村剧》二首，其二谓："太平身世许清闲，况是疏佣髯已斑。为笑罗洪先不达，状元中后始归山。"诗末小注曰："是日演此剧。"④据此，知时演罗洪先状元及第归隐事。事有所本，李贽《续藏书》卷二二《光禄少卿罗文恭公》载曰：

> 公名洪先，字达夫，吉水人。自幼端重，不为嬉弄。……年二十二，举于乡。……嘉靖八年廷试，世宗亲阅所对策，御批云："学正有见，言说而意必忠。宜擢之首者。"赐进士及第一人，授翰林修撰。明年告归，已而丁外艰，哀恸深至，苦块蔬食，不入室者三年。一日读《楞严经》，得反闻之旨，遂觉此身在太虚，视听若寄世外。友人睹其颜貌惊服，忽自省曰："得无误入禅耶？"乃反求诸孔孟，与同郡邹文庄公及诸

---

① 王秋桂主编：《善本戏曲丛刊》第二辑，台湾学生书局，1984年，第557—565页。
② 庄一拂编著：《古典戏曲存目汇考》上册，上海古籍出版社，1982年，第459页。
③ 〔俄〕李福清、〔中〕李平编：《海外孤本晚明戏剧选集三种》，上海古籍出版社，1993年，第179页。
④ 焦循：《雕菰集》，清道光岭南节署刻本。

同志切劘无虚日。召改左春坊赞善,疏请预定东宫朝仪,忤旨,罢为民。

　　家居削迹城市,应酬礼文,辞受取与,一裁以义。不徇时局,人不敢干以私。亲贤问道,撝谦求益,未尝以言词先人。然瞻其容止者,非僻为之潜消。游衡岳,僧楚石密授以外丹,拒而不受。里中得石洞,故为虎穴,荆莽蓊郁,辟之可容百余人。命曰石莲,自是多洞居。时出聚友于雪浪阁,四方缙绅士人请益者日众。赣江水涨,公宅舍漂没,假宿田家。抚院马公森以公家故窭,而尝却台省馈坊数千金贮县帑,檄县取为构室助,竟辞之。荆川唐公以兵事起官,约偕出。公曰:"天下事为之,非甲则乙,某欲为未能者。得兄任之,即比自效可也,奚必我出?"时相亦贻书致意,公答书,愿毕志林壑。年踰五十,谢客屏居止,止所制半榻。默坐榻间,不出户者三年。……比疾作,子世光适赴省试。家人问何言,答曰:"儿归,但语以莫厌穷,穷固自好。"诸生环侍,以意示,令扶起危坐,正巾敛手,端默而卒。年六十有一。①

本剧盖据此而敷衍。

◆《育婴堂新剧》

《庄目》未予著录。

按:黄仕忠《日本所藏中国戏曲文献研究》收有此剧,谓日本大谷大学藏,清精钞本。作者不详。此剧凡十六齣,其目次如下:"陆地慈航""晓沟惨遇""演车觅乳""众善乐施""恤生悯死""拐儿被逮""装窑赦孤""白日飞升""恩纶叠孤""公私会议""夤缘暮夜""婴儿失望""善人显圣""冥路追号""堂运重兴""作善降祥"。叙柴善人世盛育孤儿,埋骨殖。并据方志等史料,考证柴世盛其人②。

◆《英夷犯广》

《庄目》未予收录。

按:清人谢元淮《养默山房诗稿》卷三一《真州集》收有《啸剑吟》组诗,其十四云:

　　大巧不若拙,大智不若愚。巧智有时尽,愚拙自守常安舒。西洋诸夷夸奇巧,察地观天抉幽眇。自鸣钟表测时辰,不如村妪意度随口道。

---

① 《李贽文集》第四卷,社会科学文献出版社,2000年,第507—508页。
② 参看黄仕忠:《日本所藏中国戏曲文献研究》,高等教育出版社,2011年,第253—256页。

夜半生儿虽仓卒,揣量曾未差分秒。奈何战斗慴虚声,转畏船砲堕虚狡。(原注:逆夷每以船坚砲利恐吓汉人。予前在上海,见浙江所获夷人铁砲二,各重七百余斤,长仅五六尺,尾粗颈细,点放时须以绳系其后,否则转尾向前,如翻筋斗状。吃药一二斤,其砲口内三四寸,薄于砲颈者半,盖其砲子最大,以之封门,半在砲口之外,燃火轰放,子虽远击并未红透,不过坠地而已。是以各处所得夷人砲子,重者三四十斤,所击之地,并无大损,而闻者色动,盖为虚声所慴云。)堂堂之阵正正旗,一勇能将千伪扫。试看粤东义民奋臂一呼集者皆忠良,阵诛伯麦如刲羊,义律突围奔跟跄。乃有广州太守拥护使遁藏,至今院本传词场。(原注:广东有戏目八十余回,专记英夷犯广时事。)①

据此可知,晚清时广东曾有"英夷犯广"戏目,演当地百姓奋力反抗英夷之事。既言"戏目",当为剧作。然剧作具体名称及作者尚不得而知。

◆《英雄概》(王纳谏撰)

《庄目》卷十一"下编传奇三·清代作品上"著录有叶雉斐同名剧作,谓:"《今乐考证》著录。钞本,《古本戏曲丛刊三集》本。《新传奇品》《曲考》《曲海目》《曲录》并见著录。《曲考》等于阙名中重出一本。"②未收王纳谏《英雄概》。

按:张慧剑《明清江苏文人年表》万历三十五年(1607)载曰:"江都王纳谏在北京供职行人司。(乾隆《扬州府志》)纳谏所纂还有《左国腴》四卷、《古文启秀》《英雄概》,自著有《初日斋集》七卷。"③疑《英雄概》为传奇剧。剧作本事不详。《江苏艺文志·扬州卷》据此著录,并载其事迹曰:"王纳谏,字圣俞。明江都人。万历三十一年(1603)乡试第一。三十五年进士,授行人出使,以疾归。家居二载,吏部司官缺人,争营之,起为吏部主事,力疾赴召,而疾益甚,复请告归,一月而逝。"④著有《新镌易经家训》《周易翼注》等多种。《曲考》著录阙名之《英雄概》,疑即此本。

◆《郑虎臣》

《庄目》未见著录。

---

① 谢元淮:《养默山房诗稿》,清光绪元年刻本。
② 庄一拂编著:《古典戏曲存目汇考》中册,上海古籍出版社,1982年,第1193—1194页。
③ 张慧剑:《明清江苏文人年表》,人民文学出版社,2008年,第403页。
④ 南京师范大学古文献整理研究所编:《江苏艺文志·扬州卷》上册,江苏人民出版社,1995年,第65页。

按：张慧剑《明清江苏文人年表》"乾隆十九年"，据《四当斋书目》下四记载，谓"吴江袁栋合所著《陶朱公》《姚平仲》《郑虎臣》《鹅笼书生》《白玉楼》《桃花缘》等杂剧为《玉田乐府》刊行"①。郑虎臣，宋人，字景兆，为会稽尉。此剧本事孙楷第有考证。明赵弼《效颦集》下卷《木绵庵记》曰："元兵侵扬州，三学儒生上书，劾似道欺君枉上过恶。太后乃降其官，移婺州居住。婺人闻似道至，率众数百为露布以逐之。……徐直方、陈景行、翁合上言，似道专权罔上，卖国招兵，贪利虐民，滔天之罪。遂徙循州安置，俾临安台州，籍其家产，仍命会稽尉郑虎臣为监押官。时似道寓建宁开元寺，侍妾尚数十人。虎臣至，窃屏去之，夺其宝物珍玩之器。畀以弊轿，撤其盖，使曝于烈日中，令舁夫唱杭州歌以谑之。一日之间，窘辱备至。似道不能堪，但垂泪而已。……十月，至漳州木绵庵。虎臣讽令自决。似道曰：'太后许我不死。有诏，即死矣。'虎臣怒曰：'尔父母前者数尔罪恶，令吾杀尔，尔亦闻之。吾为天下除残伸怨，虽死何憾焉！'乃拘其妻子于别室。叱数卒驱似道于庵后，褫其衣，缚其手足，以铁挝筑之。似道哀鸣乞命。虎臣愈怒，命左右取厕中秽物嚼其口，拉其胸而杀之。仍剖其腹，实马粪数升，剜其两目，割其耳、鼻、舌，埋于厕侧而去。"②

◆《金镝记》

《庄目》未见著录。

按：《摘锦奇音》卷之五下层收有《金镝记》传奇中"六使私下三关"一齣，叙朝廷听信奸臣谗言，欲拆掉象征举家功业的杨家天波楼。家人周义匆即赶至三关，将佘太君、柴郡主所写家书呈于三关总兵杨六郎。六郎读家书得知原委，怒不可遏，遂封闭辕门，私下三关，回汴京报仇。事见《杨家府世代忠勇演义志传》（又名《杨家府演义》《杨家将演义》等）卷三"杨六郎私下三关""焦赞夜杀谢金吾"等回所叙。《录鬼簿续编》著录有《杨六郎私下三关》杂剧，已佚。元杂剧另有佚名《谢金吾诈拆清风府》（见《元曲选》），与本作题材同。其中，杨六郎所唱【泣颜回】："寻思归故乡。你与我训练三军，镇守三关，提兵调将，晓夜提防。前思后想，沉吟半晌，只得把军令付伊二人。你与我朝夕里、朝夕里巡逻边疆。心中暗想，不由人魆地里悲伤。可惜我先人为国难，将身撞死在李陵碑丧。俺大哥却被长枪刺死，二哥却被短剑身亡。说起俺三兄长可伤真可伤，乱军中马蹄如泥酱！四哥又陷在北番

---

① 张慧剑：《明清江苏文人年表》，人民文学出版社，2008年，第1111页。
② 孙楷第：《小说旁证》，人民文学出版社，2000年，第56—59页。

不还乡。五哥哥隐迹在五台上,削发为和尚。七兄弟却被乱箭身亡。父子八人归大宋,逃的逃来亡的亡。幸蒙老天相庇佑,只留区区杨六郎。承皇命守三关,非是我违背君王私奔还乡。欲待要不还乡,撇不下七八十岁老萱堂。他那里悬悬望,倚门墙,盼京华云山缥缈。又道是狡兔死、走狗烹,敌国破、谋臣亡,恨奸臣妄奏君王,只得擅离三关去奉高堂。"①

【泣颜回】正格八句:五、六。四、六。四、八。七、七。而本曲长达二三十句,以慷慨激昂之笔调屡述杨家之功业。京剧《辕门斩子》中杨延昭对南清宫八贤王赵德芳所唱:"恨北国萧银宗打来战表,他要夺我主爷锦绣龙朝。我大哥替宋王长枪丧了,我二哥短剑下命赴阴曹,我三哥被马踏尸骨难找,我四哥失番邦无有下梢,我五哥弃红尘削发修道,我七弟被仁美箭射芭蕉,我八弟被贼擒生死不晓;一家人好一似燕被鹰叼。那一阵我杨家死得不少,论功劳才挣下这玉带锦袍。"②与上引内容大致相同。由此可知,杨家将故事,早在明代已大致定型。此又为考究杨家将故事流变提供了强有力的资料依据。

◆《金谷记》

《庄目》卷四"中编杂剧一·元代作品上"收有关汉卿《金谷园绿珠坠楼》一目,谓:"《录鬼簿》(曹本)著录。贾本别作《石崇妾绿珠坠楼》,简名《绿珠坠楼》。"③已佚。又,《庄目》卷九"下编传奇一·明代作品上"于吕天成名下著录《金谷记》,谓:"此戏未见著录。《传奇汇考标目》别本著录之,无注文,疑为《金合记》讹误。佚。"④

按:清人李良年《塞上严都尉署中观女乐歌》一诗小序曰:"时演石季伦事。"诗略谓:"痛饮连朝看不足,红牙按遍江南曲。妙本新翻石季伦,独将佳丽传金谷。忆昔明珠换绿珠,征歌买笑古来无。曾向紫丝夸锦障,还提如意击珊瑚。一自佳人愁堕地,狼藉玑琲与簪珥。吹笛曾无宋祎存,乘舆只有山松醉。梨园此日并流传,掠削云鬟更可怜。"⑤季伦,乃石崇之字。由此可知,此作演石崇爱姬绿珠坠楼事。金谷园,石崇别墅,在洛阳附近,去城二十五里。石崇《金谷诗叙》曰:"余以元康六年,从太仆卿出为使,持节监青、徐诸军事、征虏将军。有别庐在河南县界金谷涧中,或高或下,有清泉茂林,众

---

① 王秋桂主编:《善本戏曲丛刊》第一辑,台湾学生书局,1984年,第256—258页。
② 苏行编选:《人民京剧手册》,工农兵读物出版社,1953年,第55页。
③ 庄一拂编著:《古典戏曲存目汇考》上册,上海古籍出版社,1982年,第149页。
④ 庄一拂编著:《古典戏曲存目汇考》中册,上海古籍出版社,1982年,第888页。
⑤ 徐釚:《本事诗》卷一二,清光绪十四年徐氏刻本。

果、竹柏、药草之属，莫不毕备。又有水碓、鱼池、土窟，其为娱目欢心之物备矣。时征虏大将军祭酒王诩，当还长安，余与众贤共送往涧中，昼夜游宴，屡迁其坐，或登高临下，或列坐水滨。时琴、瑟、笙、筑，合载车中，道路并作。及住，令与鼓吹递奏。"①"提如意击珊瑚"事，《世说新语·汰侈》谓："石崇与王恺争豪，并穷绮丽，以饰舆服。武帝，恺之甥也，每助恺。尝以一珊瑚树，高二尺许赐恺。枝柯扶疏，世罕其比。恺以示崇，崇视讫，以铁如意击之，应手而碎。恺既惋惜，又以为疾己之宝，声色甚厉。崇曰：'不足恨，今还卿。'乃命左右悉取珊瑚树，有三尺、四尺，条干绝世，光采溢目者六七枚，如恺许比甚众。恺惘然自失。"②绿珠事，见《晋书》卷三三《石崇传》，略曰：

  时赵王伦专权，崇甥欧阳建与伦有隙。崇有妓曰绿珠，美而艳，善吹笛。孙秀使人求之。崇时在金谷别馆，方登凉台，临清流，妇人侍侧。使者以告。崇尽出其婢妾数十人以示之，皆蕴兰麝，被罗縠，曰："在所择。"使者曰："君侯服御丽则丽矣，然本受命指索绿珠，不识孰是？"崇勃然曰："绿珠吾所爱，不可得也。"使者曰："君侯博古通今，察远照迩，愿加三思。"崇曰："不然。"使者出而又反，崇竟不许。秀怒，乃劝伦诛崇、建。崇、建亦潜知其计，乃与黄门郎潘岳阴劝淮南王允、齐王同以图伦、秀。秀觉之，遂矫诏收崇及潘岳、欧阳建等。崇正宴于楼上，介士到门。崇谓绿珠曰："我今为尔得罪。"绿珠泣曰："当效死于官前。"因自投于楼下而死。崇曰："吾不过流徙交、广耳。"及车载诣东市，崇乃叹曰："奴辈利吾家财。"收者答曰："知财致害，何不早散之？"崇不能答。崇母兄妻子无少长皆被害，死者十五人，崇时年五十二。③

据诗意，本剧当捏合以上数事而成。此作非关汉卿所作《金谷园绿珠坠楼》杂剧，当另有一剧，当系传奇剧。已佚，作者不详。

◆《金环记》（佚名撰）

《庄目》卷十"下编传奇二·明代作品下"著录木石山人《金环记》一种，并引《远山堂曲品》，谓本剧演明代廉吏海瑞事④。

按：明代另有一《金环记》，演元末明初花云、许瑗临危不惧，当众斥敌，为陈友谅所害事。《乐府万象新》前集卷一下层收有《金环记》中《孙氏采莲

---

① 余嘉锡撰、周祖谟等整理：《世说新语笺疏》，中华书局，1983年，第530页。
② 余嘉锡撰、周祖谟等整理：《世说新语笺疏》，中华书局，1983年，第882—883页。
③ 《二十五史》第二册，上海古籍出版社、上海书店，1986年，第1360页。
④ 庄一拂编著：《古典戏曲存目汇考》中册，上海古籍出版社，1982年，第1112页。

哺子》《花许抗汉遇害》二齣。《花许抗汉遇害》叙汉王陈友谅攻破太平,知府许瑗、守将花云双双被擒。陈友谅慕其才略,百计诱降,遭坚拒斥骂,遂恼羞成怒,将二人绑于桅杆欲乱箭射死。《孙氏采莲哺子》叙太平城破,花云被擒,其妻郜氏投水寻死,将幼子托付妾孙秀真抚养。孙携子逃难,为王元百户掠往江州,乘机脱逃后,又为乱兵挤下水,幸怀抱浮木,始得救。水上无吃食,乃采莲实哺育幼子。此时,玉皇大帝差雷老前来救应,其母子始脱危难。《明史》卷二八九《忠义传·花云》载曰:

> 花云,怀远人。貌伟而黑,骁勇绝伦。至正十三年癸巳,杖剑谒太祖于临濠。奇其才,俾将兵略地,所至辄克。……丁酉克常熟,获卒万余。命趋宁国,兵陷山泽中八日,群盗相结梗道。云操矛鼓噪出入,斩首千百计,身不中一矢。还驻太平。庚子闰五月,陈友谅以舟师来寇。云与元帅朱文逊、知府许瑗、院判王鼎结阵迎战,文逊战死。贼攻三日不得入,以巨舟乘涨,缘舟尾攀堞而上。城陷,贼缚云。云奋身大呼,缚尽裂,起夺守者刀,杀五六人,骂曰:"贼非吾主敌,盍趣降!"贼怒,碎其首,缚诸樯丛射之,骂贼不少变,至死声犹壮,年三十有九。瑗、鼎亦抗骂死。太祖即吴王位,追封云东丘郡侯,瑗高阳郡侯,鼎太原郡侯,立忠臣祠,并祀之。方战急,云妻郜祭家庙,挈三岁儿,泣语家人曰:"城破,吾夫必死,吾义不独存,然不可使花氏无后,若等善抚之。"云被执,郜赴水死。侍儿孙瘗毕,抱儿行,被掠至九江。孙夜投渔家,脱簪珥属养之。及汉兵败,孙复窃儿走渡江,遇溃军夺舟弃江中,浮断木入苇洲,采莲实哺儿,七日不死。夜半,有老父雷老挈之行,逾年达太祖所。孙抱儿拜泣,太祖亦泣,置儿膝上,曰:"将种也。"赐雷老衣,忽不见。①

本作据此而敷衍,《中国曲学大辞典》叙及本事,可参看②。明富春堂刊本《虎符记》亦叙其事。疑《金环记》乃《虎符记》之改题。

◆《金环记》(吴道荣撰)

吴道荣《金环记》,《庄目》未予收录。

按:马廉谓:"吴道荣,字尊生,新安人,知音律,所著有《金环记》《河伯娶妇》杂剧。见闽中陈衍磐生《大江草堂》二集卷十三《嘉客记》。"③据此补入,本事不详。

---

① 张廷玉等撰:《明史》第二十四册,中华书局,1974年,第7408—7410页。
② 齐森华等主编:《中国曲学大辞典》,浙江教育出版社,1997年,第420页。
③ 马廉著、刘倩编:《马隅卿小说戏曲论集》,中华书局,2006年,第321页。

◆《金瓮传奇》

《庄目》未予著录。

按:清人顾贞观所作【金缕曲】〈奉怀柏乡魏相国,时暂假归里〉词,谓:

> 黄阁仍开卷。只敷陈、平生四字,昙聃尽遣。江左风流归冀北,霖雨九垓春法。看赐瓮十围金茧,国士无双亲下拜。问感恩、知己谁深浅? 先世泽,藉公展。　副封白去经纶显。小延英、逾时伏对,怀中鹣扁。太保只今推坐论,西旅徒然贡犬。真异数、朝参暂免。所喜圣朝无阙事,且闲删、雅颂兼谟典。重补衮,五云翦。①

其中"看赐瓮十围金茧"一句后自注曰:"公自度曲名《金瓮》传奇。"题中"魏相国",当指魏裔介。

魏裔介(1616—1686),字石生,别号贞庵,又号昆林,直隶柏乡(今属河北)人。官至保和殿大学士,故称。其生平事迹详见本书第四章"曲家增补"。此剧已佚。

◆《金鱼佩》

《庄目》未予著录。

按:光绪《武阳志余》卷七著录此剧。乃清武进庄巘作,疑为传奇,本事未详,已佚。见《江苏艺文志·常州卷》②。

◆《金琅玕》

《庄目》未予著录。

按:清人谭莹《乐志堂诗集》卷六收有《论词绝句又三十六首》,诗题下小注曰:"专论岭南人。"该组诗第二十首谓:"不唱吴歈唱岭歈,(原注:集名。)堂开顾曲(原注:见薛始亨撰传。)也须臾。《金琅玕》(原注:传奇。)写桄榔下,(原注:见《中洲草堂集》附词自序。)实与升庵格调殊。(原注:王阮亭谓乔生诗似用慎修格调)。"③这首论词绝句是为陈子升而作,诗中明确注明《金琅玕》为传奇。据此,知晚清之时,岭南尚有《金琅玕》传奇剧流传,作者乃陈子升。《(宣统)番禺县续志》卷三二谓:"岭南故未有以填词度曲为

---

① 顾贞观:《弹指词》,清乾隆四十年积书严刻本。
② 南京师范大学古文献整理研究所:《江苏艺文志·常州卷》,江苏人民出版社,1994年,第506页。
③ 谭莹:《乐志堂诗集》,清咸丰九年吏隐堂刻本。

传奇家者,惟明季韩孟郁与东莞邓云霄元度、南海陈乔生子升俱能词曲,而工于声律,宏博风雅,可分元人一席。"①

◆《钓金龟》

《庄目》未予收录。

按:平步青《霞外攟屑》卷九《小栖霞说稗》"钓金龟"条谓:

> 越中有《钓金龟》一剧,中演孝肃勘讯发有巨钉,一案审出两案事。《西云札记》卷四:'《金石萃编》一百四十一《王公仪碑铭》,叙公仪辨冤狱,有妇人死而不明,视其发,得巨钉,人服其神明。今传奇有附会作包孝肃公案者。'按《益都耆旧传》:'严遵为扬州刺史,行部,闻道傍女子哭声不哀。问之,云:"夫遭烧死。"遵敕吏舆尸到,令人守尸,曰:"当有物自往。"吏白:"有蝇聚头所。"遵令披视,得铁锥贯顶。考问,以淫杀夫。'见《艺文类聚》九十九卷《蝇》部引,亦见《太平广记》卷一百七十一。一百七十二又引《酉阳杂俎》韩滉事云《论衡》载子产云云,皆所本也。子产事,王充本之《韩非》。又姚天福事——见《元文类》及《辍耕录》。又张咏事——见郑克《折狱龟鉴》。兰九所云传奇,殆即《钓金龟》,特以女易男,其云张义似又合张咏事为一也。②

日本东京大学藏有清百本张钞本《钓金龟全串贯》③。另,日本早稻田大学则藏有北京致文堂刊本《吊金龟》,外封题曰:"新刻,二簧梆子皆可用。"④疑二者为一剧。焦循《剧说》(卷四)亦载:

> 村中演剧,每演包待制勘双钉事,一名《钓金龟》。此事亦见《辍耕录》:"姚忠肃为辽东按察使,武平县民刘义讼其嫂与其所私同杀其兄成。县尹丁钦以成尸无伤,忧懑不食。妻韩问之,钦语其故。韩曰:'恐顶囟有钉,涂其迹耳。'验之,果然。狱定,上谳,公召钦谙询之,钦因矜其妻之能。公曰:'若妻处子耶?'曰:'再醮。'令有司开其夫棺,毒与成类。并正其辜。钦悸卒。时比公为宋包孝肃公拯云。"⑤

---

① 梁鼎芬:《(宣统)番禺县续志》,民国二十年重印本。
② 中国戏曲研究院编:《中国古典戏曲论著集成》第九册,中国戏剧出版社,1959年,第220—221页。
③ 参看黄仕忠:《日藏中国戏曲文献综录》,广西师范大学出版社,2010年,第318页。
④ 黄仕忠:《日藏中国戏曲文献综录》,广西师范大学出版社,2010年,第318页。
⑤ 中国戏曲研究院编:《中国古典戏曲论著集成》第八册,中国戏剧出版社,1959年,第152—153页。

此剧或为花部所演。

◆《闹沙亭》

《庄目》未予收录。

按：清人吴骞《拜经楼诗集》卷三收有《蠹塘杂咏五十二首》，其四十六云："葭庄几见竹生孙，荒草年年冷墓门。谁唱沙亭夜来曲，春窗儿女最销魂。"诗末小注曰："沈茂才复初为人任侠，尝为夺沙亭事连染，几罹于祸，家因而耗。越中影戏至今有《闹沙亭》一出，为复初作也。"①据此，知有《闹沙亭》一剧。沈复初，生平事迹未详。

◆《青莲记》

《庄目》卷十"下编传奇二·明代作品下"，收有韩上桂剧作《相如记》《凌云记》二目，然未予著录韩氏《青莲记》②。

按：据还珠罗氏藏《凌云记》传钞本邓钎《序》，韩氏著有《朵云山房遗稿》，并传奇《青莲记》《凌云记》，均未刊行。故《庄目》于韩上桂名下应补入《青莲记》。胡文焕《群音类选》卷一四收有《青莲记》中的《御手调羹》《明皇赏花》《华阴骑驴》《捉月骑鲸》《明皇游月宫》等五齣③，写李白故事，未知与韩上桂《青莲记》为同一作品否？

◆《青梅记》

《庄目》卷九"下编传奇一·明代作品上"，于汪廷讷名下著录此剧，然未叙及此作内容④。《乐府万象新》所收《青梅记》与此非一剧。

按：《乐府万象新》前集卷三收《青梅记》传奇中《曹操青梅煮酒》一齣，演三国故事中曹操青梅煮酒论英雄事。或以为系明传奇《射鹿记》演化而来，"为弋阳腔系统的三国戏曲"，非汪廷讷所著之《青梅记》。见李平《海外孤本晚明戏剧选集三种·序言》⑤。

◆《青楼恨》

《庄目》未予著录。

---

① 吴骞：《拜经楼诗集》，清嘉庆八年刻增修本。
② 庄一拂编著：《古典戏曲存目汇考》中册，上海古籍出版社，1982年，第982页。
③ 胡文焕编：《群音类选》第二册，中华书局，1980年，第644—653页。
④ 庄一拂编著：《古典戏曲存目汇考》中册，上海古籍出版社，1982年，第862页。
⑤ 〔俄〕李福清、〔中〕李平编：《海外孤本晚明戏剧选集三种》，上海古籍出版社，1993年，第22—23页。

按：陆舜《陆吴洲集》有《题张词臣青楼恨传奇序》一文，略谓："今者双虹主人，善解人情，……采瑶馆之诗，谱青楼之恨，终当情死，宛转关生。瑶华窈窕，赋神人之降麓姑；邵妓风流，催红叶之流御水。秦淮河曲，箫声夜半落扬州；桃叶渡头，弦索秋千鸣杜曲。是雨催诗，刻残银烛；生风行酒，画断金钗。俨坐石之三生，擅登场之四美。偏尔多情易别，薄幸成悲。丝竹堂前愁绪，怜卿爱卿；琵琶亭上泪痕，出尔反尔。李白将行，情满桃花潭上；戴渊未荐，影落崔荷泽中。既断藕而无丝，自落花以成病。伤情者，终非寿相；断肠矣，岂复生年？断魂苏小，开痴心女子之山；绝粒玉箫，写薄命佳人之照。杨何以死，邵何以生？未免有情，泫然流泪。至若箐箐游魂，排山倒海；啾啾血魄，穴地通天。托蝴蝶以捕风，拥骷髅而捉影。一日花开，正驱马疾；满船明月，空载人归。萧条媒妁，伤素缟以何来；冷落门庭，剩葳蕤之自锁。夫乃分别之中添大分别，死生之后著另死生。玉香入再生之寺，回头我不认当初；林生感三七之期，东道主竟为今日。杨之视林，人情与秋云俱薄；林之于杨，鬼语偕夜月俱凉。……扫破镜重圆之故事，空去珠还合之常文。较之杜丽，应少一生；较之柳姬，不多一死。假邻女以归人，幻同赵玉；托妹尸而旋里，真比兴娘。可谓自有雕龙，不同画虎。"[1]可据以考知此剧内容。

◆《姚平仲》

《庄目》未予著录。

按：张慧剑《明清江苏文人年表》"乾隆十九年"，据《四当斋书目》下四记载，谓"吴江袁栋合所著《陶朱公》《姚平仲》《郑虎臣》《鹅笼书生》《白玉楼》《桃花缘》等杂剧为《玉田乐府》刊行"[2]。本事见陆游《姚平仲小传》：

> 姚平仲，字希晏，世为西陲大将。幼孤，从父古养为子。年十八，与夏人战臧底河，斩获甚众，贼莫能枝梧。宣抚使童贯召与语，平仲负气不少屈，贯不悦，抑其赏，然关中豪杰皆推之，号"小太尉"。睦州盗起，徽宗遣贯讨贼。贯虽恶平仲，心服其沉勇，复取以行。及贼平，平仲功冠军，乃见贯曰："平仲不愿得赏，愿一见上耳。"贯愈忌之。他将王渊、刘光世皆得召见，平仲独不与。钦宗在东宫知其名，及即位，金人入寇，都城受围，平仲适在京师，得召对福宁殿，厚赐金帛，许以殊赏。于是平仲请出死士斫营擒虏帅以献。及出，连破两寨，而虏已夜徙去。平仲功不成，遂乘青骡亡命，一昼夜驰七百五十里，抵邓州，始得食。入武关，

---

① 陆舜：《陆吴州集》，清双虹堂刻本。
② 张慧剑：《明清江苏文人年表》，人民文学出版社，2008年，第1111页。

至长安,欲隐华山,顾以为浅,奔蜀,至青城山上清宫,人莫识也。留一日,复入大面山,行二百七十余里,度采药者莫能至,乃解纵所乘骡,得石穴以居。朝廷数下诏物色求之,弗得也。乾道、淳熙之间始出,至丈人观道院,自言如此。时年八十余,紫髯郁然,长数尺,面奕奕有光;行不择崖堑、荆棘,其速若奔马。亦时为人作草书,颇奇伟,然秘不言得道之由云。①

姚平仲事迹,于此可见。

◆《尝胆记》

《庄目》未予著录。

按:《鼎锲徽池雅调南北官腔乐府点板曲响大明春》(又称《新锲徽池雅调官腔海盐青阳点板万曲明春》)卷三收有《越王别臣》,乃出自《尝胆记》。叙越王勾践卧薪尝胆事,见《史记·越王勾践世家》。

◆《幽梦园》

《庄目》未予收录。

按:清初粲花主人选辑、西湖漫史点评《新镌汇选昆调歌林拾翠》卷之二收有《幽梦园》中《惭嗤》《讹赚》等龅②。作者佚名。

◆《春风楼》

《庄目》未予著录。

按:马隅卿据《温州府志》所引《永嘉志》,曰:"林占春著《花间集》,又有《雪庵诗集》《诗余》,《春风楼》传奇。"③

◆《柳叶笺》

《庄目》未予著录。

按:黄仕忠《日藏中国戏曲文献综录》"传奇类"《花萼楼》一目注曰:"首有《自叙》,署'时顺治癸巳重阳之夕姑射醉月主人题于鸠兹之得闲处'。版心下方有'亦园'二字。有凡例,题'昭亭有情痴自识',末条谓:'继此有《骊珠钏》《柳叶笺》《亦园杂剧》等出,或灾梨枣',可知昭亭有情痴尚有二

---

① 陆游:《陆放翁全集》上册,中国书店,1986年,第133—134页。
② 马廉著、刘倩编:《马隅卿小说戏曲论集》,中华书局,2006年,第197页。
③ 马廉著、刘倩编:《马隅卿小说戏曲论集》,中华书局,2006年,第242页。

种传奇并杂剧,未见任何曲目著录"①,据此补入。

◆《洛阳记》

《庄目》未予著录。

按:《玉谷新簧》卷之三上层,收有《取女同回》《命子造桥》《端明问母》②,卷之四上层收有《过渡救众》等齣③,与《洛阳桥》题材同。

◆《济颠伏虎》

《庄目》未予收录。

按:清人潘奕隽《三松堂集》诗集卷八收有《坳堂观察招饮观剧,即席口占》二首,其二谓:"济公遗事类颠意,灵隐山门对浙江。会得禅家坚定意,虎威狐媚一齐降。"诗末小注曰:"演济颠僧伏虎醒妓事。"④济颠事,明田汝成《西湖游览志余》卷一四"方外玄踪"载其事甚详,可参看。通俗小说亦多叙其事,如明隆庆间刊《钱塘渔隐济颠禅师语录》、清康熙间刊《济公全传》、清乾隆间刊《济颠大师醉菩提全传》等。小说所写"过茶坊卧游阴府,见猛虎夜唊邪凳""色迷心愈定,酒醉道偏醒",即叙此事。《庄目》卷十一"下编传奇三·清代作品上"收录有张彝宣《醉菩提》一剧⑤,或为一剧。坳堂,乃方昂(1740—1800)之别号。昂,字叔驹,一字讱庵,先世歙人,至其父始占籍山东历城。乾隆三十六年辛卯(1771)进士,五十五年庚戌(1790)由饶州知府迁江苏苏松道,五十九年(1794)署理松太道。诗当写于方昂出任苏松道时。事见纪昀《江苏布政使司布政使坳堂方公墓志铭》。

◆《炼丹记》

《庄目》未予收录。

按:《徽池雅调》卷之二上层收有此剧中《昝嬉嫖落》(又作《昝喜嫖落》)一齣⑥。本齣由《玉玦记》第二十二齣《改名》改编而来。《改名》齣唱【丹凤吟】【行香子】【石榴花】【前腔】【泣颜回】【前腔】六支曲子。下场诗曰:"舞裙歌曲逐时新,散尽黄金只此身。寄语富儿休暴殄,俭如良药可医

---

① 黄仕忠:《日藏中国戏曲文献综录》,广西师范大学出版社,2010年,第150页。
② 王秋桂主编:《善本戏曲丛刊》第一辑,台湾学生书局,1984年,第128、131页。
③ 王秋桂主编:《善本戏曲丛刊》第一辑,台湾学生书局,1984年,第173页。
④ 潘奕隽:《三松堂集》,清嘉庆刻本。
⑤ 庄一拂编著:《古典戏曲存目汇考》中册,上海古籍出版社,1982年,第1226页。
⑥ 王秋桂主编:《善本戏曲丛刊》第一辑,台湾学生书局,1984年,第101页。

贫。"①此四句亦见《金瓶梅词话》第十一回回末,唯"歌曲"作"歌板"②。而《昝嬉嫖落》则唱【丹凤吟】【引】【石榴花】【泣颜回】四曲,所唱曲文明显减少,宾白却增加不少,前后内容亦有所调整,原作由"净"饰演昝喜,此改用"丑",活跃了场上气氛。且删去下场诗。此当是用徽池雅调演唱的舞台通行本。

◆《玻璃燕》

《庄目》收有胡文焕《玻璃镜》一剧③,而赵绍鼎《玻璃燕》传奇未予著录。

按:马隅卿据《温州府志》所引《永嘉志》,曰:"赵绍鼎有《玻璃燕》传奇。"④据此补入,本事不详。

◆《祝枝山》

《庄目》未予收录。

按:《徽池雅调》卷之一上层收有《祝枝山》一剧中《咏赏百花》一齣⑤,演唱【泣颜回】【前腔】【前腔】【不是路】【解三醒】【前腔】【尾声】几支曲子,历数牡丹、菊、梅、梨、木兰、紫荆、桃、李、杏、石榴、荷、瑞香、茉莉、水仙、杜鹃、玉簪诸花情状。同书卷之二上层,收有《祝枝山》中《声声杜宇》《一春无事》《千愁万恨》三齣⑥。此三齣俱题"新增",均叙女子于丈夫求取功名、离家远去后,苦苦思念之情。然而,值得注意的是《一春无事》齣,却几乎全由祝枝山【南北双调合套】〈春闺愁绪〉"一春无事为花愁"套曲移入⑦。《咏赏百花》,竟然是搬用陈铎【咏花】"万卉花王"⑧;《千愁万恨》亦是沿用陈铎【南商调金络索】〈四时闺怨〉"东风转岁华"套曲⑨。《声声杜宇》,则是明代另一散曲家金銮《征怨》套曲⑩。《徽池雅调》一书除中层外,上、下层所选均为剧曲,由此推论,当时很可能流行《祝枝山》一剧。

---

① 毛晋编:《六十种曲》第九册,中华书局,1958年,第71页。
② 兰陵笑笑生:《金瓶梅词话》上册,人民文学出版社,1985年,第125页。
③ 庄一拂编著:《古典戏曲存目汇考》上册,上海古籍出版社,1982年,第478页。
④ 马廉著、刘倩编:《马隅卿小说戏曲论集》,中华书局,2006年,第242页。
⑤ 王秋桂主编:《善本戏曲丛刊》第一辑,台湾学生书局,1984年,第48页。
⑥ 王秋桂主编:《善本戏曲丛刊》第一辑,台湾学生书局,1984年,第124、129、135页。
⑦ 谢伯阳:《全明散曲》第一册,齐鲁书社,1994年,第785页。
⑧ 谢伯阳编:《全明散曲》第一册,齐鲁书社,1994年,第676页。
⑨ 谢伯阳编:《全明散曲》第一册,齐鲁书社,1994年,第506页。
⑩ 谢伯阳编:《全明散曲》第二册,齐鲁书社,1994年,第1639页。

祝枝山，即祝允明(1460—1526)，字希哲，长洲(今江苏苏州)人。弘治壬子举人，除兴宁知县，迁应天府通判。与唐寅、文徵明、徐祯卿齐名，称"吴中四才子"。著述颇富，有《怀星堂文集》《九朝野记》《猥谈》等。

王世贞《艺苑卮言》(卷六)载：

  祝希哲生而右手指枝，因自号枝指生。为人好酒色六博，不修行检。尝傅粉黛，从优伶酒间度新声，侠少年好慕之，多赍金游允明，甚洽。举乡荐，从春官试下第。是时海内渐熟允明名，索其文及书者接踵。或褰金币至门，允明辄以疾辞不见，然允明多醉，伎馆中掩之，虽累纸可得，而家故给，以不问僮奴作业。又捐业蓄古法书名籍，售者或故昂直欺之，弗算。至或留客，计无所出酒，窭甚，以所蓄易置，得初值什一二耳。当其窭时，黠者持少钱米乞文及手书辄与，已小饶，更自贵也。尝遗黑貂裘甚美，欲市之，或曰："青女至矣，何故市之？"允明曰："昨苍头言始识，不市而忘，敝之箧，何益？"后拜广中邑令归，所请受橐中装可千金，归日张酒，呼故狎游宴，歌呼为寿，不两年都尽矣。允明好负逋责，出则群萃而诃谇者至接踵，竟弗顾去。①

《国宝新编》："希哲超颖绝人，读书过目成诵，钜细精粗，咸贮腹笥，有触斯应，无间猥鄙。书学精工，自《急就》以逮虞、赵，上下数千年变体，罔不得其结构。若羲、献真、行，怀素狂草，尤臻妙笔。本朝书品，不知合置谁左。"② 其行事与宋人柳永略近，人们喜道其事，演为戏曲，亦是可能之事。本书所选，若是供演唱之清曲，出自不同人之手的多套散曲，当不致仅署祝氏一人之名。唯《咏赏百花》外各齣，所叙情节相似，是仅供伶人于演出该剧时任意拣选，或另有他意？尚不可知。

◆《神獒记》

《庄目》未予著录。

按：《摘锦奇音》卷之三上层"时尚古人劈破玉歌"，分咏《琵琶记》《金印记》《西厢记》《破窑记》《荆钗记》《白兔记》《跃鲤记》《投笔记》《鹦歌记》《织绢记》《断发记》《十义记》《千金记》《嫖院记》《三元记》《神獒记》《玉簪记》《四节记》《谋篡记》等十九部剧作。《神獒记》既在其中，亦当为传奇剧。【劈破玉】歌曰："赵襄子本是个忠和义，屠岸将赵家害得无余类。公主

---

① 丁福保辑：《历代诗话续编》中册，中华书局，1983年，第1043—1044页。
② 陈田辑撰：《明诗纪事》第三册，上海古籍出版社，1983年，第1319页。

入冷宫,产下一孤儿。冤报冤来,冤报冤来,贼,天也不容你。"①知该剧演赵氏孤儿事。是《八义记》《赵氏孤儿记》之改题,还是别为一剧,则不得而知。

◆《绘真记》

《庄目》未予著录。

按:此剧为朱素仙所作。朱氏《〈绘真记〉自序》谓:"《绘真记》之作,或以为云间陆生事,其情节无足考,其人犹有存居者。"②叙云间陆生得画、失画又复得之事。

◆《绛红袍》

《庄目》未予著录。

按:清杨恩寿《续词余丛话》卷三曰:"《汉阳志》:仙爹,姓氏不可考,顺治初,侨居汉口由义坊,言未来事多奇中。忽一日,言:'此处当火!'急持杯水,周行十余家。数日后,果火。前后灰烬,独所行者无恙。孝廉解乾濬子以痘殇,葬尼庵侧。寻复活,里人陈姓收养之。孝廉不知也,每以无子为忧。仙翁常慰之,曰:'汝子已长成矣。'初以为诞。康熙己酉,乾濬遇小儿于道,疑其貌类己子,物色根究得其详,遂闻于官,断归乾濬。时人作《绛红袍》传奇纪其事,于是仙翁之名益著云云。光绪丙子(1876),余需次武昌,忽于旧书肆得是书,急购归读之,乃弹词也,鄙俚可笑,不知撰志者何竟以弹词作传奇耶?"③同一题材,"弹词"与"传奇"皆曾敷衍,此在清代常见。如烈女吴绛雪,弹词《同心栀》、黄燮清《桃溪雪》均演其事。弹词《合欢图》(又名《九美图》)、吴庞传奇《合欢图》,均演唐伯虎点秋香事④。弹词与传奇剧,均有《刘成美》一目,题材相同⑤。此等事例甚夥,不一一列举。据此可知,《汉阳志》所载与杨恩寿所见作品,当为同一题材。

◆《荔枝香》

《庄目》卷十三"下编传奇五·明清阙名作品"著录有佚名《荔镜记》⑥,而无《荔枝香》。

---

① 王秋桂主编:《善本戏曲丛刊》第一辑,台湾学生书局,1984年,第158—159页。
② 蔡毅编著:《中国古典戏曲序跋汇编》第三册,齐鲁书社,1989年,第2012页。
③ 中国戏曲研究院编:《中国古典戏曲论著集成》第九册,中国戏剧出版社,1959年,第322—323页。
④ 谭正璧、谭寻:《弹词叙录》,上海古籍出版社,1981年,第162页。
⑤ 谭正璧、谭寻:《弹词叙录》,上海古籍出版社,1981年,第157页。
⑥ 庄一拂编著:《古典戏曲存目汇考》下册,上海古籍出版社,1982年,第1623页。

按：清人丘逢甲《纪黄五娘事三首》之三谓："艳词空谱《荔枝香》，磨镜遗闻事渺茫。谁改五花新院本，英雄儿女再登场。"①疑当时流行《荔枝香》一剧。诗中叙及"磨镜""黄五娘"诸事，知与《荔枝记》《荔镜记》同一题材。叙书生陈伯卿化名陈三与黄五娘爱情故事。中有陈三扮作磨镜人前往黄府，意欲与五娘一见以叙情款诸情节。版本源流参见郭英德《明清传奇综录》②。《荔枝记》，乃是产生于元、明间的戏文，《荔镜记》有明嘉靖间新安余氏刻本，传演的年代均较早，而此处既言"新院本"，可知，《荔枝香》当是《荔镜记》改编本。

◆《赵朋观榜》

《庄目》未予收录。

按：清王先谦《和金桧门先生德瑛观剧绝句三十首》第二十二首曰："英雄千载困儒冠，老著衣巾作别难。博得头衔差吐气，生前梁灏死方干。"诗末注曰："别头巾，叶焕彬云：元曲《绣襦记》有当头巾。又《元曲选》有《勘头巾》，均与本诗意不合。本诗似指一晚年登第者。今弋阳高腔中有《赵朋观榜》，乃老年登第后弃头巾，复与作别，似是此剧。高腔词与昆腔相合，尤可证也。"③据此可知，弋阳高腔中有此剧。今湘剧中尚有此目，"演书生赵朋，屡试不第。又逢发榜之日，赵人丛中观榜，喜悲交加，后终见榜上有名，喜不自禁"④。祁剧、辰河戏亦有此目，当是由弋阳高腔承继而来。

◆《闻鸡起舞》

《庄目》卷八"中编杂剧五·清代作品"，于舒位名下著录有《圆圆曲》《琵琶赚》《列子御风》《桃花人面》（以上已佚）以及《瓶笙馆修箫谱》（包括《卓文当垆》《樊姬拥髻》《酉阳修月》《博望访星》四短剧）⑤，但未收录本剧。

按：王昙《烟霞万古楼诗选》卷二收有《铁云先生于宣武坊南灯火之暇作相如文君、伶元通德诸齣，商声楚调，乐府中之肴蒸俎豆，匪元明科诨家所可跂及也。太仓毕子筠孝廉华珍按南北宫而谱之，梁园众子弟粉墨而搬演

---

① 丘逢甲：《岭云海日楼诗钞》，上海古籍出版社，1982年，第400页。
② 郭英德编著：《明清传奇综录》上册，河北教育出版社，1997年，第104页。
③ 赵兴勤、赵韡编：《清代散见戏曲史料汇编（诗词卷·初编）》下册，台湾花木兰文化出版社，2014年，第513页。
④ 王森然遗稿：《中国剧目辞典》，河北教育出版社，1997年，第803页。
⑤ 庄一拂编著：《古典戏曲存目汇考》中册，上海古籍出版社，1982年，第762—763页。

之,亦一时佳话,纪以诗》,谓:

> 政和之年诗系绝,以诗目为元祐术。伯通丞相作律书,士习诗者杖一百。(原注:宋政和之末,士大夫皆不许为诗。于时何丞相伯通修律令,因为科云:"士庶等有习诗者,杖一百。"见《避暑录话》。)妙哉元人变词曲,四十万人执丝竹。吴竞才悲乐府亡,高明又抱琵琶哭。而今诗人无有诗,先生诗好人人知。忽然一部中州谱,谱出宣娘一笛奇。弹曲人多造曲难,(原注:《隋书·音乐志》:"读书多则能撰书,弹曲多则能造曲。")嫦娥宫里少人弹。借君一柄吴刚斧,妆点参军入广寒。(原注:先有《吴刚修月》一齣。)文园绿绮文君抱,通德知书马迁好。元帝吹箫度曲时,相如渴死伶元老。王孙毕竟爱才名,博士披香大薄情。但得荐才杨得意,不愁唾面淖方成。豪竹哀丝一镫醉,三条花烛阑干泪。弹到杨花枕上来,荒鸡容得刘琨睡。(原注:又有《闻鸡起舞》剧。)七调宫商子细看,皮弦擪得段师欢。兰亭摹出金奴本,传与聪明毕士安。逍遥楼上霓裳字,流落龟年贺怀智。唐朝天子爱新声,未必相公知曲子。董解元、汤若士,潦倒旗亭乃如是。①

据此增补,并知该剧乃演刘琨事。《晋书》卷六二《刘琨传》略谓:"刘琨,字越石,中山魏昌人,汉中山靖王胜之后也。……琨少负志气,有纵横之才,善交胜己,而颇浮夸。与范阳祖逖为友,闻逖被用,与亲故书曰:'吾枕戈待旦,志枭逆虏,常恐祖生先吾著鞭。'其意气相期如此。在晋阳,尝为胡骑所围数重,城中窘迫无计,琨乃乘月登楼清啸,贼闻之,皆凄然长叹。中夜奏胡笳,贼又流涕歔欷,有怀土之切。向晓复吹之,贼并弃围而走。"②同卷《祖逖传》略谓:"祖逖,字士稚,范阳遒人也。……乃博览书记,该涉古今,往来京师,见者谓逖有赞世才具。侨居阳平。年二十四,阳平辟察孝廉,司隶再辟举秀才,皆不行。与司空刘琨俱为司州主簿,情好绸缪,共被同寝。中夜闻荒鸡鸣,蹴琨觉曰:'此非恶声也。'因起舞。逖、琨并有英气,每语世事,或中宵起坐,相谓曰:'若四海鼎沸,豪杰并起,吾与足下当相避于中原耳。'"③

本作当据其事而敷衍。

---

① 王昙:《烟霞万古楼诗选》,中华书局,1985年,第44—45页。
② 《二十五史》第二册,上海古籍出版社、上海书店,1986年,第1439—1441页。
③ 《二十五史》第二册,上海古籍出版社、上海书店,1986年,第1441页。

◆《峨眉研》

《庄目》未予著录。

按:《江苏艺文志·扬州卷》据民国《续修兴化县志》卷一四,著录顾麟瑞此剧①,本事未详。

◆《拳匪纪略》

《庄目》未予著录。

按:黄仕忠《日藏中国戏曲文献综录》"传奇类",著录有日本东京东洋文库收藏该剧,谓:"清阙名撰,宣统元年(1909)北京京都日报馆排印本","封面:宣统元年荷月/拳匪纪略新戏/京都日报馆印。"②

◆《桂宫秋》

《庄目》未予著录。

按:清时,新城文士章楒(字柱天,号苧田),"未第日,即名著日下。以耳聋降补教谕。学问深邃,著作甚多。家本新城,寓居余杭"③。其与余杭严沆(字少卿,号禹航学人)、鲍庭坚(字虞皋,号虹川、怀谢山房)诸人交好,诗歌唱酬,为人所向慕,作剧以演之。事见《(嘉庆)余杭县志》卷二七,中谓:

> 章楒撰《蘩碧别志》略曰:……吴越间风雅之士过虹川,系缆河曲,辄憩息此轩。或锲其楣间,曰"蘩碧"云。少司农仪封先生抚吴时,摄浙闽制府事,观风首录虹川。虹川旋买舟来吴,上谒,留之沧浪亭。卒业时,公所识拔吴士宋照、蒋恭棐、李文锐、李锦先已馆亭中,虹川至,相得欢甚。已而,宋、蒋诸公先后皆捷去,虹川竟得而失焉。王柘村灏、张莲庵果浚皆旁县大夫也,为邑有声而雅耽诗。闻虹川名藉甚,柘村先贻以序,且手札招游天目山,虹川遂之潜,州官舍一见,大欢。已而,两大夫皆诣虹川,信宿怀谢山房,相对谈诗。柘村方征漕,一日薄暮,大雪中走急足百里外,召虹川,至则握手云:"适得句,思君属和耳。"遂剧饮而罢。禹航前时,学者多文宴之集,楒及虹川辈为七子课,谓之皆兰堂后

---

① 南京师范大学古文献整理研究所编:《江苏艺文志·扬州卷》下册,江苏人民出版社,1995年,第869页。
② 黄仕忠:《日藏中国戏曲文献综录》,广西师范大学出版社,2010年,第256页。
③ 阮元、杨秉初辑:《两浙輶轩录》第五册,浙江古籍出版社,2012年,第1325页。

集。壬辰春,俞子胜侣暴卒青山客邸。邸距郭外二十余里,诸子买舟泝茗溪往视含殓,舟及门,虹川发声长恸,见者无不酸鼻。虹川好客,擅一艺者辄馆于家,累月追陪不倦,故所蓄书画篆刻极多。及盆花小景,结构精妙,皆客所为也。辛卯乡试,闱中讹言,夜当有火厄,人情汹汹,或欲抉扉去。虹川亟走入余席舍中,举所携酒共酌。余曰:"脱有警,奈何?"虹川曰:"为是来耳。即事急,与子共命,差不恶。"遂并坐。而席舍隘甚,肩相摩也,因剧谈至漏下数十刻,更抵背坐睡,侵晓始别去。楗幼时貌类虹川,始入乡校时谒禹航,学博韩翊鸿延佐,韩望见诧曰:"此绝似鲍某。"时楗未识虹川也。后二年,亡友俞胜侣举社课于绿野亭中,会者二十三人,而虹川独厚予,自是日益昵,而毁誉遇合亦时相近。邑有吴生者,能为戏剧,尝谱《桂宫秋》四折,写虹川及余相厚善之意,亦一佳话也。①

据此,知该剧为四折杂剧,作者乃余杭吴姓书生,具体姓名不详,待考。

◆《桃花缘》(朱景英撰)

《庄目》卷八"中编杂剧五·清代作品"仅载有徐朝彝《桃花缘》一种②,清人朱景英亦有同名剧作,《庄目》失载。

按:朱景英《畚经堂诗文集》诗续集卷二收有《冬夜南园同人观演拙制〈桃花缘〉传奇四首》组诗,其一谓:"艳异争传本事诗,返生香里逗情痴。春风有底干卿事,记取桃花见面时。"其二谓:"谱就重翻意自惺,消磨白日唱还停。临川老子颓唐甚,却掐檀痕教小伶。"其三谓:"圆爱泻盘珠的皪,弱怜跪地柳缠绵。坐中不少周郎顾,愧煞词场属老颠。"其四谓:"到地无霜月有痕,夜阑曲罢转销魂。青衫讵为琵琶湿,说着天涯泪已繁。"③据"艳异争传本事诗",当演崔护谒浆事。事见《太平广记》卷二七四所引《本事诗·崔护》。

◆《桃花缘》(袁栋合撰)

《庄目》卷八"中编杂剧五·清代作品"载有徐朝彝《桃花缘》一种④,然未收袁栋合《桃花缘》。

---

① 张吉安:《(嘉庆)余杭县志》,民国八年重刊本。
② 庄一拂编著:《古典戏曲存目汇考》中册,上海古籍出版社,1982年,第786页。
③ 朱景英:《畚经堂诗文集》,清乾隆刻本。
④ 庄一拂编著:《古典戏曲存目汇考》中册,上海古籍出版社,1982年,第786页。

按：清人袁栋合另有《桃花缘》一种。张慧剑《明清江苏文人年表》"乾隆十九年"，据《四当斋书目》下四等记载，谓"吴江袁栋合所著《陶朱公》《姚平仲》《郑虎臣》《鹅笼书生》《白玉楼》《桃花缘》等杂剧为《玉田乐府》刊行"①。据此，知袁栋合另有同名剧作。事或本《本事诗》"情感第一"所载崔护桃花人面事。

◆《桃花源记词曲》

《庄目》收有《桃花源》剧作凡四种，均为杂剧，然非清人李崇恕所作。

按：黄仕忠《日藏中国戏曲文献综录》"杂剧类"，收有盐谷温旧藏《桃花源记词曲》一剧，为清光绪五年己卯（1879）寓形斋刊本。"首有小序，署'光绪丙子岁（二年，1876）季春月中浣日颠悟主人评于寓形斋'；并镌有'兰州李氏崇恕之印'。次录晋陶潜《桃花源记》并诗、唐王维《桃源记》，再次为《桃花源记词曲后序》，署'颠悟主人录于寓形斋'。有题词，署'调寄【临江仙】了因题'。正文为探源、惊渔、嘱别、访洞，凡四段"②。据此，知李崇恕乃兰州人。

◆《梨云影》

《庄目》未予著录。

按：黄仕忠《日藏中国戏曲文献综录》"传奇类"，著录有日本九州大学所藏该剧，谓："清殳禅撰，冷佛续，前编光绪十四年（1888）跋，续编宣统二年（1910）叙，爱国白话报馆排印本。"③

◆《梨花枪》

《庄目》未予收录。

按：清人顾宗泰《著老书堂集》卷三收有《顾郎曲》一诗，谓："顾郎五十须鬚鬚，我昔见之美少年。短发才如车子幼，娇喉不数顺郎圆。喧阗广座觥筹举，走上红茵尽无语。擅场最是梨花枪，绝技浑同柘枝舞。痴儿买笑挥黄金，黄金买身不买心。未终东舍当筵曲，已有西家秉烛寻。曦轩月驾如梭疾，老却名花春几日。青蚨散去肯重来，雪刺才芽行复出。绳枢瓮牖短墙隅，刚与儒家共巷居。觌面依稀粗可识，自言困苦乞为奴。顾郎作计真成

---

① 人民文学出版社，2008年，第1111页。
② 黄仕忠：《日藏中国戏曲文献综录》，广西师范大学出版社，2010年，第71页。
③ 黄仕忠：《日藏中国戏曲文献综录》，广西师范大学出版社，2010年，第256页。

错,视尔形衰筋力弱。乔氏高安孰见怜,王家便了难如约。我亦生平喜曼声,尊前撇笛老犹能。好天良夜相过易,且与时时唱渭城。"①"绝技浑同柘枝舞"句后小注曰:"顾郎之母本女优也,《梨花枪》一折,其母所授,诸伶无能习之者。"②既称"《梨花枪》一折",当是一剧目,而非单纯之伎艺。由此知当时有《梨花枪》一剧,剧情、作者均不详,已佚。

◆《浣花溪》
《庄目》未予收录。
按:平步青《霞外攟屑》卷九《小栖霞说稗》所收"浣花溪"条谓:

> 都门梨园演有《浣花溪》一齣,盖唐人实事也。《升庵全集》卷四十九《浣花夫人》条:"成都浣花溪有石刻浣花夫人像。三月三日为浣花夫人生辰,倾城出游。"地志云:"夫人姓任氏,崔宁之妾。"按《通鉴》:"成都节度使崔旰入朝,杨子琳乘虚突入成都。宁妾任氏出家财募兵,得数千人,自帅以击之,子琳败走。朝廷加旰尚书,赐名宁,任氏封夫人。"庸按:据此,是子琳兵乱在崔旰入朝后。今剧场作旰缩朒谋遁状,其正室更科诨可哂,殆有意扬任,不免抑崔过甚耳。犹之《胭脂虎》之演杜景让事,与本传亦稍出入也。《新书》一百四十四宁传云:"大历三年来朝。宁本名旰,至是赐名。杨子琳袭取成都,帝乃还宁于蜀。未几,子琳败。"又云:"始宁入朝,留其弟宽守成都。杨子琳乘间起泸州,以精骑数千袭据其城。宽战,力屈。宁妾任素骁果,即出家财十万,募勇士,得千人,设部队,自将以进。子琳大惧。会粮尽,且大雨,引舟至廷,乘而去。"《通鉴》谓赐名在败子琳后,与加尚书(本传在还蜀后左仆射),皆似微误。《南部新书》丙云:"西州浣花任国夫人,即崔宁妻也,庙今存。""川"伪为"州","妾"伪为"妻","国"字亦衍,皆当校改。《新唐书·李景让传》:"尝怒牙将,杖杀之。军且谋变。母欲息众欢,召景让廷责曰:'尔填抚方面,而轻用刑。一夫不宁,岂特上负天子,亦使百岁母衔羞泉下,何面目见先大夫乎?'将鞭其背。大将再拜请,不许。皆泣谢,乃罢。一军遂定。"牙将本无名姓,且已杖杀。今剧中但杖,而后杀敌,为不同耳。③

---

① 顾宗泰:《著老书堂集》,清乾隆刻本。
② 顾宗泰:《著老书堂集》,清乾隆刻本。
③ 中国戏曲研究院编:《中国古典戏曲论著集成》第九册,中国戏剧出版社,1959年,第195—196页。

据此以补。然未知是昆腔抑或花部。

◆《海上谣》

《庄目》未予收录。

按：清人陆继辂《自题〈洞庭缘〉院本，即呈味庄先生》（八首）之八谓："豪丝激竹动春潮，乐府新传《海上谣》。我亦歌声出金石，樽前吹裂小红箫。"①"乐府新传《海上谣》"句后注曰："味庄观察及谷人祭酒、穆堂侍御所作。"②查凌景埏、谢伯阳编《全清散曲》，陆诗注中所述及三人，并无合作散曲之事，疑此即传奇剧。味庄，吴锡麒作有《重九前二日，味庄观察邀游石湖，索填此曲，以写其胜》《送李味庄观察报最赴都》两套曲③，知味庄姓李。又，《洞庭缘》卷首有"沧州李廷敬宁圃"所题《属祁生谱〈洞庭缘〉乐府成次自题韵》组诗④。袁枚《随园诗话》卷一六谓："相传：潮州六篷船人物殊胜，犹未信也。后见毗陵太守李宁圃《程江竹枝词》云：'程江几曲接韩江，水腻风微荡小艭。为恐晨曦惊晓梦，四围黄篾悄无窗。''江上萧萧暮雨时，家家篷底理哀丝。怪他楚调兼潮调，半唱消魂绝妙词。'读之，方悔潮阳之未到也。"⑤知李廷敬（？—1806），字景叔，号宁圃，又号味庄，沧州人，曾任常州知府。常熟女史归懋仪所作《味庄师招看〈洞庭缘〉新剧，次祁生自题韵》称："归棹争迎八月潮，重来南国采风谣。新衔兼署輶轩使，敕赐钧天碧玉箫。"⑥此处所叙李廷敬"重来南国"之时令，与吴锡麒《送李味庄观察报最赴都》散曲所谓"喜则喜清秋恰报年丰，趁稻把堆场香重"恰相吻合⑦。李氏在京逗留时间当较短，味庄即廷敬之号。輶轩使，汉应劭《〈风俗通义〉序》："周、秦常以岁八月遣輶轩之使，求异代方言。"⑧此借指道员。清代称道员为观察。由上述引文可知，李廷敬可能是以常州知府而升道员。其入京之前已为兵备道。何淇在《〈洞庭缘〉题词》中称："征帆小驻听离歌，主客平分别绪多。（原注：时味庄兵备入觐。）"⑨足以证明此事。谷人，吴锡麒号。吴氏字圣徵，钱塘人，曾任国子祭酒。许宝善，字穆堂，云间人，官至监

---

① 蔡毅编著：《中国古典戏曲序跋汇编》第三册，齐鲁书社，1989年，第2099页。
② 蔡毅编著：《中国古典戏曲序跋汇编》第三册，齐鲁书社，1989年，第2099页。
③ 吴锡麒：《有正味斋词集》外集卷二，清嘉庆刻有正味斋诗集本。
④ 蔡毅编著：《中国古典戏曲序跋汇编》第三册，齐鲁书社，1989年，第2099—2100页。
⑤ 王英志主编：《袁枚全集》第三册，江苏古籍出版社，1993年，第545页。
⑥ 蔡毅编著：《中国古典戏曲序跋汇编》第三册，齐鲁书社，1989年，第2100页。
⑦ 吴锡麒：《有正味斋词集》外集卷二，清嘉庆刻有正味斋诗集本。
⑧ 《野史精品》第一辑，岳麓书社，1996年，第165页。
⑨ 蔡毅编著：《中国古典戏曲序跋汇编》第三册，齐鲁书社，1989年，第2101页。

察御史。李廷敬曾写有《程江竹枝词》《珠梅闸竹枝词》《竹枝词》等,均叙广东潮州沿海一带风情。袁枚《随园诗话补遗》曾多所述及。故《海上谣》或即叙落魄文士与蜑女交往事。剧由李、吴、许三人合作。吴、许均擅长曲。

◆《海神记》

《庄目》未予著录。

按:《新刻群音类选》卷一"官腔类",收有此剧的《老鸨训女》《鸨怨王魁》《王魁诉神》三齣①,与《焚香记》情节略有不同。

◆《烈女记》(龙继栋撰)

《庄目》卷十二"下编传奇四·清代作品下"于醉筠外史名下著录此剧,并谓:"此戏未见著录。同治味兰簃刊本。"②然未收龙继栋《烈女记》。

按:清人朱寯瀛《金粟山房诗钞》卷四收有《题槐庐生〈烈女记〉院本》一诗。诗前小序曰:"龙松琴同年撰,记彭溪江烈女事。"诗谓:

浊雾暧月光,不改明蟾洁。众草锢兰芽,愈显奇香烈。卓哉江氏女,克创千秋节。始羞秋胡金,终衔精卫石。尊章与父母,相爱莫知惜。骨肉一何愚,天地一何窄。我读槐庐词,感慨重于邑。古今贞孝事,多少称殊绝。不遇阐幽者,总付荒榛棘。即兹烈女心,岂计名不灭。一朝表其奇,满纸遂恻恻。当年侘傺状,如见复如识。直可风世人,奚止慰幽魄。所愿知音士,普听此歌阕。写以绿筠笺,吹以紫云笛。女有屈原心,词真董狐笔。③

据此,知龙继栋(字松琴,一作松岑,号槐庐,广西临桂人)撰有《烈女记》剧作一种。

◆《离骚影》

《庄目》未予收录。

按:蔡毅《中国古典戏曲序跋汇编》卷一三收有钝夫所作此传奇,称:"钝夫,姓、名、生卒年未详,自署楚客。江西大庾人。"④此剧叙烈女殉节事。

---

① 胡文焕编:《群音类选》第四册,中华书局,1980年,第2485页。
② 庄一拂编著:《古典戏曲存目汇考》下册,上海古籍出版社,1982年,第1505页。
③ 朱寯瀛:《金粟山房诗钞》,清光绪二十七年刻本。
④ 蔡毅编著:《中国古典戏曲序跋汇编》第三册,齐鲁书社,1989年,第1880页。

并附铁山陈子承《烈女无名氏传》,中云:"鼎州江郭,古墓一所。相传某年月,江涨浮女尸一躯,洄漩堤下不去,涨落停沙上,数日面色如生,居人异而瘗之。一手犹握小卷,取出开视,札缚绢片,血书诗一首云:'洁守深闺十九春,岂知竟作房囚身!夫生未补君王事,妾死宁忘夫妇伦。夜静自甘沉弱质,月明那管吊亡人?恩深父母终难慰,愿作儿孙来世亲。'"①剧据此而敷衍。据郭英德《明清传奇综录》,该剧现存清乾隆癸丑(五十八年,1793)正气楼刻本,藏于中国社会科学院文学研究所图书室②。杜桂萍考证《离骚影》作者钝夫名杨宗岱,较为可信,详见杜文《清代戏曲〈离骚影〉作者考》(《文学遗产》2010年第5期)。

◆《秦淮雪》

《庄目》卷十一"下编传奇三·清代作品上"著录赵瑜剧作时,仅列《青霞锦》《翠微楼》二种③。《秦淮雪》未予著录。

按:马廉引《清波三志》上之二七曰:"赵瑜,字瑾叔,钱塘人,入籍武康,为诸生。高才博学,能诗文,嗜音律,尤长乐府,与洪稗畦昉思齐名。撰《熊罴梦》《秦淮雪》《青霞锦》《翠微楼》传奇数种。"④据此,知赵瑜尚撰有《秦淮雪》传奇,可补《庄目》之未逮。然本事未详。

◆《绣图缘》

《庄目》未予收录。

按:《江苏艺文志·常州卷》据《清代毗陵书目》卷五,著录有刘可培《绣图缘》传奇⑤。未见,本事不详。

◆《绣旗记》

《庄目》未予收录。

按:《江苏艺文志·常州卷》据《清代毗陵书目》卷五,著录有刘可培所作《绣旗记》⑥。道光《武阳合志》卷三三亦曾著录。此作有清钞本,藏北京

---

① 蔡毅编著:《中国古典戏曲序跋汇编》第三册,齐鲁书社,1989年,第1887页。
② 郭英德编著:《明清传奇综录》下册,河北教育出版社,1997年,第1172页。
③ 庄一拂编著:《古典戏曲存目汇考》中册,上海古籍出版社,1982年,第1302页。
④ 马廉著、刘倩编:《马隅卿小说戏曲论集》,中华书局,2006年,第265页。
⑤ 南京师范大学古文献整理研究所:《江苏艺文志·常州卷》,江苏人民出版社,1994年,第460页。
⑥ 南京师范大学古文献整理研究所:《江苏艺文志·常州卷》,江苏人民出版社,1994年,第460页。

图书馆。

◆《耆英记》

《庄目》未予收录。

按:《江苏艺文志·常州卷》据《清代毗陵书目》卷五,著录有刘可培所作《耆英记》[1]。据以补。明沈自晋、清乔莱均有同名剧作,分别叙文彦博、司马光诸人事。本作题材未知与其同否。

◆《胭脂云》

《庄目》未予收录。

按:《江苏艺文志·常州卷》据光绪《武阳志余》卷七所载,著录有庄巘所作《胭脂云》剧[2]。疑为传奇,本事不详,已佚。清初盛际时作有《胭脂雪》传奇,未知内容与本剧同否。

◆《莲花报》

《庄目》未予著录。

按:《(道光)济南府志》卷五三谓:

> 余肇松,字茂嘉,其父自会稽迁历城。康熙五十四年,肇松由监生援例官太仓州知州,逐奸胥,获巨盗,政声大著。开觉寺僧结豪右淫良家妇女,乡民无敢忤者,肇松佯不问,一日诱至署,杖杀之,士民欢呼,好事为作《莲花报》传奇,流播江南北。二年以疾归。[3]

据此补入该剧。作者不详。郭英德《明清传奇综录》未收录。

◆《载花船》

《庄目》卷十一"下编传奇三·清代作品上",著录有徐沁《载花舲》一种,谓:"《今乐考证》著录。康熙曲波园刊本。《曲考》《曲海目》《曲录》并见著录。与《考证》俱署若耶野老。自叙有曲六种。"[4]然与《载花船》剧名不同。

---

[1] 南京师范大学古文献整理研究所:《江苏艺文志·常州卷》,江苏人民出版社,1994年,第460页。
[2] 南京师范大学古文献整理研究所:《江苏艺文志·常州卷》,江苏人民出版社,1994年,第506页。
[3] 王赠芳:《(道光)济南府志》,清道光二十年刻本。
[4] 庄一拂编著:《古典戏曲存目汇考》中册,上海古籍出版社,1982年,第1257页。

按：清人钱澄之《田间诗文集》诗集卷四《江上集》收有《薄命曲》一诗，诗前小序曰："安邑张万青悼亡姬，索诗。"诗谓："妾家住金陵，姊妹良家子。身如金钱花，被人作钱使。一解。车过秦关去，知充后房姬。啮臂谢阿母，低头事诸姨。二解。君家庭广广，多植合欢树。但得为人怜，不恨为人误。三解。阿母舍女归，泣涕终夜语。养蚕喂黄檗，腹内丝丝苦。四解。脱钏要阿母，妹勿别与人。谅为人小妇，宁有姊情亲。五解。弋人坐磐石，野鸭飞满塘。蒲弓不再引，一获两鸳鸯。六解。郎载阿妹行，荔枝得饱食。妹勿食荔奴，嗔他生在侧。七解。妹宿罗浮旁，姊在泰华顶。梦中掷梨花，与郎同哭醒。八解。梦醒促郎归，妹来姊不见。帏前出皓腕，念姊臂上钏。九解。郎采芙蓉花，花叶大如船。侬自乘船去，郎心空见怜。十解。"①诗末注曰："张有《载花船》传奇，俱叙传奇中事。"②据此可知，安邑张万青曾著有《载花船》传奇。诗之"十解"，即叙该传奇中事。安邑，即今山西省运城市。清初小说集亦有《载花船》一目，凡四卷十六回，题作者为"西泠狂者"，与本剧同名，然所叙事迥异。

◆《铁云山》

《庄目》"附录一·近代作品"未予著录。

按：郑逸梅《南社丛谈》"南社社友著述存目表"收录有王蕴章所著《铁云山》传奇一种③。本事未详。

◆《陶朱公》

《庄目》未予著录。

按：张慧剑《明清江苏文人年表》"乾隆十九年"，据《四当斋书目》下四记载，谓"吴江袁栋合所著《陶朱公》《姚平仲》《郑虎臣》《鹅笼书生》《白玉楼》《桃花缘》等杂剧为《玉田乐府》刊行"④。陶朱公，演范蠡事。本事见《史记》卷四一《越王勾践世家》，谓："范蠡事越王勾践，既苦身勠力，与勾践深谋二十余年，竟灭吴，报会稽之耻，北渡兵于淮以临齐、晋，号令中国，以尊周室，勾践以霸，而范蠡称上将军。还反国，范蠡以为大名之下，难以久居，且勾践为人可与同患，难与处安，为书辞勾践曰：'臣闻主忧臣劳，主辱臣死。昔者君王辱于会稽，所以不死，为此事也。今既以雪耻，臣请从会稽之

---

① 钱澄之：《田间诗文集》，清康熙刻本。
② 钱澄之：《田间诗文集》，清康熙刻本。
③ 郑逸梅编著：《南社丛谈：历史与人物》，中华书局，2006年，第414页。
④ 张慧剑：《明清江苏文人年表》，人民文学出版社，2008年，第1111页。

诛。'勾践曰:'孤将与子分国而有之。不然,将加诛于子。'范蠡曰:'君行令,臣行意。'乃装其轻宝珠玉,自与其私徒属乘舟浮海以行,终不反。于是勾践表会稽山以为范蠡奉邑。范蠡浮海出齐,变姓名,自谓鸱夷子皮,耕于海畔,苦身戮力,父子治产。居无几何,致产数十万。齐人闻其贤,以为相。范蠡喟然叹曰:'居家则致千金,居官则至卿相,此布衣之极也。久受尊名,不祥。'乃归相印,尽散其财,以分与知友乡党,而怀其重宝,间行以去,止于陶,以为此天下之中,交易有无之路通,为生可以致富矣。于是自谓陶朱公。复约要父子耕畜,废居,候时转物,逐什一之利。居无何,则致赀累巨万。天下称陶朱公。"①

◆《骊珠钏》

《庄目》未予著录。

按:黄仕忠《日藏中国戏曲文献综录》"传奇类"《花萼楼》一目注曰:"首有《自叙》,署'时顺治癸巳重阳之夕姑射醉月主人题于鸠兹之得闲处'。版心下方有'亦园'二字。有凡例,题'昭亭有情痴自识',末条谓:'继此有《骊珠钏》《柳叶笺》《亦园杂剧》等出,或灾梨枣',可知昭亭有情痴尚有二种传奇并杂剧,未见任何曲目著录"②,据此补入。

◆《高老庄》

《庄目》未予收录。

按:《不登大雅文库目录》第十箱"戏曲"收有《橘者言》四剧稿本,缺末剧,其目为:《玉邪妆》《高老庄》《乔坐衙》《雌雄镇》③。据以补。然未题作者,似演《西游记》中猪八戒高老庄招亲事。未题作者,究竟是何类剧作,亦不详。《古本戏曲剧目提要》④《中国曲学大辞典》⑤等均未收。

◆《鸯水仙缘》

《庄目》未予著录。

按:据孙书磊《评点本〈鸯水仙缘〉考》一文,国家图书馆、南京图书馆均藏有该剧,且不止一种,作者杨云璈。此剧又名《上元灯传奇》,正文共十六

---

① 《二十五史》第一册,上海古籍出版社、上海书店,1986年,第209—210页。
② 黄仕忠:《日藏中国戏曲文献综录》,广西师范大学出版社,2010年,第150页。
③ 马廉著、刘倩编:《马隅卿小说戏曲论集》,中华书局,2006年,第385页。
④ 李修生主编:《古本戏曲剧目提要》,文化艺术出版社,1997年。
⑤ 齐森华等主编:《中国曲学大辞典》,浙江教育出版社,1997年。

齣,目次为:《仙因》《话赘》《赠镜》《闻警》《赁庑》《窥宓》《灯缘》《错聘》《入幕》(以上为上册)《琴怨》《赐锦》《环诀》《梦圆》《商隐》《丹悟》《证果》(以上为下册)①。剧叙"国子监祭酒冯新为长女慧娘招赘书生余尊,次女倩娘亦思慕余生。余生窥视倩娘沐浴,并于元宵节向倩娘表达爱慕之意,遭倩娘礼拒。无赖公子董轩谋聘倩娘,倩娘忧伤。余生入幕,后中恩科状元,还乡欲偕倩娘,适倩娘忧思而亡。余生绝望,遂与慧娘同去访道,得仙人度脱,全家飞升。仙界邂逅倩娘,始悟三人原列仙籍,偶感尘情特遭凡谪"②。据说是演绎朱彝尊《风怀诗》本事而成。杨云璈生平事迹,邓长风、孙书磊等人已作考述,详见本书第四章"曲家增补"。

◆**《鸳鸯传奇》**

《庄目》未予著录。

按:该剧叙烈女汪美事。《(道光)休宁县志》卷一六载曰:"程再继妻汪氏。藏溪女,名美,幼许聘汉口再继。其妹许聘榆村程华,俱在室。妹夭,父嫌继贫,贪华富,欲以美改适华。美以死誓,父不能夺,再继白于官,得遂初盟。继早卒,美苦志抚子成立。初美逼于父命,欲自尽,忽有鸳鸯飞集于阁,里人异而聚观之,得救不死。时有《鸳鸯》传奇。守节三十七年,寿七十有二。"③记述该剧本事甚详。唯作者不明,待考。

◆**《商山鸾影》**

《庄目》未予著录。

按:清杨恩寿《续词余丛话》卷三引俞樾《右台仙馆笔记》谓:

> 云南府城外商山西北隅有邢妃坟,虽碑志无考,而草间石兽犹存。故老相传:妃即圆圆——吴梅村所作为《圆圆曲》者也。嘉庆间,苏州郑生客游滇,春日踏青商山,访圆圆墓不得。崩榛荒葛中,忽迷归路。俄而落照西沉,暮烟笼树。遥望前途,似有人家,思往借宿。至则朱门洞开,玉填金铺,俨然王侯第宅。乃使阍者转达。良久而出,导入东厢。为设食樽酒,簋贰亦极精洁。饭已,有老妪出问:"客操吴音,是何乡贯?"具告之。少顷,妪秉烛而出,肃客登堂。有女子容色绝代,羽服霓裳如女冠装束,降阶而迎,曰:"妾即邢氏。埋香地下,百有余年。时移

---

① 参看孙书磊:《南京图书馆藏孤本戏曲丛考》,中华书局,2011年,第179页。
② 孙书磊:《南京图书馆藏孤本戏曲丛考》,中华书局,2011年,第184—185页。
③ 何应松:《(道光)休宁县志》,清道光三年刻本。

物换,丘陇就平。念君是妾同乡,有小诗十首,求为传播。"因命侍女取诗付郑。其末章云:"鸳鸯化尽鱼鳞瓦,难觅当年竺落宫。"郑问"竺落"之义,曰:"竺落皇笳天,是南方八天之一,载在道经,妾旧时所居宫名也。"取翠玉笛一枝以赠,并吟一诗曰:"叹息沧桑易变迁,西郊风雨自年年。感君吊我商山下,冷落平原旧墓田。"遂命送郑出。时东方微明,向之第宅,俱无所见,惟四面隐隐若有垣墉,谛视之,则深林掩映而已。然袖中玉笛故在,视其诗笺,则多年败纸,触手欲腐;墨色亦暗淡,迥非人世之物。郑以幽会荒唐,刻圆圆遗诗,托诸箕笔。东海刘古石傅会作《商山鸾影》传奇,弥失其真。①

据以补之。刘古石,待考。

◆《康对山》

《庄目》未予收录。

按:清人金德瑛《诗存》卷一收有《观演康对山剧》一诗,谓:"闭户风流自品题,天教三绝共关西。偶因良友迁身救,何意高名七子齐。汉党幸全思陈实,晋卿请免望祁奚。暮年潦倒江南路,浊酒新词写赫蹏。"②康海乃明代著名剧作家,有《王兰卿》《中山狼》二剧传世。然揣金氏诗意,尽叙康海生平经历之事,并未涉及其剧作,故本剧当为敷衍康海事实之作。作者不详。康海,字德涵,号对山,别署浒西山人、沜东渔父。陕西武功人。弘治戊午(十一年,1498)状元。任翰林院修撰,充经筵讲官。"时竖瑾擅权,流毒缙绅,怒韩忠定及李崆峒曾疏其过,矫旨逮系,将毙于狱中。崆峒扯衣襟噬指血,密书告急于君,曰:'非吾友,他弗能救!'君因与王渼陂计曰:'许友以死,分也,奈老母何?'王言:'罢官已矣,谅不及母。'君慨然:'果如是,吾何惜一官而弃二命!'遂入白于瑾,初若不可解,徐徐言及此来非为二人,瑾扣其故,答以'韩虽不识事体,久负正人之名,李则文章超绝,可为乡里之光,倘若被戮,则公之风望损矣!'瑾意稍许可,二人履虎尾而不咥,一时正人生气,直言敢谏者,自是接踵不绝"③,后以罢黜为民。后来,"杨少司马过其里,留饮而欢,君自起弹琵琶劝酒。杨言:'家兄在内阁,久欲起君,何不以书自通,待吾到京首言之。'君乃盛怒掷其琵琶,挞杨,杨走,追而骂曰:'吾

---

① 中国戏曲研究院编:《中国古典戏曲论著集成》第九册,中国戏剧出版社,1959年,第323—324页。
② 金德瑛:《诗存》卷一,清乾隆三十三年刻本。
③ 李开先:《对山康修撰传》,《闲居集》卷一〇,卜键笺校:《李开先全集》,文化艺术出版社,2004年,第760页。

岂效王维假作伶人,以琵琶讨官做耶?'是虽太过,自卑诣者观之,霄壤不侔矣。又一提学访君,慰劳之曰:'太史以萋菲之谗,罹此虞罗,久投闲散,将同盩厔王给舍具一疏保荐,则如何?'君哂且止之曰:'是语有愿闻者,有不愿闻者,荐于朝则可,问于吾则不可。且子方掌一方文教,发言不可太轻。'其人惶汗而退"①。乃啸傲烟霞,平章风月,携妓游山三十余年②。该剧或据此而敷衍。

◆《情中义》

《庄目》未予著录。

按:马廉《鄞县李氏萱荫楼藏曲解》著录有此剧,曰:"二卷,演燕青、李师师故事,旧抄本。"③事本《水浒传》。作者及作品产生时代不详。

◆《梁太傅传奇》

《庄目》卷六"中编杂剧三·明代作品",仅收有明冯惟敏所作《梁状元不伏老》一剧④。而《(道光)东阳县志》卷二五,著录有王乾章所作《梁太傅传奇》,《庄目》未收。

按:《(道光)东阳县志》卷二七载述王乾章事迹及该剧创作经过曰:

(王乾章)弱冠游庠,家贫未偶,媒者以浦江郑氏为字。既聘,而女病□,四肢俱□。女之父欲辞婚,王不可。娶三年而病不起,执王手泣告曰:"君三年来,再生父母也。所恨者不能为君举一子。虽然,必有以报君。"自此夜常入梦,笑语如常。有吉,则喜而相告。以此乡、会中式,章皆预知。忽一夕,语章曰:"吾报君厚德,相随四十余年。其数已同,自此与君永诀,不复相见矣。"语次,声□交下。章亦泣,谓曰:"吾无他言,吾寿几何?愿以告我。"郑曰:"报父子状元,此其时矣。"章大喜,时子嘉毫已领乡荐,孙亦能读书,颖悟过人。因将宋梁太素事,自为传奇,按部拍板,令优人习之。曲既成,大会亲朋,演剧,至报"父子状元",不觉掀髯鼓掌,一笑而逝。⑤

---

① 李开先:《对山康修撰传》,《闲居集》卷一〇,卜键笺校:《李开先全集》,文化艺术出版社,2004年,第761页。
② 李开先:《对山康修撰传》,《闲居集》卷一〇,卜键笺校:《李开先全集》,文化艺术出版社,2004年,第762页。
③ 马廉著、刘倩编:《马隅卿小说戏曲论集》,中华书局,2006年,第194页。
④ 庄一拂编著:《古典戏曲存目汇考》上册,上海古籍出版社,1982年,第430—431页。
⑤ 党金衡:《(道光)东阳县志》卷二七,民国三年东阳商务石印公司石印本。

王乾章其人，《庄目》亦未收。

◆《梁红玉》

《庄目》未予收录。

按：徐钪【摸鱼儿】〈寒夜观剧演韩蕲王夫人故事〉谓："舞氍毹、霜天夜冷，画帘银烛如昼。一声河满肠千折，只有青衫依旧。君见否。西陵畔、两家钱赵惟衰柳。霓裳休奏。但红粉英雄，也曾相助，擂鼓长江口。　空侘傺，验取衣冠优孟。几回灯下搔首。猩𧞤绣袄芙蓉颊，值得当年消受。擅短袖。人未老、功名莫漫同刍狗。天移星斗。洒珠泪罗襟，悲歌慷慨，拚与销残漏。"①韩蕲王，即宋抗金名将韩世忠。其夫人为梁红玉。宋罗大经《鹤林玉露》丙编卷之二《蕲王夫人》载述曰：

> 韩蕲王之夫人京口娼也，尝五更入府伺候贺朔。忽于庙柱下见一虎蹲卧，鼻息齁齁然，惊骇，亟走出，不敢言。已而人至者众，往复视之，乃一卒也，因蹴之起，问其姓名为韩世忠。心异之，密告其母，谓此卒定非凡人，乃邀至其家，具酒食，卜夜尽欢，深相结纳，资以金帛，约为夫妇。蕲王后立殊功，为中兴名将，遂封两国夫人。蕲王尝邀兀术于黄天荡，几成擒矣。一夕，凿河遁去。夫人奏疏言世忠失机纵敌，乞加罪责，举朝为之动色。其明智英伟如此。②

《宋史》卷三六四《韩世忠传》谓：

> 于是以世忠为浙西制置使，守镇江。既而兀术分道渡江，诸屯皆败，世忠亦自镇江退保江阴。……会上元节，就秀州张灯高会，忽引兵趋镇江。及金兵至，则世忠军已先屯焦山寺。金将李选降，受之。兀术遣使通问，约日大战，许之。战将十合，梁夫人亲执桴鼓，金兵终不得渡。尽归所掠假道，不听；请以名马献，又不听。挞辣在潍州，遣孛堇太一趋淮东以援兀术，世忠与二酋相持黄天荡者四十八日。太一孛堇军江北，兀术军江南，世忠以海舰进泊金山下，预以铁绠贯大钩授骁健者。明旦，敌舟噪而前，世忠分海舟为两道出其背，每缒一绠，则曳一舟沉之。兀术穷蹙，求会语，祈请甚哀。世忠曰："还我两宫，复我疆土，则可以相全。"兀术语塞。又数日求再会，言不逊，世忠引弓欲射之，亟

---

① 南京大学中国语言文学系《全清词》编纂研究室编：《全清词·顺康卷》第十二册，中华书局，2002年，第6788—6789页。

② 罗大经：《鹤林玉露》，中华书局，1983年，第266页。

驰去。①

剧取材于此。明张四维有《双烈记》传奇,亦叙及其事。本词称"寒夜观剧演韩蕲王夫人故事",梁红玉事或独立流行于歌场,亦是可能之事。后世京剧有《黄天荡》(又名《抗金兵》《梁红玉》)、徽剧有《娘子军》、汉剧有《黄天荡》,均有所本。演《梁红玉》事。

◆《梅花引》

《庄目》未予著录。

按:黄仕忠《日本所藏中国戏曲文献研究》谓:该剧"近人曲目无录,亦向未有人知其为太清之作"②。凡六齣,依次为:"梦因""幽会""寻芳""惊晤""了缘""返真"。叙书生章彩与梅花仙子幻化之梅氏婚恋事。亦为作者婚恋经历之自叙。黄仕忠编校《明清孤本稀见戏曲汇刊》(上册)收有《梅花引》,剧本前之"说明"可参看。

◆《梅影楼》

《庄目》未予著录。

按:《(同治)饶州府志》卷二四载曰:

> 徐夔,字辰伯,钱塘布衣。性恬静,取与不苟。工诗古笔札,幕游江右。妻刘氏与偕,亦工诗,夫妇互相唱和。鄱令沈衍庆聘掌书记,遂挈眷赁居郡城。刘有母亦同居。咸丰三年,粤匪陷饶,沈令衍庆殉难。夔与沈主宾谊笃,依依不忍去,亦骂贼遇害。刘先偕母投井死。贼退,十人出刘尸与其母尸于井,面如生,因合葬焉。刘氏名织孙,幼解音律,尝有"细软梅花不受春"之句,以此得名。著《梅影楼诗草》。王进士廷鉴作《梅影楼传奇》以纪其死难大略。③

郭英德《明清传奇综录》于附录一"传奇蜕变期现存作品简目"中收有此剧,谓是抄本,藏浙江图书馆④。

◆《梦偕记》

《庄目》未予收录。

---

① 《二十五史》第八册,上海古籍出版社、上海书店,1986年,第6654页。
② 黄仕忠:《日本所藏中国戏曲文献研究》,高等教育出版社,2011年,第160页。
③ 锡德:《(同治)饶州府志》,清同治十一年刻本。
④ 郭英德编著:《明清传奇综录》下册,河北教育出版社,1997年,第1199页。

按：清人保培基《西垣集》卷二四"乡省记"收有【醉公子】〈乞余〉词，谓："衣香窗眼度，曾认苔声步。一夕十年书，诗词话到余。　乞其余亦足，也得能消福。但着缕金鞋，休提紫玉钗。"①词后小注曰："李后主词：'刬袜步香堦，手提金缕鞋。'汤临川有《紫钗》传奇演霍小玉事，又名《梦偕记》。"②据此，知汤显祖《紫钗记》在清代演出时，曾改称《梦偕记》，为《庄目》所未及。

◆《清风剑》

《庄目》未予著录。

按：马廉引《丹徒县志》卷四六谓："清冷士湄有《清风剑》一卷，似曲名。"③吴书荫考证曰："《清风剑传奇》，清冷士嵋撰。士嵋（1628—1710），字又湄，号秋江野史。江苏丹徒人。诸生。入清绝意仕进，以图书诗史自娱，终身不入城市。冷氏《江冷阁文集》卷二《清风剑题辞》云：'余读史至唐，哀五季间，谓天地晦蚀，阴阳盘错，古今忠义之脉，几乎熄矣。及搜逸乘，得剑娘之奇，当纲维崩解、名分蔑如、士大夫毁节丧气、辱名污行时，而以双鬟奋一剑，纵横其下，卒能入危出险，致忠其主，而毕所欲为以去，杰哉！而后乃知寰宇间刚正之气自毅然而不可泯。虽运数屯厄，一脉隐隐，终有所托。不存于上，即存于下；不出于彼，即出于此。盖当是时，须眉轩组之辈，莫能效一节于其君，仅下操于婢妾，使之植大义维名分于千秋，是古今忠义之局一大变也。君子曰：'礼失而求诸野。'洵哉！余之谱此，亦略存兹意云尔。嗟乎！盖剑娘即此剑而有功谋有气分，余复得剑娘之剑有寄托有文章。行将悬此剑于国门，为之扫欃枪、扶氛浸，抒从来愤懑不平之气，以独立于清风之世也。倘能知清风之用之为剑，则剑售知清风之剑之为剑娘用，则剑娘之剑售知清风之剑之为剑娘用，而剑娘复为吾用也，吾剑亦售矣。至丹卿阮尹，节侠廉义，又各标一行，咸足观感，读记者用能通此意则善矣！'"④

冷士湄，又作冷士嵋，江庆柏《清代人物生卒年表》据民国《丹徒县志摭余》卷八"本传"，收录其人，谓其生于明天启七年（1627），卒于康熙五十年（1711），字又湄、秋江埜史，江苏丹徒人⑤。

---

① 保培基：《西垣集》，清乾隆井谷园刻本。
② 保培基：《西垣集》，清乾隆井谷园刻本。
③ 马廉著、刘倩编：《马隅卿小说戏曲论集》，中华书局，2006年，第266页。
④ 吴书荫：《明清戏曲存目钩沉录》，彭庆生主编：《中华文化论丛》第一辑，中国文学出版社，1998年，第177—178页。
⑤ 江庆柏：《清代人物生卒年表》，人民文学出版社，2005年，第344页。

◆《渔家哭》

《庄目》卷十一"下编传奇三·清代作品上",于叶稚斐名下未收此目①。

按:康熙五十一年刊《吴中叶氏族谱》续庚集收有孙岳颁所撰《牧拙生传》,中谓:"牧拙生者,叶氏,讳时章,字稚斐,别号牧拙,盖取濂溪先生'巧言拙默,巧劳拙逸'之义也。……翁生而英异,倜傥有大志,始习举子业,伸纸落笔,奇警过人,谓取青紫如拾芥。适遭鼎革,淡于功名,诗文之暇,寄情于声歌词曲,演传奇数种传于世。世称翁之词义激昂,才情富有,不知只缘目击丧乱,聊以舒胸中块垒,讥切明季时弊。而翁之文章所为脍炙人口者,又不在此区区也。翁尝避兵安溪,见乡民捕鱼为业者,俱受制于势豪,愁苦万状,因感作《渔家哭》一帙。此亦不忍人之心,随处触发,而不知祸从此起矣。城中势豪,以其不利于己也,而迁怒于翁,摘传奇中数语,诬为诽谤,讼于官,系狱。当是时,翁之长君桐蕃共难,仲嗣东纬舜斋诉父之冤,赖当事廉明,始得昭雪。"②此处所引见中华书局"明清传奇选刊"中吴书荫为《琥珀匙》所撰"前言"。据此,叶氏当作有《渔家哭》一剧,且因剧致祸,几遭不测。

◆《盛德记》

《庄目》未予收录。

按:《笠阁批评旧戏目》跋语曰:"如《盛德记》所演,文正公二岁而孤,随其母育于长山朱氏,既第始归范村,而待朱备极恩意,既贵,则用南郊恩赠;朱氏父及其异母兄、同母弟之丧,皆为卜葬;朱氏以公荫为官者,二人;岁时奉祀,则别作飨;虽载在遗事,世所共知,庸手写之,恰似无理,经名手一换曲白,便觉合于天理人情,可谓得其厚矣。亲爱惇笃,发于自然,表而出之,亦使鄙夫宽、薄夫敦也。良由先将朱氏写得继绝心诚,宝爱至极,遍访真实名师,设措重礼附学,代修坟墓,虔备祭仪,更觉此剧实可救世。太夫人竟不出场,尤改得通。竟以'文正'二字代公原讳,亦合理。"③据此,知当时流行此剧。当为传奇剧,作者及作品产生年代不详。事本《宋史》卷三一四"本传"。中谓:"范仲淹,字希文,唐宰相履冰之后。其先邠州人也,后徙家江南,遂为苏州吴县人。仲淹二岁而孤,母更适长山朱氏,从其姓,名说。少有

---

① 庄一拂编著:《古典戏曲存目汇考》中册,上海古籍出版社,1982年,第1192页。
② 吴书荫:《琥珀匙》"前言",中华书局,1988年,第1—2页。
③ 中国戏曲研究院编:《中国古典戏曲论著集成》第七册,中国戏剧出版社,1959年,第310—311页。

志操,既长,知其世家,乃感泣辞母,去之应天府,依戚同文学。昼夜不息,冬月惫甚,以水沃面;食不给,至以糜粥继之,人不能堪,仲淹不苦也。举进士第,为广德军司理参军,迎其母归养。改集庆军节度推官,始还姓,更其名。监泰州西溪盐税,迁大理寺丞,徙监楚州粮料院,母丧去官。晏殊知应天府,闻仲淹名,召置府学。上书请择郡守,举县令,斥游惰,去冗僭,慎选举,抚将帅,凡万余言。服除,以殊荐,为秘阁校理。仲淹泛通'六经',长于《易》,学者多从质问,为执经讲解,亡所倦。尝推其奉以食四方游士,诸子至易衣而出,仲淹晏如也。每感激论天下事,奋不顾身,一时士大夫矫厉尚风节,自仲淹倡之。"①历任要职,为官多有善政。且"仲淹内刚外和,性至孝,以母在时方贫,其后虽贵,非宾客不重肉。妻子衣食,仅能自充。而好施予,置义庄里中,以赡族人。泛爱乐善,士多出其门下。虽里巷之人,皆能道其名字。死之日,四方闻者,皆为叹息。为政尚忠厚,所至有恩。邠、庆二州之民与属羌,皆画像立生祠事之。及其卒也,羌酋数百人,哭之如父,斋三日而去。"②该剧据此而敷衍,与《麦舟记》情节相近。

◆《续鸾胶》

《庄目》未予收录。

按:龚鼎孳《定山堂诗集》卷二九"七言律诗十四"收有《高钦亮来长安,出所著〈续鸾胶〉乐府见示,盖骑省神伤,发为人间可哀之曲。感其情至,为题数语归之》一诗,谓:"筑市重逢话酒悲,招魂犹唱定情诗。文人慧总妨仙佛,尘刼天难补别离。红泪一巾花潋滟,名香千唤玉葳蕤。水晶宫外珠帘月,惆怅茶烟袅鬓丝。"③据此,知高氏作有此剧,故补入。陆萼庭《曲目拾遗》亦曾提及此剧目④。由剧名及本诗诗意来看,当叙儿女情事,中或有死而复生、鸾胶再续之情节。

◆《续缘记》

《庄目》卷九"下编传奇一·明代作品上"著录汪宗姬此剧,谓:"此戏未见著录。《传奇汇考标目》别本于汪氏名下补有此本,注云:'洛神事。'佚。"⑤

---

① 《二十五史》第八册,上海古籍出版社、上海书店,1986年,第6328页。
② 《二十五史》第八册,上海古籍出版社、上海书店,1986年,第6329—6330页。
③ 龚鼎孳:《定山堂诗集》,清康熙十五年吴兴祚刻本。
④ 陆萼庭:《清代戏曲家丛考》,学林出版社,1995年,第326页。
⑤ 庄一拂编著:《古典戏曲存目汇考》中册,上海古籍出版社,1982年,第954页。

按：万历刊本《玉谷新簧》卷之四上层收有《续缘记》中"玉箫送别"一齣①，唱【红纳袄】诸曲之旦色必为玉箫。送别之际，且有"韦官人请了"之语②，知生必为韦皋。与《玉环记》题材同。本事见范摅《云溪友议》中"韦皋""苗夫人"事。与《庄目》所载不同。若非一剧，当另出一目。

◆《萧后打围》

《庄目》未见著录。

按：清戴璐《藤阴杂记》卷一二"郊坰下"谓：

> 王横云土城诗：城北逶迤接上垣，萧萧战垒暮云繁。书生胆气横千古，匹马来看古蓟门。城在德胜门外土阜，至今呼萧太后土城，为辽圣宗之母，瀛洲澶渊之役，偕行，此驻师处。今梨园子弟盛演《萧后打围》，妇孺皆知其英武也。赵瓯北翼怀古诗云：郊坼屹立土门崇，萧后曾经此诘戎。赤帝敢伤吾子白，雌风偏胜大王雄。封桩坐困南朝费，岁币终来内府充。千载遗踪双阜在，犹传女队促装红。负扆图成髻未华，手携嗣主战边沙。不闻宫掖悲人彘，肯使兵尘丧帝豝。粉黛三千歌入塞，燕云十六纪传家。笑看琼岛妆台女，空把才名后代夸。③

知清中叶京师盛演《萧后打围》一剧。打围，即打猎。"辽以鞍马为家，后妃往往长于射御，军旅田猎，未尝不从"④。太祖淳钦皇后述律平（小字月理朵），本回鹘人，简重果断有雄略。太祖行兵御众，后尝与谋。太祖曾渡碛袭党项部黄头、臭泊二室韦，"后勒兵以待，奋击，大破之"，名震诸夷。"时晋王李存勖欲结援，以叔母事后"⑤。景宗后萧绰（小字燕燕），"习知军政，澶渊之役，亲御戎车，指麾三军，赏罚信明，将士用命。圣宗称辽盛主，后教训为多"⑥。此即辽圣宗完颜隆绪（小字文殊奴）之母。其豪健之气，为南地女子所不及。种种举止，"虽烈丈夫何以过之"，"古所未有，亦其俗

---

① 王秋桂主编：《善本戏曲丛刊》第一辑，台湾学生书局，1984年，第181页。
② 王秋桂主编：《善本戏曲丛刊》第一辑，台湾学生书局，1984年，第184页。
③ 戴璐：《藤阴杂记》，北京古籍出版社，1982年，第115页。
④ 《辽史》卷七一《列传第一·后妃》，《二十五史》第九册，上海古籍出版社、上海书店，1986年，第6887页。
⑤ 《辽史》卷七一《列传第一·后妃》，《二十五史》第九册，上海古籍出版社、上海书店，1986年，第6886页。
⑥ 《辽史》卷七一《列传第一·后妃》，《二十五史》第九册，上海古籍出版社、上海书店，1986年，第6886页。

也"。① 辽道宗宣懿皇后萧观音,"小字观音,枢密使萧惠之女,以重熙九年五月五日生。姿容端丽,为萧氏首。能歌诗弹筝,琵琶尤为当时第一。清宁元年,册为皇后。方出阁升座,扇开帘卷,忽有白练一段,自空吹至后褥位前,上有'三十六'三字。后问:'此何也?'左右曰:'此天书命可敦领三十六宫也。'后大喜。宫中为语曰:'孤稳压帕女古靴,菩萨唤作耨斡么。'盖以玉饰首,以金饰足,以观音作皇后也。二年八月,上猎秋山,后率妃嫔从行在所。至伏虎林,命后赋诗,后应声曰:'威风万里压南邦,东去能翻鸭绿江。灵怪大千俱破胆,那教猛虎不投降!'上大喜,出示群臣曰:'皇后可谓女中才子。'次日,上亲射猎,有虎突林而出。上曰:'朕射得此虎,可谓不愧后诗。'一发而殪。群臣皆呼万岁"②。辽代帝王之后妃,多为萧姓,然为后世演为戏曲者,主要是萧燕燕、萧观音。此作乃演萧燕燕事。

◆《谋篡记》
《庄目》未予著录。
按:《摘锦奇音》卷之三上层"时尚古人劈破玉歌",分咏《琵琶记》《金印记》《西厢记》《破窑记》《荆钗记》《白兔记》《跃鲤记》《投笔记》《鹦歌记》《织绢记》《断发记》《十义记》《千金记》《嫖院记》《三元记》《神葵记》《玉簪记》《四节记》《谋篡记》等十九部剧作。《谋篡记》既在其中,亦当为传奇剧。【劈破玉】歌曰:"余梦星围困在山头上坐,叫一声刘少溪我的哥哥,当初指望君王做。兵又围得紧,朱家将又多。只为你欺心,为你欺心,哥,坑陷杀了我。"③"刘少溪两眼双垂泪,恨一声陆总兵天杀的,割须弃袍范姜计。假意相投顺,也是我命儿低。就死在阎君,死在阎君,我也不放了你。"④"余梦星得病在牢囚里坐,叫一声刘少溪我的哥哥,当初指望朝廷做。劫富与济贫,朱家福分多。罪犯了萧何,犯了萧何,哥,谁人来替我。"⑤本作剧情,大略见于此。刘少溪、余梦星、范姜,史书未见其人,或出自杜撰。

◆《雪兰血衫》
《庄目》未予收录。

---

① 《辽史》卷七一《列传第一·后妃》,《二十五史》第九册,上海古籍出版社、上海书店,1986年,第6889页。
② 周春:《辽诗话》,《清诗话》下册,上海古籍出版社,1963年,第790—791页。
③ 王秋桂主编:《善本戏曲丛刊》第一辑,台湾学生书局,1984年,第163页。
④ 王秋桂主编:《善本戏曲丛刊》第一辑,台湾学生书局,1984年,第163—164页。
⑤ 王秋桂主编:《善本戏曲丛刊》第一辑,台湾学生书局,1984年,第164—165页。

按:清袁惇大(字其文,湖北公安人)作有【金明池】〈题杨广文所作《雪兰血衫》传奇〉,词曰:

世少真才,那寻情种,眼底茫茫聚散。何事雪兰心独苦,忍抱定、血衫冤判。最堪怜、翠冷香消,直等待、三载泉台相见。看玉旨旌嘉,永偕仙侣,不管鸟啼花怨。　　这都是文章奇幻。对春雨春云,益增悽惋。想作者、下笔酸心,还剩与、古今长叹。叹英雄、多少遭磨,岂独惜刘蕡,独悲王粲。但顾曲周郎,一官闲也,醉课梨园檀板。①

据此,知清人杨某作有《雪兰血衫》传奇一种。由"广文"来看,此人当为塾师。再由词中所叙推知,该剧女主人公为雪兰,意中人为官府冤判杀害。雪兰贞心自守,感动天神,三载后,得与此人"泉台"相见,"永偕仙侣"。此作已佚。

◆《鸾铃记》
《庄目》未予著录。
按:黄仕忠《日本所藏中国戏曲文献研究》,收有日本天理图书馆所藏该剧。乃清嘉庆影钞本,三卷,三册装。作者题作姑苏仪亭氏,未详何人。全剧仿《琵琶记》而成,凡二十四齣,齣目如下:"家饮""导媒""怨别""驴送""途叹""谒阍""嗟贫""招媾"(以上卷上),"赘院""疗饥""玩月""稽账""犒宴""图贿""逸激""请假"(以上卷中),"议弃""赠铃""忆妓""叹负""讥询""棚会""诧铃""羞圆"(以上卷下)。叙韩向平、冷氏一家事。乃讽刺剧,如剧中人物巫奇仁(谐"无其人")、贾正经(假正经)、钱为命(以钱为命)、况墙花(墙花路柳)、魏才生(为财而生),赵同、钱升、孙相、李应(谐"同声相应",隐"同气相求")等,皆寓讽刺之义②。

◆《黄亮国传奇》
《庄目》未予著录。
按:《(光绪)漳州府志》卷三三收有黄亮国事迹,谓:

黄亮国,字辉秋,号镜潭,原名步蟾,长泰人。嘉庆辛酉拔贡,光禄寺署正,拣发山西,历任辽、隰、绛、平定、保德、霍、解、沁等州牧,代理河

---
① 南京大学中国语言文学系《全清词》编纂研究室编:《全清词·顺康卷》第九册,中华书局,2002年,第5014页。
② 参看黄仕忠:《日本所藏中国戏曲文献研究》,高等教育出版社,2011年,第257—259页。

东兵备道,兼山、陕、河南三省盐法道。为政廉恕明敏,凡有兴革,无不捐俸毁家以便民。其在绛也,闻喜有蠹役强篡,既受聘,女讼兴,其令误坐本夫罪。亮国廉得其情,真役于法,州人谱为传奇。其在解也,有兄弟争产构讼,使其跪三义庙,卒相与愧悔。亮国居乡,慷慨好施,友于尤笃。著有诗文草数卷,藏于家。子存锡,邑诸生,工楷法,喜吟咏,惜享年不永。①

黄亮国其人,《清史稿》无传。以其政绩颇著,"州人谱为传奇"。剧之作者不详。

◆《黄莺记》

《庄目》未予著录。

按:《绣谷春容》"中集·卷之十一""和集·卷之十二"上层,分别收有《辜辂钟情丽集》上、下两篇,叙书生辜辂与瑜娘悲欢离合之事。剧述辜辂耽恋表妹瑜娘,然无计以通情款,乃于清桂轩之西壁画一黄莺,后题诗于后曰:"迁乔公子汇金衣,独自飞来独自啼。可惜上林如许树,何缘借得一枝栖?"②名曰题莺,其实别有寄托。瑜娘闻知此事,伺生外出,遂前往一探究竟,细玩诗意,若有所悟,亦题一诗,置于几间而归。谓:"金衣今已换缁衣,开口如啼却不啼。自是傍墙飞不起,休悲无树借君栖。"③遂以二人之姻缘因题莺而起,故题名《黄莺记》。另有《题莺记》,与本作题材同。《新锲汇编杂乐府新声雅调大明天下春》,收有该剧《辜生托绛传书》《瑜娘看莺诗》《辜生瑜娘私会》三齣④,情节大致本之于《辜辂钟情丽集》,个别地方略有改动。

◆《黄袍记》

《庄目》未予著录。

按:《乐府红珊》卷九"访询类",收有《黄袍记》中《宋太祖雪夜访赵普》一节,叙陈桥兵变,赵匡胤黄袍加身,位登九五。大雪之夜,往访赵普,商议定川、广之策,取吴、越之谋。本齣凡用【节节高】【声声慢】【端正好】【滚绣球】【倘秀才】【呆骨朵】【倘秀才】【滚绣球】【倘秀才】【滚绣球】【倘秀才】

---

① 李维钰:《(光绪)漳州府志》,清光绪三年刻本。
② 赤心子、吴敬所编辑:《绣谷春容》,江苏古籍出版社,1994年,第357页。
③ 赤心子、吴敬所编辑:《绣谷春容》,江苏古籍出版社,1994年,第357页。
④ 〔俄〕李福清、〔中〕李平编:《海外孤本晚明戏剧选集三种》,上海古籍出版社,1993年,第491—511页。

【滚绣球】【倘秀才】【滚绣球】【脱布衫】【醉太平】【一煞】【二煞】【煞尾】十九支曲子,除开首二曲外,多是从罗贯中《赵太祖龙虎风云会》迻录而来,唯略改字句而已。惜全本已佚,难窥全豹。

◆《博浪椎》

《庄目》未予收录,仅于"附录一·近代作品"姚锡钧名下收有《沈园恨》《红薇记》《菊影记》三种剧作①。

按:据郑逸梅《南社丛谈》"南社社友著述存目表",姚锡钧(字鹓雏)著述甚多,有《榆眉室文存》《恬养簃诗》《苍雪词》《红豆书屋近词》《老学集》《山雨集》《梅边集》《谏院集》《分搬薑集》《西南行卷》《止观室诗话》《海鸥秋语》《桐花萝月馆随笔》《稗乘谭隽》《梦湘阁说觚》《檐曝余闻录》《夕阳红槛录》《燕蹴筝弦录》《珠箔飘灯录》《恨海孤舟记》《凤飑芙蓉记》《春衾艳影》《滨河鹣影》《龙套人语》《炊黍梦》《鸿雪印》《槐淘絮语》《红薇记》传奇、《菊影记》传奇、《沈家园》传奇、《博浪椎》传奇、《二雏余墨》(与朱鸳雏合作)、《佛学》(与杨了公合作)、《大乘起信论参注附卮言》等三十余种②。《博浪椎》传奇,为《庄目》所未收。未知演张良事否?

◆《御试翰林》

《庄目》未予收录。

按:清金甡《九日硕笼哈达奉旨侍宴恭纪》诗谓:"秋狝今朝正解严,萸觞仍喜渥恩沾。筵开蓄落名王集,优笑词林故事添。(原注:戏演宋时御试翰林,实以近事嘲笑。)戏马台空惭雅制,飞龙殿近傍重檐。从来胜地登高酒,可似钧天吉梦占。"③据此增补。剧作名称不详,姑依诗中小序载述。此剧虽演宋时翰林故实,然"实以近事嘲笑",可知为讽刺喜剧。

◆《温生才》

《庄目》"附录一·近代作品"仅于叶楚伧名下收有《落花梦》《中萃宫》二种④,《温生才》未予著录。

按:郑逸梅《南社丛谈》"南社社友著述存目表",于叶楚伧名下收有《楚伧文存》《世徽楼诗》《世徽楼笔记》《箫引楼稗钞》《小凤杂著》《吴歌诠注》

---

① 庄一拂编著:《古典戏曲存目汇考》下册,上海古籍出版社,1982年,第1739—1740页。
② 郑逸梅编著:《南社丛谈:历史与人物》,中华书局,2006年,第433页。
③ 金甡:《静廉斋诗集》卷七,清嘉庆二十五年姚祖恩刻本。
④ 庄一拂编著:《古典戏曲存目汇考》下册,上海古籍出版社,1982年,第1740—1741页。

《落花梦》传奇、《温生才》传奇、《中萃宫》传奇、《龟年清话》《建国战记》《壬癸风花梦》《人间哀响》《天声人语》《如此京尘》《蒙边鸣筑记》《古戍寒笳记》《井中心》《井》《陈大夫移宫记》《兰芳本纪》《憔悴风花梦》《仪鸾殿》《弄堂小史》《前辈先生》《新儿女英雄》《一万里山水美人记》等二十七种①，其中《温生才》传奇为《庄目》漏收。该剧所演何事未详。

◆《焚舟记》

《庄目》未予著录。

按：《新锲精选古今乐府滚调新词玉树英》卷一收有《焚舟记》传奇中《孟明习武》一齣。剧叙，周天子时，天下动乱，百姓流离。孟明与父母离散，乃弃文学剑术，欲佐周王扫除妖氛，安定天下。所唱【端正好】【倘秀才】诸曲，颇多慷慨豪健之气。而【脱布衫】等，语言又趋于齐整，朗朗上口，则反映出戏曲创作在语言运用上的趋向。孟明，春秋时秦人，名视，乃百里奚子。穆公派孟明等三人率兵伐郑，而破晋之边邑滑。《焚舟记》之本事，大致见于《左传》及《史记·秦本纪》，因《中国曲学大辞典》已言及②，此不赘述。史籍有"渡河焚船"事，故命名曰《焚舟记》。此可补《庄目》之不足。

◆《琴操问禅》

《庄目》卷十一"下编传奇三·清代作品上"著录朱㬢（素臣）所作传奇剧《一着先》《十五贯》《大吉庆》《文星现》《未央天》《四大庆》《四奇观》《四圣手》《全五福》《忠孝间》《振三纲》《秦楼月》《狻猊璧》《通天台》《朝阳凤》《瑶池宴》《万年觞》《聚宝盆》《翡翠园》《锦衣归》《龙凤钱》等，凡二十一种③。然未收录本剧。

按：清沈德潜《归愚诗钞》卷一〇"七言古诗"收有《凌氏如松堂文讌观剧》一诗（诗见本书第三章"曲目增补"《杜少陵献大礼赋》一目所引原文，此处从略）。其中"酒酣乐作翻新曲"句后注曰："时朱翁素臣制曲，有《杜少陵献三大礼赋》《琴操问禅》《杨升庵伎女游春》诸剧。"④琴操，杭州妓，与苏东坡相识。宋吴曾《能改斋漫录》卷一六"乐府"《杭妓琴操》条谓：

杭之西湖，有一倅闲唱少游满庭芳，偶然误举一韵云："画角声断

---

① 郑逸梅编著：《南社丛谈：历史与人物》，中华书局，2006年，第415页。
② 齐森华等主编：《中国曲学大辞典》，浙江教育出版社，1997年，第452页。
③ 庄一拂编著：《古典戏曲存目汇考》中册，上海古籍出版社，1982年，第1171—1179页。
④ 沈德潜：《沈德潜诗文集》第一册，人民文学出版社，2011年，第192页。

斜阳。"妓琴操在侧云："画角声断谁门,并斜阳也。"倅因戏之曰："尔可改韵否?"琴即改作阳字韵云："山抹微云,天连衰草,画角声断斜阳。暂停征辔,聊共饮离觞。多少蓬莱旧侣,频回首烟霭茫茫。 孤村里,寒鸦万点,流空有余香。伤心处,长城望断,灯火已昏黄。"东坡闻而称赏之。后因东坡在西湖,戏琴曰："我作长老,尔试来问。"琴云："何谓湖中景?"东坡答云："秋水共长天一色,落霞与孤鹜齐飞。"琴又云："何谓景中人?"东坡云："裙拖六幅潇湘水,鬓弹巫山一段云。"又云："何谓人中意?"东坡云："惜他杨学士,憋杀鲍参军。"琴又云："如此究竟如何?"东坡云："门前冷落车马稀,老大嫁作商人妇。"琴大悟,即削发为尼。①

事本此。

◆《琼琚记》

《庄目》未予著录。

按:明阮祥宇编《新编万家会锦乐府万象新》后集卷一上层,收有《秋胡桑园戏妻》,然正文已佚。据称,此乃出自《琼琚记》②。《海外孤本晚明戏剧选集三种》书后所附李平《〈乐府万象新〉所收戏曲及其见于晚明其他戏曲散齣选本情况对照表》题此剧作《列女传》③,或一剧而二称?

◆《琼瑶服》

《庄目》未予收录。

按:光绪《武阳志余》卷七著录有庄巘所作《琼瑶服》一种,属"集部·词曲类",疑为传奇,本事不详,已佚。见《江苏艺文志·常州卷》④。

◆《紫兰宫》

《庄目》未予收录。

按:《江苏艺文志·常州卷》据《清代毗陵书目》卷五,著录有蒋学沂《紫

---

① 吴曾:《能改斋漫录》,上海古籍出版社,1979年,第483页。
② 朱崇志:《中国古代戏曲选本研究》,上海古籍出版社,2004年,第203页。
③ 〔俄〕李福清、〔中〕李平编:《海外孤本晚明戏剧选集三种》,上海古籍出版社,1993年,第7页。
④ 南京师范大学古文献整理研究所:《江苏艺文志·常州卷》,江苏人民出版社,1994年,第506页。

兰宫》传奇,原书谓有钞本,今已佚①。本事不详。学沂,字小松,阳湖(今江苏武进)人。工骈体文,能诗词。著有《藕湖词》等。

◆《紫钗令》

《庄目》未予著录。

按:《(光绪)重修丹阳县志》卷二三谓:"贺懋燧,字五良,邑廪生。精词曲,尝仿柳屯田'晓风残月'之句,写《紫钗令》传奇,一时词人皆赏之。"②同书卷三五"书籍"又著录曰:"贺懋燧《紫钗令》传奇。《曲阿诗综》:'遂民精词曲,尝取柳屯田晓风残月之句,写《紫钗令》传奇,为一时所重。'"③赵景深等《方志著录元明清曲家传略》④、马廉《马隅卿小说戏曲论集》所收日记均载录⑤,可一并参看。此剧已佚,本事不详。

◆《落花梦》

《庄目》于"附录一·近代作品"陈嵩寿(字蝶仙,号栩园、惜红生)名下收有剧作《自由花》《花木兰》《桃花梦》《桐花笺》《媚红楼》等⑥,然未收此剧。

按:郑逸梅《南社丛谈》"南社社友著述存目表",收录陈蝶仙著述如《天虚我生诗词曲稿》《栩园唱和录》《栩园丛拾》《栩园诗剩》《栩园诗话》《栩园新乐谱》《惜红轩琴谱》《惜红精舍诗》《瓜山竹枝词》《难中竹报》《九宫曲谱正宗》《音律指掌》《耳顺集》《文苑导游录》等九十余种⑦。其中《落花梦》传奇,为《庄目》所漏收。本事未详。

◆《雁翎甲》

《庄目》未予收录。

按:《江苏艺文志·常州卷》据光绪《武阳志余》卷七,于庄巅名下著录

---

① 南京师范大学古文献整理研究所:《江苏艺文志·常州卷》,江苏人民出版社,1994年,第653页。
② 刘诰修、徐锡麟纂:《(光绪)重修丹阳县志》,清光绪十一年刻本。
③ 刘诰修、徐锡麟纂:《(光绪)重修丹阳县志》,清光绪十一年刻本。
④ 赵景深、张增元编:《方志著录元明清曲家传略》,中华书局,1987年,第65页。
⑤ 马廉著、刘倩编:《马隅卿小说戏曲论集》,中华书局,2006年,第285页。
⑥ 庄一拂编著:《古典戏曲存目汇考》下册,上海古籍出版社,1982年,第1741—1742页。
⑦ 郑逸梅编著:《南社丛谈:历史与人物》,中华书局,2006年,第424页。

有此剧①。疑为传奇,已佚。清初范希哲作有《偷甲记》(一名《雁翎甲》),就《水浒传》第五十五至五十七回有关时迁奉宋江之命盗徐宁祖传雁翎甲并赚其上山入伙之事敷衍而成。本作题材当与范氏所作同。

◆《鹅笼书生》
《庄目》未予著录。
按:张慧剑《明清江苏文人年表》"乾隆十九年",据《四当斋书目》下四记载,谓"吴江袁栋合所著《陶朱公》《姚平仲》《郑虎臣》《鹅笼书生》《白玉楼》《桃花缘》等杂剧为《玉田乐府》刊行"②。本事见南朝梁吴均《续齐谐记》,谓:"阳羡许彦,于绥安山行,遇一书生,年十七八,卧路侧,云'脚痛',求寄鹅笼中。彦以为戏言。书生便入笼,笼亦不更广,书生亦不更小,宛然与双鹅并坐,鹅亦不惊。彦负笼而去,都不觉重。前行息树下,书生乃出笼,谓彦曰:'欲为君薄设。'彦曰:'善。'乃口中吐出一铜奁子,奁子中具诸肴馔,珍馐方丈。其器皿皆铜物,气味香旨,世所罕见。酒数行,谓彦曰:'向将一妇人自随,今欲暂邀之。'彦曰:'善。'又于口中吐一女子,年可十五六,衣服绮丽,容貌殊绝,共坐宴。俄而书生醉卧,此女谓彦曰:'虽与书生结妻,而实怀怨。向亦窃得一男子同行,书生既眠,暂唤之,君幸勿言。'彦曰:'善。'女子于口中吐出一男子,年可二十三四,亦颖悟可爱,乃与彦叙寒温。书生卧欲觉,女子口吐一锦行障遮书生,书生乃留女子共卧。男子谓彦曰:'此女子虽有心,情亦不甚。向复窃得一女人同行,今欲暂见之,愿君勿泄。'彦曰:'善。'男子又于口中吐一妇人,年可二十许,共酌戏谈甚久。闻书动声,男子曰:'二人眠已觉。'因取所吐女人,还纳口中。须臾,书生处女乃出,谓彦曰:'书生欲起。'乃吞向男子,独对彦坐。然后书生起,谓彦曰:'暂眠遂久,君独坐,当悒悒邪?日又晚,当与君别。'遂吞其女子,诸器皿悉纳口中。留大铜盘,可二尺广,与彦别曰:'无以藉君,与君相忆也。'"③

◆《填词蝴蝶梦》
《庄目》未予著录。
按:黄仕忠《日藏中国戏曲文献综录》"传奇类",著录有日本天理图书

---

① 南京师范大学古文献整理研究所:《江苏艺文志·常州卷》,江苏人民出版社,1994年,第506页。
② 张慧剑:《明清江苏文人年表》,人民文学出版社,2008年,第1111页。
③ 李昉等编:《太平广记》第六册,中华书局,1961年,第2267页。

馆所藏该书，谓："清玩月主人撰。（日）岚翠子译，稿本。十二行，有插图。"①

◆《楚江晴》

《庄目》卷十二"下编传奇四·清代作品下"，著录有槐庭《再生缘》一剧，称"一名《楚江情》"②。未著录《楚江晴》一剧。

按：《再生缘》与《楚江情》当非一剧。邓之诚《清诗纪事初编》"甲编中"："江南"，于"退耕老农"一目载述曰："退耕老农，江都人。康熙末，官刑部主事。告归。喜填曲子。有《楚江晴》《再生缘》诸杂剧。撰《瓴余集》一卷，续集一卷，多感慨盛衰之作。廋词二十首，皆有所指，不止自伤身世。……盖抑塞不平之气，触处多感，与歌盛世、祝太和者，又自一格。"并录其诗《〈再生缘〉院本，壬子所作，距壬戌复加改窜校竣，漫弁八截于首》曰："龟年已老善才亡，击缶歌呜近擅场。纵有霓裳任沦落，不将法曲按宫商。"自注曰："近日秦声，颇中时好。崑伶佳者，反致寥寥，不胜今昔之感。"③由前引述史料可知，昆曲在清代雍乾之时已见衰落，而秦腔则有兴起之势。壬子，乃雍正十年（1732），壬戌为乾隆七年（1742），《再生缘》由初创至改竣，前后达十年之久。

◆《楚辞谱》

《庄目》卷十一"下编传奇三·清代作品上"于顾彩名下，仅收录有《小忽雷》《南桃花扇》《后琵琶记》剧作三种④，《楚辞谱》未予著录。

按：孔尚任《燕台杂兴四十首》之十七谓："顾郎新谱楚词成，南雅清商绝妙声。何事招魂删一折？筵前无泪与君倾。"诗后小注曰："无锡顾天石名彩，作《楚辞谱》，传屈、宋故事，南雅小班特善之，然不演《招魂》一折，观者以为恨。"⑤事本《史记·屈原列传》。此剧已佚，亦未见他书著录。

◆《煤山恨》

《庄目》未予收录。

按：清初潘江《春郊行》诗曰："桐城城外春风暖，椒觞传罢花灯散。梨

---

① 黄仕忠：《日藏中国戏曲文献综录》，广西师范大学出版社，2010年，第256页。
② 庄一拂编著：《古典戏曲存目汇考》下册，上海古籍出版社，1982年，第1514页。
③ 邓之诚：《清诗纪事初编》上册，上海古籍出版社，1984年，第510—511页。
④ 庄一拂编著：《古典戏曲存目汇考》中册，上海古籍出版社，1982年，第1273—1274页。
⑤ 汪蔚林编：《孔尚任诗文集》，中华书局，1962年，第370页。

园子弟按霓裳,春郊处处闻丝管。……高台日午歌钟起,袅袅流莺遥入耳。妖童作笑复衔哀,悲则真悲喜真喜。虽然风俗等游戏,其中劝戒非无意。谁教忽奏新翻曲,普天痛哭煤山事。君不见牧童樵竖皆酸辛,游女歘歔亦怆神!河边载酒闲观者,翻是当年受爵人。"①据诗意,知是时搬演崇祯帝缢死煤山事。《明史》卷二四"庄烈帝二"载曰:崇祯十七年三月,李自成率军入关,陷昌平,犯京师,京营兵溃。丙午,外城陷。是夕,皇后周氏身亡。丁未,内城陷,崇祯帝崩于万岁山,王承恩从死②。清徐鼒《小腆纪年附考》卷四谓:

> 丙午夜,明帝闻外城破,徘徊不能寐,同王承恩登万岁山,望烽火烛天,回乾清宫,朱书谕成国公朱纯臣提督内外诸军事,夹辅东宫。命内臣持至阁,阁臣已散。回宫见皇后曰:"大事去矣,尔为天下母,宜死!"后恸哭曰:"妾事陛下十八年,卒不听一语,今日同死社稷,亦复何憾!"明帝凄怆不复顾,辄意气自如。御便坐,呼左右进酒,正色而进金卮者十数皆醨,左右慴伏仰视,不敢动。大声传趣两宫及懿安后自尽,曰:"莫坏皇祖爷体面。"宫人复命,犹以娘娘领旨对,叩头跪起如平时。既而曰:"传主儿来!"谓太子、永、定二王也。太子二王入,犹常服。明帝曰:"此何时,弗改装乎?"命持敝衣至,为解其衣换之;且手系其带而告曰:"社稷倾覆,使天地祖宗震怒,实尔父之罪也;然尔父亦已竭尽心力。汝今日为太子,明日为平人,在乱离之中,匿形迹,藏名姓,见年老者呼之以翁,少者呼之以伯叔,万一得全,来报父母仇,无忘我今日戒也!"左右不觉哭失声,班始乱。明帝起,入中宫,见后已自经,拔剑撞其悬而转之,知已绝,乃入寿宁宫。长平公主年十五,方哭,明帝曰:"汝何故生我家!"挥之以刃,殊左臂。斫昭仁公主于昭仁殿,年六岁矣。巡西宫,刃袁贵妃,扑地未殊,复刃所御妃嫔数人。乃召王承恩入语移时,复进酒对饮。时漏三鼓,乃携承恩手,微服易靴,手持三眼枪,杂内监数十人,皆骑而持斧,出东华门,至齐化、崇文门,不得出,走正阳门,守者疑内变,炮矢相向,告之曰大驾,乃止。还至白家巷,望城上悬白灯者三。初与守城官约,以白灯三为城破之信也。知大事已去,因过朱纯臣第问计,阍人以在外赴宴辞。走安定门,门坚不可启。漏五下矣,乃回宫御前殿,手自鸣钟集百官,无一至者。乃散遣内官,自经于万

---

① 赵兴勤、赵韡编:《清代散见戏曲史料汇编(诗词卷·初编)》上册,台湾花木兰文化出版社,2014年,第96页。
② 参看张廷玉等:《明史》第二册,中华书局,1974年,第335页。

岁山之寿皇亭。亭新成,所阅内操处也。王承恩对缢。①

此剧当叙其事。陈宗蕃《燕都丛考》第一编第三章"宫阙":"景山,一名万岁山,高百余丈,周垣二里,林木阴翳,峰峦秀耸,为大内之镇山。"②注曰:"又名煤山,明庄烈皇殉国于此。今其自缢之树尚在,惟已枯其半。"③

◆《群芳乐府》

《庄目》未予收录。

按:清人朱景英《畬经堂诗文集》诗续集卷三收有《正月十八日邀那西林、兰泰、余退如、任伯卿、李蓬莽本楠、王亮斋、王曲台执礼集澹怀轩,即事六首》组诗,其六谓:"花花相对叶相当,一曲勾留一段香。自笑爱根牵未了,着绯司马本来狂。"诗末小注曰:"小伶歌予新谱《群芳乐府》。"④据此,知朱氏撰有《群芳乐府》。此作品非散曲,《全清散曲》亦未收其人。诗人既称"爱根牵未了",此当为爱情剧。明清剧目,有《群花会》⑤《群芳宴》诸剧⑥,与本作并非一剧。

◆《谪仙记》

《庄目》未予著录。

按:《鼎锲徽池雅调南北官腔乐府点板曲响大明春》卷二上层收有《李白草词》一齣,出自《谪仙记》。《李太白全集》卷二三《对酒忆贺监二首》小序曰:"太子宾客贺公于长安紫极宫一见余,呼余为'谪仙人',因解金龟换酒为乐。没后,对酒怅然有怀,而作是诗。"该首诗之二曰:"狂客归四明,山阴道士迎。敕赐镜湖水,为君台沼荣。人亡余故宅,空有荷花生。念此杳如梦,凄然伤我情。"⑦剧演李白事,未知与屠隆《彩毫记》有联系否?

◆《错中错》

《庄目》未予著录。

按:马廉《马隅卿小说戏曲论集》所收日记载曰:"《错中错》传奇,题瀛

---

① 徐沁:《小腆纪年附考》上册,中华书局,1957年,第95—96页。
② 陈宗蕃编著:《燕都丛考》,北京古籍出版社,1991年,第76页。
③ 陈宗蕃编著:《燕都丛考》,北京古籍出版社,1991年,第78页。
④ 朱景英:《畬经堂诗文集》,清乾隆刻本。
⑤ 庄一拂编著:《古典戏曲存目汇考》上册,上海古籍出版社,1982年,第379页。
⑥ 庄一拂编著:《古典戏曲存目汇考》下册,上海古籍出版社,1982年,第1495页。
⑦ 王琦注:《李太白全集》中册,中华书局,1977年,第1085页。

海勉痴子撰,后有曾钝庵守钺跋语,称作者为荫田先生,并云'先生《痴说》语录一集,传读者尤多'云云。偶于书库架上得《痴说》,翻阅一过,知荫田纪姓,河间人,而作官四川者,惜其名未录。查《畿辅通志》,昀弟晫子有名澍森者,清嘉庆间守邛州,寻迁忠州,疑即荫田也。"①此剧所演何事未详,作者待考。

◆《锦衣树》

《庄目》卷十二"下编传奇四·清代作品下"收录有瞿颉《元圭记》《雁门秋》《桐泾月》《紫云回》《鹤归来》等传奇数种②,然本作却未收录。

按:清人詹应甲《赐绮堂集》卷二五"弦秋词二"收录有【沁园春】〈题菊亭锦衣树传奇〉,谓:

> 投笔书生,功名壮哉,事吴越王。问将军衣锦,谈何容易;秀才脱白,梦也荒唐。青眼怜才,黄金散士,除却英雄只女郎。难寻处,是茫茫海内,红泪双行。　司衡妙解文章,竟遗却明珠照乘光。笑暗中摸索,本无关说;风前太息,颇费评量。壁上笼纱,行间勒帛,一例相看也不妨。悲歌壮,借潮头万马,谱出宫商。③

据词题,知菊亭尚有《锦衣树》传奇。此剧本事不详。菊亭乃瞿颉字。该剧本事待考。

◆《旗亭饮》

《庄目》未予收录。

按:据唐英《予偶制〈旗亭饮〉小词,秀州陈山鹤阅而有作,因和其韵》诗及商盘《将至九江,可晤唐俊公先生,以诗预柬》诗注"公有家部,能歌自制乐府《入塞》《旗亭》诸曲",补入《旗亭饮》一剧。陆萼庭《曲目拾遗》④、邓长风《十位清代戏曲家生平考略》等论著已叙及⑤,此不赘述。

---

① 马廉著、刘倩编:《马隅卿小说戏曲论集》,中华书局,2006年,第225页。
② 庄一拂编著:《古典戏曲存目汇考》下册,上海古籍出版社,1982年,第1391页。
③ 詹应甲:《赐绮堂集》,清道光止园刻本。
④ 陆萼庭:《清代戏曲家丛考》,学林出版社,1995年,第332页。
⑤ 邓长风:《明清戏曲家考略》,《明清戏曲家考略全编》上册,上海古籍出版社,2009年,第576页。

◆《演阵图》

《庄目》未予著录。

按：清人陈聂恒【散天花】〈汴梁客舍观女伶演陈图戏题〉一词谓：

  一笑无端倚晚风。战袍偷著就，面生红。分明儿女亦英雄。腰肢浑似柳，解弯弓。　百尺灵旗裛断虹。木兰祠畔路，汴州通。花黄贴就一军空。今宵歌版里、画难工。①

由本剧题目而论，"陈"当作"阵"。"陈"，《广韵》《集韵》并直刃切，同"阵"，军伍行列也。演阵，演习阵法之谓也。再由词中"战袍偷著""木兰祠畔""花黄贴就"诸语来看，或为演奇女木兰事，本于古诗《木兰辞》。作者不详。已佚。

◆《熊罴梦》

《庄目》卷十一"下编传奇三·清代作品上"著录赵瑜剧作时，仅列《青霞锦》《翠微楼》二种②。《熊罴梦》未予著录。

按：马廉引《清波三志》上之二七曰："赵瑜，字瑾叔，钱塘人，入籍武康，为诸生。高才博学，能诗文，嗜音律，尤长乐府，与洪稗畦昉思齐名。撰《熊罴梦》《秦淮雪》《青霞锦》《翠微楼》传奇数种。"③据此，知赵瑜尚撰有《熊罴梦》传奇，可补《庄目》之未逮。王鸣雪（号东村）写有同名剧作，演姜尚事。本作题材未知与其同否④。

◆《瑶台》

《庄目》未予收录。

按：清人顾宗泰《月满楼诗文集》诗集卷三六《觚棱集》收有《王梦楼太守、茅耕亭学士招同刘云房少宰、查篆仙观察、陈桂堂太守讌集二知堂观剧，席上即事有作》组诗，其三曰："长斋余事按声歌，（原注：太守绣佛长斋，垂二十年矣。）快雨堂中妙选多。（原注：太守诗文擅海内，不废顾曲。钿卿而后，比日有澹云、微云、拂云者，皆一时妙选，雅迈时伶。）曲擅仙云银烛夜，

---

① 南京大学中国语言文学系《全清词》编纂研究室编：《全清词·顺康卷》第十八册，中华书局，2002年，第10420页。
② 庄一拂编著：《古典戏曲存目汇考》中册，上海古籍出版社，1982年，第1302页。
③ 马廉著、刘倩编：《马隅卿小说戏曲论集》，中华书局，2006年，第265页。
④ 庄一拂编著：《古典戏曲存目汇考》中册，上海古籍出版社，1982年，第1121页。

唤回香梦寄南柯。(原注:时按《花报》《瑶台》诸曲,雅谱宫商,不同新奏。)"①据此,知王文治尚有《瑶台》一剧。《庄目》卷八"中编杂剧五·清代作品"收有王文治《迎銮乐府》,并谓该组剧凡九种,"每种一折,皆浙中故实。曰《三农得澍》《龙井茶歌》《祥征冰茧》《海宇歌恩》《灯燃法界》《葛岭丹炉》《仙酝延龄》《瑞献天台》《瀛波清晏》"②。另有一剧《饲蚕记》,第一齣《海宇歌》、第二齣《三农得澍》、第三齣《葛岭丹炉》、第四齣《祥征冰茧》③,与《迎銮乐府》多有重合,然均未叙及《瑶台》一剧,疑是王文治另有新剧。已佚。

◆《谱定红香传》

《庄目》未予著录。

按:周妙中《江南访曲录要》、郭英德《明清传奇综录》曾予著录,谓作者为卧云山人。孙书磊《〈谱定红香传〉稿本及其作者考》一文谓:南京图书馆古籍部分别藏有该剧誊清稿本、该稿本的过录本各一本。稿本为上、下两册,不分卷,目次为:《大略》《述艳》《院叹》《优觏》《访红》《设计》《情酕》《写状》《训释》《载美》④。叙姑苏名流曾观国与邗上名妓徐红香的悲欢离合事,详情见《〈谱定红香传〉稿本及其作者考》。孙书磊认为,"卧云山人"当是"云卧山人"之误,该剧或出于如皋人黄振之手⑤。

◆《雌雄镇》

《庄目》未予收录。

按:《不登大雅文库目录》第十箱"戏曲"收有《橘者言》四剧稿本,缺末剧,其目为:《玉邪妆》《高老庄》《乔坐衙》《雌雄镇》⑥。据以补。然未题作者,本事不详,是何类剧作,亦不详。《古本戏曲剧目提要》⑦《中国曲学大辞典》等均未收⑧。

---

① 顾宗泰:《月满楼诗文集》,清嘉庆八年刻本。
② 参看庄一拂编著:《古典戏曲存目汇考》中册,上海古籍出版社,1982年,第744页。
③ 李修生主编:《古本戏曲剧目提要》,文化艺术出版社,1997年,第743页。
④ 参看孙书磊:《南京图书馆藏孤本戏曲丛考》,中华书局,2011年,第195页。
⑤ 参看孙书磊:《南京图书馆藏孤本戏曲丛考》,中华书局,2011年,第205页。
⑥ 马廉著、刘倩编:《马隅卿小说戏曲论集》,中华书局,2006年,第385页。
⑦ 李修生主编:《古本戏曲剧目提要》,文化艺术出版社,1997年。
⑧ 齐森华等主编:《中国曲学大辞典》,浙江教育出版社,1997年。

◆《墦间记》

《庄目》未予收录。

按:《徽池雅调》卷之二下层收有《墦间记》中《公孙丑判断是非》(简称《判断是非》)一齣①。剧叙陈仲子因误食为官之兄长馈母之鹅肉,欲呕而出之,以示廉不染尘。而齐人于墦间乞得王骊祭余之残骨剩酒,酩酊大醉,呕吐不止,且误以为陈仲子效仿己之举止,追前与之厮闹。隐士公孙丑闻知此事,将二人分别训斥一番,认为陈仲子哇而吐之,是"矫情干誉,亦为可恶"②。齐人墦间乞食,"养口腹而害心志,羞恶奚存"③,"二者病则一般"④。二者释然,各自散去。此作与孙仁孺《东郭记》题材同,然内容迥异。尤其是人物对话,颇见特色。刻画人物,穷神尽相。叶德均《戏曲小说丛考》中关于《墦间记》的考证文字,亦可参看⑤。

◆《影梅庵》(陈文述、查揆撰)

《庄目》卷十二"下编传奇四·清代作品下",于溧阳彭剑南名下著录有《影梅庵》一剧⑥。而陈文述、查揆合撰之《影梅庵》,则未见著录。

按:清陈文述《颐道堂集》外集卷九"古今体诗"收有《秦淮访李香故居题〈桃花扇〉乐府后》组诗,其十谓:"亭亭仙影礼香龛,水绘荒园日暮探。我忆琵琶查八十,翦灯同谱《影梅庵》。"诗后注曰:"余与查梅史相约谱《影梅庵》传奇,记董小宛事。"⑦同书同卷所收《秦淮杂咏题余曼翁〈板桥杂记〉后》之十四谓:"青莲山水证瞿昙,白岳黄山次第探。记与琵琶查八十,翦灯同谱《影梅庵》。"诗后注曰:"董白,字小宛,一字青莲,归冒巢民,有《影梅庵忆语》。查梅史约余同谱《影梅庵》传奇。"⑧梅史,乃查揆之号。据此二诗,知陈文述曾与查揆共商创作《影梅庵》传奇之事。稿似未成,故不见他书著录。

---

① 王秋桂主编:《善本戏曲丛刊》第一辑,台湾学生书局,1984年,第116页。
② 王秋桂主编:《善本戏曲丛刊》第一辑,台湾学生书局,1984年,第122页。
③ 王秋桂主编:《善本戏曲丛刊》第一辑,台湾学生书局,1984年,第123页。
④ 王秋桂主编:《善本戏曲丛刊》第一辑,台湾学生书局,1984年,第122页。
⑤ 叶德均:《戏曲小说丛考》上册,中华书局,1979年,第379页。
⑥ 庄一拂编著:《古典戏曲存目汇考》下册,上海古籍出版社,1982年,第1419页。
⑦ 赵兴勤、赵韡编:《清代散见戏曲史料汇编(诗词卷·初编)》下册,台湾花木兰文化出版社,2014年,第428页。
⑧ 赵兴勤、赵韡编:《清代散见戏曲史料汇编(诗词卷·初编)》下册,台湾花木兰文化出版社,2014年,第430页。

◆《樊川谱》

《庄目》卷八"中编杂剧五·清代作品"著录有吴棠桢所作杂剧《赤豆军》《美人丹》二种①,然未收《樊川谱》传奇。

按:吴棠桢(字伯憩,号雪舫,浙江山阴人)事迹见本书考证。其作有【粉蝶儿慢】〈《樊川谱》传奇编成,喜万鹅洲为余改订,赋此奉谢〉一词,谓:

> 嫁蛊蛮村,迎虵蜑俗,更饲鹦哥藏癉。久栖幕府,厌红毛新酿。底事祛愁呼雪儿,一曲檀喉低唱。戏翻新,谱写来、杜牧参军豪荡。
>
> 自况。痴情蠢状。愧何曾、协律难供清赏。喜经删抹,便有霞思天想。苕子娇鬟和紫云,仿佛笑啼筵上。谢仙翁,笔花多、借人开放。②

知吴氏另作有《樊川谱》传奇一种,叙唐代诗人杜牧事,并请万鹅洲代为订谱。此作已佚。

清人金烺【满江红】〈自制红鞦韆传奇题词〉一词有句曰:"板错还凭雪舫较",小注云:"同里吴伯憩。"③又谓:"句讹常向鹅笼别",小注云:"阳羡万红友。"④据此推论,鹅洲当为万树之号。杨廷福等编《清人室名别称字号索引》未收。

◆《樊榭记》

《庄目》未予收录。

按:马廉《鄞县李氏萱荫楼藏曲解》收有此目,曰:"《樊榭记》,稿本。"⑤未注作者、本事。该剧作者佚名,剧写"三国时上虞令刘纲与妻樊云翘居四明山同仙去事"⑥。凡一卷十六齣,钞本今藏浙江图书馆,有道光九年卧虹子题词。

◆《樱桃锦》

《庄目》未予收录。

---

① 庄一拂编著:《古典戏曲存目汇考》中册,上海古籍出版社,1982年,第729页。
② 南京大学中国语言文学系《全清词》编纂研究室:《全清词·顺康卷》第十一册,中华书局,2002年,第6176页。
③ 南京大学中国语言文学系《全清词》编纂研究室:《全清词·顺康卷》第十四册,中华书局,2002年,第8091页。
④ 南京大学中国语言文学系《全清词》编纂研究室:《全清词·顺康卷》第十四册,中华书局,2002年,第8091—8092页。
⑤ 马廉著、刘倩编:《马隅卿小说戏曲论集》,中华书局,2006年,第194页。
⑥ 齐森华等主编:《中国曲学大辞典》,浙江教育出版社,1997年,第549页。

按：清赵怀玉有《安澜园观剧》四首，其一谓："清夜沉沉绛蜡高，主人小部奏檀槽。春寒那任罗衣薄，还与樱桃蜀锦袍。"诗后注曰："樱桃锦，名见《蜀锦谱》。"①据此，知当时曾观赏此剧，剧情及作者均不详。

◆《翩鸿记》
《庄目》未予收录。

按：《翩鸿记》传奇为近人俞锷作。俞锷（1887—1938），字剑华，号一粟、则人，江苏太仓人。"与傅屯艮的君剑，高天梅的钝剑，潘飞声的剑士，称'南社四剑'。生于一八八七年丁亥十一月初七日。加入中国同盟会。南社首次雅集苏州虎丘，剑华即参与其盛，为最早社友之一。同时有同姓名的俞剑华，乃是山东济南人，为丹青家，从陈师曾为师，得其神髓，辑有《中国绘画史》《中国画家人名大辞典》《中国美术家大辞典》，固亦驰誉大江南北。两人在海上相遇，同摄一影。这里所谈的，为诗人俞剑华，居娄东南牌楼街，厅事宏敞，室数间，也很精致，倦游归来，息影家园，吟啸自遣。诗什中时露牢骚抑郁，原来他具革命思想，大有心雄万夫、澄清中原之概，一度任福建省立图书馆馆长，此后遭遇挫折，百无一成，愤懑之馀，不觉形诸笔墨。不久夫人病殁，他笃于伉俪，奉倩伤神，更影响他的健康，加之家无恒产，生活成为问题。幸有一个儿子，由同社叶小凤的介绍，供职某机关，薪俸所入，支持门庭。无奈剑华病情恶化，医治无效，于一九三八年卒，五十二岁。著有《翩鸿记传奇》，共十出，为'钗叙''酒楼''社哄''谒秋''告陵''闺思''征梦''劝妆''写笺''投荒'，没有刊行。他生平喜《梦窗词》，每出治行李，必置诸箧中，因绘《小窗吟梦图》。"②据此，知俞氏作《翩鸿记》传奇，未刊。

◆《蕉扇记》
《庄目》未予著录。

按：《蕉扇记》演明万历间义士葛成事。《（同治）苏州府志》卷一四七载曰：

> 万历二十九年六月三日，苏州民击杀税监参随。越八日，昆山人葛成诣府，袒两肩，挥蕉扇，前揖守，自道姓名，乞真狱，而释余人勿问。守惊愕，闻之上官，以成具狱奏。然起事时，成尚在昆山，闻变始偕其兄来郡城，值官司索主者急，挺身出应，兵使者鞫之，予杖几死。吴民感其

---

① 赵怀玉：《亦有生斋集》诗卷一"古今体诗"，清道光元年刻本。
② 郑逸梅编著：《南社丛谈：历史与人物》，中华书局，2006年，第249—250页。

义，无不流涕，称为葛将军。先是，织造太监孙隆自杭至苏，约有司议核五关漏税。其参随黄建节者，与吴中无赖汤莘、徐成等通贿，嗾隆令民间一杼月税三镪。又委莘等二十二人分据六门水陆孔道，攫商货。郡绅丁某阴给莘等赀，市奇货媚奄，及众毙建节、莘、成等，遂逼隆署。隆越墙走，匿民舍免。丁之宅亦毁焉。太学张献翼为文，率士民生祭成。又贻书于丁及当事，蕲宽成。或作《蕉扇记》新剧讥丁。丁疑出献翼，夜遣盗入其室刺杀之，沉盗以灭口。成系狱十余年。四十一年，巡按御史房可壮为之请，竟得释。吴人讳成名，改曰贤。松江陈征士继儒，字之曰余生，……贤未死，江湖间已事之为神。①

此段系节略宋懋澄《葛道人传》、郑鄾《题葛成册》以及《吴县志》而成，文字出入较大。

◆《题莺记》

《庄目》未予著录。

按：明黄文华编《鼎镌昆池新调乐府八能奏锦》卷一上层收有《偷看莺诗》（已阙）一齣，即出自此剧。《绣谷春容》收有《辜辂钟情丽集》，叙广东琼州辜辂，奉父命往临高谒访表叔黎某，得与表妹瑜相识，羡其美貌，有意结好，遂以【西江月】词通情款，复继之以诗。一夕，叔婶会饮于漱玉亭，辜生托故迟至，得与瑜相会，欲以词相挑，女以他辞拒之。生怏怏归，见女晚绣绿纱窗下，特由窗外过，"偶念周美成词'些小事，恼人肠'之句，瑜隔窗问曰：'四哥何事恼愁肠也？盍为我言之？'生曰：'子自思之。'女曰：'兄欲归乎？'生曰：'不然。'女又曰：'兄思兄之情人乎？'生又曰：'非也。'女又曰：'春寒逼兄耶？'生曰：'非寒也，愁也。'女曰：'何不拨之耶？'生曰：'谁肯与我拨之？'女笑而不答。生欲进而与之语，自度不可，于是，退居轩间，思向者窗前之语，乃作《花心动》词，以诚其事。……女览之，掷地曰：'我本无此意，四哥何诬人也！'僮归以告。生殆无以为怀，乃于轩之西壁画一莺，后题一绝于上，云：'迁乔公子汇金衣，独自飞来独自啼。可惜上林如许树，何缘借得一枝栖？'见者谓其题莺，殊不知其托意于其中也。一日，瑜之侍妾碧桃偶过生轩，归谓瑜娘曰：'向来见西边轩里琼州官人画一鸟于壁上，甚是可爱。'瑜因伺生出，遂抵生轩，玩索良久，知其意也，乃作一词，书于片纸之上，置于几间而归。诗曰：'金衣今已换缁衣，开口如啼却不啼。自是傍墙

---

① 冯桂芬：《（同治）苏州府志》，清光绪九年刊本。

飞不起,休悲无树借君栖。'生归,见瑜所和之诗,正想玩间,忽见绛桃持一简至,生视之,乃《喜迁莺》之词也。……生得此词,大喜过望,愿得之心愈于平昔。每寻间便,思与女一致款曲,终不可得。"①本作既名曰《题莺》,或据此而敷衍。《偷看莺诗》,亦据上引内容而生发。与《大明天下春》卷六所收《黄莺记》为同一题材②。

◆《鹤相知》

《庄目》未予著录。

按:据吴绍矩《胡子寿先生事略》胡盍朋作有此剧③。事本《聊斋志异·叶生》,叙淮阳叶生,文章词赋,冠绝当时,而所如不偶,困于名场。邑令丁乘鹤,望之甚殷。生再应试,仍败北,以愧负知己,零涕不已。丁以忤上官解任,将归故里,邀生同往,以训其子弟。叶生以平生所拟举子业,悉录授读,公子果登高第。生入北闱,竟领乡荐,随公子来淮阳。抵家,妻知其死已三四年,大为惊恐。生逡巡入室,见灵柩俨然,扑地而灭。原来,生以知己所感,游魂相从,竟忘其死,胡氏借叶生以自况。

◆《翰墨缘》(俞汝述撰)

《庄目》卷十二"下编传奇四·清代作品下"著录有施英蘗《翰墨缘》一种④,然未收录俞汝述《翰墨缘》传奇。

按:据《隅卿日记选钞》,俞汝述当有同名剧作(见本书第三章"曲目增补"所收《双鱼坠》一目)⑤,庄氏漏收。

◆《镜中明》

《庄目》未予著录。

按:马廉《马隅卿小说戏曲论集》所收日记据缀玉轩所藏旧曲新钞重装本著录此剧,谓:"《镜中明》一册,无目,二十四出,储议——封圆。"⑥说明此剧当时还传世。据郭英德《明清传奇综录》,该剧有福谦堂刻本,今归北

---

① 赤心子、吴敬所编辑:《绣谷春容》,江苏古籍出版社,1994年,第356—358页。
② 〔俄〕李福清、〔中〕李平编:《海外孤本晚明戏剧选集三种》,上海古籍出版社,1993年,第491—511页。
③ 蔡毅编著:《中国古典戏曲序跋汇编》第四册,齐鲁书社,1989年,第2372页。
④ 庄一拂编著:《古典戏曲存目汇考》下册,上海古籍出版社,1982年,第1378页。
⑤ 马廉著、刘倩编:《马隅卿小说戏曲论集》,中华书局,2006年,第258页。
⑥ 马廉著、刘倩编:《马隅卿小说戏曲论集》,中华书局,2006年,第271页。

京图书馆①。

◆《霍小玉》

《庄目》"附录一·近代作品"未予收录。

按：郑逸梅《南社丛谈》"南社社友著述存目表"，于陆澹安名下收有此剧②。当据唐人小说《霍小玉传》而改编。

◆《餐英记》

《庄目》未予收录。

按：《江苏艺文志·常州卷》据《清代毗陵书目》卷五，著录有刘可培作《餐英记》传奇③。此作未见，本事不详。

◆《鹦哥记》

《庄目》未予著录，仅于"上编戏文三·明初及阙名作品"中略略提及④。

按：《类纂今古传奇梨园正式乐府万象新》前集卷二上层，于"时尚雅调"内收有《鹦哥记》中《有为庆寿》一齣，叙潘有为"为其父潘葛祝寿事"，与《苏英皇后鹦鹉记》为同一题材。二剧孰先孰后，有待进一步考证。然既列入"时尚雅调"，则说明其在该曲选刊行的万历年间比较流行，或是《鹦鹉记》之改编本，当另立一目以说明之。

◆《霜磨剑》

《庄目》未予著录。

按：《霜磨剑》剧谱上虞孝子张自伟事。《(光绪)上虞县志》卷一一谓：

张自伟，字德宏，年十二尝割股疗母。顺治乙酉入邑庠。庚寅，山寇王思二索饷，擒其父鸣凤去。自伟追至孤岭，将加刃，自伟奋臂负父归，贼猝割父首去。自伟遍觅不得，大恸几绝，夜梦神以南池告，随往，果得，始获殓。誓报父仇，踰年贼赴县投诚，自伟遇之，举利刃刺贼中喉死。守道沈上其事于朝，诏旌其门。康熙十三年入孝子祠。传奇者谱

---

① 郭英德编著：《明清传奇综录》下册，河北教育出版社，1997年，第1212页。
② 郑逸梅编著：《南社丛谈：历史与人物》，中华书局，2006年，第427页。
③ 南京师范大学古文献整理研究所：《江苏艺文志·常州卷》，江苏人民出版社，1994年，第460页。
④ 庄一拂编著：《古典戏曲存目汇考》上册，上海古籍出版社，1982年，第137页。

《霜磨剑》行世。①

该剧大概写成于诏旌孝子之门后不久。郭英德《明清传奇综录》未收。

◆《翻玉簪》

《庄目》未予收录。

按：《江苏艺文志·常州卷》据光绪《武阳志余》卷七，著录有庄巘所作《翻玉簪》剧，疑为传奇，已佚②。明高濂著有《玉簪记》传奇，叙书生潘必正与女道姑陈妙常爱情故事。本作所述，当与潘、陈之事有关，或结局别出心裁，故以《翻玉簪》名剧。

◆《翻西厢》

《庄目》卷十一"下编传奇三·清代作品上"著录沈谦《翻西厢》传奇③。秦之鉴另作有《翻西厢》，《庄目》未予著录。

按：马廉据《丹徒县志》载曰："秦之鉴，《翻西厢》《卖相思》传奇二种。"④据此以补。庄一拂谓沈谦"别署研雪子"⑤，误。

谭正璧、谭寻《曲海蠡测》谓："秦之鉴号研雪子（约公元一六四〇年前后在世），江苏丹徒人，生平不详。著有《翻西厢》《卖相思》二种，见嘉庆间《丹徒县志》及《曲海目》。《卖相思》今未见。《翻西厢》自序作于癸未（公元一六四三年）花朝，有《古本戏曲丛刊》三集本。但《丛刊》三集总目误题'周公鲁著'。由于周作《锦西厢》，王国维《曲录》误据《传奇汇考》，注云：'一作《翻西厢》。'因沿袭而误。实则两书内容不同，主题亦相反，绝非一书两名。而周公鲁既作《锦西厢》，亦决无出尔反尔，更作《翻西厢》之理。朱希祖曾疑研雪子即沈谦（参看后文），今据《丹徒县志》，研雪子为秦之鉴，则朱疑非是。"⑥

江庆柏《清代人物生卒年表》据《崇祯十六年癸未科进士三代履历》，收有秦之鉴，谓其生于天启元年（1622），卒年不详。号惕庵，江南武进人⑦。

---

① 唐煦春：《（光绪）上虞县志》，清光绪十七年刊本。
② 南京师范大学古文献整理研究所：《江苏艺文志·常州卷》，江苏人民出版社，1994年，第506页。
③ 庄一拂编著：《古典戏曲存目汇考》中册，上海古籍出版社，1982年，第1211页。
④ 马廉著、刘倩编：《马隅卿小说戏曲论集》，中华书局，2006年，第266页。
⑤ 庄一拂编著：《古典戏曲存目汇考》中册，上海古籍出版社，1982年，第1210页。
⑥ 谭正璧、谭寻：《曲海蠡测》，浙江人民出版社，1983年，第19页。
⑦ 江庆柏：《清代人物生卒年表》，人民文学出版社，2005年，第600页。

天启元年，当为公元1621年。此武进秦之鉴与丹徒秦之鉴，亦非一人。汪超宏《研雪子〈翻西厢〉非沈谦〈翻西厢〉》(《文学遗产》2009年第4期)、郑志良《〈翻西厢〉的版本、作者及时代归属考》(《中华戏曲》第43辑)等文章对是剧及作者考订较详，此不赘言。

◆《麒麟阁》

《庄目》未收蒋学沂所作《麒麟阁》传奇。

按：《江苏艺文志·常州卷》据《清代毗陵书目》卷五，著录有蒋学沂《麒麟阁》传奇，称原有钞本，今已佚[①]。清初李玉有同名剧作，叙隋末唐初秦琼诸人事，未知本作是否与其题材同。

---

① 南京师范大学古文献整理研究所：《江苏艺文志·常州卷》，江苏人民出版社，1994年，第653页。

第四章　曲家增补

（依据首字笔画排序）

◆马世俊

《庄目》未收其人。

按:《江苏艺文志·常州卷》载其生平略谓:马世俊(1617—1666),字章民,一字甸臣,别号匡庵。溧阳人。清顺治十八年(1661)进士,康熙三年(1664)由修撰升侍读,充会试同考官。著有《匡庵文集》等多种。戏曲方面,创作有杂剧《古其风留人眼》《齐人记》二种,均有顺治间原稿本①。

《(乾隆)镇江府志》②、《(嘉庆)溧阳县志》等载其小传,后书谓:"马世俊,字章民。幼失怙,每岁时悲涕无间。八岁能诗文,及为诸生,屡试第一,海内知名。七应乡试中式,顺治丁酉举人,辛丑进士。廷对称王者天下为家,不宜示同异,必尽捐满汉之名,俾精白一心,以成至治。见宰辅长揖不拜,既而胪唱第一,无舆马仆从,徒步归寓,都人传为佳话。时自作诗云:'听得胪传第一声,玉阶何意引诸生。同瞻蕊榜随云动,独捧宫袍映日明。楼荐寝园初罢燕,柳依禁御尚闻莺。应怜十里无归骑,自愧才疏欲避名。'康熙甲辰由修撰升侍读,充会试同考官,所得多名下士。尝言:'馆臣无他职,读书即其职。'是以朝夕一编,送迎宴会,多谢绝不预。丙午卒官,朝士哀挽者三百余人。子宥,扶榇归,行李萧然,图书数卷而已。生平博涉经史,好性理之学,兼工书画,赏鉴家有'二右'之目,谓书右军、画右丞也。著有《十三经汇解》《理学渊源录》《匡庵诗文集》《李杜诗汇注》诸书传于世。"③

---

① 南京师范大学古文献整理研究所:《江苏艺文志·常州卷》,江苏人民出版社,1994年,第1070—1071页。
② 高龙光:《(乾隆)镇江府志》卷三七,清乾隆十五年增刻本。
③ 李景峰:《(嘉庆)溧阳县志》卷一三,清嘉庆十八年修光绪二十二年重刻本。

◆马杏逸

《庄目》未收其人。

按:清人李嘉乐《仿潜斋诗钞》卷三《课余集》收有《马杏逸老人著〈文昌化〉传奇为题二律》一诗①,据此知马杏逸撰有《文昌化》传奇。同书卷七《余园集》又收有《游寸园悼马杏逸先生》诗,诗前小序曰:"先生工青囊术,结庐州城东,偏杂莳竹树,尤善种菊花。时易酒醉,辄吟小诗自遣。尝作《车战图说》及《文昌化》传奇警世,盖有心人隐于市者。晚年患臂,书用左手,而纵饮健谈如故。余向识之。前岁自都中归,先生已下世,访其居,孙出延客,仍业医,护视遗书及手植物惟谨。慨老友之忽终,喜善人之有后,感成一律,告慰九原。"诗谓:"话别翁犹健,重来竟怆神。孤孙抱遗稿,旧业习清贫。泥壁诗还在,(原注:友石师赠诗黏壁上,已破。)霜皋草不春。寸园松尽老,太息种松人。"②由此可知马杏逸生平之梗概,知其为隐居城郊、以医为业者。青囊,古称行医者盛放医书的布袋,亦借称医术。李嘉乐(1833—?),字德申,又字宪之,河南光州人③。可见,马杏逸既与其同里,且相识,故亦当为光州人,年岁稍大于李嘉乐。《仿潜斋诗钞》中多次提及马杏逸,除上引作品外,还有卷三《课余集》所收《留别寸园为杏逸老人作》,诗曰:

白骨刺天磷火绿,秋风啼鬼声相续。灌园老叟何许人?阅尽沧桑不敢哭。种竹莳花风致殊,天荆地棘难扫除。卖药得钱沽酒醉,帷镫夜雨注孙吴。穷愁著书更悲壮,潢渡斜阳足惆怅。颍上霸才去不还,淮南招隐屹相向。忆我军门挟策行,愤怀时戛吴钩鸣。归来转爱寸园好,拳石勺水都有情。何意家山震鼙鼓,双城孤注作豪赌。雪香云燠安乐窝,连岁也随劫灰舞。狂生感此时相过,酒酣血泪涌滂沱。卧龙赖尔草庐在,屠狗愁余燕市歌。只今岁暮将离别,吟毫墨洒天山雪。秋霜衰草雁声高,争怪临歧心郁结。赠君还自叹飘蓬,命叶愁山感慨同。园中松树旧相识,时咽涛声添冷风。④

同书卷一《闻诗集》收有《赠马杏逸布衣韶武》组诗三首,谓:

隐居踪迹类壶公,市上凭谁识此翁。文字不随时俗变,丰标几与古

---

① 李嘉乐:《仿潜斋诗钞》,清光绪十五年刻本。
② 李嘉乐:《仿潜斋诗钞》,清光绪十五年刻本。
③ 江庆柏:《清代人物生卒年表》,人民文学出版社,2005年,第298页。
④ 李嘉乐:《仿潜斋诗钞》,清光绪十五年刻本。

人同。憩棠旧荫留乡里,(原注:其先人宦中州。)艺菊奇方夺化工。(原注:性喜植菊。)何事著书多岁月,闭门东郭板桥东。

岂真无梦到封侯,磊落奇才已白头。尚盼英雄能晚遇,最难草莽抱先忧。用兵淮蔡宜车战,寄迹光黄倚筯筹。(原注:著有《车战说》。)注得阴符藏故箧,岁华老矣为孙谋。(原注:自课一孙。)

雅人佳境两堪钦,卖药韩康孰赏音。余技犹为医国手,闲谈总见济时心。养生有术图曾绘,(原注:又辨庄老异同,著有《图说》。)买醉无钱句独吟。更喜寸园能避世,一拳便抵入山深。

据此,知其名为韶武。生平事迹略见一斑。

◆尹恭保

《庄目》未收其人。

按:黄仕忠《日藏中国戏曲文献综录》"杂剧类",收有《支机石》一剧,有清光绪十七年辛卯(1891)刊本。正文署"新建蔡荣莲金炬填词,丹徒尹恭保彦孙正拍"[1]。据此,知蔡荣莲、尹恭保合撰《支机石》。

尹恭保,《(民国)续丹徒县志》卷一二上载有其小传,谓:

尹恭保,字仰衡,同治庚午举人。由内阁中书截取同知,分发广东,改知府。光绪甲申,法人扰越南,恭保偕邓承修往勘边界,据理争回界线,钦州人士颂之。两署雷州、韶州府事,有政声。寻保升道员,改官广西。会办营务处,督兵入山剿匪,中恶染疾,殁于军,赠太常寺卿。著有《抱膝山房诗文集》,已刊行。尚有《周官琐记》《援越纪实》《江东词稿》藏于家。[2]

可参看。

◆王廷鉴

《庄目》未收其人。

按:据《(同治)饶州府志》"王进士廷鉴作《梅影楼传奇》"增补[3]。王廷鉴,号蓉艿,江西鄱阳人。咸丰十年(1860)进士,直隶即用知县。见《(同治)鄱阳县志》卷八等。

---

[1] 黄仕忠:《日藏中国戏曲文献综录》,广西师范大学出版社,2010年,第71页。
[2] 张玉藻:《(民国)续丹徒县志》,民国十四年刻本。
[3] 锡德:《(同治)饶州府志》卷二四,清同治十一年刻本。

◆边三岗

《庄目》未收其人。

按：据黄仕忠《日本所藏中国戏曲文献研究》，日本东京大学东洋文化研究所收藏有明人边三岗所撰《芙蓉屏记》传奇清人过录本。卷首冉梦松所作《刻芙蓉屏记引》，略述边氏之事迹，曰：

> 三岗边君，杞之名士也。英资赡学，少工文辞。尤长于词曲。曾刻《三岗俚歌》二帙，传布遐迩。余垂髫时见之，即敬羡焉。万历三年冬，余在家居。余亲宋高庵翁复寄《芙蓉屏》六册，曰：此三岗近作也，愿公序而梓之。余把玩累曰（日），其词条畅清婉，曲尽物态；长短舒促，悉合矩度。中间忠孝节义，凛凛耿耿，可以挽颓俗，维世教，非徒为戏具已也。命工锓梓，以垂不朽，岂不宜哉！若彼淫声艳曲，非不能使人倾耳忘倦，然于风化无补，则亦无所取焉耳。谨弁简端，以识岁月。万历四年首夏吉旦中牟友鹤山人冉梦松拜书。①

藉此可知边氏生平及创作概况。

◆龙继栋

《庄目》未收其人。

按：清人朱寯瀛《金粟山房诗钞》卷四收有《题槐庐生〈烈女记〉院本》一诗。诗前小序曰："龙松琴同年撰，记彭溪江烈女事。"据此，知龙松琴撰有《烈女记》一种。松琴，乃龙继栋字。继栋（1845—1900），又字松岑，别署槐庐生，广西临桂人。《艺风堂文续集》卷一所收《前户部候补主事龙君墓志铭》略谓：

> 君讳继栋，字松岑，广西临桂人。浙江乍浦同知，讳光甸，君王考也。江西布政使，治绩入《国史·循良传》，讳启瑞，君之考也。布政公以巍科侍从，历事宣宗、文宗，勤学，直谏有声。……公佐巡抚耆龄，支拄危难，筹兵食、设防剿方略有功。属纩之日，家无余财，赣人至今思之。公交满天下，并世若唐确慎、倭文端、曾文正、梅伯言、何丹畦、朱伯韩、邵蕙西，皆相与励志。……君博涉群籍，喜驰骋文词，通小学。工篆隶。……以同治壬戌举人官户部额外主事。②

---

① 黄仕忠：《日本所藏中国戏曲文献研究》，高等教育出版社，2011年，第231—232页。
② 缪荃孙：《艺风堂文续集》卷一，清宣统二年刻民国二年印本。

载述龙继栋生平事迹较详。

◆吕公溥

《庄目》未收其人。

按：清人茹纶常《容斋诗集》卷一九《独吟集》收有《题〈弥勒笑〉传奇》一诗，谓："一笑黄粱梦境谙，只应弥勒可同龛。移宫换徵浑闲事，好向声闻断处参。"①诗题下小序云："江南张漱石原本名《梦中缘》，寸田改为北曲，命今名。"②据此可知，题曰"寸田"的作者，曾将张坚（漱石）的《梦中缘》传奇，改作北曲演唱，改题曰《弥勒笑》。寸田，据《容斋诗集》，应为吕寸田。

《晚晴簃诗汇》卷八七谓："吕公溥，字仁原，号寸田，河南新安人。有《寸田诗集》。《诗话》：吕氏自司农、光禄二公以诗名，松坪、力园承之。寸田为待孙子，仰绳余绪不懈而及于古，足为后劲。"③

据《(民国)新安县志》卷一三载，吕氏著有《寸田诗草》八卷、《寸田文稿》八卷、《寸田赋稿》《寸田拟招》《寸田集陶》《寸田集唐》等。其中《寸田诗草》"分古、律、排、绝各体，缺卷六，五言排律六首末以诗余一十八首附焉。钱塘袁枚为之序，称其乐府五言古音琅琅，回绝攀跻。至于七古之纵逸、五排之宏富、五七律之雅健、五七绝之清幽，则又从三唐诸家融贯得之。于书无所不窥，而又能词从己出，不以剽窃为能。宜其振采扬华，风骨高上，必传无疑"④。

◆朱景英

《庄目》未收其人。

按：据朱景英《畬经堂诗文集》诗续集卷二所收《冬夜南园同人观演拙制〈桃花缘〉传奇四首》诗题及诗续集卷三所收《正月十八日邀那西林、兰泰、余退如、任伯卿、李蘧莩林楠、王亮斋、王曲台执礼集澹怀轩，即事六首》诗注，知其撰有《桃花缘》《群芳乐府》。

朱景英，字幼芝，一字梅冶，号砚北，武陵（今湖南常德）人。乾隆十五年（1750）举人。著有《畬经堂诗文集》《海东札记》等。

《(嘉庆)常德府志》卷四〇载有朱景英小传，谓："朱景英，字幼芝，自号研北，弱冠肆力于诗古文，乾隆庚午以《春秋》经领乡荐第一，选宁德县。有

---

① 茹纶常：《容斋诗集》，清乾隆三十五年刻乾隆五十二年嘉庆四年十三年增修本。
② 茹纶常：《容斋诗集》，清乾隆三十五年刻乾隆五十二年嘉庆四年十三年增修本。
③ 徐世昌：《晚晴簃诗汇》，民国退耕堂刻本。
④ 李希白：《(民国)新安县志》，民国二十七年铅印本。

积贼为前令所缉获,贼大猾,多诬良。前令榜掠拘系,有瘐死者。景英廉得其故,一讯而服。县东湖滨大海,前令倡议筑堤,鸠民金至七万有奇,四载,绩用弗成。景英莅任,视之叹曰:'一线孤堤,能与海争利乎?'力请停止。事载《福宁府志·循吏传》。调侯官,擢台湾府鹿耳海防同知。鹿耳门为台湾全部门户,同知实司海口商舶出入,兼管四县额运,岁九万四千余石。旧例,凡商舶来自厦门者,台防厅分配船支大小为六等,转输厦门。已运者免运一次。前任有卖放不配运者,船只积压至三十余万,景英乃设法带运,积压一清。尝以台地辽阔,南北路兵单汛薄,请添兵防卫。当事韪其言,复补台湾北路理番同知,署汀州、邵武等府。告病归里,图书数千卷之外无余蓄。景英以文学饬吏治,虽簿书鞅掌,不废吟诵。渊博,擅著述才,纂修《沅州府志》。书工汉隶。"①

《(嘉庆)续修台湾县志》卷二亦载朱景英小传,云:"朱景英,字幼芝,号研北,湖南武陵人。乡举第一,乾隆三十四年同知台湾府。天怀爽朗,气度雍容。其敷政宁人,皆行所无事,无一毫矫强态。生平雅爱文学士,士有通《十三经》者,既亲加奖赏,复先容于学道,宪而拔之,不引嫌自避,人亦不以越俎相疑。公余之暇,图籍纷披,以博雅自喜。善八分书,苍劲入古。所著有《畬经堂诗集》《海东札记》。"②

另可参看《(光绪)湖南通志》卷一九二"人物志三十三"③、《(民国)闽侯县志》卷一○三④、《沅湘耆旧集》卷八九⑤、《国朝词综补》卷一一⑥、《晚晴簃诗汇》卷八○等⑦。

◆江楫

《庄目》未收其人。

按:江楫,字葵南,号百莱主人。荆门(今属湖北)人。作有《芙蓉记》传奇。

江楫曾孙江鼎金于《〈芙蓉记〉序》中,述其事甚详。谓:"葵南公幼称神童,五岁能对,七岁能诗。稍长,凡经史百家,寓目成诵,见者无不以南宫第一人相期。无何,数奇,赴棘闱十一次,连不得志于有司,遂以明经筮仕河南

---

① 应先烈:《(嘉庆)常德府志》,清嘉庆十八年刻本。
② 谢金銮:《(嘉庆)续修台湾县志》,清嘉庆十二年刻配道光三十年刻本。
③ 曾国荃:《(光绪)湖南通志》,清光绪十一年刻本。
④ 欧阳英:《(民国)闽侯县志》,民国二十二年刊本。
⑤ 邓显鹤:《沅湘耆旧集》,清道光二十三年邓氏南邨草堂刻本。
⑥ 丁绍仪:《国朝词综补》,清光绪刻前五十八卷本。
⑦ 徐世昌:《晚晴簃诗汇》,民国退耕堂刻本。

汝宁府真阳县尹。居官三载,善政累累,但其胸中磊落,不可一世之意,时形于事上接下间,以致忤当事意,即挂冠归里。囊无长物,惟图书数卷。家于汉滨新城镇,构小楼,教子课孙,与二三老友诗酒娱乐,或痛饮高歌,一舒其愤懑不平之气。壮志雄心,至老未艾。晚与曾祖母李孺人成全里中婚姻数家。偶阅野史,见《崔英小传》,援笔作《芙蓉记》戏文三十章。词内所称高御史,盖自况也。所称李夫人,况吾曾祖母也。记成付梓,一时远近传诵演习,脍炙人口。兵燹后,灰烬无余矣。余幼善记,先大夫偶得旧稿于故老家,袖以归。余方七八岁,每于日暮出塾时,即口诵十数语,久之,全本皆成诵"云云。并称其曾祖父生活于"一百三十余年之前"。据此可知,江楫当生活在明朝嘉靖、万历之间。

◆汤寅

《庄目》未收其人。

按:何挈《同千一哭谷宾于丹阳》组诗之五谓:"红豆新词协羽商,听来一字一回肠。可怜阳羡歌姬散,谁哭风流柳七郎。"诗后注曰:"谷宾曾为阳羡贵客作传奇数种。"①可证,谷宾为清初传奇剧作家。阳羡贵客,当为陈维崧(字其年,号迦陵,阳羡人)。其喜观剧,曾赋有多首观剧词作②。

《晴江阁集》中,载有何挈与谷宾交往诗多首,如卷三"七言古诗"所收《练塘曲》,诗题下小注曰:"为谷宾作。"卷五"七言律诗",收有《澄江韩园仝谷宾、天山看菊》一诗;卷八"七言绝句",收有《乌夜啼·宿练湖伤谷宾二首》。《晴江阁集》卷三〇"尺牍"还收有何挈的书札《寄汤谷宾》。由此,知谷宾姓汤。翻检史料,此谷宾当为汤寅。

清丁绍仪《国朝词综补》卷五谓:"汤寅,字谷宾,丹阳人。诸生。"③清黄燮清《国朝词综续编》卷一载曰:"汤寅,字谷宾,号渔客,丹阳人。诸生。"④

清高龙光《(乾隆)镇江府志》卷三七收有汤寅小传,谓:

> 汤寅,字谷宾,丹阳人。幼颖慧,于书过目辄不忘。为诸生,独厌薄举子业。工诗古文,尤长于律赋以及填词诗余,靡不精炼。高自位置,

---

① 何挈:《晴江阁集》卷八"七言绝句",清康熙刻增修本。
② 参看赵兴勤、赵韡编:《清代散见戏曲史料汇编(诗词卷·初编)》上册,台湾花木兰文化出版社,2014年,第117—132页;赵兴勤、赵韡编:《清代散见戏曲史料汇编(诗词卷·二编)》上册,台湾花木兰文化出版社,2015年,第111—113页。
③ 丁绍仪:《国朝词综补》,清光绪刻前五十八卷本。
④ 黄燮清:《国朝词综续编》,清同治十二年刻本。

少许可。又负气，不苟附和，落落不谐于世。顾善饮，每酒酣，脱冠帻，坦率谐谑，人皆乐从汤生游。或与论文，则张目视，不发一语。丙辰冬，忽染疾，旋愈。戊午中秋，访友何絜、程世英于京口。归一日，卒。卒之日，有见之市中者，徐步向西北行，扬扬如平时。过其门，闻哭声，乃大惊骇。著作甚多，不自珍惜，脱稿辄弃之。子玉浮从残帙中辑遗稿四卷，属父友贺国璘为之序。①

据府志所载，汤寅与何絜乃挚友，何氏诗文中之宾客当为汤寅无疑。又，清刘诰《(光绪)重修丹阳县志》卷二〇亦有相关记载，谓："汤寅，字谷宾，号渔客、文生。幼颖异，读书目十行下，过辄不忘。工诗古文词，厌弃举子业。高自位置，于人不轻许可，当时推为一代作手。与吴梅村、陈其年、邵子湘辈齐名。一日至京口访友回，晨起凭几而逝。逝之日，有见之，市中徐步向西北行，扬扬如平时。过其门，闻已卒，乃共叹为仙去。"②可互为参看。

◆许宝善

《庄目》未收其人。

按：许宝善与人合作有《海上谣》一剧。

《(嘉庆)松江府志》载有许宝善小传，曰："许宝善，字穆堂，青浦人。乾隆二十五年进士，授户部主事。历员外郎中，擢浙江福建道监察御史。丁内艰，归不出，以诗文自娱。尤工词曲，著《南北宋填词谱》。有《自怡轩诗草》及《穆堂词曲》行世。"③《(同治)苏州府志》卷一一二、《(光绪)青浦县志》卷一九等，亦载其小传，可参看。据《(光绪)青浦县志》卷二七、《(民国)青浦县续志》卷二一等，许氏另著有《四书便蒙》《五经揭要》《自怡轩诗》十二卷、《续集》四卷、《咏子诗》二卷、《和阮》《和陶》诗各一卷、《自怡轩词》《自怡轩词谱》，辑有《自怡轩古文选》十卷。

◆冷士湄

《庄目》未收其人。

按：冷士湄(1627—1711)，又作冷士嵋，字又湄，号秋江埜史，江苏丹徒人④。作有《清风剑》一剧。

---

① 高龙光：《(乾隆)镇江府志》，清乾隆十五年增刻本。
② 刘诰：《(光绪)重修丹阳县志》，清光绪十一年刻本。
③ 宋如林：《(嘉庆)松江府志》卷六〇，清嘉庆松江府学刻本。
④ 江庆柏：《清代人物生卒年表》，人民文学出版社，2005年，第344页。

清张维屏《国朝诗人征略》卷三谓:"冷士嵋,字又嵋,号秋江。江南丹徒人。诸生,有《江泠阁集》。士嵋诗刻意学杜,多为激壮之音。晚年节饔飧之费,自梓是集。(《四库提要》)士嵋以图书诗史自娱,终身不入城府。大学士张文贞公归里省亲,尝访之。及还朝,招之不往。(《丹徒县志》)摘句:'风霜辞故国,冰雪渡黄河。''树外秋阴生大陆,天边落日见中原。'"①民国徐世昌《晚晴簃诗汇》卷一五谓:"冷士嵋,字又嵋,号秋江,丹徒人。明诸生。有《江泠阁诗集》。《诗话》:秋江绝意仕进,终身不入城府,贫课生徒自给。诗有唐音,其酬唱多遗民也。"②

清黄中坚《秋江散人小传》谓:

冷秋江先生名士嵋,字又湄,镇江丹徒乡人也。丹徒本秦汉时县治,孙吴徙治江口,故今为乡。冷氏世居其地,自其父以求君以上三也。号素封,皆好藏书及名贤手迹,有声南雍。先生幼而聪颖,善读书,性孝友,慷慨好义。崇祯中,令举报富姓子弟捐赀入国子监,县三人。时先生年十一,县以名闻,先生不乐,就以让其弟。又七年,烈皇帝死社稷,先生闻变,哭之恸。明年南都亡,众扰乱。先是,其兄曦以材武从史阁部和解四镇,高杰爱而留之,表参将。无何,高杰死,兵溃,曦南还而京口路绝。乃自下流济,途中纠集乌合,得数千人,奉宗室起义,袭金坛,据之以求君。因往依焉。不两月,大清兵至,则众皆鸟兽散。曦被执,不屈死。亲属仅免,由此家破。先生感家国之变,遂服古衣冠而隐,乡党苦禁之,不得已变服,然终身未尝着赤缨。博通经史,为文章,数千言立就,落落自成一家。尤长于诗歌乐府。父殁,哀毁过礼。丧葬毕,乃鬻产托迹商贾以游。北渡淮南,泛洞庭,过大庾岭,入会稽,所至辄登高赋咏,与其贤豪长者相结,尽荡其赀。既归,益不问生产,自号秋江散人。结江泠阁,著书其中。与同志相赠答,如江右张自烈芑山、宁都魏禧冰叔、魏礼和公、广陵宗元豫子发、槜李盛远宜山、吴门文点与也,其最笃者也。于是,其诗文盛传天下,公卿皆慕与之交。先生深自匿,京江张相公屡访之不得,后扁舟造其门,始一见,欲有所赠,固辞,亦不报谒。久之,乃以一诗谢焉。人皆多其介。晚年贫甚。然宗子发死,为买地宗忠简公墓侧而葬之,岁时必省其墓,并为梓其诗文。文与也以先世手泽湮灭为恨,先生慨然出所存温州待诏三桥湖州三世墨迹赠之,皆世所重购而不得者也。其笃于友谊又若此。年七十七,丧偶,葬之,自为

---

① 张维屏:《国朝诗人征略》,清道光十年刻本。
② 徐世昌:《晚晴簃诗汇》,民国退耕堂刻本。

生圹,凡衣衾棺椁之属皆备。无子,嗣子幼,托之姻家。其家人亦尽遣去,孑然一身。尝寄居焦山僧舍,或往来吴门。时旧交零落已尽,而慕其名愿纳交及求诗文者日益众。最善骚道人。道人尝从容与语,指其冠曰:"先生未尝食禄前朝,先世亦无仕者,何自苦乃尔?"先生曰:"昔龚诩有言,吾仕无害于义,但负金川门一恸耳。吾亦不欲负吾初心故也。"盖至今或语及烈皇帝殉难时事,辄欷歔不自禁云。著有文集几卷、诗集几卷,已板行于世。骚道人曰:"先生与予交时,已八十有三。其为人明允笃诚,真古君子也。年虽老而精力甚健,游屐登临,虽年少弗如,所谓松柏后凋者非邪?"夫易代之际,必有高蹈之人。而兴王亦不夺其志,诚以道虽不同而于世教有裨也。余故就见闻所及,叙次先生梗概,亦将使留梦炎、危素辈知所愧焉尔。①

生平事迹于此可见。

◆吴苃

《庄目》未收其人。

按:据清人蒋士铨《〈三生石〉传奇题词,为吴湘南秀才作》组诗,知吴湘南作有《三生石》传奇。吴湘南,即吴苃,湘南乃其字。《(同治)南昌府志》卷四五收有吴苃小传,谓:"吴苃,字湘南,号鹿柴,锟从子,南昌人。乾隆戊子举人。少以诗名,天分本高,又与豫章前辈诸名士游,耳濡目染,造诣益上。所作若干卷,见书目。年四十七卒。"②

◆吴道荣

《庄目》未收其人。

按:据马廉考证,晚明吴道荣作有《金环记》《河伯娶妇》杂剧,谓:"吴道荣,字尊生,新安人,知音律,所著有《金环记》《河伯娶妇》杂剧。见闽中陈衎磐生《大江草堂》二集卷十三《嘉客记》。卷十五又有《徽州吴尊生印谱跋》云:'新安吴君名荣,擅长乐府,作元人杂剧,允协宫商,印文其末技耳。……'诗集有《走笔题吴尊生竹》《吴尊生以天然竹枕见遗赋谢》二诗,在卷二,十四页。其《送新安吴尊生还家五律》二首,在卷一四,一八页:'入闽将五载,强半亦他之。今始还乡国,从前记岁时。佳游推谢客,雅度重桓彝。扶疾登舟楫,闾门慰所思。''百岳悬青汉,频年阻一游。更因佳句好,

---

① 黄中坚:《蓄斋集》卷九"记传",清康熙刻本。
② 许应鑅:《(同治)南昌府志》,清同治十二年刻本。

添得索居愁。竹枕欹寒月,松窗遏急流。送君归去后,何客可登楼。'"①

又,周亮工《书吴尊生印谱前》亦载曰:"予今年再入榕城,得吴尊生手镌数方,盖真能自致其情者。篆籀之学将赖尊生以传。大江老人常称:尊生工词。箬茧生亦为余言:'尊生自为乐府,譬阮度之,呜呜自适也。'古学幸留于今日者,篆籀在图章,律吕在齣曲耳。观尊生所为,其有微尚也夫。尊生名道荣,新安人,今家于闽。"②可参看。

◆张幼学

《庄目》未收其人。

按:据陆舜《陆吴洲集》所载《题张词臣青楼恨传奇序》一文,知张词臣撰有《青楼恨》传奇。

《(乾隆)江南通志》卷一四四"人物志"载:"张幼学,字词臣,泰州人,顺治丙戌进士。授鄞县知县,后迁大兴,以廉能称。有诗集。"③《江苏艺文志·扬州卷》据《明清江苏文人年表》著录,称作者张幼学(?—1654),字词臣。生活于明末清初,泰州人。明崇祯十四年(1641)与陆舜、张一侨在里结曲江社。顺治三年(1646)举人。知浙江鄞县。治邑八载,有政声,迁大兴。寻卒④。又据《(雍正)浙江通志》卷二七,康熙三年(1664),张幼学于鄞县知县任上,曾重建明伦堂、启圣祠。另据《四库全书总目》(卷一三六)等文献记载:明时扬州人彭大翼所撰《山堂肆考》"浸淫散佚",其孙婿张幼学曾于万历间"寻绎旧闻,踵事增定,遂成完帙","有所附益,不尽大翼之旧本也",使是书内容有所扩展。由此可知,幼学乃彭大翼之孙婿。《(康熙)鄞县志》卷八、《(雍正)宁波府志》卷一八、《(嘉庆)扬州府志》卷四八、《(道光)泰州志》卷二三、《(咸丰)古海陵县志》"人物"等,均载有张幼学小传,可参看。

◆张自慎

《庄目》未收其人。

按:《中国曲学大辞典》收有此人,曰:"张自慎,字敬叔,号就山。商河(今属山东)人。生卒年、事迹俱不详,约与明嘉靖间李开先同时。……惜

---

① 马廉著、刘倩编:《马隅卿小说戏曲论集》,中华书局,2006年,第321页。
② 周亮工:《赖古堂印人传》卷三,华东师范大学出版社,2009年,第59—60页。
③ 赵宏恩:《(乾隆)江南通志》,清文渊阁四库全书本。
④ 南京师范大学古文献整理研究所编:《江苏艺文志·扬州卷》下册,江苏人民出版社,1995年,第1118页。

作品不传。"①而张自慎事迹,于多家方志中可见。如《(康熙)章邱县志》卷六、《(道光)济南府志》卷六二、《(咸丰)武定府志》卷二十五、《(民国)商河县志》卷一五等。其中《(康熙)章邱县志》卷六谓:

> 张自慎,字敬叔,商河人。少为邑诸生,负才藻,落拓不羁,去而来章丘,即家焉。游李开先太常之门,太常不轻推毂,顾亟加鉴赏曰:"老夫衣钵,须此子张大之。"自慎工诗工文,而其得意处,尤在金元乐府,尝著杂剧三十余种。稿多散帙,不存,余间索其散套并杂剧三四种读之,才情兼美,雅俗相□,真一代妙品也。太原万伯修每向人辄曰:"北曲一派,海内索一解人不可得,眼中独见张就山耳!"就山盖自慎别号,其为名流所奖重如此。②

《(民国)商河县志》对其为何投入李开先门下,亦予以载述,曰:

> 张自慎,字敬叔,号就山,前明廪生。少负才名,尝作金元乐府三十余种。又作《五花攒锦》一部,语涉讥刺,被人告发,上宪怒,差人捕捉。其时自慎适在省应试,闻警出东门而奔章邱,隐居太常李中麓门下,师事之。③

在逃难时,他还作有《难悲词》一首。其生平事迹可见一斑。

◆ 李廷敬

《庄目》未收其人。

按:李廷敬与人合作有《海上谣》一剧。

李廷敬(?—1806),字景叔,号宁圃,又号昧庄,沧州人,曾任常州知府。事迹见《(同治)上海县志》卷一四、《(光绪)松江府续志》卷二一、《(光绪)重修天津府志》卷四四等。其中《(光绪)重修天津府志》记载较详,谓:"李廷敬,字景叔,号宁图(圃),一号昧(味)庄,廷扬弟。以乾隆(甲午举人)四十年进士。庶吉士,改主事,出知常州。历松江、江宁、苏州府,升苏松太道,所至有声。性豁达(吴锡麒撰《墓志》),好延礼名士,与袁枚、王文治、祝德麟、洪亮吉、陈廷庆、赵怀玉、何琪、林镐、陆继辂、吴锡麒辈以诗文相雄长。晚益嗜书,丹铅不去手。辑有《二十二史纪传节要》《三通节要》《唐诗百家选》《列朝词选》《平远山房诗话》,又著诗古文词为《平远山房集》若

---

① 齐森华等主编:《中国曲学大辞典》,浙江教育出版社,1997年,第114页。
② 钟运泰:《(康熙)章邱县志》,清康熙三十年刻本。
③ 石毓嵩:《(民国)商河县志》卷一五,民国二十五年铅印本。

干卷。(《墓志》)尤精鉴别,尝集历朝名人书,刻《平远山房帖》,士林贵之。(《红豆树馆诗话》)"①

◆杨云璈

《庄目》未收其人。

按:邓长风《明清戏曲家考略三编》所收《十三位清代戏曲家的生平材料》一文引《(民国)镇洋县志》卷九曰:

> 杨云璈,字钧再,岁贡生。为文喜博丽,江宁布政使康基田采风入郡,拔冠其曹,招至金陵,偕江左能文士读书瞻园,学益进。性简贵,内行敦笃,丁母忧后弃制举业,专肆力于诗,尤工骈体。晚举孝廉方正,不就,卒年七十。子敬傅,字师白,州恩贡生,诗词骈文不坠家法,兼擅翎毛花卉,卒年六十。②

并推知杨的生卒年"大致在1765—1835年之间"③。

孙书磊《评点本〈鸳水仙缘〉考》一文引周煜辑《娄水琴人集》杨云璈小传曰:

> 杨云璈,字均再,号叔温。岁贡生。有《来锡楼诗草》。叔温先生少时以制艺试帖见赏宗工,誉满江左。骈体文奥博瑰丽,独出辈流,诗孤诣独造,吐异凡近。宋人中尤近杨诚斋、黄涪翁。康茂园河帅、钱辛楣宫詹皆以国士目之。中岁以后,绝意科举。闭门扫轨,与汪静厓官庶父子为白社之游。道光纪元,诏举孝廉方正之士,州侯拟辟先生与彭甘亭太学,皆不就。士议两高之。④

据此,可略知杨云璈生平之概况。

◆汪韧

《庄目》未收其人。

按:清人蒋士铨《忠雅堂诗集》卷一〇收有《汪鱼亭为亡友赵山南由仪作〈芙蓉城〉杂剧,题词四首》,由此知汪鱼亭曾为亡友赵由仪作《芙蓉城》一剧。蒋氏与汪氏多有交往,在诗文集中屡屡提及,如《忠雅堂文集》卷一〇

---

① 沈家本:《(光绪)重修天津府志》卷四四,清光绪二十五年刻本。
② 邓长风:《明清戏曲家考略全编》下册,上海古籍出版社,2009年,第132页。
③ 邓长风:《明清戏曲家考略全编》下册,上海古籍出版社,2009年,第133页。
④ 孙书磊:《南京图书馆藏孤本戏曲丛考》,中华书局,2011年,第183页。

所收《送汪鱼亭还里》，《忠雅堂文集》卷一六所收《哭汪鱼亭训导》，《忠雅堂文集》卷二五所收《怀人诗四十八首》（之八）等。

又，蒋士铨《汪鱼亭学博传》载述汪氏事迹较详，谓：

> 汪轫字莘云，号鱼亭，系出新安，先世迁江西武宁，遂为武宁人。轫幼孤贫，有两弟，能食力养母，乃师邑明经盛谟读书。谟筑字云巢以居，治古文，有名当世。轫独好为诗，五言古体力追汉、魏，近体师太白、襄阳，皆尚高格。学成游南昌，馆叶氏。叶有孀母，奇其诗，敬礼特异，字以女。轫病，母手调汤药左右之。时臬司凌公璹、藩司彭公家屏皆才轫，学使金公德瑛拔轫冠其庠，名骤炽。轫赘昏日，三公咸遣隶役执事，为时艳羡。乃迎母，母习于山居，俄返里。南昌杨垔本天全六番招讨宣慰使孙，雍正间安插来江西。垔九龄以诗名，至是与轫相伯仲，时称两才子。
>
> 然轫日贫困，乾隆丁卯荐而不售，遂浪游四方，又数数垂橐归，卒无有知轫者。新城进士陈凝斋先生道讲学铃口，招轫同诸子读书，始与公子守诚、守诒辈及鲁君仕骥善。公学以治性匡时，屏荣利、绝纷扰为要，轫益务实学，终无所遇。庚辰游京师，酾贽贡太学，应京兆试，仍被放去。癸未武选君守诒赴官，再偕入都，都下故人益悯轫穷，轫愤郁不自聊，辄放于酒，酒酣骂座，目张炬与人争辩，抵案碎壶不肯屈，已而痛哭，呼死友赵山南不止，客不能堪，皆避去。
>
> 先是，金衢严道守诚为轫买田，使家食，轫至是卖田入贽，注广文籍，又不足，于是武选君成之。越数年，授吉水训导，历三月，卒于任。遗孤四，皆幼稚无所归，载榇寄厝南昌柘林村。武选君迎其家至中田赡养安居，而轫配亦旋卒。武选君抚卹诸孤，使各执生业，俾无失所。又属鲁进士仕骥相冢穴，合瘗其夫妇，托分宜林君有席选定遗诗，雕板行世。呜呼！轫交游什伯，能全其家，封其墓而存其诗，守诒、仕骥、有席三人而已。
>
> 轫性忼直，平生以妻子友朋为性命。凡奔赴友丧，哀恸如骨肉，以是与轫交者，胥弗忍相负。甲戌内寝火，轫于烈焰中一再擎妻子出，两手焦灼，几死；月余起，而十指短秃如椎，尚能握笔作诗。游迹所至，如燕、齐、吴、楚、两越山水胜区，必极流连咏歌之致，悲凉肮脏，阅者悯焉。尝佐宁化雷公铉视学浙中，幕僚虽众，公独以轫与仕骥为上客。尝曰："两生志学，非时贤可及。"其友惟南丰赵由仪称尤契。由仪字山南，称神童，年十七举于乡，越六年卒，轫哭之几殉。
>
> 父维型，一名澜，故诗人，所著《浣花》《青崖》两集，先后遭水厄，遂

不传。子四：敦淑、敦淳、敦浩、敦湜。女二：长适南昌举人汤炳子承纶，幼未字。著《鱼亭诗钞》凡二千余首、《藻香馆词》，并手录子史十余卷。卒年五十七。

> 论曰：予年二十，自上党归，始因杨子载屋交鱼亭，鱼亭乃视予如兄弟。……遂补传君，或借以存生气。若君之穷则天也，呜呼！①

由此知作者之生平梗概及该剧创作之由来。另，清人鲁九皋《山木居士外集》卷四收有《汪鱼亭墓志铭》②，亦可参看。据邓长风考证，其生年为康熙四十九年（1710）庚寅，卒年为乾隆三十二年丁亥（1767）③。

◆ 沈著轩

《庄目》未收其人。

按：清人詹应甲《赐绮堂集》卷二六"弦秋词三"收有【金缕曲】〈题沈著轩邀月图〉，谓：

> 月向空中笑，笑先生、诗瓢何大，酒瓢何小。不筑槽邱成独酌，眼底醉心人少。我与我、饮醇交早。二十年来真面目。（原注：图成于己酉岁，阅今二十年矣。）算青天、碧海曾相照。浮大白，一轮皎。　龙眠妙笔生花老，最关情、樊楼旧馆，钱塘归棹。一卷河渠能下酒，（原注：著轩向为河幕，东诸侯多延致之。）略展半生怀抱。听唱出、团圜梦好。（原注：所著有《团园（按：应为圆）梦》传奇。）苍翠满衣苔湿履。料松心、石骨同倾倒。月留影，打成稿。④

据词中小注，知沈著轩著有《团圆梦》传奇，然生平不详。又据《赐绮堂集》卷二三"文"所收《张桓侯庙焚诗记》，知其为钱塘人。詹氏诗小注谓："著轩向为河幕，东诸侯多延致之。"据《清代士人游幕表》，沈廉田，字香城，浙江归安人，诸生。"道光初梁章钜淮海道时聘之。1826年经梁之荐入南河副帅潘锡恩幕。东河总督吴邦庆尤倚重之。"⑤沈廉田之经历与詹氏诗小注所述相符，当即沈著轩其人。

---

① 蒋士铨撰、邵海清校、李梦生笺：《忠雅堂集校笺》第四册，上海古籍出版社，1993年，第2117—2120页。
② 鲁九皋：《山木居士外集》，清乾隆四十七年刻本。
③ 邓长风：《明清戏曲家考略三编》，《明清戏曲家考略全编》下册，上海古籍出版社，2009年，第462页。
④ 詹应甲：《赐绮堂集》，清道光止园刻本。
⑤ 尚小明编著：《清代士人游幕表》，中华书局，2005年，第314页。

◆陆澹安

《庄目》未收其人。

按：庄氏既将己作《十年记》《鸳湖塚》二剧收入该书，陆澹安亦当收入。陆澹安（1894—1980），原名陆衍文，字澹庵，号剑寒，江苏吴县人。郑逸梅《南社丛谈》"南社社友著述存目表"，著录其著作有《群经异诂》《诸子末议》《左诂补正》《隶释隶续补正》《汉碑通段异体例释》《说部卮言》《小说词语汇释》《戏曲词语汇释》《古剧备览》《修订杨家将》《水浒研究》《红楼梦抉误》《游侠外传》《百奇人传》《水落石出》《红手套》《老虎党》《霍小玉》《风尘三侠》《龙女牧羊》（以上三种剧本）、《李飞侦探案》《评注近代侠义英雄传》《毒手》《怀旧录》《啼笑因缘正续集》弹词、《九件衣》弹词、《满江红》弹词、《秋海棠》弹词①。2009年，上海锦绣文章出版社推出了陆康主编的《陆澹安文存》。

◆陈子升

《庄目》未收其人。

按：陈子升（1614—？），字乔生，南海人，生活于明末清初。据清人谭莹《乐志堂诗集》卷六所收《论词绝句又三十六首》诗注，知陈子升作有《金琅玕》传奇剧。

《文献征存录》卷二谓："陈子升，字乔生，南海人。有《中洲集》。古诗仿玉台金楼，五律规橅太白、浩然。然其心摹手追者，区海目（大相）也。薛始亨冈生序其诗曰：'洪永迄今，天下之诗数变，独粤中犹奉先正典型。自孙典籍以降，代有哲匠，未改曲江风流。庶几哉！才术化为性情，无愧作者矣。'"②

另，陈田《明诗纪事》辛签卷一一、朱彝尊《静志居诗话》卷二一、卓尔堪《遗民诗》卷二、沈德潜《清诗别裁集》卷七、王士禛《带经堂诗话》卷一〇、《感旧集》卷一三、张维屏《国朝诗人征略》卷五、张维屏《国朝诗人征略二编》卷六、杨钟羲《雪桥诗话三集》卷九等，亦可参看。

◆陈梦雷

《庄目》未收其人。

---

① 郑逸梅编著：《南社丛谈：历史与人物》，中华书局，2006年，第427—428页。
② 钱林：《文献征存录》，清咸丰八年有嘉树轩刻本。

按：清人陈梦雷《松鹤山房诗文集》诗集卷九收"杂曲"五篇，计《元正嘉庆》《元夜新词》《八仙庆寿》《月夜泛舟》《四时行乐曲》，其中《元正嘉庆》、《八仙庆寿》应为戏曲。

陈梦雷（1650—1741），字则震，一字省斋，别署松鹤老人。福州闽县（今福建福州）人。康熙九年（1670）进士，选庶吉士，除编修。请假归，适会耿精忠叛，以兵胁诸名士，系梦雷及其父于僧寺中。梦雷托言有尪瘵疾，疾愈当起，而阴遣使间道入京师，陈贼中形状。兵阻，不得达。有陈昉者污贼伪命，京师皆传以为梦雷也。贼平，议罪。征下诏狱，证具矣。圣祖怜之，谪戍尚阳堡。初梦雷与李光地为同年生，相善。及难，光地亦在假，用蜡丸密疏致通显。而梦雷方干严谳，无以自明，引光地为助。光地密疏救之。梦雷不知，故怨怼愤懑，牢愁哽咽，往往诡激于文词，虽过其实，然志足悲也。在狱作《抒哀赋》，间关塞外十余年。圣祖东巡盛京，献诗称旨，召还。教习西苑，侍诚亲王禁庭。奉命编辑《图书集成》。雍正初，复缘事谪戍，卒。子孙遂家辽阳。著有《周易浅述》八卷、《松鹤山房集》十六卷、《天一道人集》一百卷，节钞者又为《闲止书堂集》二卷。事见《文献征存录》卷一、《碑传集》卷四四、《晚晴簃诗汇》卷三六等。

◆林占春

《庄目》未收此人。

按：马廉据《温州府志》所引《永嘉志》，谓林占春作有《春风楼》传奇①。清王棻《（光绪）永嘉县志》卷一七"人物志五"载其事曰："林占春，字梅生，号雪庵，居罗浮。宏光乙酉选贡。博学渊通，隐居教授。尤工诗，所著有《舆志合璧》《月令合纂》《合山诗集》《雪庵诗集》《诗余》《瓯江诗选》。（《康熙府志》《花萼楼集》）。"②

马廉《马隅卿小说戏曲论集》载曰："林占春，字梅生，永嘉人，著《雪庵诗集》。《东瓯诗存》，林梅生为永嘉五子之一，前明崇祯岁贡生。《两浙辅轩录》九之三四"，又称其"少孤，嗜学，博学渊通，以拔贡隐居教授，著有《舆志合璧》《月令合纂》《雪庵诗集》《诗余》行世。《温州府志》二十之五四'文苑'。"③

林占春与陆圻、施闰章等有交。施闰章《东瓯赠林梅生》诗谓："鹿城耆

---

① 马廉著、刘倩编：《马隅卿小说戏曲论集》，中华书局，2006年，第242页。
② 王棻：《（光绪）永嘉县志》，清光绪八年刻本。
③ 马廉著、刘倩编：《马隅卿小说戏曲论集》，中华书局，2006年，第242页。

旧似君稀,见面僧庐对落晖。墙壁藏书归马队,干戈横海失渔矶。无家重赋头皆白,半菽哀歌泪满衣。此日清霜催木叶,浮云绕树惜分飞。"①

◆茅恒

《庄目》未收其人。

按:茅恒,字北山,丹徒人,晚清剧作家。其生平事迹,《江苏戏曲志·镇江卷》(江苏文艺出版社1997年版)、吴新雷主编《中国昆剧大辞典》(南京大学出版社2002年版)、孙书磊《茅恒及其论曲传奇〈曲曲〉考》(收入《南京图书馆藏孤本戏曲丛考》,中华书局2011年版)等考订较详,此不赘述。

◆金烺

《庄目》未收其人。

按:据金烺【满江红】〈自制红鞓鞢传奇题词〉一词,知其作有《红鞓鞢》传奇一种。同乡吴棠桢(号雪舫)以及戏曲名家万树(字红友),均曾给予帮助指导。

金烺(1641—1702),字子闇,号雪岬,山阴岁贡生。官湖州府学训导。烺治诗古文,顾善为词。是时,云间蒋大鸿为蜀词,宜兴陈其年为南渡词,各以不袭草堂为能。烺则自六季以迄金、元,无一不有,而《绮霞词》出焉。于宛委山边辟广园,葺其祖太常公所筑亭榭,植竹引泉。暮春雨歇,望南镇祠,桃花与日进出,灼然若朝霞之晃于衣,因书"绮霞"二字于石壁,而以名其词。著有《观文堂诗钞》。见《两浙輶轩录》卷八、《国朝词综补》卷六、《国朝词综续编》卷一等。

◆金鳌

《庄目》未收其人。曾作有《玉莲华》传奇。

按:《(同治)续纂江宁府志》卷十四之八载有金鳌小传,谓:

金鳌,原名登瀛,字伟军,江宁人。性亢直,交游或有过,必面诤之。为诗文,顷刻千百言,不假思索。尝与同族名佐廷、志伊者齐名,号"东城三金",而鳌学问赅博,郡邑文献,尤所措心。始郡志久未修,议举其事,或尼之,乃退,著《金陵待征录》,志地、志人、志事、志言、志物,为类

---

① 施闰章:《学余堂集》诗集卷三九"七言律",清文渊阁四库全书本。

凡五,甄逸振湮,成书甚伙。谋付刊,工费颇巨。或请以资助,不屑也。乃又退削其稿,所存仅十卷,朱绪曾序之,以为盛仲交流亚。卒岁贡生。其《待征录》之成,子婿章鼎与有力焉。他所著《野菜谱》《秋花谱》《桐琴生诗文集》《红雪词》凡若干卷。翁觐宸,字北扬,江宁廪贡生;张灿章,字云卿;陶兆福,字平叔,上元廪生,居湖埶,皆金高足也。

可参看。

◆ **赵绍鼎**

《庄目》未收此人。

按:马廉据《温州府志》所引《永嘉志》,称"赵绍鼎有《玻璃燕》传奇"[1]。赵绍鼎事迹,清王棻《(光绪)永嘉县志》卷一七"人物志五"记载曰:"赵绍鼎,字昌言,号云汾,宋秀王之后。母陈,二十而寡,守志六十年,寿八十终。绍鼎博极群书,意气豪迈。顺治中以贡入京师,偕友人宦游南北,所历山川风物,皆有撰述。诗文尤闳赡。年七十二卒。有《薄游诗稿》。周天锡铭其墓。子之蔺,邑庠生。(《花萼楼集》《康熙府志》)。"[2]

马廉《马隅卿小说戏曲论集》谓:"赵绍鼎,字云汾,永嘉人,博极群书,意气豪迈,以贡(顺治年选贡)入京师,偕友人宦游南北,所历山川风物皆有撰述,诗文尤宏赡。温志二十之五四'文苑'。"[3]亦可参看张增元《方志著录明清罕见戏曲存目七十七种》一文[4]。

◆ **顾春**

《庄目》未收其人。

按:黄仕忠《日本所藏中国戏曲文献研究》著录曰:顾太清(1799—1877),名春,字梅仙,号太清,自署西林春或太清春,别号云槎外史。戏曲方面,作有传奇《桃园记》《梅花引》二种[5]。顾太清之生平,研究者较多,如赵伯陶《关于满族女词人顾太清的几个问题》(《社会科学辑刊》1993年第1期)、张璋《八旗有才女 西林一枝花——记清代满族女文学家顾太清》(《文学遗产》1996年第3期)、黄仕忠《顾太清的戏曲创作与其早年经历》

---

[1] 马廉著、刘倩编:《马隅卿小说戏曲论集》,中华书局,2006年,第242页。
[2] 王棻:《(光绪)永嘉县志》,清光绪八年刻本。
[3] 马廉著、刘倩编:《马隅卿小说戏曲论集》,中华书局,2006年,第242页。
[4] 张增元:《方志著录明清罕见戏曲存目七十七种》,《文史》第24辑,中华书局,1985年,第263页。
[5] 参看黄仕忠:《日本所藏中国戏曲文献研究》,高等教育出版社,2011年,第160页。

(《文学遗产》2006年第6期)等,此不赘述。

◆顾麟瑞

《庄目》未收其人。

按:《江苏艺文志·扬州卷》据民国《续修兴化县志》卷一四,著录顾麟瑞作有《定霸记》《峨眉研》,并介绍顾事迹曰:"顾麟瑞,字仲嘉,一字芝衫。清兴化人。九苞次子,凤毛弟。嘉庆六年(1801)拔贡。天才颖异,十岁即知吟咏,长肆力于诗。初学齐梁,继乃宗法盛唐,淮海间诗坛推重之。性豪迈,耻治生产,与名流酬唱无虚日。亦工词。小赋酷似庾信,隶书得汉人意。"[1]著有《箟筜馆诗钞》《无声诗馆词集》等多种。

《(咸丰)重修兴化县志》载有顾麟瑞小传,谓:"顾麟瑞,字仲嘉,一字芝衫,进士九苞次子,嘉庆六年拔贡。天才颖异,十岁即知吟咏。长肆力于诗,初学齐、梁,继乃宗法盛唐、淮海间,骚坛推重之。性豪迈,耻治生产,与名流酬唱无虚日。填词亦精,小赋酷肖开府,隶书得汉人意。顾氏世以孝友称,麟瑞幼孤,孝于母,事寡嫂有礼,克绍家风焉。著《箟筜馆诗集》,甫刊一册,未校正遽殁。其词集、诗赋、杂文集,皆未授梓。子继春、继华,亦能诗。"[2]可参看。

◆高钦亮

《庄目》未收其人。

按:龚鼎孳《定山堂诗集》卷二九"七言律诗十四"收有《高钦亮来长安,出所著〈续鸾胶〉乐府见示,盖骑省神伤,发为人间可哀之曲。感其情至,为题数语归之》一诗[3],据此,知其为《续鸾胶》作者。龚氏《定山堂诗集》卷八"五言律诗四"另有《寄答高钦亮八首》,可参看。陆萼庭《曲目拾遗》谓:"钦亮名里事迹不详。"[4]

◆储梦熊

《庄目》未收其人。

按:《江苏艺文志·扬州卷》著录储梦熊著有《并蒂花》二卷,有自刻袖

---

[1] 南京师范大学古文献整理研究所编:《江苏艺文志·扬州卷》下册,江苏人民出版社,1995年,第869页。
[2] 梁园隶:《(咸丰)重修兴化县志》卷八,清咸丰二年刊本。
[3] 龚鼎孳:《定山堂诗集》,清康熙十五年吴兴祚刻本。
[4] 陆萼庭:《清代戏曲家丛考》,学林出版社,1995年,第326页。

珍本①。《(民国)续纂泰州志》卷二五引《光绪志稿》谓:"储梦熊,字渔溪,附贡生。性慷慨,好施与,阮文达未遇时,尝主于其家,梦熊知为非常人,与订交,人服其卓识。后官浙江运副,有政声。兼工填词,著有《余栖书屋词稿》。"②《清人别集总目》作"梦雄"③。据其字,应以"梦熊"为是。其父储其英,以梦熊官运副,赠奉直大夫④。

◆ 蔡荣莲

《庄目》未收其人。

按:黄仕忠《日藏中国戏曲文献综录》"杂剧类",收有《支机石》一剧,有清光绪十七年辛卯(1891)刊本。正文署"新建蔡荣莲金炬填词,丹徒尹恭保彦孙正拍"⑤。据此,知蔡荣莲、尹恭保合撰《支机石》。

蔡荣莲,《(同治)南昌府志》卷三一载曰:"蔡荣莲,新建人,改嘉佺,德兴训导。"⑥由此,知蔡氏后更名蔡嘉佺。《(同治)新建县志》卷四一载有蔡嘉佺小传,谓:

> 蔡嘉佺,字子卓。天资超轶,十岁能文,有奇童之目。年未及冠,入郡庠,寻食饩。一时名公,皆倒屣争延。道光丁酉举于乡,礼闱屡荐不售,选授德兴县训导,以振兴学校、培养士气为务。生平事亲至孝,父没,奉母尤笃。年四十二,卒于官。著有《古文骈体》及《明志斋诗稿》待刊。子希邠,邑增生,安徽补用同知;希祁,邑庠生,候选训导。⑦

《(民国)德兴县志》卷六亦曰:"蔡嘉佺,南昌府新建县举人,道光二十七年任(训导)。甫下车,捐廉兴课,诱掖维殷。事关风化,靡不留心。"⑧可参看。

◆ 颜肇维

《庄目》未收其人。

---

① 南京师范大学古文献整理研究所编:《江苏艺文志·扬州卷》下册,江苏人民出版社,1995年,第1196页。
② 郑辅东:《(民国)续纂泰州志》,民国八年刻本。
③ 李灵年、杨忠主编:《清人别集总目》第三卷,安徽教育出版社,2000年,第2245页。
④ 王有庆:《(道光)泰州志》卷一六,清光绪三十四年补刻本。
⑤ 黄仕忠:《日藏中国戏曲文献综录》,广西师范大学出版社,2010年,第71页。
⑥ 许应鑅:《(同治)南昌府志》,清同治十二年刻本。
⑦ 承霈:《(同治)新建县志》,清同治十年刻本。
⑧ 沈良弼:《(民国)德兴县志》,民国八年刻本。

按：孔贞瑄《聊园文集》所收《一线天演文序》谓："漫翁之为是编也，盖身历乎穷达顺逆之境，目击乎炎凉喧寂之变，意有所畜，书不忍尽言；事有所触，言不忍尽意，淡淡白描，而仕途之正奇、官场之好丑，俱跃跃纸上，使人服其忠厚，忘其淋漓。"①据此可知，漫翁作有《一线天》传奇。漫翁，《清人室名别称字号索引》云：颜肇维，初名肇雍，山东曲阜人。字肃之，又字次雷，号漫翁，又号莎斋，别署钟水堂、宝墨堂、红亭老人②。孔贞瑄生于明崇祯七年（1634），卒于康熙五十五年（1716）③。据江庆柏《清代人物生卒年表》，颜氏生于康熙八年（1669），卒于乾隆十四年（1749）④，较孔氏小三十五岁。《一线天演文序》称"吾鲁著作"⑤，可知漫翁与孔贞瑄同里，其人当为颜肇维无疑。

《吴兴诗话》卷一四谓：

> 颜肇维《湖州绝句》："罨画溪头风味秋，采菱溪女木兰舟。远山一带青如洗，几处湘帘掩画楼。"似随叔光敉视学浙西所作。颜公试牍，至今奉为金科玉律，乡塾中无不知有颜宗师者。八宗师考卷，亦以颜为首。⑥

《清文献通考》卷二三五"经籍考"曰："《钟水堂诗》三卷，颜肇维撰。肇维字次雷，曲阜人，官临海县知县。"⑦《晚晴簃诗汇》卷六二亦载曰："颜肇维，字次雷，晚号红亭老人，曲阜人。贡生，官临海知县。有《钟水堂集》《赋莎斋稿》《漫翁编年稿》。《诗话》：次雷所与游如嶧阳李克敬、历下王苹等，皆当时名士。作令浙东，不废吟咏。诗学南宋诸家。"⑧其生平于此略见一斑。

记载颜肇维事迹最详细的，是《（乾隆）曲阜县志》。该书卷八六谓：

> 颜肇维，字肃之，光敏子。雍正中由太学生考充教习，期满，以知县用选临海。以兴利革弊为任，首除里甲阔税征米改折之累，民情欢服。值江海斗泛滥为灾，设粥赈饿者，全活无算。察赵公河故道朱子所作三

---

① 孔贞瑄：《聊园文集》，清康熙刻本。
② 杨廷福、杨同甫编：《清人室名别称字号索引：增补本》下册，上海古籍出版社，2001年，第963页。
③ 关于孔贞瑄卒年，《中国文学家大辞典·清代卷》《清人别集总目》《清代人物生卒年表》等均未详。此处参看肖阳、赵骅：《清代诗人孔贞瑄卒年考辨》，《安徽广播电视大学学报》2014年第4期。
④ 江庆柏：《清代人物生卒年表》，人民文学出版社，2005年，第828页。
⑤ 孔贞瑄：《聊园文集》，清康熙刻本。
⑥ 戴璐：《吴兴诗话》，民国五年刘氏嘉业堂刻吴兴丛书本。
⑦ 官修：《清文献通考》，清文渊阁四库全书本。
⑧ 徐世昌：《晚晴簃诗汇》，民国退耕堂刻本。

沟六浦,悉鸠工浚之,灌溉有资。建太平桥,别筑炮台三,修战橹九汛房二百,增高汤信国备倭五十九城之七,治绩卓越。三考,升行人司行人,改礼部仪制司。致仕归,卒年八十一。所著有《钟水堂诗》《赋莎斋稿》《漫翁编年稿》。①

《(民国)台州府志》卷九八引《曲阜县志》,也收有颜氏小传。曰:"颜肇维,字肃之,一字次雷,曲阜人。附贡生。雍正六年知临海,以兴利革弊为主。首除里甲阔税征米改折之累,民情欢服。值江海斗泛滥为灾,设粥振饥,全活无算。察赵公河故道三沟六浦,悉鸠工浚之,灌溉有资。建太平桥,增高汤信国备倭五十九城之七。"与《(乾隆)曲阜县志》所载相较,在内容上有增有减,可互为补充。

◆ 魏裔介
《庄目》未收其人。

按:清人顾贞观所作【金缕曲】〈奉怀柏乡魏相国,时暂假归里〉词,"看赐瓮十围金茧"一句后自注曰:"公自度曲名《金瓮》传奇。"②此处所称"魏相国",当指魏裔介。魏裔介(1616—1686),字石生,别号贞庵,又号昆林,直隶柏乡(今属河北)人。顺治三年(1646)进士,选庶吉士,改工科给事中,迁太常少卿,擢左副都御史。康熙二年(1663),晋吏部尚书。三年(1664),擢保和殿大学士,充《实录》总裁。为官多所建言,张弛宽猛,调剂异同,单辞片语,解纷决策。著述颇丰,诗有《屿舫诗集》七卷、《屿舫近草》四卷、《屿舫诗留》八卷,文曰《兼济堂集》《昆林小品》《昆林论钞》《林下集》,另有《约言录》《论性书》《经世编》《希贤录》等多种,事见清李元度《国朝先正事略》卷三、清钱仪吉《碑传集》卷一一、清徐乾学《憺园文集》卷二七、清丁仁《八千卷楼书目》卷一七、清徐乾学《传是楼书目》、徐世昌《晚晴簃诗汇》卷二三等。因其官至保和殿大学士,身居高位,掌大政裁酌,相当于宰相,故称。传奇剧作仅《金瓮》一种。

---

① 潘相:《(乾隆)曲阜县志》,清乾隆三十九年刻本。
② 顾贞观:《弹指词》,清乾隆四十年积书严刻本。

附录

庄一拂戏曲活动稽考

庄一拂(1907年11月16日—2001年2月14日),原名临,号南溪,晚号簳山,浙江嘉兴人。早年负笈上海圣约翰大学,1929年获东亚研究院法学硕士[1]。工诗词,善度曲,撰有《十年记》《鸳湖冢》《鸣筇记》传奇三种,又有《古典戏曲存目汇考》(1982)、《明清散曲作家汇考》(1992)等著述行世。他活跃于20世纪上半叶海上曲坛,"酒酣以往,粉墨登场,一座尽倾"[2]。且交游广阔,与赵景深、董每戡等俱有密切往来。惜时光流徙,世事因革,一拂翁之曲学活动却为历史风尘所遮蔽,湮没不彰,至为可叹。今钩稽史料,敷衍成篇,意在管窥著名曲家之神采风流。

一、庄一拂的曲社雅集

据1995年庄氏所撰《自传》,其性喜"南词新声",缘父执陆树棠引荐,毕业后到南京国民政府财政部公债司任职,不久调往上海债券核销处工作。一拂于金陵拜易大厂(1874—1941,名孺,广东鹤山人)为师,习声律。入沪后,参加过赓春、平声、啸社等著名曲社。因倦于官场派系之争,遂退职,专事昆曲演唱活动,袍笏登场,闻名一时。

近代沪上曲坛,以平声曲社与赓春曲社名声最盛。因平声社在南市,赓

---

[1] 《庄一拂自传》谓:"负笈上海,得东亚研究院法学硕士,院长吴凯生,时民国己巳年也。"庄增明《〈庄一拂诗词曲文遗稿〉后记》言:"1928年(22岁)获上海东亚研究院法学硕士。"庄增明编:《庄一拂诗词曲文遗稿》,嘉兴市图书馆印,2007年。《中国昆剧大辞典》庄增明所撰"庄一拂"条云:"1927年获东亚研究院法学硕士学位。"南京大学出版社,2002年,第476页。此处系年从《自传》。

[2] 朱大可:《〈庄一拂诗词曲文遗稿〉序》,《庄一拂诗词曲文遗稿》,嘉兴市图书馆印,2007年,第4页。

春社在城西北,故有"南平声""北赓春"之说。赓春曲社又名赓春集,筹建于清光绪二十八年(1902)七月,社名系取"阳春白雪,再和再赓"之意,社员最多时达百余人,蔚为壮观,先后由李翥冈、徐凌云主持社务。该社按月举行"同期"①,举办过苏、浙、沪曲界大会串等影响颇著的活动,1950年散班,并入上海昆曲研习所。平声曲社成立于清光绪三十年(1904),行当齐全,各个家门均有拿手戏,如老生陈宝谦(自号白头馆主),演《骂曹》能自操鼓;名曲家吴依南(一作漪南),饰《当酒》中济公,酒醉登场,传为佳话;巾生殷震贤,唱念考究,擅演《乔醋》,故有"殷乔醋"之称;巾生葛辑甫,做工细腻,善操笛;正旦吴嘉澍,代表作《投渊》《斩娥》;五旦王孟禄,与曲家吴梅莫逆,为人诙谐风趣,尝剃须彩串《佳期》,洵为曲苑韵事;净脚郁炳臣红白兼擅;副、丑行陈奎棠以阴噱见胜。此外,尚有红豆馆主溥侗等一干名家入会,盛极一时。该社"同期"亦按月举行,常年不辍,累计达二百余次。又每年举行公期,自上午九时唱至晚上七时始罢。1951年后,亦并入上海昆曲研习所②。

一拂甋氍雅癖,恐缘于家庭熏染。乃翁庄益三(幼山)尝入光复会、同盟会,参加过辛亥革命,追随同里褚辅成等民主志士,后从事实业,为地方开明绅士,笃爱昆曲。受其影响,庄一拂亦迷恋吹箫度曲的生活。少时即拜里中陈永宾为师习昆笛,后于沪上随名伶陈凤鸣(1866—1938,江苏苏州人)拍曲,工冠生,习《西厢记》《牡丹亭》等,能演《长生殿》全本,尤"喜唱《玉簪记》"③。因擅演《长生殿》中唐明皇,时以"嘉兴唐明皇"目之。

庄氏频繁出入各大曲社,组织、参加大小戏曲活动,是这一时期海上曲坛之活跃人物。

1929年,庄以【念奴娇】为曲牌,为平声作"社曲"一阕。

1935年秋,邀约平声社曲友到嘉兴演出,有《乙亥重九,园菊盛开,东隅剧台略加修葺,约海上平声诸彦偕禾清矕二昼夜,不使黄花笑寂寞也》四首为纪,其二曰:"闻道吴儿木石肠,中年丝竹剧堪伤。绿蓑春梦新宫谱,余谱《十年记》已传唱。红叶秋心旧建章。事本难言还遣笔,花能解语不辞觞。西风偏共管弦急,卐字栏边献艺场"④,其四云:"棠梨旧馆聚秋多,南国笙歌舞翠娥。拂拂金风怀卓秀,英英丽草气灵和。自饶花木酬佳节,尚有园亭唱踏

---

① 《梅兰芳回忆录》上册谓:"唱昆曲的同志们,定期在某处开锣带白地大唱一天,叫做'同期'。"(团结出版社,2006年,第309页)
② 参看《中国戏曲志·上海卷》,中国ISBN中心,1996年,第549—551页。
③ 赵景深:《读曲小记》,《小说月报》1941年第7期。
④ 庄增明编:《庄一拂诗词曲文遗稿》,嘉兴市图书馆印,2007年,第19页。

莎。迟我看花犹未晚,钗鸾筝雁奈愁何。"①

庄氏又称:"乙丑重阳,寄园菊开,篛山约仙霓社来禾演出。旬日而殿以平声诸友,清爨三昼夜。首演《百顺记·赏菊》,乃自谱新声,自作排场。各地嗜曲者云集,一时称盛焉。"②据吴新雷先生主编之《中国昆剧大辞典》,仙霓社创班于1931年10月,散班于1942年2月。1935年10月,全班曾赴宁在南京大戏院公演;1937年下半年,在上海福安公司游乐场演出时,遭日军轰炸,全副衣箱烧毁,被迫辍演,名存实亡③。上云民国乙丑,为1925年,时庄一拂十八岁,仙霓社亦未创班,岂有来禾(嘉兴)演出之理,显为误记。

那么,这次演出究竟在何时呢?《上海昆剧志》"平声曲社"条谓:"民国三十四年(1945年)秋,应庄一拂邀请,仙霓社参与在嘉兴寄园公演半月,平声社曲友同时前往嘉兴客串,彩串三昼夜,时值重阳,加演《赏菊》(《百顺记》中一出)以应节景。"④《中国戏曲志·上海卷》所述内容与此相类,唯系年为民国三十二年(1943)秋⑤。不管是1945年(乙酉)说还是1943年(癸未)说,干支均不是乙丑,亦无其他可以印证的材料,孰是孰非,令人莫衷一是。笔者以为,两说俱不可信,原因是仙霓社时已散班,伶人星散,不可能再以原班社名义参与这种大型活动。庄氏"乙丑重阳"诗云:"新声共咏日精花,卍字栏前弦管斜。忆自红氍收拾起,阳春一曲遍家家。"⑥与前引"乙亥重九"诗相较,增出"约仙霓社来禾演出"一事,他如"卍字栏""园菊盛开""重阳"等,皆同。两处所载或为一事,不过一详一略而已。庄增明为《中国昆剧大辞典》所撰"庄一拂"条目即言:"1935年重阳节,(笔者按:庄一拂)曾以寄园园主的名义邀请仙霓社到嘉兴演出半月之久。"⑦其依据即为"乙亥重九"诗,而对"乙丑重阳"约仙霓社来嘉兴演出事则避而不提,与笔者之推测相合,故"乙丑"当为"乙亥"之误。

又据吴梅《丙子七夕鸳湖记曲录叙》等,1936年8月23日,"由上海啸社主持人居逸鸿发起,邀集苏、浙、京、沪等地的曲友八十八人,在嘉兴南湖

---

① 庄增明编:《庄一拂诗词曲文遗稿》,嘉兴市图书馆印,2007年,第20页。
② "新声共咏日精花"诗自注,庄增明编:《庄一拂诗词曲文遗稿》,嘉兴市图书馆印,2007年,第51页。
③ 吴新雷主编:《中国昆剧大辞典》,南京大学出版社,2002年,第241—242页。
④ 方家骥、朱建明主编:《上海昆剧志》,上海文化出版社,1998年,第47页。
⑤ 《中国戏曲志·上海卷》,中国ISBN中心,1996年,第551页。
⑥ 庄增明编:《庄一拂诗词曲文遗稿》,嘉兴市图书馆印,2007年,第51页。
⑦ 吴新雷主编:《中国昆剧大辞典》,南京大学出版社,2002年,第476页。

举行了一次规模盛大的清唱曲会,名为'鸳湖曲叙'"①。此次曲叙,"竟一日夕,凡四十有二折",可谓"数十年无此豪举"②。因居氏所编《鸳湖记曲录》等材料笔者未曾经眼,故庄一拂有无参加此次盛会不敢遽断。但庄氏与居逸鸿有交往,并曾陪同其登览南湖烟雨楼,倒是实事。庄曾赋《居逸鸿啸社诸公来游南湖同登烟雨楼》以记其事③。

除了平声、赓春、啸社,庄一拂还参加过银联社(又名吟泉社,全称上海银钱业联谊会昆曲组)等曲社的相关活动。据赵景深《银联曲叙记》,1941年元旦,银联曲社举行第三次"同期",庄曾参加,并与周文华合作演唱了《望乡》④。

在庄氏的诗词曲作品中,屡有戏曲活动的记载。如《陆园平声曲叙赏菊》《新乐府聆曲隔座有神情宛似者》《仙霓社聆姚传芗题曲一折兼示顾贻荪》《鹧鸪天·己巳观文琴演剧》等。大致在1982年,庄一拂还曾邀请上海昆曲研习社曲友,赴嘉兴瞻仰革命圣地南湖,并即兴写下散曲《锁南枝》⑤,讴歌时代新风。

二、庄一拂与曲家之交往

(一)频年海上最相知——庄一拂与赵景深

1942年元旦,庄一拂、赵景深(1902—1985)合作编辑的昆剧月刊《戏曲》正式创刊,由上海曲学丛刊社出版,北新书局等经售。该刊创刊号的编后语说:"纯粹谈昆曲和戏曲史的学术性戏剧刊物,可说是从来不曾有过。过去《剧学月刊》水准较高,但也花部与雅部并重。现在我们有《戏曲》月刊,专谈昆曲和戏曲史,可说是一种创举。"《戏曲》月刊汇聚当时众多名流之佳作,如创刊号发表叶德均的《地志与戏曲家传记》,应对后来赵景深的方志与曲家资料考索有所影响;周贻白的《昆曲声调之今昔》,比较《牡丹亭》之《游园》各谱异同;钱南扬的《〈西厢记〉杂剧校释序》,乃为同门王季思(起)著作所作序文,今不见用;谭正璧的《宋元戏剧与宋元话本》,发《话本与古剧》之绪端;冯沅君的《南戏拾遗补》,在己作《南戏拾遗》的基础上,

---

① 吴新雷主编:《中国昆剧大辞典》,南京大学出版社,2002年,第992页。
② 吴新雷主编:《中国昆剧大辞典》,南京大学出版社,2002年,第992页。
③ 庄增明编:《庄一拂诗词曲文遗稿》,嘉兴市图书馆印,2007年,第19页。
④ 赵福生编选:《无花的春天——〈万象〉萃编》,上海古籍出版社,1999年,第42—43页。
⑤ 庄增明编:《庄一拂诗词曲文遗稿》,嘉兴市图书馆印,2007年,第240页。

补订各传奇本事十六则。第二辑则发表有钱南扬《墨憨斋词谱辑》等；第三辑为"吴霜厓先生三周年祭特辑"，收卢前、浦江清、郑逸梅诸人文章；第四辑有徐调孚《〈连环计〉传奇叙录》等；第五辑收录杨荫深《引戏说》、周贻白《〈红拂记〉与红拂三传》、谭正璧《宋杂剧金院本与元明杂剧》等。该刊之用稿，不唯重戏曲文献、本事研究，戏曲音乐学亦占相当篇幅。如朱尧文的《谱曲法》，管际安的《昆曲工谱四声阴阳略说》《度曲歌诀》等，或论谱曲、唱曲之要，修正前人曲谱之失；或以歌诀为度曲津梁，授人以渔。其时，"昆剧刊物的出版虽然不多，但像赵景深、庄一拂等主编的《戏曲》在戏曲界却有相当的影响"①，以致素昧平生的英国梅根博士专程由美到上海访问赵、庄两人②。然而，刊物毕竟诞生于抗战时期，生存格外艰难。尽管赵景深长期担任北新书局总编辑，又是书局老板李小峰的姻亲（系其妹婿），但《戏曲》还是未能摆脱短寿的命运，"先是不得不在刊物中夹带商品广告，又因纸张、印工不断涨价，只好缩减篇幅"③，即便如此，也只坚持了5个月，被迫停刊。

　　庄、赵交往，互相影响。庄影响赵，是激发了其玩票的热情。一拂自言："其爱唱昆曲，乃我引之入胜。初加入平声，继赓春、啸社等诸社，莫不两人偕往。"④赵影响庄，则更多为学术上的扶持与帮助。赵景深藏书三万册，其中不乏精品。其对同行或中青年学人总是慷慨出借，热情帮助。如对叶德均、胡士莹、胡忌、陆萼庭、谢伯阳、邓绍基、刘辉等人，均有所沾溉。当然，更少不了曲友庄一拂⑤。对此，庄氏屡屡提及。1957年前后，庄以二诗赠赵景深："郑虔去后论才少，<small>郑振铎</small>。法曲飘零画壁虚。一发东南求脉望，两间风雨许相于。<small>十五年前曾从先生编《戏曲》月刊</small>"，"孝澂岂窃华林略，蒙老容翻笠泽书。<small>先生曲藏繁富，余每来借读无吝</small>。颇欲从公事铅椠，天教头白渺愁予。<small>余写古典戏曲一稿，皆得先生力</small>。"⑥隐藏在自注中的频频感叹，无不说明庄氏对赵景深倾力相助之情的由衷感激。赵、庄交谊匪浅，庄的两部代表作——《古典戏曲存目汇考》《明清散曲作家汇考》，均由赵作序。1941年，赵景深在《小说月报》发表《读曲小记》，特辟一节介绍庄一拂的《十年记》；1961年4月7日，

---

① 方家骥、朱建明主编：《上海昆剧志》，上海文化出版社，1998年，第232页。
② 庄一拂编著：《忆赵景深》，顾国华编：《文坛杂忆初编》，上海书店出版社，1999年，第171页。
③ 姜德明：《赵景深与〈戏曲〉》，《守望冷摊》，中共中央党校出版社，2002年，第102页。
④ 《追悼赵景深老兄逝世周年》自注，庄增明编：《庄一拂诗词曲文遗稿》，嘉兴市图书馆印，2007年，第109页。
⑤ 参看《赵景深自传》，《文献》1980年第三辑，书目文献出版社，1980年，第170页。
⑥ 《赠赵景深》，庄增明编：《庄一拂诗词曲文遗稿》，嘉兴市图书馆印，2007年，第118页。

赵景深在致胡忌（字仲平）的信中还提及庄一拂及其哲嗣，谓："最近我又看了皖南花鼓戏《斩皇兄》（原名《大清官》，于成龙破获红门寺淫僧事）和几个折子戏：《小尼姑下山》《扫华堂》《姚大金报喜》《打补钉》，编剧南艺即庄一拂的儿子庄增明。"①

1985年，赵景深因意外猝然离世，与之有"六十年的友谊"的老友庄一拂不胜悲慨，沉痛写下挽联，"剧史学，民族学，小说学，看撰述等身，文章寿世；戏曲家，译著家，理论家，有成荫桃李，雪涕师门。"②一年后，再作《追悼赵景深老兄逝世周年》，"频年海上最相知，谈艺论文我所师。回忆辛勤同建社，不忘旧曲共扶持。人倾泰斗公何在？生感文章我勉之。近日萧条兰圃里，一声长笛泪双垂。"③可见情真意笃，友谊深厚。

（二）五陵意气惜同调——庄一拂与董每戡

庄一拂与董每戡（1907—1980）之交往，鲜为人所关注。即近年出版之三卷本《董每戡文集》④，亦难觅痕迹。其实，庄、董二人均是浙江人，早岁即相识相知，引为同调。一拂翁次子增明所编《庄一拂诗词曲文遗稿》，收《箬山亭集残卷》等，使二人交往有线索可寻。

集中《董每戡去国，歌以送之》谓："君不见，丰城之剑无觅处，飚然紫气自来去，霄汉躔星虹，腾踏不可御。又不见，明珠出水骊龙惊，燃犀一见沧洲清。长风欲扇海，千里来赤城。忆昔逢君俱年少，五陵意气惜同调。将无国士怜，勿恤钩党诮。去岁三月西湖东，李渐白兮桃初红。送君君欲行，杜宇叫春风。今岁我又来海上，风雨连宵持俶傥。旋倾汉江杯，却笑秦时网。凤毛骏骨不作奇，鸣鸡吠犬尽厮养。酒半酣，耳已热，拊掌欷歔从此别。乐事会有期，愁心何用结。尔我肝胆殊落落，岂若时流同轻薄。相约回潮挟怒龙，共君漫瞋风云恶。"⑤《董每戡归自扶桑，重晤海上，盖已五易寒暑矣，书以志感》二首谓："一笛离亭杨柳枝，段家桥畔记游时。丙寅暮春，偕游西子湖边，怅惘湖山，已有去国之思。十年家国沧桑意，不尽海天云树思。君曾来书约赴巴黎。不意匆匆，因事改途，余固尚未知也。别后梅花萦短梦，愁边消息阻归期。中原纵得投闲地，我愧年来独卖痴"，"江南草长又逢春，湖海论交见几人。词赋都成名士格，干戈同慨寓公身。更无心力怜苏小，当时同访苏小墓门，各写以诗。纵有

---

① 李平、胡忌编：《赵景深印象》，学林出版社，2002年，第351—352页。
② 庄一拂编著：《挽赵景深先生联》，顾国华编：《文坛杂忆初编》，上海书店出版社，1999年，第87页。
③ 庄增明编：《庄一拂诗词曲文遗稿》，嘉兴市图书馆印，2007年，第109页。
④ 黄天骥、陈寿楠编：《董每戡文集》，广东高等教育出版社，1999年。
⑤ 庄增明编：《庄一拂诗词曲文遗稿》，嘉兴市图书馆印，2007年，第9页。

微辞托洛神。为语故人我无恙,黔娄不减旧时贫。"①

董每戡与庄一拂同庚,值弱冠之年,董求学于上海大学中国文学系,与常来上海拍曲的庄一拂一见如故、气味相投,遂结契。董每戡在校期间,受瞿秋白影响,加入中国共产党。1927年8月,受党指派,回家乡温州开展工作,因身份暴露遭到追捕,不得已避居乡间数月,次年始潜赴上海,又东渡日本,于东京日本大学攻读戏剧,1929年底返沪,1931年入左联,从事革命文艺活动。

《董每戡归自扶桑,重晤海上,盖已五易寒暑矣,书以志感》诗下有纪年"壬申",可知写于1932年。又自注"丙寅暮春,偕游西子湖边"。民国丙寅,乃1926年,与《董每戡去国,歌以送之》中"去岁三月西湖东"句对照,可推知"去国"诗写于1927年,正应"五易寒暑"之题。又据黄天骥《〈董每戡文集〉前记》,"1928年底,董先生东渡日本"②。庄一拂的这首饯行诗早出,或缘于两人相知甚深,预先已得知董氏将往东瀛;或因董先生被国民党政府通缉事发突然,以致计划不得不延后。

从庄诗自注可以看出,二人关系密切,几乎到了无话不谈的地步,尝同游西湖,访苏小墓门,诗歌唱答。董向庄流露"去国"这一隐秘心迹,后又曾写信约庄共赴巴黎,只不过"因事改途"没有成行。至于后来,许是党派身份之别、个人沉浮之异,文字消匿,不复见往来之记载。

(三)一着灵心太骗人——庄一拂的曲友、女弟及其他

与庄一拂有交往的著名学人,除赵景深、董每戡外,尚有其连襟著名学者钱南扬(1899—1987,南戏研究权威,南京大学教授)、师兄吕贞白(1907—1984,原名传元,字贞白,别字伯子,江西九江人,版本目录学家,上海古籍出版社编审)等。庄一拂同时有两个太太,一为汪淑光,嘉兴人,与庄家有亲戚关系;一为王璞贞,平湖人,平湖商会会长王绍裘之女。汪淑光与王璞贞系嘉兴县立女子师范学校同学,俱是昆曲票友。钱先生之夫人即为王璞贞同胞姐妹。庄有《偕钱南扬、洪焕春两公晚步》一诗入集,曰:"春尽江南草未销,不堪杨柳迎风摇。两堤境僻疑无路,半日芒鞋十二桥。<small>有里外六桥。</small>"③至于吕贞白,亦出自易孺门下。郑逸梅曾写道:庄、吕"两人相见,即唱昆曲《长生殿》,一拂为生,贞白为旦,拍桌为板眼,声震屋宇,客来访,为之骇退。"④

---

① 庄增明编:《庄一拂诗词曲文遗稿》,嘉兴市图书馆印,2007年,第17—18页。
② 黄天骥、陈寿楠编:《董每戡文集》上卷,广东高等教育出版社,1999年,第2页。
③ 庄增明编:《庄一拂诗词曲文遗稿》,嘉兴市图书馆印,2007年,第177页。
④ 郑逸梅:《艺林散叶续编》,《郑逸梅选集》第三卷,黑龙江人民出版社,1991年,第503页。

庄一拂之曲社诸友，多与其相知甚深。如朱尧文，字唐焕，上海人。1932年加入平声曲社，师事陈凤鸣，工巾生，京胡、曲笛、鼓师场面皆能，尤精曲律之学，尝为庄氏《十年记》《鸳湖冢》谱曲，亦参编《戏曲》杂志①；陈世铎，与庄共创大成曲社；贾天澍，尝点评《十年记》；费松年，丑行技艺无所不窥，造诣极深；王亦民，镕范通钜，超度流辈，在大成社曾与庄按笛谥词；黄殿章，与庄合唱《望乡》，有鸣咽饮恨之概；徐小隐，游沪上，与庄同入平声曲社，每逢会曩，二人辄合演《长生殿》，徐饰杨玉环②。等等。

其他如：

沈竹如，江苏南通人。曾居杭州，任小学教师、校长。抗日战争时期避难海上。从庄一拂等习曲，工五旦。能唱《定情·赐盒》《絮阁·密誓》《游园·惊梦》《琴挑》《瑶台》等。经庄一拂介绍，参加平声曲社，与郁炳臣、王同声、徐小隐、冯墨农等曲家经常交流，并组织"同期"演出。20个世纪40年代末，曾在电台播唱昆曲③。

冯谷贞，庄一拂寄女。一拂翁爱逾己出，"为赋《娇女诗》一百六十韵，将一先韵全部用完，并加以注释，洋洋大观也"④。庄一拂少时与王蘧常时相过从，并与蘧常弟蕴常有金兰之谊，且庄、王两家累世通好。职是之故，谷贞得入蘧常门，并成为王蘧常之学书女弟中最为得意者，"所作章草，可以乱真。蘧常之章草，可继沈寐叟，冯谷贞可继王蘧常，三代相传，且皆为秀水人，成为佳话"⑤。

梁谷音，梅花奖得主，上昆名演员。庄一拂为其戏迷，亦推重其志节，尝为之作《梁谷音别传》。梁嗓音甜润、表演细腻，深受专家及观众好评。1991年，郭汉城看完梁谷音的演出后，写下《观昆剧〈潘金莲〉赠梁谷音》一首，谓："施翁旧案费思裁，深锁心扉久不开。妙手凭君提掇起，不教腥秽污歌台。"⑥

---

① 参看方家骥、朱建明主编：《上海昆剧志》，上海文化出版社，1998年，第307页。
② 参看庄一拂《知音集》等，庄增明编：《庄一拂诗词曲文遗稿》，嘉兴市图书馆印，2007年，第293—297页。
③ 参看方家骥、朱建明主编：《上海昆剧志》，上海文化出版社，1998年，第321页。
④ 郑逸梅：《艺林散叶续编》，《郑逸梅选集》第三卷，黑龙江人民出版社，1991年，第593页。
⑤ 郑逸梅：《艺林散叶续编》，《郑逸梅选集》第三卷，黑龙江人民出版社，1991年，第593页。
⑥ 郭汉城：《郭汉城文集》第三册，中国戏剧出版社，2004年，第306页。

三、庄一拂曲学文章辑目

庄一拂工于戏曲创作，《十年记》有1936年石印本，《鸳湖冢》有1939年《大成曲刊》本。《鸣筇记》似未见刊刻，但据资料显示，该剧曾引起日本学者的热切关注①。其深研曲学，有多篇文章散落于各个时期之报刊，惜少人整理，未能广蒐以成集。此类单篇文章，部分资料、观点亦见诸《古典戏曲存目汇考》《明清散曲作家汇考》二书，余多湮没不传，殊为可惜。今就所见庄氏文章或线索，撮钞目录如下：

1.《〈风云会〉的作者玉泉樵子》，载《文学集林》第二辑"望"，1939年12月。

2.《旬日听曲琐记》△②，载《申报》1941年10月3日。

3.《曲叙》△，载《申报》1941年10月12日。

4.《重阳谈曲》△，载《申报》1941年10月28日。

5.《古今杂剧传奇东同韵存目》（上），载《戏曲》第一卷第一辑，1942年1月。

6.《古今杂剧传奇东同韵存目》（下），载《戏曲》第一卷第二辑，1942年2月。

7.《古今杂剧传奇东同韵存目》（完），载《戏曲》第一卷第四辑，1942年4月。

8.《古今杂剧传奇江阳韵存目》（上），载《戏曲》第一卷第五辑，1942年5月。

9.《关于水浒戏曲的叙演》，载《半月戏剧》第五卷第一、二、四、五、六、八、九期，1943年。

10.《目连戏与西游》，载上海《大美晚报》附刊《上海俗文学》，1945年前后。

11.《淞韵曲集记》△，载《申报》1946年3月17日。

12.《目连戏文与〈西游记〉》，载《大晚报》"通俗文学"周刊第77期，1948年4月26日。

---

① 参看庄一拂编著：《日本人寻觅庄籛山创作》，顾国华编：《文坛杂忆初编》，上海书店出版社，1999年，第14页。

② 标注"△"号者，《中国昆剧大辞典》所附吴新雷《昆曲剧谈篇目辑览（1872—1997）》亦曾辑录。

13.《读〈通天台〉》,载《大晚报》"通俗文学"周刊第 84 期,1948 年 6 月 14 日。

14.《读曲笺迻》,载《读书通讯》第 164 期,1948 年。

15.《清代散曲作家摘钞》,载《曲苑》第一辑,江苏古籍出版社,1984 年 7 月。

16.《读曲新知》,载《曲苑》第一辑,江苏古籍出版社,1984 年 7 月。

17.《论浙江海盐腔在戏曲上的地位及与嘉兴"兴工"的关系》,载《海盐文史资料》第六辑"海盐腔专辑",1986 年 8 月。

18.《许鸿宾》,载《嘉兴市志资料》1987 年第 1 期。(署庄一拂、杨习华)

19.《记嘉兴的几位度曲名家》,载《浙江戏曲志资料汇编》第 1 期,《中国戏曲志·浙江卷》编辑部编印。

20.《嘉兴地区的业余曲社》,载《浙江戏曲志资料汇编》第 1 期,《中国戏曲志·浙江卷》编辑部编印。

21.《嘉兴早先的娱乐场——寄园》,载《浙江戏曲志资料汇编》第 1 期,《中国戏曲志·浙江卷》编辑部编印。

除此之外,顾国华编《文坛杂忆初编》收庄文二十篇,其中《岭南易大厂师》《许鸿宾与嘉兴地区的"兴工"》《追忆吕贞白师兄》等涉及曲人曲事。另据《庄一拂自传》及庄增明《〈庄一拂诗词曲文遗稿〉后记》,庄氏尚著有《遗曲韵编》《曲略》及小品《曲友知音集》《上海昆曲沿革史》等。

"海上看豪华,笙歌何繁剧"①,热闹了一辈子的庄一拂,晚年发愿写经,从梁漱溟学佛,梁示以"悲悯众生,悲悯自己"八大字,并与之有书信往来②。然而,曲家之心始终不能平静,93 岁尚撰《爱珠曲》③,为遭变泰发迹小人抛弃的清末烟台名妓李蔼如鸣冤,可谓烟火气未消。

庄氏法学专业,却毕生与戏曲研究、昆曲演唱结缘,在相当长一段时间内,潜居城郊,与诗书为伴,结唱酬之侣,孜孜于钟爱之学。既无职称评定之牵挽,又无项目申报之拘囿,以数十年之功,纂成《古典戏曲存目汇考》这一传世巨著,颇令人寻味。在追名逐利之风日盛的语境下,发掘此类学界往事,对人事沧桑作点回味与咀嚼,在治学方法与态度上,或能给人以启迪。

---

① 《己巳中秋海上醉赋》,庄增明编:《庄一拂诗词曲文遗稿》,嘉兴市图书馆印,2007 年,第 11 页。

② 《梁漱溟书信集》收有 1978 年 11 月 8 日梁漱溟致庄一拂信札一通。梁培宽编:《梁漱溟书信集》,中国文史出版社,1996 年,第 208 页。

③ 庄增明编:《庄一拂诗词曲文遗稿》,嘉兴市图书馆印,2007 年,第 243 页。

曲 目 索 引

（按音序排列）

《八洞天》　　　　　　　　《闯王破都城》
《八仙庆寿》(陈梦雷撰)　　《赤发鬼》
《芭蕉树》　　　　　　　　《出玄记》
《白蝴蝶》　　　　　　　　《楚辞谱》
《白门柳》　　　　　　　　《楚江晴》
《白乳记》　　　　　　　　《春风楼》
《白桃花》　　　　　　　　《雌雄镇》
《白头花烛》　　　　　　　《存孤记》(佚名)
《白玉楼》　　　　　　　　《错中错》
《百花春》　　　　　　　　《大忽雷》
《百花舫》　　　　　　　　《戴花刘》
《百岁坊》　　　　　　　　《单骑记》
《包待制三勘蝴蝶梦》　　　《倒铜旗》
《北亭记》　　　　　　　　《祷冰图》
《碧桃记》　　　　　　　　《稻花劫》
《碧天霞》　　　　　　　　《邓尚书吃酒》
《并蒂花》　　　　　　　　《钓金龟》
《玻璃燕》　　　　　　　　《定霸记》
《博浪椎》　　　　　　　　《东方朔偷桃》
《补春天》　　　　　　　　《杜陵春》
《不垂杨》　　　　　　　　《杜少陵献大礼赋》
《餐英记》　　　　　　　　《峨眉研》
《长恨歌》　　　　　　　　《鹅笼书生》
《尝胆记》　　　　　　　　《二阁记》
《潮缘记》　　　　　　　　《二筐媒》

335

《二十八宿归天》	《鹤相知》
《墦间记》	《红楼梦》
《翻西厢》	《红罗记》
《翻玉簪》	《红鞋鞠》
《樊川谱》	《红丝记》
《樊榭记》	《红线记》
《反武场》	《红叶记》
《饭袋记》	《后缇萦》
《方城记》	《虎媒记》
《飞鱼记》	《护国记》
《分绿窗》	《护花幡》
《焚舟记》	《花报》
《风尘三侠》	《花关索》
《风流院》	《花月痕》
《风情剧》	《画扇记》
《芙蓉城》（汪轫撰）	《画图缘》
《芙蓉记》	《还金镯》
《芙蓉屏记》	《环影祠》
《芙蓉屏记》（边三岗撰）	《浣花溪》
《芙蓉峡》	《黄亮国传奇》
《覆鹿记》	《黄袍记》
《高老庄》	《黄莺记》
《古其风留人眼》	《绘真记》
《观灯记》	《蕙兰芳》
《灌城记》	《火里莲》
《广陵钟》	《火焰山》
《桂宫秋》	《霍小玉》
《海上谣》	《济颠伏虎》
《海神记》	《佳宴记》
《海岳圆》	《鹣鹣会》
《翰墨缘》（俞汝遽撰）	《江花梦》
《合纱记》	《绛红袍》
《河伯娶妇》	《胶漆记》
《河阳桃李》	《蕉扇记》

《节义全》　　　　　　《柳叶笺》
《金凤钗》　　　　　　《六恶记》
《金谷记》　　　　　　《六国终》
《金环记》(吴道荣撰)　《六如亭》
《金环记》(佚名撰)　　《六声猿》
《金镝记》　　　　　　《龙女牧羊》
《金琅玕》　　　　　　《绿华轩》
《金瓮传奇》　　　　　《鸾铃记》
《金鱼佩》　　　　　　《罗帕记》
《锦绣旗》　　　　　　《罗状元归隐》
《锦衣树》　　　　　　《洛阳记》
《尽忠传奇》　　　　　《落花梦》
《镜中明》　　　　　　《卖相思》
《九华山》　　　　　　《梅花谶》
《九曲阵》　　　　　　《梅花诗》
《九曲珠》　　　　　　《梅花引》
《看剑记》　　　　　　《梅沁雪》
《康对山》　　　　　　《梅影楼》
《孔雀记》　　　　　　《煤山恨》
《昆仑记》　　　　　　《梦偕记》
《老君下界》　　　　　《弥勒笑》
《梨花枪》　　　　　　《汨罗记》
《梨云影》　　　　　　《乜县丞》
《离骚影》　　　　　　《名山志》
《骊珠钏》　　　　　　《鸣鸿度》
《丽鸟媒》　　　　　　《秣陵秋》
《荔枝香》　　　　　　《谋篡记》
《莲花报》　　　　　　《木兰记》
《莲花幕》　　　　　　《木梳记》
《炼丹记》　　　　　　《南楼传》
《梁红玉》　　　　　　《闹沙亭》
《梁太傅传奇》　　　　《女开科》
《两世姻缘》　　　　　《琵琶亭》
《烈女记》(龙继栋撰)　《翩鸿记》

《嫖院记》	《三国记》
《瓶笙馆修箫谱》	《三生石》(吴苇撰)
《谱定红香传》	《三生石》(吴兰徵撰)
《七宝钗》	《三笑因缘》
《七夕圆》	《商山鸾影》
《齐人记》(马世俊撰)	《神獒记》
《齐人记》(沈季彪撰)	《沈宋昆明赋诗》
《奇烈记》	《升天记》
《耆英记》	《生生意》
《旗亭记》	《昇平曲》
《旗亭饮》	《盛德记》
《麒麟阁》	《诗会记》
《千金寿》	《诗中圣》
《千秋鉴》	《狮吼记》
《乔坐衙》	《十锭金》
《秦淮雪》	《史阁部勤王》
《秦晋配》	《书中玉》
《琴操问禅》	《双补恨》
《青莲记》	《双虹碧》
《青楼恨》	《双鬟画壁》
《青梅记》	《双梅记》
《青蚓记》	《双瑞记》
《清风剑》	《双图记》
《情中义》	《双熊梦》
《琼花梦》	《双鱼坠》
《琼琚记》	《双缘舫》
《琼瑶服》	《双缘舫》
《曲曲》	《霜磨剑》
《去思记》	《丝鞭记》
《拳匪纪略》	《思婚记》
《群芳乐府》	《四才子》
《蚺蛇胆》	《苏台雪》
《人间世》	《鹔鹴裘》
《赛伍伦》	《锁骨菩萨》

《台城记》　　　　　　　　《武三思素娥》
《桃花缘》(袁栋合撰)　　　《武香球》
《桃花缘》(朱景英撰)　　　《西子记》
《桃花源记词曲》　　　　　《犀珮记》
《桃笑迹》　　　　　　　　《仙岩记》
《桃园记》　　　　　　　　《相如记》
《陶朱公》　　　　　　　　《香裘记》
《讨妒檄》　　　　　　　　《萧后打围》
《剔目记》　　　　　　　　《小沧桑》
《题莺记》　　　　　　　　《小忽雷》
《天山雪》　　　　　　　　《小江东》
《天涯泪》　　　　　　　　《小妹子》
《填词蝴蝶梦》　　　　　　《孝感记》
《铁云山》　　　　　　　　《孝女存孤》
《同窗记》　　　　　　　　《心田记》
《同棺记》　　　　　　　　《行孝记》
《投桃记》　　　　　　　　《熊罴梦》
《团圆梦》　　　　　　　　《绣旗记》
《瓦桥关》　　　　　　　　《绣图缘》
《玩赏记》　　　　　　　　《绣衣记》
《万寿图》　　　　　　　　《续鸾胶》
《万珠袍》　　　　　　　　《续缘记》
《王翠翘传奇》　　　　　　《续缘记》
《王母瑶池宴》　　　　　　《轩辕记》
《温生才》　　　　　　　　《雪兰血衫》
《文昌化》　　　　　　　　《胭脂云》
《文姬归夏》　　　　　　　《演阵图》
《闻鸡起舞》　　　　　　　《雁翎甲》
《卧冰记》　　　　　　　　《杨椒山传奇》
《无底洞》　　　　　　　　《杨升庵伎女游春》
《无双记》　　　　　　　　《姚平仲》
《吴越传奇》　　　　　　　《瑶台》
《五关记》　　　　　　　　《野庆》
《五色旗》　　　　　　　　《一合相》

《一线天》(漫翁撰) 　《鸳鸯印》
《一笑缘》 　《元正嘉庆》
《一枝梅》 　《袁文正还魂记》
《一种情》 　《夗央被》
《宜春院》 　《岳飞记》
《忆长安》 　《杂剧记》
《意外缘》 　《载花船》
《英雄概》(王纳谏撰) 　《再生缘》
《英夷犯广》 　《在陈绝粮》
《樱桃锦》 　《赵朋观榜》
《鹦哥记》 　《谪仙记》
《鹦鹉媒》(钱维乔撰) 　《郑虎臣》
《鹦鹉媒》(杨组荣撰) 　《支机石》
《影梅庵》(陈文述、查揆撰) 　《织绢记》
《幽梦园》 　《中庭笑》
《渔家哭》 　《中州愍烈记》
《渔樵记》 　《忠谏记》
《雨蝶痕》 　《忠荩记》
《玉符记》 　《忠悯记》
《玉连环》 　《忠憨记》
《玉莲华》 　《周忠介公遗事》
《玉龙球记》 　《朱翁子》
《玉梅香》 　《祝寿记》
《玉香记》 　《祝英台焰段》
《玉箫记》 　《祝枝山》
《玉邪妆》 　《坠楼记》
《玉璪缘》 　《紫钗令》
《育婴堂新剧》 　《紫兰宫》
《御试翰林》 　《紫绮裘》
《鸳水仙缘》 　《自由花》
《鸳鸯传奇》 　《宗泽传奇》
《鸳鸯扇》

曲 家 索 引

（按音序排列）

包惕三	顾春
毕魏	顾景星
边三岗	顾麟瑞
蔡荣莲	顾森
陈栋	顾思义
陈鹤	管庭芬
陈烺	韩畕
陈梦雷	韩上桂
陈子升	何珮珠
程北涯	胡盍朋
程端	胡无闷
程景傅	黄铽
程南陂	黄振
程瀛鹤	黄祖颛
储梦熊	江楣
戴全德	姜兆翀
董达章	蒋恩溦
董榕	蒋易
董舜民	金鳌
范文若	金蕉云
芙蓉山樵	金烺
傅玉书	瞿颉
高钦亮	孔传铧
高应玘	孔广林
宫抚辰	冷士湄（冷士嵋）

李本宣	裳华
李长祚	勺园主人
李栋	沈季彪
李凯	沈起凤
李天根	沈谦
李廷敬	沈嵊
李文瀚	沈受先
李宜之	沈永令
李应桂	沈著轩
梁孟昭	沈自徵
廖景文	石庞
林占春	史玄
刘阮山（刘可培）	松㬊道人
龙继栋	宋凌云
龙燮	宋鸣珂
卢枏	宋廷魁
陆弼	苏汉英
陆澹安	孙郁
陆吴州	汤寅
陆曜	铁桥生
路迪	万承纪
吕公溥	汪纯庵
吕履恒	汪楫
罗小隐	汪轫
马世俊	汪宗沂
马羲瑞	汪祚
马杏逸	王恒
茅恒	王翃
茅维	王济
缪谟	王金英
潘炤	王廷鉴
乔莱	王应遴
秦子陵	魏裔介
琼飞仙侣	吴秉钧

吴道荣	袁廷梼
吴芾	曾传均
吴恒宪	张景严
吴嘉诠	张澜
吴楷	张梦祺
吴兰徵	张声玠
吴骐	张埙
吴棠桢	张一鹄
吴孝思	张幼学
五云村人	张瑀
谢坤	张自慎
熊超	赵对澂
徐昆	赵绍鼎
徐士俊	赵瑜
许宝善	仲振奎
许善长	周乐清
许树棠	周良劭
雪簑渔隐	周书
严保庸	周韵亭
颜肇维	朱寄林
杨豆村	朱京藩
杨景夏	朱景英
杨云璈	朱依真
叶承宗	卓人月
意园	左潢
尹恭保	

主要参考文献

（按书名音序排列）

一、基本文献类

A

《爱日吟庐书画别录》，清·葛嗣浵撰，民国二年葛氏刻本。
《爱新觉罗家族全书》，李治亭主编，吉林人民出版社，1997年。
《嫏雅堂诗续集》，清·赵文哲撰，清乾隆五十六年刻本。

B

《八旗诗话》，清·法式善撰，稿本。
《八千卷楼书目》，清·丁仁撰，民国铅印本。
《白莼诗集》，清·张开东撰，清乾隆五十三年张兆骞刻本。
《白鹤山房诗钞》，清·叶绍本撰，清道光七年桂林使廨刻增修本。
《白华后稿》，清·吴省钦撰，清嘉庆十五年刻本。
《白华前稿》，清·吴省钦撰，清乾隆刻本。
《白茅堂集》，清·顾景星撰，清康熙刻本。
《白香词谱笺》，清·谢朝徵撰，清光绪刻半厂丛书本。
《白雨斋词话》，清·陈廷焯撰，人民文学出版社，1959年。
《百一山房诗集》，清·孙士毅撰，清嘉庆二十一年孙均刻本。
《百子全书》，浙江古籍出版社，1998年。
《柏枧山房全集》，清·梅曾亮撰，清咸丰六年刻民国补修本。
《拜经楼诗话续编》，清·吴骞撰，清钞本。
《拜经楼诗集》，清·吴骞撰，清嘉庆八年刻增修本。

《拜经堂文集》,清·臧庸撰,民国十九年宗氏石印本。
《半岩庐遗集》,清·邵懿辰撰,清光绪三十四年邵章刻本。
《葆冲书屋集》,清·汪如洋撰,清刻本。
《抱冲斋诗集》,清·斌良撰,清光绪五年崇福湖南刻本。
《抱经堂诗钞》,清·卢文弨撰,清道光十六年李兆洛刻本。
《抱经堂文集》,清·卢文弨撰,清乾隆六十年刻本。
《碑传集》,清·钱仪吉纂,中华书局,1993年。
《本事诗》,清·徐釚撰,清光绪十四年徐氏刻本。

C

《苍南诗征》,萧耘春选辑,上海古籍出版社,2005年。
《藏书纪事诗》,清·叶昌炽撰,北京燕山出版社,1999年。
《茶香室丛钞》,清·俞樾撰,中华书局,1995年。
《长安客话》,明·蒋一葵撰,北京古籍出版社,1982年。
《长芦盐法志》,清·黄掌纶撰,清嘉庆刻本。
《称谓录》,清·梁章钜撰,清光绪刻本。
《澄秋阁集》,清·闵华撰,清乾隆十七年刻本。
《持雅堂文钞》,清·尚镕撰,清道光刻本。
《崇百药斋三集》,清·陆继辂撰,清道光八年刻本。
《崇百药斋续集》,清·陆继辂撰,清道光四年合肥学舍刻本。
《畴人传三编》,清·诸可宝撰,清皇清经解续编本。
《樗园销夏录》,清·郭麐撰,清嘉庆刻本。
《楚辞章句补注》,汉·王逸注、宋·洪兴祖补注,吉林人民出版社,1999年。
《传经堂诗钞》,清·韦谦恒撰,清乾隆刻本。
《船山诗草》,清·张问陶撰,中华书局,1986年。
《春草堂诗话》,清·谢堃撰,清刻本。
《春融堂集》,清·王昶撰,清嘉庆十二年塾南书舍刻本。
《春在堂诗编》,清·俞樾撰,清光绪二十五年刻春在堂全书本。
《纯常子枝语》,清·文廷式撰,民国三十二年刻本。
《词话丛编》,唐圭璋编,中华书局,1986年。
《赐绮堂集》,清·詹应甲撰,清道光止园刻本。
《存素堂诗初集录存》,清·法式善撰,清嘉庆十二年王墉刻本。
《寸心草堂集外诗》,清·李欣荣撰,清光绪十六年海幢经坊刻本。

《重论文斋笔录》,清·王端履撰,清道光二十六年授宜堂刻本。
《重修两浙盐法志》,清·延丰撰,清同治刻本。

D

《大云山房文稿》,清·恽敬撰,四部丛刊景清同治本。
《戴简恪公遗集》,清·戴敦元撰,清同治六年戴寿祺钞本。
《带经堂集》,清·王士禛撰,清康熙五十年程哲七略书堂刻本。
《戴名世集》,清·戴名世撰,中华书局,1986年。
《淡墨录》,清·李调元撰,新世纪万有文库,辽宁教育出版社,2001年。
《(道光)东阳县志》,清·党金衡纂,民国三年东阳商务石印公司石印本。
《(道光)广东通志》,清·阮元修、陈昌齐纂,清道光二年刻本。
《(道光)济南府志》,清·王赠芳纂,清道光二十年刻本。
《(道光)泰州志》,清·王有庆纂,清光绪三十四年补刻本。
《(道光)休宁县志》,清·何应松纂,清道光三年刻本。
《(道光)肇庆府志》,清·江藩纂,清光绪重刻道光本。
《(道光)遵义府志》,清·郑珍纂,清道光刻本。
《道咸同光四朝诗史》,清·孙雄辑,清宣统二年刻本。
《帝京岁时纪胜》,清·潘荣陛撰,北京古籍出版社,1981年。
《雕菰集》,清·焦循撰,清道光岭南节署刻本。
《定山堂诗集》,清·龚鼎孳撰,清康熙十五年吴兴祚刻本。
《定香亭笔谈》,清·阮元撰,清嘉庆五年扬州阮氏琅嬛仙馆刻本。
《东华录》,清·蒋良骐撰,清乾隆刻本。
《东华录》,清·王先谦撰,清光绪十年长沙王氏刻本。
《东华续录(嘉庆朝)》,清·王先谦撰,清光绪十年长沙王氏刻本。
《东里生烬馀集》,清·汪家禧撰,清光绪二年许庚身刻本。
《东溟文集》,清·姚莹撰,清中复堂全集本。
《东塾读书记》,清·陈澧撰,清光绪刻本。
《读白华草堂诗初集》,清·黄钊撰,清道光刻本。
《读史方舆纪要》,清·顾祖禹撰,中华书局,2005年。
《读书杂志》,清·王念孙撰,清道光十二年刻本。
《独学庐稿》,清·石韫玉撰,清写刻独学庐全稿本。
《赌棋山庄词话》,清·谢章铤撰,清光绪十年刻赌棋山庄全集本。
《杜诗镜铨》,唐·杜甫撰,清·杨伦笺注,上海古籍出版社,1980年。

《杜诗详注》,唐·杜甫撰,清·仇兆鳌注,中华书局,1979年。

E

《蛾术编》,清·王鸣盛撰,上海商务印书馆,1958年。
《尔尔书屋诗草》,清·史梦兰撰,清光绪元年止园刻本。
《二十五史》,上海古籍出版社、上海书店,1986年。
《二知轩文存》,清·方濬颐撰,清光绪四年刻本。
《二知轩诗续钞》,清·方濬颐撰,清同治刻本。

F

《樊山集》,清·樊增祥撰,清光绪十九年渭南县署刻本。
《樊山续集》,清·樊增祥撰,清光绪二十八年西安臬署刻本。
《仿潜斋诗钞》,清·李嘉乐撰,清光绪十五年刻本。
《芙蓉山馆全集》,清·杨芳灿撰,清光绪十七年活字印本。
《复初斋诗集》,清·翁方纲撰,清刻本。
《复初斋外集》,清·翁方纲撰,民国嘉业堂丛书本。
《复初斋文集》,清·翁方纲撰,清李彦章校刻本。

G

《陔余丛考》,清·赵翼撰,河北人民出版社,1990年。
《甘泉乡人稿》,清·钱泰吉撰,清同治十一年刻光绪十一年增修本。
《高鹗诗词笺注》,清·高鹗撰,尚达翔编注,中州书画社,1983年。
《艮斋杂说续说 看鉴偶评》,清·尤侗撰,李肇翔、李复波整理,中华书局,1992年。
《更生斋集》,清·洪亮吉撰,清光绪三年洪氏授经堂刻增修本。
《龚定庵全集类编》,清·龚自珍撰,夏田蓝编,中国书店,1991年。
《古欢堂集》,清·田雯撰,清文渊阁四库全书本。
《古今笔记精华录》,古今图书局编,岳麓书社,1997年。
《古今小说》,明·冯梦龙编,许政扬校注,人民文学出版社,1958年。
《古微堂集》,清·魏源撰,清宣统元年国学扶轮社铅印本。
《管见举隅》,清·王培荀撰,清道光二十八年刻本。
《(光绪)广州府志》,清·史澄纂,清光绪五年刊本。
《(光绪)湖南通志》,清·曾国荃纂,清光绪十一年刻本。
《(光绪)嘉兴府志》,清·许瑶光纂,清光绪五年刊本。

《(光绪)江西通志》,清·曾国藩纂,清光绪七年刻本。
《(光绪)绛县志》,清·胡延纂,清光绪二十五年刻本。
《(光绪)上虞县志》,清·唐煦春纂,清光绪十七年刊本。
《(光绪)顺天府志》,清·张之洞纂,清光绪十二年刻十五年重印本。
《(光绪)桐乡县志》,清·严辰纂,清光绪十三年刊本。
《(光绪)武进阳湖县志》,清·王其淦纂,清光绪五年刻本。
《(光绪)香山县志》,清·陈澧纂,清光绪刻本。
《(光绪)漳州府志》,清·李维钰纂,清光绪三年刻本。
《(光绪)重修安徽通志》,清·何绍基纂,清光绪四年刻本。
《(光绪)重修丹阳县志》,清·刘诰纂,清光绪十一年刻本。
《(光绪)重修天津府志》,清·徐宗亮修纂,清光绪二十五年刻本。
《光绪重修两淮盐法志》,清·王安定撰,清光绪三十一年刻本。
《广清碑传集》,钱仲联主编,苏州大学出版社,1999年。
《归田琐记》,清·梁章钜撰,中华书局,1981年。
《桂馨堂集》,清·张廷济撰,清道光刻本。
《国朝词综》,清·王昶辑,清嘉庆七年王氏三泖渔庄刻增修本。
《国朝词综补》,清·丁绍仪辑,清光绪刻前五十八卷本。
《国朝词综续编》,清·黄燮清辑,清同治十二年刻本。
《国朝宫史》,清·鄂尔泰、张廷玉等编纂,北京古籍出版社,1994年。
《国朝宫史续编》,清·庆桂等编纂,北京古籍出版社,1994年。
《国朝闺阁诗钞》,清·蔡殿齐辑,清道光娜嬛别馆刻本。
《国朝汉学师承记 国朝经师经义目录 国朝宋学渊源记》,清·江藩撰,中华书局,1983年。
《国朝画征补录》,清·刘瑗撰,清道光刻本。
《国朝畿辅诗传》,清·陶樑辑,清道光十九年红豆树馆刻本。
《国朝名家诗钞小传》,清·郑方坤撰,清李登云校刻本。
《国朝骈体正宗续编》,清·张鸣珂辑,清光绪十四年寒松阁刻本。
《国朝诗别裁集》,清·沈德潜编,中华书局,1975年。
《国朝诗人征略》,清·张维屏撰,清道光十年刻本。
《国朝诗人征略二编》,清·张维屏辑,清道光二十二年刻本。
《国朝书人辑略》,清·震钧辑,清光绪三十四年刻本。
《国朝文录续编》,清·李祖陶辑,清同治刻本。
《国朝先正事略》,清·李元度撰,台湾明文书局,1985年。
《国朝御史题名》,清·黄叔璥撰,清光绪刻本。

H

《海山存稿》,清·周煌撰,清乾隆五十八年周氏葆素家塾刻后印本。
《海虞诗话》,清·单学傅辑,民国四年铜华馆铅印本。
《汉书注校补》,清·周寿昌撰,清光绪十年周氏思益堂刻本。
《翰学三书》,傅璇琮、施纯德编,辽宁教育出版社,2003年。
《合肥学舍札记》,清·陆继辂撰,清光绪四年兴国州署刻本。
《荷塘诗集》,清·张五典撰,清乾隆刻本。
《鹤林玉露》,宋·罗大经撰,王瑞来点校,中华书局,1983年。
《红豆树馆书画记》,清·陶樑撰,清光绪刻本。
《红榈书屋诗集》,清·孔继涵撰,清乾隆刻微波榭遗书本。
《洪亮吉集》,清·洪亮吉撰,中华书局,2001年。
《滹南遗老集校注》,金·王若虚撰,胡传志、李定乾校注,辽海出版社,2006年。
《湖北诗征传略》,清·丁宿昌辑,清光绪七年孝感丁氏泾北草堂刻本。
《湖北通志检存稿 湖北通志未定稿》,清·章学诚撰,湖北教育出版社,2002年。
《湖海诗传》,清·王昶辑,清嘉庆刻本。
《湖海文传》,清·王昶辑,清道光十七年经训堂刻本。
《湖楼笔谈》,清·俞樾撰,清光绪二十五年刻春在堂全书本。
《花甲闲谈》,清·张维屏撰,清道光富文斋刻本。
《花妥楼诗》,清·葛祖亮撰,清乾隆刻本。
《怀麓堂诗话校释》,明·李东阳撰,李庆立校释,人民文学出版社,2009年。
《淮海英灵集》,清·阮元辑,中华书局,1985年。
《淮海英灵续集》,清·王豫、阮亨辑,清道光刻本。
《槐厅载笔》,清·法式善编,清嘉庆刻本。
《黄宗羲全集》,明·黄宗羲撰,沈善洪主编,吴光执行主编,浙江古籍出版社,2005年。
《篁村集》,清·陆锡熊撰,清道光二十九年陆成沅刻本。
《悔翁诗钞》,清·汪士铎撰,清光绪张士珩味古斋刻本。
《汇校详注关汉卿集》,元·关汉卿撰,蓝立蓂校注,中华书局,2006年。
《蕙荪堂集》,清·昭梿撰,上海图书馆藏清稿本。

J

《纪晓岚文集》,清·纪晓岚撰,孙致中、吴恩扬、王沛霖、韩嘉祥校点,河北教育出版社,1991年。

《寄庵诗文钞》,清·刘大绅撰,民国刻云南丛书初编本。

《迦陵词全集》,清·陈维崧撰,清康熙二十八年陈宗石患立堂刻本。

《家语疏证》,清·孙志祖撰,清嘉庆刻本。

《嘉定钱大昕全集》,清·钱大昕撰,陈文和主编,江苏古籍出版社,1997年。

《(嘉庆)长沙县志》,清·赵文在纂,清嘉庆十五年刊二十二年增补本。

《(嘉庆)常德府志》,清·应先烈纂,清嘉庆十八年刻本。

《(嘉庆)大清一统志》,清·穆彰阿撰,四部丛刊续编景旧钞本。

《(嘉庆)溧阳县志》,清·李景峰纂,清嘉庆十八年修光绪二十二年重刻本。

《(嘉庆)舒城县志》,清·熊载升纂,清嘉庆十一年刻本。

《(嘉庆)续修台湾县志》,清·谢金銮纂,清嘉庆十二年刻配道光三十年刻本。

《(嘉庆)余杭县志》,清·张吉安纂,民国八年重刊本。

《(嘉庆)直隶太仓州志》,清·王昶纂,清嘉庆七年刻本。

《简松草堂诗文集》,清·张云璈撰,清道光刻三影阁丛书本。

《简学斋诗》,清·陈沆撰,清咸丰二年陈廷经刻本。

《江南女性别集初编》,胡晓明、彭国忠主编,黄山书社,2008年。

《江西诗征》,清·曾燠辑,清嘉庆九年刻本。

《交翠轩笔记》,清·沈涛撰,清道光刻本。

《椒生随笔》,清·王之春撰,岳麓书社,1983年。

《蕉廊脞录》清·吴庆坻撰,民国求恕斋丛书本。

《蕉轩随录 续录》,清·方濬师撰,中华书局,1995年。

《今古学考》,清·廖平撰,清光绪十二年刻四益馆经学丛书本。

《金壶七墨》,清·黄钧宰撰,清同治十二年刻本。

《金史》,元·脱脱等撰,中华书局,1975年。

《金粟山房诗钞》,清·朱寯瀛撰,清光绪二十七年刻本。

《金元词纪事会评》,钟陵编撰,黄山书社,1995年。

《京本通俗小说 等五种》,无名氏等撰,程毅中等校点,江苏古籍出版社,1991年。

《京都风俗志》,清·让廉撰,北京古籍出版社,1981年。
《经籍会通(外四种)》,明·胡应麟等撰,王岚、陈晓兰点校,北京燕山出版社,1999年。
《经学通论》,清·皮锡瑞撰,中华书局,1954年。
《经学质疑录》,清·秦笃辉撰,清道光墨缘馆刻本。
《经韵楼集》,清·段玉裁撰,清嘉庆十九年刻本。
《警世通言》,明·冯梦龙编,严敦易校注,人民文学出版社,1956年。
《静廉斋诗集》,清·金甡撰,清嘉庆二十五年姚祖恩刻本。
《静退斋集》,清·戴文灯撰,清乾隆刻本。
《静厓诗稿》,清·汪学金撰,清乾隆刻嘉庆增修本。
《静娱亭笔记》,清·张培仁撰,清刻本。
《静志居诗话》,清·朱彝尊撰,人民文学出版社,1990年。
《九梅村诗集》,清·魏燮均撰,清光绪元年红杏山庄刻本。
《九籥集》,明·宋懋澄撰,王利器校录,中国社会科学出版社。
《旧闻随笔》,清·姚永朴撰,张仁寿校注,黄山书社,1989年。
《旧雨草堂诗》,清·董元度撰,清乾隆四十三年刻本。
《媕陬集》,清·赵文哲撰,清乾隆五十四年刻本。
《觉迷要录》,清·叶德辉辑,清光绪三十一年刻本。
《校礼堂诗集》,清·凌廷堪撰,清道光六年刻本。
《校礼堂文集》,清·凌廷堪撰,中华书局,1998年。

K

《(康熙)章邱县志》,清·钟运泰纂,清康熙三十年刻本。
《可园诗存》,清·陈作霖撰,清宣统元年刻增修本。
《客座赘语》,明·顾起元撰,陈稼禾点校,中华书局,1987年。
《孔尚任诗文集》,清·孔尚任撰,汪蔚林编,中华书局,1962年。
《困学纪闻(全校本)》,宋·王应麟撰,清·翁元圻等注,栾保群等校点,上海古籍出版社,2008年。

L

《兰韵堂诗文集》,清·沈初撰,清乾隆刻本。
《郎潜纪闻初笔 二笔 三笔》,清·陈康祺撰,中华书局,1984年。
《郎潜纪闻四笔》,清·陈康祺撰,中华书局,1990年。
《琅嬛仙馆诗》,清·阮元撰,"国立中央图书馆"藏手稿本。

《浪跡丛谈 续谈 三谈》,清·梁章钜撰,中华书局,1981年。
《乐贤堂诗钞》,清·德保撰,清乾隆五十六年英和刻本。
《乐志堂诗集》,清·谭莹撰,清咸丰九年吏隐堂刻本。
《冷庐杂识》,清·陆以湉撰,中华书局,1984年。
《蠡勺编》,清·凌扬藻撰,清岭南遗书本。
《李东阳集》,明·李东阳撰,周寅宾点校,岳麓书社,1984年。
《李东阳续集》,明·李东阳撰,钱振民点校,岳麓书社,1997年。
《李开先全集》,明·李开先撰,卜键笺校,文化艺术出版社,2004年。
《李渔随笔全集》,清·李渔撰,艾舒仁编次,冉云飞校点,巴蜀书社,1998年。
《李贽文集》,明·李贽撰,张建业主编,社会科学文献出版社,2000年。
《历代画史汇传》,清·彭蕴璨撰,清道光刻本。
《历代纪事本末》,中华书局编辑部编,中华书局,1997年。
《历代名人生卒录》,清·钱保塘撰,民国海宁钱氏清风室刊本。
《历代曲话汇编·近代编》,俞为民、孙蓉蓉编,黄山书社,2009年。
《历代诗话》,清·何文焕辑,中华书局,1981年。
《历代诗话续编》,清·丁福保辑,中华书局,1983年。
《历代竹枝词》,王利器、王慎之、王子今辑,陕西人民出版社,2003年。
《荔隐山房诗草》,清·涂庆澜撰,清光绪三十一年刻本。
《莲子居词话》,清·吴衡照撰,清嘉庆刻本。
《梁园归棹录》,清·余集撰,清道光刻本。
《两般秋雨盦随笔》,清·梁绍壬撰,上海古籍出版社,1982年。
《两当轩全集》,清·黄景仁撰,清咸丰八年黄氏家塾刻本。
《两浙輶轩录》,清·阮元、杨秉初辑,浙江古籍出版社,2012年。
《两浙輶轩录补遗》,清·阮元撰,清嘉庆刻本。
《两浙輶轩续录》,清·潘衍桐纂,清光绪刻本。
《聊园文集》,清·孔贞瑄撰,清康熙刻本。
《列朝诗集小传》,清·钱谦益撰,上海古籍出版社,1959年。
《林蕙堂全集》,清·吴绮撰,清文渊阁四库全书本。
《灵芬馆诗话》,清·郭麐撰,清嘉庆二十一年孙均刻二十三年增修本。
《灵岩山人诗集》,清·毕沅撰,清嘉庆四年毕氏经训堂刻本。
《岭云海日楼诗钞》,清·丘逢甲撰,上海古籍出版社,1982年。
《刘文清公遗集》,清·刘墉撰,清道光六年东武刘氏味经书屋刻本。
《留剑山庄初稿》,清·石卓槐撰,清乾隆四十年石卓椿刻本。

《琉璃厂小志》,清·孙殿起辑,北京古籍出版社,1982年。
《鲁迅辑录古籍丛编》,鲁迅辑录,人民文学出版社,1999年。
《履园丛话》,清·钱泳撰,中华书局,1979年。
《绿筠书屋诗钞》,清·叶观国撰,清乾隆五十七年刻本。
《论语集注旁证》,清·梁章钜撰,清同治十二年刻本。
《论语正义》,清·刘宝楠撰,清同治刻本。
《萝藦亭札记》,清·乔松年撰,清同治刻本。

M

《马可波罗行纪》,〔意〕马可·波罗撰,冯承钧译,上海书店出版社,2006年。
《埋忧集》,清·朱翊清撰,清同治刻本。
《耄馀诗话》,清·周春撰,上海图书馆藏清抄本。
《楳花盦诗》,清·叶廷琯撰,清滂喜斋丛书本。
《楳花盦诗外集》,清·叶廷琯撰,清滂喜斋丛书本。
《蒙古游牧记》,清·张穆撰,何秋涛补,清同治祁氏刻本。
《孟称舜集》,明·孟称舜撰,朱颖辉辑校,中华书局,2005年。
《梦粱录》,宋·吴自牧撰,张社国、符均校注,三秦出版社,2004年。
《梦楼诗集》,清·王文治撰,清乾隆六十年食旧堂刻道光二十九年补修本。
《梦溪笔谈》,明·沈括撰,岳麓书社,1998年。
《勉行堂诗集》,清·程晋芳撰,清嘉庆二十三年邓廷桢等刻本。
《邈云楼集六种》,清·杨鸾撰,清乾隆道光间刻本。
《(民国)德兴县志》,沈良弼纂,民国八年刻本。
《(民国)杭州府志》,李榕修纂,民国十一年铅印本。
《(民国)闽侯县志》,欧阳英纂,民国二十二年刊本。
《(民国)商河县志》,石毓嵩纂,民国二十五年铅印本。
《(民国)台州府志》,喻长霖纂,民国二十五年铅印本。
《(民国)吴县志》,曹允源纂,民国二十二年铅印本。
《(民国)新安县志》,李希白纂,民国二十七年铅印本。
《(民国)续丹徒县志》,张玉藻纂,民国十四年刻本。
《(民国)续纂泰州志》,郑辅东纂,民国八年刻本。
《民国诗话丛编》,张寅彭主编,上海书店,2002年。
《闽川闺秀诗话》,清·梁章钜撰,清道光二十九年刻本。

《名媛诗话》,清·沈善宝撰,清光绪鸿雪楼刻本。
《明代歌曲选》,路工编,古典文学出版社,1956年。
《明清孤本稀见戏曲汇刊》,黄仕忠编校,广西师范大学出版社,2014年。
《明诗纪事》,清·陈田辑撰,上海古籍出版社,1993年。
《明诗综》,清·朱彝尊选编,中华书局,2007年。
《明史》,清·张廷玉等撰,中华书局,1974年。
《茗柯文编》,清·张惠言撰,清同治八年刻本。
《茗柯文补编》,清·张惠言撰,四部丛刊景清道光本。
《墨林今话》,清·蒋宝龄撰,台湾明文书局,1985年。
《墨香居画室》,清·冯金伯撰,台湾明文书局,1985年。

N

《南漘楛语》,清·蒋超伯撰,清同治十年两麐山房刻本。
《南山集》,清·戴名世撰,清光绪二十六年刻本。
《南亭四话》,清·李伯元撰,江苏古籍出版社,2000年。
《南州草堂集》,清·徐釚撰,清康熙三十四年刻本。
《能改斋漫录》,宋·吴曾撰,上海古籍出版社,1979年。

O

《瓯北集》,清·赵翼撰,李学颖、曹光甫校点,上海古籍出版社,1997年。

P

《匏庐诗话》,清·沈涛撰,清刻本。
《培荫轩诗文集》,清·胡季堂撰,清道光二年胡鏻刻本。
《佩弦斋诗文存》,清·朱一新撰,清光绪二十二年刻拙盦丛稿本。
《频罗庵遗集》,清·梁同书撰,清嘉庆二十二年陆贞一刻本。
《瓶水斋诗集》,清·舒位撰,上海古籍出版社,2009年。
《蒲褐山房诗话新编》,清·王昶撰,周维德辑校,齐鲁书社,1988年。
《朴村诗集》,清·张云章撰,清康熙华希闵等刻本。
《曝书杂记》,清·钱泰吉撰,辽宁教育出版社,1998年。

Q

《七录斋诗钞》,清·阮葵生辑,清刻本。
《七录斋文钞》,清·阮葵生辑,清刻本。
《七修类稿》,明·郎瑛撰,上海书店出版社,2001年。
《启颜录》,曹林娣、李泉辑注,上海古籍出版社,1990年。
《千顷堂书目》,清·黄虞稷撰,瞿凤起、潘景郑整理,上海古籍出版社,2001年。
《前尘梦影录》,清·徐康撰,辽宁教育出版社,1998年。
《钱文敏公全集》,清·钱维城撰,清乾隆四十一年眉寿堂刻本。
《钱辛楣先生年谱》,清·钱大昕自撰,清咸丰刻本。
《乾嘉诗坛点将录》,清·舒位撰,清光绪丁未九月长沙叶氏刊本。
《(乾隆)甘州府志》,清·钟庚起纂,清乾隆四十四年刊本。
《(乾隆)黄岗县志》,清·王凤仪纂,清乾隆五十四年刻本。
《(乾隆)江南通志》,清·赵宏恩纂,文渊阁四库全书本。
《(乾隆)曲阜县志》,清·潘相纂,清乾隆三十九年刻本。
《(乾隆四十二年秋)缙绅全书》,世锦堂刻本。
《(乾隆)腾越州志》,清·屠述濂纂,清光绪二十三年重刊本。
《(乾隆)武进县志》,清·王祖肃纂,清乾隆刻本。
《(乾隆)镇江府志》,清·高龙光纂,清乾隆十五年增刻本。
《潜研堂集》,清·钱大昕撰,上海古籍出版社,1989年。
《潜研堂文集》,清·钱大昕撰,清嘉庆十一年刻本。
《桥西杂记》,清·叶名澧撰,清同治十年滂喜斋刻本。
《巧对录》,清·梁章钜撰,清道光二十九年瓯城文华堂刻本。
《切问斋集》,清·陆燿撰,清乾隆五十七年晖吉堂刻本。
《钦定八旗通志》,李洵等校点,吉林文史出版社,2002年。
《琴隐园诗集》,清·汤贻汾撰,清同治十三年曹士虎刻本。
《青笠山房诗文钞》,清·许登逢撰,清乾隆十三年绿玉轩刻本。
《青芝山馆诗集》,清·乐钧撰,清嘉庆二十二年刻后印本。
《清稗类钞》,清·徐珂编,中华书局,1984年。
《清碑传合集》,上海书店,1988年。
《清朝进士题名录》,江庆柏编撰,中华书局,2007年。
《清朝通典》,乾隆官修,浙江古籍出版社,2000年。
《清朝通志》,乾隆官修,浙江古籍出版社,2000年。

《清朝文献通考》,乾隆官修,浙江古籍出版社,2000年。
《清朝续文献通考》,清·刘锦藻撰,浙江古籍出版社,2000年。
《清朝野史大观》,河北人民出版社,1997年。
《清代官员履历档案全编》,秦国经主编,华东师范大学出版社,1997年。
《清代广东笔记五种》,林子雄点校,广东人民出版社,2006年。
《清代闺阁诗人征略》,施淑仪辑,上海书店,1987年。
《清代闺秀诗话丛刊》,王英志主编,凤凰出版社,2010年。
《清代名人手札》,吴长瑛编,台湾文海出版社,1967年。
《清代名人轶事》,葛虚存编,琴石山人校订,书目文献出版社,1994年。
《清代名人轶事辑览》,李春光纂,中国社会科学出版社,2005年。
《清代毗陵名人小传》,张惟骧撰,蒋维乔等补,台湾明文书局,1985年。
《清代七百名人传》,蔡冠洛编撰,北京市中国书店,1984年。
《清代文字狱档》,原北平故宫博物院文献馆编,上海书店,1986年。
《清代学者象传》,清·叶衍兰、叶恭绰编,上海书店出版社,2001年。
《清代燕都梨园史料正续编》,张次溪编,中国戏剧出版社,1988年。
《清代轶闻》,裘毓麐撰,江苏广陵古籍刻印社,1993年。
《清代硃卷集成》,顾廷龙主编,台湾成文出版社,1992年。
《清嘉录》,清·顾禄撰,中华书局,2008年。
《清鉴纲目》,印鸾章编,上海书店,1985年。
《清经世文续编》,清·葛士濬辑,清光绪石印本。
《清秘述闻三种》,清·法式善等撰,中华书局,1982年。
《清秘述闻续》,清·王家相撰,清光绪十四年刻本。
《清儒学案》,徐世昌等编纂,中华书局,2008年。
《清诗话》,清·王夫之等撰,上海古籍出版社,1963年。
《清诗话续编》,郭绍虞编选,上海古籍出版社,1983年。
《清史稿》,赵尔巽等撰,中华书局,1998年。
《清史纪事本末》,清·黄鸿寿撰,民国三年石印本。
《清史列传》,中华书局,1987年。
《清文汇》,沈粹芬等辑,北京出版社,1996年。
《晴江阁集》,清·何絜撰,清康熙刻增修本。
《秋室集》,清·杨凤苞撰,清光绪十一年陆心源刻本。
《秋室学古录》,清·余集撰,清道光刻本。
《秋水阁诗文集》,清·许兆椿撰,清道光二十五年刻本。

《訄书》,清·章炳麟撰,清光绪三十年重订本。
《曲话》,清·梁廷柟撰,清藤花亭十七种本。
《曲品校注》,明·吕天成撰、吴书荫校注,中华书局,1990年。
《全明散曲》,谢伯阳编,齐鲁书社,1994年。
《全清词·顺康卷》,南京大学中国语言文学系《全清词》编纂研究室编,中华书局,2002年。
《全清词·顺康卷补编》,张宏生主编,南京大学出版社,2008年。
《全清散曲》,凌景埏、谢伯阳编,齐鲁书社,1985年。
《全上古三代秦汉三国六朝文》,陈延嘉、王同策、左振坤校点主编,河北教育出版社,1997年。
《全宋诗》,北京大学古文献研究所编,北京大学出版社,1992年。
《全唐诗》,上海古籍出版社,1986年。
《全元曲》,徐征、张月中、张圣洁、奚海主编,河北教育出版社,1998年。
《全元散曲》,隋树森编,中华书局,1964年。
《全元文》,李修生主编,江苏古籍出版社,1999—2002年。
《全元戏曲》,王季思主编,人民文学出版社,1990年。
《全浙诗话》,清·陶元藻辑,清嘉庆元年怡云阁刻本。
《全诸宫调》,朱平楚辑录,甘肃人民出版社,1987年。
《群书札记》,清·朱亦栋撰,清光绪四年武林竹简斋刻本。

R

《壬癸藏札记》,清·陈康祺撰,清光绪刻本。
《人境庐诗草笺注》,清·黄遵宪撰,钱仲联笺注,上海古籍出版社,1981年。
《容斋诗集》,清·茹纶常撰,清乾隆三十五年刻乾隆五十二年嘉庆四年十三年增修本。

S

《三国志辨微》,清·尚镕撰,清嘉庆刻本。
《三借庐赘谭》,邹弢撰,清光绪铅印申报馆丛书馀集本。
《三松堂集》,清·潘奕隽撰,清嘉庆刻本。
《三松堂续集》,清·潘奕隽撰,清嘉庆刻本。
《扫红亭吟稿》,清·冯云鹏撰,清道光十年写刻本。
《山木居士外集》,清·鲁九皋撰,清乾隆四十七年刻本。

《珊瑚舌雕谈初笔》,清·许起撰,清光绪十一年木活字印本。
《赏雨茅屋诗集》,清·曾燠撰,清嘉庆二十四年刻增修本。
《上湖诗文编》,清·汪师韩撰,清光绪十二年汪氏刻丛睦汪氏遗书本。
《尚絅堂集》,清·刘嗣绾撰,清道光大树园刻本。
《邵子湘全集》,清·邵长蘅撰,清康熙刻本。
《畬经堂诗文集》,清·朱景英撰,清乾隆刻本。
《射鹰楼诗话》,清·林昌彝撰,清咸丰元年刻本。
《沈德潜诗文集》,清·沈德潜撰,人民文学出版社,2011年。
《诗存》,清·金德瑛撰,清乾隆三十三年刻本。
《十七史商榷》,清·王鸣盛撰,凤凰出版社,2008年。
《石巢诗集》,清·程颂万撰,民国十二年武昌刻十发居士全集本。
《石渠随笔》,清·阮元撰,清阮亨扬州珠湖草堂刻本。
《石渠余纪》,清·王庆云撰,北京古籍出版社,1985年。
《石泉书屋类稿》,清·李佐贤撰,清同治十年刻本。
《石泉书屋诗钞》,清·李佐贤撰,清同治四年刻本。
《石遗室诗集》,清·陈衍撰,清刻本。
《石云山人集》,清·吴荣光撰,清道光二十一年吴氏筠清馆刻本。
《石钟山志》,清·李成谋撰,清光绪九年听涛眺雨轩刻本。
《史案》,清·吴裕垂撰,清道光六年大成堂刻本。
《世说新语笺疏》,余嘉锡撰、周祖谟等整理,中华书局,1983年。
《事文类聚》,宋·祝穆撰,清文渊阁四库全书本。
《是程堂集》,清·屠倬撰,清嘉庆十九年真州官舍刻本。
《守意龛诗集》,清·百龄撰,清道光读书乐室刻本。
《书目答问》,清·张之洞撰,清光绪刻本。
《枢垣记略》,清·梁章钜撰、朱智续撰,清道光十八年七峰别墅刻增修本。
《枢垣题名》,清·吴孝铭辑,清道光十八年七峰别墅刻增修本。
《树经堂诗初集》,清·谢启昆撰,清嘉庆刻本。
《树经堂诗续集》,清·谢启昆撰,清嘉庆刻本。
《树经堂文集》,清·谢启昆撰,清嘉庆刻本。
《双节堂庸训》,清·汪辉祖撰,王宗志、夏春田、穆祥望注释,天津古籍出版社,1995年。
《双砚斋诗钞》,清·邓廷桢撰,清末刻本。
《水曹清暇录》,清·汪启淑撰,北京古籍出版社,1998年。

《说海》,柯愈春编纂,人民日报出版社,1997年。
《朔方备乘》,清·何秋涛撰,清光绪刻本。
《思益堂日札》,清·周寿昌撰,李军政标点,岳麓书社,1985年。
《四库全书总目》,清·永瑢等撰,中华书局,1965年。
《笥河诗集》,清·朱筠撰,清嘉庆九年朱珪椒华吟舫刻本。
《松泉集》,清·汪由敦撰,清文渊阁四库全书本。
《宋代传奇集》,李剑国辑校,中华书局,2001年。
《宋代歌舞剧曲录要　元人散曲选》,刘永济辑录,中华书局,2007年。
《宋诗话辑佚》,郭绍虞辑,中华书局,1980年。
《宋元平话集》,丁锡根点校,上海古籍出版社,1990年。
《宋元戏文辑佚》,钱南扬辑录,古典文学出版社,1956年。
《苏州文献丛钞初编》,王稼句点校、编纂,古吴轩出版社,2005年。
《粟香随笔》,清·金武祥撰,清光绪刻本。
《随山馆稿》,清·汪瑔撰,清光绪年刻随山馆全集本。
《随园诗话》,清·袁枚撰,人民文学出版社,1982年。
《邃怀堂全集》,清·袁翼撰,清光绪十四年袁镇嵩刻本。
《邃雅堂集》,清·姚文田撰,清道光元年江阴学使署刻本。
《孙渊如先生年谱》,清·张绍南撰,清光绪刻藕香零拾本。
《孙渊如先生全集》,清·孙星衍撰,四部丛刊景清嘉庆兰陵孙氏本。

T

《太平广记》,宋·李昉等编,中华书局,1961年。
《太平御览》,宋·李昉等撰,中华书局,1960年。
《太乙舟诗集》,清·陈用光撰,清咸丰四年孝友堂刻本。
《太乙舟文集》,清·陈用光撰,清道光二十三年孝友堂刻本。
《泰云堂集》,清·孙尔准撰,清道光刻本。
《昙云阁集》,清·曹楙坚撰,清光绪三年曼陀罗馆刻本。
《弹指词》,清·顾贞观撰,清乾隆四十年积书严刻本。
《唐人小说》,汪辟疆校录,上海古籍出版社,1978年。
《唐宋传奇选》,张友鹤选注,人民文学出版社,1964年。
《唐宋名家词选》,龙榆生编选,上海古籍出版社,1980年。
《唐五代词纪事会评》,史双元编撰,黄山书社,1995年。
《桃花源诗话》,清·吕光锡撰,民国袖珍本。
《陶楼文钞》,清·黄彭年撰,民国十二年刻本。

《陶人心语》,清·唐英撰,清乾隆唐寅保刻本。
《陶山诗录》,清·唐仲冕撰,清嘉庆十六年刻道光增修本。
《藤阴杂记》,清·戴璐撰,北京古籍出版社,1982年。
《天真阁集》,清·孙原湘撰,清嘉庆五年刻增修本。
《天咫偶闻》,清·震钧撰,清光绪甘棠精舍刻本。
《田间诗文集》,清·钱澄之撰,清康熙刻本。
《恬庄小识》,清·杨希溁撰,广陵书社,2007年。
《铁琴铜剑楼藏书目录》,清·瞿镛撰,清光绪常熟瞿氏家塾刻本。
《听秋声馆词话》,清·丁绍仪撰,清同治八年刻本。
《听雨楼随笔》,清·王培荀撰,清道光二十五年刻本。
《(同治)奉新县志》,清·吕懋先纂,清同治十年刻本。
《(同治)鄾县志》,清·唐荣邦纂,清同治十二年刊本。
《(同治)南昌府志》,清·许应鑅纂,清同治十二年刻本。
《(同治)南昌府志》,清·许应鑅纂,清同治十二年刻本。
《(同治)饶州府志》,清·锡德纂,清同治十一年刻本。
《(同治)苏州府志》,清·冯桂芬纂,清光绪九年刊本。
《(同治)新建县志》,清·承霈纂,清同治十年刻本。
《(同治)徐州府志》,清·刘庠纂,清同治十三年刻本。
《(同治)续纂江宁府志》,清·蒋启勋纂,清光绪六年刊本。
《(同治)永新县志》,清·萧玉春纂,清同治十三年刻本。
《桐阴论画三编》,清·秦祖永撰,清光绪八年刻朱墨套印本。
《铜鼓书堂遗稿》,清·查礼撰,清乾隆查淳刻本。
《铜熨斗斋随笔》,清·沈涛撰,清光绪会稽章氏刻本。
《童山诗集》,清·李调元撰,中华书局,1985年。
《童山文集》,清·李调元撰,清乾隆刻函海道光五年增修本。
《嵞山集》,清·方文撰,清康熙二十八年王概刻本。
《退庵笔记》,清·夏荃撰,清钞本。
《退庵诗存》,清·梁章钜撰,清道光刻本。
《退庵随笔》,清·梁章钜撰,台湾新兴书局有限公司,1987年。

W

《晚晴簃诗汇》,徐世昌辑,民国退耕堂刻本。
《万善花室文稿》,清·方履籛撰,清畿辅丛书本。
《万首论诗绝句》,林东海、宋红编,人民文学出版社,1991年。

《忘山庐日记》,清·孙宝瑄撰,钞本。
《文史通义》,清·章学诚撰,中华书局,1994年。
《文献征存录》,清·钱林撰,清咸丰八年有嘉树轩刻本。
《问字堂集　岱南阁集》,清·孙星衍撰,中华书局,1996年。
《吴兴诗话》,清·戴璐撰,民国五年刘氏嘉业堂刻吴兴丛书本。
《吴学士诗文集》,清·吴鼐撰,清光绪八年江宁藩署刻本。
《梧门诗话》,清·法式善撰,国家图书馆藏稿本。
《吾学录初编》,清·吴荣光撰,清道光十二年吴氏筠清馆刻本。
《五百石洞天挥麈》,清·邱炜萲撰,清光绪二十五年邱氏粤垣刻本。
《午窗随笔》,清·郭梦星撰,清光绪二十一年刻宝树堂遗书本。
《午风堂集》,清·邹炳泰撰,清嘉庆刻本。

X

《西堂诗集》,清·尤侗撰,清康熙刻本。
《西垣集》,清·保培基撰,清乾隆井谷园刻本。
《西庄始存稿》,清·王鸣盛撰,清乾隆三十年刻本。
《希古堂集》,清·谭宗浚撰,清光绪刻本。
《惜抱轩全集》,清·姚鼐撰,中国书店,1991年。
《溪山卧游录》,清·盛大士撰,清道光刻本。
《熙朝新语》,清·余金辑,清嘉庆二十三年刻本。
《霞外攟屑》,清·平步青撰,民国六年刻香雪崦丛书本。
《先秦汉魏晋南北朝诗》,逯钦立辑校,中华书局,1988年。
《(咸丰)重修兴化县志》,清·梁园棣纂,清咸丰二年刊本。
《乡园忆旧录》,清·王培荀辑,清道光二十五年刻本。
《香石诗话》,清·黄培芳撰,清嘉庆十五年岭海楼刻嘉庆十六年重校本。
《香树斋诗文集》,清·钱陈群撰,清乾隆刻本。
《香苏山馆诗集》,清·吴嵩梁撰,清木犀轩刻本。
《香亭文稿》,清·吴玉纶撰,清乾隆六十年滋德堂刻本。
《湘绮楼诗文集》,清·王闿运撰,马积高主编,岳麓书社,1996年。
《湘西两黄诗——黄道让、黄右昌诗合集》,黄宏荃选编,岳麓书社,1988年。
《响泉集》,清·顾光旭撰,清乾隆五十七年金匮顾氏刻本。
《响泉集》,清·顾光旭撰,清宣统二年顾氏刻本。

《潇湘听雨录》,清·江昱撰,清乾隆二十八年春草轩刻本。

《小仓山房诗文集》,清·袁枚撰,周本淳标校,上海古籍出版社,1988年。

《小谟觞馆诗文集》,清·彭兆荪撰,清嘉庆十一年刻二十二年增修本。

《小匏庵诗话》,清·吴仰贤撰,清光绪刻本。

《小腆纪年附考》,清·徐鼒撰,中华书局,1957年。

《小岘山人集》,清·秦瀛撰,清嘉庆刻增修本。

《小招隐馆谈艺录初编》,清·王礼培撰,民国本。

《小重山房诗词全集》,清·张祥河撰,清道光刻光绪增修本。

《筱园诗话》,清·朱庭珍撰,清光绪十年刻本。

《啸亭杂录》,清·昭梿撰,何英芳点校,中华书局,1980年。

《啸亭杂录》,清·昭梿撰,中华书局,1980年。

《斅艺斋诗存》,清·邹汉勋撰,清光绪八年刻邹叔子遗书本。

《醒世恒言》,明·冯梦龙编撰,顾学颉校注,人民文学出版社,1956年。

《绣馀续草》,清·归懋仪撰,清道光八年刻本。

《续通志》,乾隆官修,浙江古籍出版社,2000年。

《续文献通考》,乾隆官修,浙江古籍出版社,2000年。

《续疑年录》,清·吴修编,清嘉庆刻本。

《续印人传》,清·汪启淑撰,清道光二十年海虞顾氏刻本。

《续资治通鉴》,清·毕沅编撰,上海古籍出版社,1987年。

《(宣统)番禺县续志》,清·梁鼎芬纂,民国二十年重印本。

《雪桥诗话》,杨钟羲撰,民国求恕斋丛书本。

《雪桥诗话三集》,杨钟羲撰,民国求恕斋丛书本。

《雪桥诗话续集》,杨钟羲撰,民国求恕斋丛书本。

《雪桥诗话余集》,杨钟羲撰,民国求恕斋丛书本。

《雪虚声堂诗钞》,清·杨深秀撰,民国六年铅印戊戌六君子遗集本。

Y

《烟草谱》,清·陈琮撰,清嘉庆刻本。

《烟霞万古楼诗选》,清·王昙撰,中华书局,1985年。

《烟霞万古楼文集》,清·王昙撰,清嘉庆二十一年虎丘东山庙刻道光增修本。

《簷曝杂记》,清·赵翼撰,中华书局,1982年。

《砚溪先生集》,清·惠周惕撰,清康熙惠氏红豆斋刻本。

《燕京岁时记》,清·富察敦崇撰,北京古籍出版社,1981年。
《扬州地方文献丛刊》,江苏古籍出版社、广陵书社,2002—2005年。
《扬州画舫录》,清·李斗撰,汪北平、涂雨公点校,中华书局,1960年。
《扬州历代诗词》,李坦主编,人民文学出版社,1998年。
《扬州休园志》,清·郑庆祐撰,清乾隆三十八年察视堂自刻本。
《扬州学派年谱合刊》,郑晓霞、吴平标点,广陵书社,2008年。
《养吉斋丛录》,清·吴振棫撰,清光绪刻本。
《养吉斋余录》,清·吴振棫撰,清光绪刻本。
《养默山房诗稿》,清·谢元淮撰,清光绪元年刻本。
《养一斋集》,清·李兆洛撰,清道光二十三年活字印四年增修本。
《养一斋诗话》,清·潘德舆撰,清道光十六年徐宝善刻本。
《姚惜抱先生年谱》,清·郑福照撰,清同治七年桐城姚濬昌刻本。
《一斑录》,清·郑光祖撰,清道光舟车所至丛书本。
《衣谲山房诗集》,清·林昌彝撰,清同治二年广州刻本。
《诒安堂诗稿》,清·王庆勋撰,清咸丰三年刻五年增修本。
《颐彩堂文集》,清·沈叔埏撰,清嘉庆二十三年沈维铰武昌刻本。
《颐道堂集》,清·陈文述撰,清嘉庆十二年刻道光增修本。
《忆漫庵剩稿》,清·余集撰,清道光刻本。
《忆山堂诗录》,清·宋翔凤撰,清嘉庆二十三年刻道光五年增修本。
《艺风堂文集》,清·缪荃孙撰,清光绪二十六年刻本。
《艺风堂文续集》,清·缪荃孙撰,清宣统二年刻民国二年印本。
《艺舟双楫》,清·包世臣撰,清道光安吴四种本。
《亦有生斋集》,清·赵怀玉撰,清道光元年刻本。
《尹文端公诗集》,清·尹继善撰,清乾隆刻本。
《楹联丛话》,清·梁章钜撰,清道光二十年桂林署斋刻本。
《楹联丛话全编》,清·梁章钜等编,北京出版社,1996年。
《楹联续话》,清·梁章钜辑,清道光南浦寓斋刻本。
《(雍正)舒城县志》,清·陈守仁纂,清雍正九年刻本。
《永乐大典方志辑佚》,马蓉等点校,中华书局,2004年。
《永乐大典戏文三种校注》,钱南扬校注,中华书局,1979年。
《有正味斋词集》,清·吴锡麒撰,清嘉庆刻有正味斋诗集本。
《有正味斋诗集》,清·吴锡麒撰,清嘉庆十三年刻有正味斋全集增修本。
《右台仙馆笔记》,清·俞樾撰,上海古籍出版社,1986年。

《于湖小集》,清·袁昶撰,清光绪袁氏水明楼刻本。
《于湘遗稿》,清·楼锜撰,清乾隆二十年陈章刻本。
《愚谷文存》,清·吴骞撰,清嘉庆十二年刻本。
《愚谷文存续编》,清·吴骞撰,清嘉庆十九年刻本。
《虞初续志》,清·郑澍若辑,清咸丰小嫏嬛山馆刻本。
《与稽斋丛稿》,清·吴翌凤撰,清嘉庆刻本。
《雨村诗话校正》,清·李调元撰,詹杭伦、沈时蓉校正,巴蜀书社,2006年。
《玉笙楼诗录》,清·沈寿榕撰,清光绪九年刻增修本。
《玉台画史》,清·汤漱玉辑,清宣统香艳丛书本。
《郁华阁遗集》,清·盛昱撰,清光绪三十四年刻本。
《渊雅堂全集》,清·王芑孙撰,清嘉庆刻本。
《元明福建戏曲家考》,官桂铨撰,《戏曲研究》第13辑,文化艺术出版社,1984年。
《元明清三代禁毁小说戏曲史料(增订本)》,王利器辑录,上海古籍出版社,1981年。
《元曲选》,明·臧晋叔编,中华书局,1958年。
《元曲选外编》,隋树森编,中华书局,1959年。
《元遗山诗集笺注》,金·元好问撰,清·施国祁注,人民文学出版社,1958年。
《沅湘耆旧集》,清·邓显鹤辑,清道光二十三年邓氏南村草堂刻本。
《袁枚全集》,清·袁枚撰,王英志主编,江苏古籍出版社,1993年。
《缘督庐日记抄》,清·叶昌炽撰,民国上海蟫隐庐石印本。
《月满楼诗文集》,清·顾宗泰撰,清嘉庆八年刻本。
《悦亲楼诗集》,清·祝德麟撰,清嘉庆二年姑苏刻本。
《越缦堂读书记》,清·李慈铭撰,中华书局,2006年。
《越缦堂日记说诗全编》,清·李慈铭撰,张寅彭、周容编校,凤凰出版社,2010年。
《云自在龛随笔》,清·缪荃孙撰,稿本。
《蕴愫阁别集》,清·盛大士撰,清道光五年刻本。

Z

《查继佐年谱 查慎行年谱》,清·沈起、陈敬璋撰,中华书局,1992年。
《查慎行选集》,清·查慎行撰,上海古籍出版社,1998年。

《祗平居士集》,清·王元启撰,清嘉庆十七年刻本。
《萚石斋诗集》,清·钱载撰,清乾隆刻本。
《在园杂志》,刘廷玑撰,张守谦点校,中华书局,2005年。
《曾文正公家训》,清·曾国藩撰,清光绪五年传忠书局刻本。
《张三丰先生全集》,清·李西月撰,清道光刻本。
《昭代名人尺牍续集小传》,陶湘编,台湾明文书局,1985年。
《赵翼全集》,清·赵翼撰,曹光甫校点,凤凰出版社,2009年。
《赵翼诗编年全集》,清·赵翼撰,华夫主编,天津古籍出版社,1996年。
《珍埶宦文钞》,清·庄述祖撰,清刻本。
《镇安府志》,清·羊复礼修,清梁年等纂,清光绪十八年刊本。
《郑堂读书记》,清·周中孚撰,民国十年刻吴兴丛书本。
《郑堂札记》,清·周中孚撰,清光绪刻仰视千七百二十九鹤斋丛书本。
《之溪老生集》,清·先著撰,清刻本。
《芝庭诗文稿》,清·彭启丰撰,清乾隆刻增修本。
《知止斋诗集》,清·翁心存撰,清光绪三年常熟毛文彬刻本。
《知足斋集》,清·朱珪撰,清嘉庆刻增修本。
《止园笔谈》,清·史梦兰撰,清光绪四年刻本。
《制艺丛话 试律丛话》,清·梁章钜撰,上海书店出版社,2001年。
《炙砚琐谈》,清·汤大奎撰,清乾隆五十七年赵怀玉亦有生斋刻本。
《中国古代画论类编》,俞剑华编撰,人民美术出版社,1998年。
《中国古代音乐史料集》,修海林编撰,世界图书出版公司,2000年。
《中国古典戏曲论著集成》,中国戏曲研究院编,中国戏剧出版社,1959年。
《中国古典戏曲序跋汇编》,蔡毅编撰,齐鲁书社,1989年。
《中国历代小说序跋集》,丁锡根编撰,人民文学出版社,1996年。
《忠雅堂集校笺》,清·蒋士铨撰,邵海清校,李梦生笺,上海古籍出版社,1993年。
《忠雅堂诗集》,清·蒋士铨撰,稿本。
《忠雅堂文集》,清·蒋士铨撰,清嘉庆刻本。
《朱九江先生集》,清·朱次琦撰,清光绪刻本。
《竹初诗文钞》,清·钱维乔撰,清嘉庆刻本。
《竹坡诗话》,宋·周紫芝撰,明津逮秘书本。
《竹汀先生日记钞》,清·钱大昕撰,辽宁教育出版社,1998年。
《竹轩诗稿》,清·刘秉恬撰,清乾隆五十一年刻本。

《竹叶庵文集》,清·张埙撰,清乾隆五十一年刻本。
《竹叶亭杂记》,清·姚元之撰,中华书局,1982年。
《著老书堂集》,清·顾宗泰撰,清乾隆刻本。
《紫岘山人全集》,清·张九钺撰,清咸丰元年张氏赐锦楼刻本。
《紫竹山房诗文集》,清·陈兆仑撰,清嘉庆刻本。
《自然好学斋诗钞》,清·汪端撰,清同治十三年刻本。
《棕亭古文钞》,清·金兆燕撰,清道光十六年赠云轩刻本。
《棕亭诗钞》,清·金兆燕撰,清嘉庆十二年赠云轩刻本。

二、研究、著述类

C

《沧州后集》,孙楷第撰,中华书局,2009年。
《沧州集》,孙楷第撰,中华书局,2009年。

D

《董每戡文集》,董每戡撰,黄天骥、陈寿楠编,广东教育出版社,1999年。

E

《二十世纪戏曲文献学述略》,苗怀明撰,中华书局,2005年。

F

《傅惜华戏曲论丛》,傅惜华撰,文化艺术出版社,2007年。

G

《古本戏曲剧目提要》,李修生主编,文化艺术出版社,1997年。
《古典戏曲存目汇考》,庄一拂编撰,上海古籍出版社,1982年。
《观堂集林》,王国维撰,河北教育出版社,2003年。

H

《韩国演剧史》,〔韩〕李杜铉撰,紫荆、韩英姬译,〔韩〕吴秀卿审订,中国戏剧出版社,2005年。

《韩南中国小说论集》,韩南撰,王秋桂等译,北京大学出版社,2008年。

《汉上宧文存》,钱南扬撰,上海文艺出版社,1980年。

《红楼梦诗词曲赋评注》,蔡义江撰,团结出版社,1991年。

《胡适文集》,胡适撰,人民文学出版社,1998年。

《话本小说概论》,胡士莹撰,中华书局,1980年。

《话本与古剧(重订本)》,谭正璧撰,谭寻补正,上海古籍出版社,1985年。

《绘画与表演——中国的看图讲故事和它的印度起源》,〔美〕梅维恒撰,王邦维、荣新江、钱文忠译,北京燕山出版社,2000年。

J

《江南访曲录要》,周妙中撰,《文史》第二辑,中华书局,1963年。

《江苏艺文志·常州卷》,南京师范大学古文献整理研究所编撰,江苏人民出版社,1994年。

《江苏艺文志·扬州卷》,南京师范大学古文献整理研究所编撰,江苏人民出版社,1995年。

《焦菊隐戏剧论文集》,焦菊隐撰,上海文艺出版社,1979年。

《菊花新曲破——胡忌学术论文集》,胡忌撰,中华书局,2008年。

K

《孔凡礼古典文学论集》,孔凡礼撰,学苑出版社,1999年。

《〈孔雀记〉传奇作者考》,刘世德撰,《中华戏曲》第1辑,山西人民出版社,1986年。

L

《李啸仓戏曲曲艺研究论集》,李啸仓撰,中国戏剧出版社,1994年。

《梁启超论清学史二种》,梁启超撰,朱维铮校注,复旦大学出版社,1985年。

《两小山斋论文集》,罗忼烈撰,中华书局,1982年。

《刘静沅文集》,安徽大学艺术学院、安徽艺术学校编,安徽文艺出版社,1997年。

《卢前笔记杂钞》,卢前撰,中华书局,2006年。

《卢前曲学四种》,卢前撰,中华书局,2006年。

《卢前文史论稿》,卢前撰,中华书局,2006年。

M

《明清传奇综录》,郭英德编撰,河北教育出版社,1997年。
《明清江苏文人年表》,张慧剑撰,人民文学出版社,2008年。
《明清曲家考》,汪超宏撰,中国社会科学出版社,2006年。
《明清曲谈》,赵景深撰,古典文学出版社,1957年。
《明清戏曲家考略全编》,邓长风撰,上海古籍出版社,2009年。

N

《南京图书馆藏孤本戏曲丛考》,孙书磊撰,中华书局,2011年。
《南戏国际学术研讨会论文集》,温州市文化局编,中华书局,2001年。

Q

《钱南扬先生纪念集》,南戏学会、南京大学中文系、江苏民间文艺家协会编印,1989年。
《且介亭杂文》,鲁迅撰,人民文学出版社,1973年。
《清词纪事会评》,尤振中、尤以丁编撰,黄山书社,1995年。
《清代名人传略》,〔美〕A·W·恒慕义主编,中国人民大学清史研究所《清代名人传略》翻译组译,青海人民出版社,1990年。
《清代人物生卒年表》,江庆柏编撰,人民文学出版社,2005年。
《清代散见戏曲史料汇编(方志卷·初编)》,赵兴勤、赵韡编,台湾花木兰文化出版社,2016年。
《清代散见戏曲史料汇编(诗词卷·初编)》,赵兴勤、赵韡编,台湾花木兰文化出版社,2014年。
《清代散见戏曲史料汇编(诗词卷·二编)》,赵兴勤、赵韡编,台湾花木兰文化出版社,2015年。
《清代诗人孔贞瑄卒年考辨》,肖阳、赵韡撰,《安徽广播电视大学学报》2014年第4期。
《清代士人游幕表》,尚小明编撰,中华书局,2005年。
《清代〈天山雪〉传奇考辨》,周琪撰,《中国古代小说戏剧研究》第八辑,甘肃人民出版社,2012年。
《清代通史》,萧一山撰,华东师范大学出版社,2006年。
《清代戏曲〈离骚影〉作者考》,杜桂萍撰,《文学遗产》2010年第5期。

《清代戏曲家丛考》,陆萼庭撰,学林出版社,1995年。
《清代戏曲家龙燮生平、剧作文献新考》,陆林撰,《文献》2010年第2期。
《清代扬州学记》,张舜徽撰,华中师范大学出版社,2005年。
《清代职官年表》,钱实甫编,中华书局,1980年。
《清人笔记条辨》,张舜徽撰,华中师大学出版社,2004年。
《清人别集总目》,李灵年、杨忠主编,安徽教育出版社,2000年。
《清人诗集叙录》,袁行云撰,文化艺术出版社,1994年。
《清人诗文集总目提要》,柯愈春编撰,北京古籍出版社,2001年。
《清人室名别称字号索引:增补本》,杨廷福、杨同甫编,上海古籍出版社,2001年。
《清诗纪事》,钱仲联主编,江苏古籍出版社,1987、1989年。
《清史编年》,中国人民大学清史研究所编,中国人民大学出版社,2000年。
《清通鉴》,戴逸、李文海主编,山西人民出版社,1999年。
《求是集——戏曲小说理论与文献丛稿》,陆林撰,中华书局,2011年。

R

《日本所藏中国戏曲文献研究》,黄仕忠撰,高等教育出版社,2011年。
《日本演剧史概论》,〔日〕河竹繁俊撰,郭连友等译,麻国钧校译,文化艺术出版社,2002年。
《日藏中国戏曲文献综录》,黄仕忠撰,广西师范大学出版社,2010年。

S

《诗词曲论稿》,赵山林撰,中华书局,2006年。
《说部卮言》,陆澹安撰,上海锦绣文章出版社,2009年。
《说剧》,董每戡撰,人民文学出版社,1983年。
《宋金戏剧史稿》,薛瑞兆撰,三联书店,2005年。
《宋金杂剧考(订补本)》,胡忌撰,中华书局,2008年。
《宋元语言词典》,龙潜庵编撰,上海辞书出版社,1985年。

T

《台静农论文集》,台静农撰,安徽教育出版社,2002年。
《弹词叙录》,谭正璧、谭寻撰,上海古籍出版社,1981年。

《谭正璧学术著作集》,谭正璧撰,上海古籍出版社,2012年。
《唐戏弄》,任半塘撰,上海古籍出版社,1984年。

W

《王国维戏曲论文集》,王国维撰,中国戏剧出版社,1984年。
《闻一多全集》,闻一多撰,三联书店,1982年。
《吴晓铃集》,吴晓铃撰,河北教育出版社,2006年。

X

《戏曲词语汇释》,陆澹安撰,上海锦绣文章出版社,2009年。
《戏曲小说丛考》,叶德均撰,中华书局,1979年。
《戏曲小说书录解题》,孙楷第撰,人民文学出版社,1990年。
《戏曲源流新论(增订本)》,曾永义撰,中华书局,2008年。
《戏文概论》,钱南扬撰,上海古籍出版社,1981年。

Y

《燕都丛考》,陈宗蕃编著,北京古籍出版社,1991年。
《元曲概论》,贺昌群撰,中国书籍出版社,2006年。

Z

《张庚学术研究文集》,王文章主编,中国戏剧出版社,2005年。
《郑振铎全集》,郑振铎撰,花山文艺出版社,1998年。
《中国古代戏剧形态研究》,黄天骥、康保成主编,河南人民出版社,2009年。
《中国古代戏曲论集》,王季思等撰,中国展望出版社,1986年。
《中国古典戏曲小说考论》,赵兴勤撰,吉林教育出版社,2004年。
《中国剧目辞典》,王森然遗稿,《中国剧目辞典》扩编委员会扩编,河北教育出版社,1997年。
《中国昆剧大辞典》,吴新雷主编,南京大学出版社,2002年。
《中国曲学大辞典》,齐森华、陈多、叶长海主编,浙江教育出版社,1997年。
《中国文学家大辞典·清代卷》,钱仲联主编,中华书局,1996年。
《中国戏剧史》,徐慕云撰,上海古籍出版社,2001年。
《中国戏剧史长编》,周贻白撰,上海古籍出版社,2004年。

《中国戏曲曲艺词典》,上海艺术研究所、中国戏剧家协会上海分会编,上海辞书出版社,1981年。

《中国戏曲史论》,吴新雷撰,江苏教育出版社,1996年。

《中国戏曲史研究》,黄仕忠撰,中山大学出版社,1997年。

《中国戏曲通史》,张庚、郭汉城主编,中国戏剧出版社,1980年。

《中国音乐文学史》,朱谦之撰,上海人民出版社,2006年。

《中国早期戏曲生成史论》,赵兴勤撰,北京大学出版社,2015年。

《周贻白戏剧论文选》,周贻白撰,湖南人民出版社,1982年。

《朱有燉的杂剧》,〔美〕伊维德(Wilt L. Idema)撰,张惠英译,北京大学出版社,2009年。

后　　记

治学，自然须先明目录之学，故学有根柢、以专治"三礼"驰名的江慎修高足歙人金榜，称目录乃"学问之眉目，著述之门户"。清代著名学人王鸣盛亦谓："凡读书，最切要者目录之学。目录明，方可读书。"①"目录之学，学中第一紧要事。必从此问途，方能得其门而入。"②而从事中国古代戏曲研究，当然离不开对戏曲目录的探究。职此之故，凡治曲者，王国维的《曲录》，傅惜华的《元代杂剧全目》《明代传奇全目》《明代杂剧全目》《清代杂剧全目》，庄一拂的《古典戏曲存目汇考》、董康的《曲海总目提要》、杜颖陶的《曲海总目提要补编》以及邵曾祺的《元明北杂剧总目考略》等，乃案头必备之书。尤其是庄一拂的《古典戏曲存目汇考》，是一部"搜罗资料宏富""极具参考价值"的戏曲书目③。

早在20世纪40年代初，庄一拂就曾与戏曲、小说研究家赵景深先生共同主编《戏曲》月刊，凡出五期。他的《古今杂剧传奇存目》，就连载于此刊。还曾与"叶德均、郑振铎、周贻白组织古典戏曲丛刊社，并辟《俗文学》专刊；组织参与大成、平声、赓春、润鸿昆曲社活动"④，著有《遗曲韵编》《曲略》，主编有《大成曲刊》等。还能面敷粉墨，袍笏登场，足见其对古典戏曲濡染有年。自发表《古今杂剧传奇存目》至《古典戏曲存目汇考》出版，前后达四十余年，庄氏从2700余种书籍中，搜罗了4700余种戏曲剧目，且所收剧目较以往所出版各种曲目大为增多。与姚燮《今乐考证》、王国维《曲录》相比，竟增出2600余种。凡所收曲目，皆考证作者、胪列版本、探究本事、辨明得失。尤其是本事溯源，为当时同类著作所未有，读者称便。笔者于教学与研究之际，得力于该书颇多。

---

① 王鸣盛：《十七史商榷》卷七"汉书一"，凤凰出版社，2008年，第35页。
② 王鸣盛：《十七史商榷》卷一"史记一"，凤凰出版社，2008年，第1页。
③ 赵景深：《〈古典戏曲存目汇考〉序》，《中国戏曲丛谈》，齐鲁书社，1986年，第11页。
④ 庄增明：《〈庄一拂诗词曲文遗稿〉后记》，《庄一拂诗词曲文遗稿》，嘉兴市图书馆印，2007年，第334页。

1989年6月间，首届国际《金瓶梅》学术讨论会在江苏徐州召开。会议结束，学人纷纷离去，尝送一友人至徐州师院（现江苏师范大学云龙校区）东门北侧的公交站，于站台候车之际，我提及重撰《曲海总目提要》之事。未久，便得到友人回应，且约三五同仁，协理此事，并约定由我主持明代传奇卷的编撰事宜。既膺此命，我匆即组织人员撰稿。后来，《中国古代戏曲总目提要》的编撰，经同仁共同努力，申报国家"八五""九五"重点图书出版规划项目，接连成功。因我早年曾草拟《〈六十种曲〉提要》，故明代传奇部分，本人承担的任务更多。经夜以继日撰写，累计得文稿十数万字。对参撰人员，我也按照总编要求，就进度一事屡加催促。一参与此事的青年学者，为赶书稿进度，经常通宵夜战，两眼熬得通红，至今想来，还令人心疼。

我既承担分卷主编之事，自当尽其责任，边撰稿边审阅、修改参撰者交来的稿件，所以，庄一拂的《古典戏曲存目汇考》，竟然成了须臾不可离的重要参考书之一。当然，对"庄目"的引证，我也不敢盲从，必须参验于他书方觉踏实。古人称："学者贵能博闻"，"观天下书未遍，不得妄下雌黄"，"不可偏信一隅也。"（颜之推《颜氏家训·勉学篇》）读书涉猎范围既广，自然会发现"庄目"的一些疏漏，便随手在书眉或空隙处用笔记下，积累日久，竟然发现有关作家考证、本事溯源等多方面的问题，有上百处之多。于是，在教学之余，遂将写于书眉的种种识语一一迻录别纸，竟成一篇数万字的长文，并请人帮忙，把文稿打印了出来。因系考证文章，在当时来说，发表有一定的难度，故置于箧底，一压就是数年。直至1998年10月，中国古代戏曲专题研讨会在徐州召开，会上，我宣读了这篇长文的部分内容。不料，竟引起不少与会学者的极大兴趣。发言刚结束，就不断有人向我索要文稿，对我的考证文字给予充分肯定。因仅此一份，自然难以满足其所望。时隔半年，仍不时有人来电询问该稿是否已经发表。鉴于这一情况，我便将这一长文拆成若干篇，分别刊于《中国文化报》《文学遗产》《文献》《戏曲研究》《艺术百家》《徐州师范大学学报》等刊物。此后，一发而不可收，又在《戏曲艺术》《书品》等刊物发表了系列论文。

在大量前期成果的基础上，我以《庄一拂〈古典戏曲存目汇考〉补正》为题，于2013年申报国家社科基金后期资助项目，获准立项，并于2016年1月顺利结项。有关专家在评审意见中对本项目给予充分肯定，称该成果"内容丰富，考辨多有发明，文献征引较为详备，足以推进古典戏曲文献研究，具有重要的学术价值"。这对我自然是一个很大的鞭策与激励。然由于种种复杂的原因，我们所编纂的那部《中国古代戏曲总目提要》不幸流产，我所撰写的十数万字的文稿也随着岁月的风吹雨打，几经转手，已不知所踪,至今思之,仍令人怅怅不已。而对"庄目"的补正,则由副产品跃升为主打产品,成了由此憾事而带来的意外收获。2007年11月,浙江嘉兴举行庄一拂百岁诞辰纪念仪式,特邀我出席,同时与会的还有著名戏曲文献学家、北京语言大学吴书荫教授及中华书局李忠良编辑。会上,我对庄一拂在戏曲文献学上的贡献做了充分肯定,事后,还撰有《庄一拂戏曲活动稽考》(《社会科学论坛》2010年第15期)一文。这就是我与"庄目"的结缘。

著名学者钱穆,在谈到读书方法时曾说:"读一书,先要信任他,不要预存怀疑,若有问题,读久了,自然可发现。……读一书,不要预存功利心,久了自然有益。"[①]他的及门弟子严耕望也强调,治学"要勤于阅读,勤于思考,勤于抄录,勤于写作",并指出:"思考与阅读事实上是同时进行的,阅读而有所识别,就已经用了思考,若不用思考识别,则阅读何用?"[②]回顾我习学戏曲目录学的漫长过程,恰证明了这一点。本人虽年已古稀,问学也已达四五十年之久,但仍深感自身的不足,时而有岁月不居、学如不及之慨叹。退休以后,除了学校交付的教学督导任务外,大都与读书为伴,曾赋《七十初度》诗以自勉,谓:"七十老翁何所求,缥缃陪伴春复秋。新知培养兴仍在,握管为文意未休。""新知"句,用朱熹《鹅湖寺和陆子寿》"旧学商量加邃密,新知培养转深沉"之典故,激励自己"勤乎其未学者"。

就2018年而论,学术安排依旧满满当当。十月,我相继参加了由江苏文脉研究院主办的"江苏文脉研究工作推进及项目签约会"(江苏·南京),由江苏省明清小说研究会、江苏省红楼梦学会、南京审计大学等单位联合主办的"文化传承视野中的中国古代小说国际学术研讨会"(江苏·南京);十一月,参加了平湖市委、市政府等主办的"钱南扬学术成就暨第八届南戏国际学术研讨会"(浙江·平湖);十二月,相继参加了江苏省政府主办的"江南文脉论坛'人文传统与精神家园'分论坛"(江苏·无锡)、复旦大学出版社主办的"'新世纪戏曲研究文库'新书发布会暨出版座谈会"(上海)、甘肃省文化和旅游厅主办的"甘肃戏曲文献研究与戏曲文献学学科建设研讨会"(甘肃·西和、兰州)。此外,还有六个学术会议因为各种原因未能出席。著述方面,年内除发表七篇学术论文外,还应复旦大学江巨荣教授之约,撰著了《清代散见戏曲史料研究》一书,列入"新世纪戏曲研究文库"("十三五"国家重点出版物出版规划项目)出版。还有,下半年儿媳去台湾访学,儿子脱产参加为期近两个月的"徐州市第一期年轻干部示范培训

---

① 严耕望:《钱穆宾四先生与我》,《治史三书》,辽宁教育出版社,1998年,第242页。
② 严耕望:《治史经验谈》,《治史三书》,辽宁教育出版社,1998年,第93页。

班",接送孙子上学、辅导作业,也成了我的日常工作。忙碌之状,丝毫不亚于退休之前。有人曾说:"我们每个人活在这个世界上,不光是为自己,而是让更多的人因为我们的存在,生命变得更加丰盈而美好。我们每个人都在追寻生命的意义,也都应该担负起自己的一份使命和责任。"[①]此言甚得我心。

最后,值本书付梓之际,对那些在项目评审中给予鼓励与支持的专家学者,对在该书出版过程中鼎力相助的人民文学出版社周绚隆副总编、葛云波主任以及责编徐文凯编审致以诚挚的谢忱。当然,由于本人读书不多,书中之谬误在所难免,尚祈读者诸君不吝赐教!

赵兴勤

2019年2月23日

古彭城凤凰山东麓倚云阁

[①] 王莎莎:《一个村庄,22年,400多个日夜》,《光明日报》2018年10月21日第11版。